KB151495

공자도 읽지 못한 논어

서예가 양전 김원익이 공부하다

❶

김 원 익

역락

저자 소개

양전 김원익_洋田 金源翊

전라남도미술대전 초대작가 및 심사위원 역임
광주광역시미술대전 초대작가 및 심사위위원 역임
전국무등미술대전 우수상 수상 및 심사위원 역임
대한민국서예전람회 초대작가 및 심사위원 역임
광주광역시교육청 장학사, 장학관
광주광역시 소재 중등학교 교사, 교감, 교장

논문 : 소전 손재형 연구(素荃 孫在馨 研究)

공자도 읽지 못한 논어 ❶
서예가 양전 김원익이 공부하다

초판 인쇄 2011년 8월 25일 | 초판 발행 2011년 9월 1일

저　자 김원익

펴낸이 이대현

펴낸곳 도서출판 **역락** | 등록 제303-2002-000014호(등록일 1999년 4월 19일)

주소 서울시 서초구 반포 4동 577-25 문창빌딩 2층

전화 02-3409-2058(영업부), 2060(편집부) | 팩시밀리 02-3409-2059

전자우편 youkrack@hanmail.net

ISBN 978-89-5556-928-5
　　978-89-5556-927-8 94150(전4권)

정가 30,000원

부엌에서 천자문을 따라 외시던 사랑하는 어머님과
이미 고인이 되신 할아버님, 아버님께
이 책을 바칩니다.

추천의 글

인류 역사상 유교의 開祖라 하면 孔子를 일컫는다. 論語는 바로 그의 사상과 교훈이 담긴 대표적 經典이다. 때문에 이는 유교 경전으로서 손꼽을 四書의 하나로서 널리 애독되어 왔음은 물론 이에 대한 연구도 다양하게 전개되어 왔다.

그러나 중국과 문자가 다른 우리나라에서는 우선 한문본 논어의 올바른 國譯이 절실하였다. 그에 따라 2천 년대에 들어 우리나라에서 출간된 이와 관계된 책만 해도 무려 30여 종을 헤아릴 수가 있다. 대부분이 논어의 번역을 기본으로 하였기 때문에 출간된 책의 제목 역시 譯註라 한 말을 위시하여 譯解·註解·飜譯·國譯 …… 등의 표제어를 덧붙인 책명으로 간행되었다. 이는 우리나라에서 논어에 대한 연구열의가 그만큼 고조되어 왔음을 의미함은 물론 이같은 연구의 기본은 역시 원전의 올바른 번역이 긴요하기 때문임을 반영한 일이라 하겠다.

그런데 지금까지 나온 번역서들을 보면 대부분이 원문의 한자 字解를 겸하였지만 번역자 간에는 본문 해석의 견해가 서로 상이한 경우도 없지 아니하다. 여기에는 또 현대적 언어의식에 의한 정확한 번역문의 표준이라 평하기 어려운 경우도 적지 않다. 이번에 출간하는 『**공자도 읽지 못한 논어** 서예가 양전 김원익이 공부하다』 역시 종래의 경우와 같이 논어 20편의 번역이요, 각 편에 나오는 원문 한자들의 字釋을 기본으로 하였음은 더 말할 나위없다.

그러면 이곳 양전이 이룬 저술의 성과와 그 특색은 무엇인가. 우선 대표적인 점 한 가지를 지적하면 논어 전 문장에 쓰인 각 한자들을 용례별로 분석하여 의미별로 유형화하고, 경우에 따라서는 문면에 반영된 글자의 어법적 기능까지 구명한 작업이 크게 돋보인다. 이같은 분석을 논어 전편에 긍하여 빠짐없이 심도 있게 실시하였음은 종래의 여러 작업에서 보기 어려운 괄목할 성과로 지적된다.

개별적인 일례로 '而'자의 경우를 보자. 이 한자는 어법적 기능이 다양하여 이를 구사한 한문의 의미 파악에 특히 신중성이 요구되는 글자이다. 그런데 양전은 이 한자 용례의 다양성을 고려하여 그 해석상의 유형을 무려 15 가지로 세분하여 제시하고 이에 대한 논어 본문의 해석에 오역이 없도록 하였다. 아울러 이같은 어석의 타당성을 찾기 위해 이에 대한 종래 학자들의 언급을 방증으로 가급적 곁들여 의문이 없도록 한 점, 타당성 있는 어의 파악을 통해 올바른 한문 해석을 위한 저자의 깊은 노력이 크게 돋보인다.

그 결과 저자가 실시한 논어 字解 중 해석상의 유형을 10여 가지 이상으로 제시한 한자는 약 15자로 집계된다. 그 가운데 주로 虛辭 기능으로 많이 나타나는 與·爲·以·乎·而·之 등의 해석 용례는 각각 15가지 이상임을 확인할 수 있어 논어 본문 해석에 신중을 기해야함을 재삼 느끼게 한다. 그리고 이미 지적한 대로 각각의 자해에는 字意 구명의 타당성을 제시하기 위해 그에 대한 여러 학자들의 언급을 가급적 덧붙였으되, 이번 작업의 부록에서 저자가 제시한 〈引用學者小傳〉에 의하면 본 저술 중 참고한 선학들의 수는 무려 60명으로 집계된다. 특히 중국 前漢 때의 학자 孔安國과 南宋 때의 대표적 유학자인 朱熹, 그리고 우리나라 조선 후기의 학자인 丁若鏞 등의 논어 해석을 중시하여 그들이 이룬 字釋을 집중적으로 예시하고, 그 밖의 여러 선학들의 견해까지 일일이 추적하여 저자가 추진한 논어 자해의 정확성을 기한 점 특히 흥미를 갖게 한다.

결과적으로 양전의 이번 작업은 "論語字典"이 된 셈이다. 字典이라 하면 글자 하나하나의 음과 뜻을 풀이한 책을 의미하는 바, 논어에 등장하는 모든 한자를 우리 국어에 의한 讀音과 그 뜻을 풀이한 점, 이는 곧 논어를 대상으로 한 자전임은 더 말할 나위 없다. 물론 이번의 출간은 그 동안 학계에서 추진한 다양한 연구를 종합적으로 검토한 나머지 논어 20편의 내용해석과 그에 쓰인 한자 어석을 철저하게 겸하여 학계에서 미진한 점을 흥미 있게 타개한 점, 크게 찬사를 아끼지 않는다. 그런데 이같은 노작이 또 유명한 경전의 자전 역할을 겸하고 있음을 지적하고 싶다. 이번 작업의 부록에서 제시한 〈論語字解〉는 곧 이러한 논어의 字林이나 다름이 없기 때문이다. 단지 일반의 玉篇이나 어휘 사전의 편집이 아니므로 자전적 활용의 흥미유발이 절실하지 않을 뿐이다. 이런 점에서 이미 이루어 놓은 책의 내용을 열람하기에 편리한 자전식으로 다시 편집 정리하고, 특히 논어의 본문을 각 자해의 용례에 옮겨 놓으면 이에 대한 훌륭한 字彙가 될 것임은 자명한 일이다. 따라서 이 작업은 방대한 내용을 담는 책 출간이기는 하지만, 일반 한자 자전과 달리 더욱 훌륭한 특색 있는 字林의 역할을 할 수 있을 것이므로 이번 양전이 이룬 성과는 앞으로 계속해서 지속될 수 있을 것으로 전망한다.

첨언하건대 양전은 서예가로서 끊임없는 기쁨을 누리며 동양의 고전 연구에도 많은 바탕을 다져왔다. 이번의 출간도 그의 自序에 의하면 4년에 걸친 성과라고 하나 그동안 그는 논어의 허두에서 이르는 말 그대로 끊임없는 學而時習之의 열정이 있었기에 매양 기쁨을 갖고 뜻 깊은 업적을 쌓은 것으로 판단된다. 이같은 기쁨은 앞으로도 계속 유지되어 옛날의 고전을 현대적 안목으로 흥미 있게 이해할 수 있게 하는 방법을 지속적으로 모색해 주기를 기대해 마지않는다.

2011년 8월 1일

전남대학교 명예교수

문학박사 박 준 규

머리말

'공자도 읽지 못한 논어', 어느 날 承載 형을 만나 논어를 공부하는 중이라고 하였더니, 承載 형이 "어느 강의에서 공자는 논어를 읽지 못했다는 강사의 이야기를 듣고 공감했다."는 말을 했다. 공자는 傳述했을 뿐이고, 그 제자들이 기록하고 그것을 모아 '論語'라고 題名하기까지는 아주 한참 뒤의 일이다.

논어의 吾道一以貫之 장을 보면 공자의 말씀을 그 당시 제자들도 모두는 이해하지 못한 것 같다. 오랜 세월이 흘러 지금에 이르러서는 공자의 말뜻을 놓고 다양한 학설이 혼재하고 있다. 그렇다면 논어를 읽는 우리가 공자 말씀의 本義를 이해하고, 또 이를 바탕으로 과거·현재·미래를 아우르는 공자의 교훈을 미루어 헤아려 보는 것은 매우 중요하다고 생각한다. 공자께서도 "네모의 한 모서리를 들어 보일 때 세 모서리로 반응해 오지 않으면 곧 다시 가르치지 않는다." 하셨으니 말이다.

그 뒤 책 제목을 '서예가 양전이 공부한 논어'로 하였다고 하니, 承載 형이랑 같이 합석했던 白機翔 장학사가 너무 솔직하고 담백하다며, 承載 형 말대로 '공자도 읽지 못한 논어'로 하잔다. 논어는 공자의 말씀 그 자체가 아니기에 수긍이 가는 면이 있었고, 또 논어에 담긴 공자의 뜻을 깊이 살피고자 한 의도를 살리다 보니 책 제목이 '**공자도 읽지 못한 논어,** 서예가 양전 김원익이 공부하다.'로 자못 길게 되었다.

사실 나는 대학에서 漢文을 전공하지 않았을 뿐더러 더욱이 漢學者도 아니다. 다만 돌이켜 보면, 손자를 예뻐하신 할아버지께서 남자는 身言書判이라 하시며 네 살배기 어린 아이에게 붓을 쥐어주시고 천자문을 가르치기 시작한 것이 한자와 인연을 맺게 된 계기였다.

그때 慈親께서는 당신 아들을 살뜰히 가르치시는 시아버지가 그리도 고맙고 감사하여 산 삭단(산 朔單, 살아계신 분에게 매월 초하루 음식을 장만하여 공양함. 삭단: 매달 초하룻날 사당에서 지내는 차례)을 올리셨단다. 또, 아들의 천자문 외는 소리가 너무도 기꺼워서 글자를 모르는 당신께서도 부엌에서 따라 외우셨단다. 여든이 넘으신 지금도 마치 노래처럼 천자문을 외고 계신 어머니의 모습은 철없는 아이의 앞길에 크나큰 안받침이었다.

그 뒤 초등학교 5학년 때 '珍島 小癡藝術祭'에서 우수상을 받은 것을 계기로 長田 河南鎬 선생님 댁에서 아침 5시부터 7시까지 서예를 배우게 되었으며, 중학교 2학년 때 전라남도 미술전람회에 처녀 입선을 한 이래로 교직의 길을 걸어가며 서예가로 붓을 놓지 않고 있다. 서예가로서의 활동이 아마도 한문과는 불가분의 관계가 있었겠지만, 漢學이야 日淺하기 그지없다.

돌이켜 보면 교직 입문 이래 시골 중학교에서 또는 전문 예술고등학교에서 학생들을 가르치며 나름 부지런히 살았지만, 교육전문직에 들어서면서부터는 아무래도 소위 공부라는 게 쉽지 않았다. 그러나 교장 자격연수도 받고 奬學士에서 奬學官으로 승진하면서부터 漢詩와 함께 할 시간을 마련할 수 있었다. 朝夕의 여유를 틈내어 한시를 읽고 노트에 써보며, 출퇴근하는 길에 외우기를 반복하였다. 태생이 기억력과는 인연이 없어서인지 아침에 외운 시도 저녁엔 첫머리도 생각나지 않는 것이 다반사였지만, 두 해에 걸치니 세 차례 정도 읽게 되었다.

그러던 중 2007년 어느 날 갑자기 "그래, 논어를 공부해 볼까?" 하는 생각이 들었다. 그 동안 한두 차례 읽었다지만, 이번엔 본격적으로 공부해보고 싶다는 충동이 가슴을 울렸다. 그런데 한시에서 경험했듯이 한두 번 읽어가지고는 뒤돌아서면 잊게 되니, 다른 방법을 찾게 되었다. 한 장을 스무 번 이상 읽는다면 그래도 좀 오래 기억할까 싶은데, 그렇다고 같은 책을 스무 번씩이나 읽자면 지루하고 따분할 것 같았다. 그래서 인터넷을 검색하여 시중의 논어 스무여 권을 구입하여 읽기 쉬운 책부터 순서를 정해 놓고 하루에 한 장씩 책을 돌려가며 읽기 시작하였다. 그렇지만 교육청에서 행정 업무를 다루다 보니 진도는 더딜 수밖에 없었다. 그러던 중 안순일 교육감님 덕분에 2008년 일선 중학교 교감으로 나온 뒤부터 본격적으로 공부하기 시작하였다.

제3편 八佾篇을 마칠 무렵이다. 譯註者마다 다른 관점과 해석으로 인해 비교하고 검토해야 할 부분이 많아지다 보니, 이를 문서로 작성하여 일목요연하게 정리해야겠다는 생각이 들었다. 컴퓨터에 폴더를 지정하고 작업을 시작한지 벌써 4년여, 오랜 시간의 발자취가 이렇게 세 권의 책으로 되돌아왔다.

사실 이 책은 내가 학문적으로 논어에 대해 무엇을 알아서 펴낸 것이 아니고, 그동안 공부하면서 여러 학자들의 견해를 정리해 놓은 것에 불과하다. 다만, 한 권의 책만 읽어나가다 보면 역주자의 논리에 휘말릴 우려가 있는데, 여러 학자의 견해를 견주어 봄으로써 공자의 本義를 폭넓은 잣대 속에서 판단해 볼 기회를 찾았다는 데 의의가 있겠다. 더불어 논어를 공부하는 學人들과 나의 경험을 공유하고, 나아가 다양한 논어 역주자들의 의견을 아우름으로써 세상을 비추는 빛으로서의 공자의 뜻을 되살리는 계기가 되기를 바라는 마음을 담았다.

2010년 6월말 문서로서의 정리가 끝났을 때 처음 假本 네 권을 인쇄해 준 宋垠澤 아우, 곁에 있으면서 국어 문법에 대한 조언을 아끼지 않고 또한 첫 교정을 꼼꼼히 봐준 白巖 金昶均 아우, 중국어에 대한 물음에 귀찮아하지 않고 성실히 답을 해준 全明熙 한문 선생님, 그리고 항상 나를 지지해 주시며 2차 교정을 봐주신 鰲灘 朴性洙 교장 선생님, 마지막 교정을 기쁨과 즐거운 마음으로 봐주신 고등학교 3학년 때 담임선생님이셨던 徐基南 선생님께 심심한 감사 말씀을 올린다. 아울러 題字를 정성스럽게 써준 학운초등학교 4학년 金俊錫 군에게도 고마움을 전한다.

2011년 7월 1일

鶴雲以仁書齋에서 洋田 金源翊

공자도 읽지 못한

논어

서예가 양전 김원익이 공부하다

차 례

第一篇

學而 학이

學而時習

배우고 그것을 시시(時時)로 익히니 [學而-1]

1. 배우고 시시時時로 익히니 이 또한 기쁘지 아니한가

子曰 學而時習之 不亦說乎 有朋自遠方來 不亦樂乎 人不知而不慍 不亦君子乎

子(ᄌᆞ)ㅣ ᄀᆞᆯᄋᆞ샤ᄃᆡ 學(ᄒᆞᆨ)하고 時(시)로 習(습)ᄒᆞ면 ᄯᅩᄒᆞᆫ 깃브디 아니ᄒᆞ랴 버디 遠方(원방)으로브터 오면 ᄯᅩᄒᆞᆫ 즐겁디 아니ᄒᆞ랴 사ᄅᆞᆷ이 아디 몯ᄒᆞ야도 慍(온)티 아니ᄒᆞ면 ᄯᅩᄒᆞᆫ 君子(군ᄌᆞ)ㅣ 아니가

선생님께서 말씀하시기를 "배우고 그것을 시시(時時)로 익히니 이 또한 기쁘지 아니한가? 벗이 있어 먼 곳으로부터 오니 이 또한 즐겁지 아니한가? 사람들이 알아주지 아니하여도 성내지 아니하니 이 또한 군자(君子)가 아닌가?" 하셨다.

【子】 선생님. 스승. 남자의 존칭으로 성(姓) 밑에 붙여 씀. 특별히 공자를 가리킴.

형병(邢昺) - 스승을 일컬어 子라 하는데 곧바로 子曰로 한 것은 그 성덕(聖德)이 널리 알려져 후세까지 스승의 본이 되었으므로 비록 그 성씨를 말하지 않아도 사람들이 모두 다 그를 알기 때문이다. [稱師曰 子 直言子曰者 以其聖德著聞師範來世 不須言其氏 人盡知之也]

【學而時習之】 배우고 그것을 시시(時時)로[때때로] 익히면.

學 : 배우다. 인간으로서 인간다움이 되기 위한 지혜, 삶의 지혜, 옛 선현들의 생각과 지혜 그리고 그들의 행동 양식 등을 배우고 깨달아 이를 본받음.

주희(朱熹) - 배운다는 말은 본받는다는 뜻이다. [學之爲言 效也]

정약용(丁若鏞) - 學은 가르침을 받는 것이다. [學 受敎也]

而 : 그래서. 그리하여. …하여서. …하고서(야). …하면서. 곧. 이에. …하니 곧. …하자마자[한 후에] 곧. 접속사. 이치상으로 앞뒤의 내용이나 시간의 흐름이 이어지는 순접(연관)관계를 나타냄.

時 : 때로. 때때로. 시시(時時)로. 수시로. 언제나 늘. 항상. 부사.

주희(朱熹) - 이미 배우고 또 때때로 그것을 익힌다면, 곧 배운 것이 익숙해져서 중심[내면]에 희열을 느끼게 되어, 그 나아감을 자연히 그칠 수 없게 되는 것이다. [旣學而又時時習之 則所學者熟而中心喜說 其進 自不能已矣]

사량좌(謝良佐) - 時習이란 때마다 익히지 않음이 없는 것이니, 앉아 있을 때 시동(尸童)같이 함은 앉아 있을 때의 익힘이요, 서 있을 때 재계(齊戒)하듯이 함은 서 있을 때의 익힘이다. [時習者 無時而不習 坐如尸 坐時習也 立如齊 立時習也] ♣ 尸童 : 제사(祭祀) 때 신위(神位) 대신으로 그 자리에 앉히던 어린아이.

정약용(丁若鏞) - 時習이란 때때로 익히는 것이다.[주자가 말했음] 혼정신성(昏定晨省, 저녁에 부모의 잠자리를 편안하도록 해드리고 새벽에 문안드림, 禮記 曲禮 上)을 배웠으면 바로 그때부터 날마다 혼정신성을 익히고, 일건석척(日乾夕惕, 아침저녁으로 두려워하고 조심함, 易經 乾卦 九三)을 배웠으면 바로 그때부터 날마다 일건석척을 익히고, 제례를 배웠으면 제례를 익히고, 향례를 배웠으면 향례를 익히고, 음악을 배웠으면 음악을 익히고, … 學이란 알기 위한 것이며 習이란 행하기 위한 것이니, 學而時習은 知와 行이 함께 나아가는 것이다. 후세의 學은 배우기만 하고 익히지 않기 때문에 기쁠 수가 없는 것이다. [時習者 時時習之也 朱子云 學晨省昏定 便自時日習晨省昏定 學日乾夕惕 便自時日習日乾夕惕 學祭禮 習祭禮 學鄕禮 習鄕禮 學樂 習樂 … 學所以知也 習所以行也 學而時習者 知行兼進也 後世之學 學而不習 所以無可悅也]

[참고]

① 제때에. 때맞추어. 알맞은 때(適時)에. 적당한 때에. [皇侃 등]

왕숙(王肅) - 時란 배우는 자가 때에 따라 외우고 익히는 것이다. 외우고 익히는 것을 때에 따라 하면 학업은 그만둘 수 없게 되는데, 이런 까닭으로 기뻐하게 되는 것이다. [時者 學者以時誦習之 誦習以時 學無廢業 所以爲說懌]

황간(皇侃) - 時란 무릇 배우는 데 세 시기가 있다는 것인데, 하나는 일생을 두고 시기에 맞게 하는 것이요,[예기(禮記) 학기(學記)에 이르기를 '시기가 지난 후에 배우면 부지런히 애써도 이루기 어렵다.' 고 하였다] 둘째는 일 년을 두고 시기에 맞게 하는 것이요,[예기(禮記) 왕제(王制)에 이르기를 '봄과 가을에는 예악을 가르치고, 여름과 겨울에는 시서를 가르친다.' 고 하였다] 세 번째는 하루를 두고 때에 맞게 하는 것이다. [예기(禮記) 학기(學記)에 이르기를 '늘 가슴에 품고 또 익히며, 쉴 때도 떠나지 않고 놀 때도 잊지 않는다.' 고 하였으니 이는 하루하루 익히는 것이다] [時者 凡學有三時 一 身中時 學記云 時過然後學 則勤苦而難成 二 年中時 王制云 春秋敎以禮樂 冬夏敎以詩書 三 日中時 學記云 藏焉 脩焉 息焉 游焉 是日日所習也]

양백준(楊伯峻) - 時자는 주진(周秦) 시대에 마치 부사(副詞)처럼 쓰였다. 맹자(孟子) 양혜왕 상(梁惠王 上)에 나오는 '도끼와 낫을 때에 맞추어 산림에 들이대면[斧斤以時入山林]'에서 '以時'와 같은 뜻으로 '일정한 때' 혹은 '적당한 때'의 뜻이다. [참고] 學而-5. 使民以時 ☞ 時習之 ⇒ 習之以時 ?

② 때를 정하여. 일정한 시간(시기)에. [미야자키 이치사다(宮崎市定) 등]

習 : 익히다. 숙달하다. 연습하다. 실습하다. 반복하여 몸에 배게 하다.

之 : 그것. 지시대명사. 學을 가리킴.

【不亦說乎】 또한 기쁘지 아니한가? 역시 기쁘지 아니한가? 매우(참으로) 기쁘지 아니한가?

不亦…乎 : 또한 …하지 아니한가? 또한 …이 아니겠는가? 긍정의 뜻이 담긴 완곡한 반문(反問)을 나타냄.

亦 : 또한. 역시. 대단히. 매우. 참으로. 조사.

乎 : …인가? …이겠는가? 어기조사. 의문문의 끝에 쓰여 반문의 어기를 나타냄. 일반적으로 대명사 何, 孰이나 접속사 況, 혹은 부사 庸, 寧, 豈, 不, 非 등과 호응함.

說열 : = 悅. 기쁘다. 즐겁다.

주희(朱熹) - 說은 기뻐하는 뜻이다. [說 喜意也]

【朋】 벗. 친구. 동지(同志). 뜻을 같이하는 친구.

주희(朱熹) - 朋은 同類이다. [朋 同類也]

정약용(丁若鏞) - 朋은 도(道)를 함께하는 자이다. [朋 同道者也]

【自】 …(으)로부터. …에서. 전치사. 동작이나 행위가 발생하는 장소·기점·방위 등을 나타냄.

【樂】 즐겁다.

정이(程頤) - 說은 마음속에 있는 것이요, 樂은 발산(發散)함을 주로 하니 외면에 있는 것이다. [說 在心 樂 主發散 在外]

【人不知而不慍】 사람들이 알아주지 아니하여도 성내지 않는다.

人 : 사람. ⇒ 남. 다른 사람. 나와 대조되는 개념.

而 : 그런데. 그러나. 그렇지만. 오히려. …하더라도[하지만]. 접속사. 전환을 나타내어 앞뒤 문장의 의미가 상반되는 역접관계를 나타냄.

慍 : 성내다. 노여워하다. 원망하다.

주희(朱熹) - 慍은 노여움을 품은 뜻이다. [慍 含怒意]

【君子】 '경대부(卿大夫). 백성을 다스리는 위치에 있는 사람. 위정자(爲政者). 지위를 얻은 사회 지도층.' 과 '학문과 덕을 갖춘 사람. 학식과 덕행이 높은 사람.' 의 뜻을 한데 아울러 일반적인 의미로 쓰임.

정약용(丁若鏞) - 君子는 덕행이 있는 이를 일컫는다. 정현(鄭玄)의 예기(禮記) 옥조(玉藻)편 주에 '君子는 大夫·士이다.' 라 하였고,[또 이르기를 '군자는 士이상이다.' 하였다.] 소의(少儀)편 주에는 '君子는 卿·大夫이다' 라 하였다.[맹자에 이르기를 '野人이 아니면 군자를 기를 수 없다.' 하였다.] 君子라고 이르는 것은 大君의 아들이니, 王者를 일컫는 것이 天子인 것과 같은 것이다. 옛날에는 오직 덕이 있는 자만이 벼슬자리에 있을 수 있었는데, 그래서 후세에는 비록 벼슬이 없더라도 대체로 덕이 있는 자면 군자라 일컬었던 것이다. [君子 有德之稱 鄭玄玉藻注曰 君子大夫士 又云 君子 士已上 少儀注曰 君子卿大夫 孟子云 非野人 莫養君子 君子云者 大君之子也 猶王者之稱天子也 古惟有德者得在位 故後世雖無位 凡有德者稱君子]

2. 효제孝弟는 아마 인仁의 근본根本이리라!

有子曰 其爲人也孝弟 而好犯上者 鮮矣 不好犯上而好作亂者 未之有也 君子務本 本立而道生 孝弟也者 其爲仁之本與

有子(유ᄌᆞ)ㅣ ᄀᆞᆯ오ᄃᆡ 그 사ᄅᆞᆷ이론ᄃᆡ 孝(효)ᄒᆞ며 弟(뎨)ᄒᆞ고 上(샹)을 犯(범)홈을 好(호)ᄒᆞᆯ 者(쟈)ㅣ 젹으니 上(샹)을 犯(범)홈을 好(호)티 아니ᄒᆞ고 亂(란)을 作(작)홈을 好(호)ᄒᆞᆯ 者(쟈)ㅣ 잇디 아니ᄒᆞ니라 君子(군ᄌᆞ)ᄂᆞᆫ 本(본)을 힘ᄡᅳᆯ 디니 本(본)이 셤애 道(도)ㅣ 生(ᄉᆡᆼ)ᄒᆞᄂᆞ니 孝弟(효뎨)ᄂᆞᆫ 그 仁(ᅀᅵᆫ)ᄒᆞ욜 本(본)인뎌

유자(有子)가 말씀하기를 "그 사람됨이 효제(孝悌)하고서 윗사람을 범하기 좋아하는 자는 드물고, 윗사람 범하기를 좋아하지 않으면서 난(亂)을 짓기 좋아하는 자는 아직 있지 않았다. 군자는 근본(根本)을(에) 힘써야 할지니 근본이 서고서야 도(道)가 생기게 되는데, 효제(孝悌)하는 것은 아마도 인(仁)의 근본일 것이다!" 하였다.

【有子】 공자의 제자. 노(魯)나라 사람으로 성은 유(有), 이름은 약(若), 자는 자유(子有)이다. 공자보다 43세 아래[史記 弟子傳]. [33세 아래라는 설도 있음.]

【其爲人】 그 사람됨이.

其 : 그. 그 사람. 인칭대명사. 일반적인 사람을 가리킴.

爲 : 되다. 됨됨이. 동사의 명사로의 전용.

人 : 사람. 인간. 일반적으로 사람을 통칭함.

【也】 ① …은(는). …이란. …이면. 어기조사. 음절을 조정하고 어기를 고르는(말을 잠깐 멈추고 다음 내용을 환기시키는) 역할을 함. 곧 중간에 말을 잠시 끊음으로써 화자의 호흡을 조절하고 청자의 주의를 환기시키는 역할을 함. 其爲人也. ② …이다. 어기조사. 진술문의 끝에 쓰여 판단이나 단정 또는 긍정을 나타냄. 명사·대사·수사 또는 이에 준하는 명사성 구조가 술어인 체언술어문(體言述語文)의 끝에 쓰임. 未之有也.

【孝弟】 부모에게 효도하고 형제간에 우애하며 웃어른을 공경하는 일. '弟'는 '悌'와 같음.

주희(朱熹) - 부모를 잘 섬기는 것을 孝라 하고, 형과 어른을 잘 섬기는 것을 弟라

한다. [善事父母爲孝 善事兄長爲弟]

【而】 ① 그러나. …하더라도[하지만]. 접속사. 역접(逆接)관계를 나타냄. 孝弟而好犯上者, 不好犯上而好作亂者. ② …하고서야. 그래서. 접속사. 순접관계를 나타냄. 本立而道生.

【好】 좋아하다. 마땅하게 여기다. 좋아서 하다.

【犯上】 윗사람을 범하다. 윗사람을 업신여기거나 거스르다.

주희(朱熹) - 윗자리에 있는 사람을 침범함을 이른다. [犯上 謂干犯在上之人]

【者】 …한[하는, 이라 하는] 사람[일, 때, 곳, 것]. 특수지시대명사. 동사·형용사 혹은 각종 구와 결합하여 그 말의 수식을 받아 명사구를 이루며, 사람이나 사물을 나타냄.

【鮮】 적다. 드물다. 흔하지 않다. 거의 없다.

【矣】 …이다. 어기조사. 단정 또는 필연의 결과를 나타냄.

【作亂】 난동을 일으키다. 어기고 거스르며 다투고 싸우는 일.

주희(朱熹) - 作亂은 패역(悖逆, 인륜에 어긋나고 순리順理를 거스름)하고 다투고 싸우는 일을 하는 것이다. [作亂 則爲悖逆爭鬪之事矣]

【未之有也】 아직까지 그런 일이 있지 않았다. 아직까지 그런 사람이 없었다. '未有之'가 도치됨. 고대 중국어 즉 한문에서는 의문문이나 부정문에서 대명사(代名詞)가 목적어로 쓰일 경우 목적어가 대개 동사나 전치사의 앞에 위치함.

未 : 아직 …하지 않다[못하다]. 아직 …이 아니다. 부사. 동작·행위·상황 등이 아직 발생하지 않았음을 나타냄.

之 : 그. 그것. 지시대명사. 不好犯上 而好作亂者를 가리킴.

【務本】 근본(根本)에 힘쓰다. 근본에 전심전력(專心專力)하다.

務 : 힘쓰다. 온 힘을 다하다. 전심전력으로 힘써 하다. 힘써 이루다.

주희(朱熹) - 務는 전력(專力)하는 것이요 本은 根(뿌리)과 같다. [務 專力也 本 猶根也]

【道】 ㉠ 바른 길.(正道). 올바른 방법. 합당한 도리(道理). ㉡ 인간이 지켜야 할 도리(道理)로서 일상생활을 하는 사이에 마땅히 행하여야 하는 원칙. 도덕(道德). ㉢ 걸었던 길. 일을 처리하시던 방식이나 원칙. 추구하던 삶이나 삶의 방식.

양백준(楊伯峻) - 공자의 전문 용어. 어떤 때에는 도덕(道德)을 가리키고, 어떤 때에는 학술(學術)을 가리키며, 어떤 때에는 방법(方法)을 가리킴.

[참고] 방법. ☞ **本立而道生 : 근본이 확립되면 방법이 생겨난다.** [모로하시 데츠지(諸橋轍次)]

【也者】 = 也. …은. …이라는 것은. …이란. 어기조사. 제시와 아울러 문(文)을 잠깐 멈추게 하고 다음 말을 환기시키는 역할을 함.

【其爲仁之本與】 아마도 仁의 근본이리라! [주어(孝弟) + 술어(爲) + 보어(仁之本)]

其 : 아마(도). 어쩌면. 부사. 동작이나 행위 또는 어떤 상황에 대한 추측을 나타냄.

爲 : …이다. 동사. 是의 용법과 같음. [延世大學校 四書辭典編纂室 編, 四書集解辭典, 成輔社, 2003. p.580]

仁 : 사욕이 없는 완전무결한 덕성(德性)으로 사랑을 실현하기 위한 원리. 공자의 도덕 표준.

之 : …의. 조사. 관형어와 중심어 사이에 쓰여 종속관계를 나타냄.

與 : …일 것이다. 어기조사. 진술문 끝에 쓰여 추측의 어기를 나타냄. 일반적으로 '其'와 같이 쓰임. 여기서는 문맥상 감탄의 어기도 내포하고 있음.

其…與 : 아마(어쩌면) …일 것이다. 아마도 …이리라.

주희(朱熹) - 仁은 사랑의 원리이고 마음의 덕이다. [仁者 愛之理 心之德也]

정약용(丁若鏞) - 道란 사람이 말미암아 가야 할 길이며 仁이란 두 사람이 서로 관여되는 것이다. 곧 어버이를 섬기되 효도로 함이 仁이니 父와 子 두 사람이 관여됨이며, 형을 섬기되 공경으로 하는 것이 仁이니 형과 아우 두 사람이 관여됨이며, 임금을 섬기되 忠으로써 하는 것이 仁이니 임금과 신하 두 사람이 관여됨이며, 백성을 다스리되 사랑으로 하는 것이 仁이니 위정자와 백성 두 사람이 관여되는 것이다. 이를 미루어 나아가 夫婦朋友에 이르기까지 대체로 두 사람의 사이에서 그 道를 다하는 것이 모두 仁인 것이다. 그러나 孝弟가 그 (仁의) 뿌리(근본)인 것이다. [道者 人所由行也 仁者 二人相與也 事親孝爲仁 父與子二人也 事兄悌爲仁 兄與弟二人也 事君忠爲仁 君與臣二人也 牧民慈爲仁 牧與民二人也 以至夫婦朋友 凡二人之間 盡其道者 皆仁也 然孝弟爲之根]

[참고] 爲 : 행하다. 실천하다. ⇒ 爲仁 : 仁을 실천하다. ☞ **其爲仁之本與 : 아마도 인을 행하는[실천하는] 근본일 것이다.**

주희(朱熹) - 爲仁은 行仁(仁을 행함)이란 말과 같다. [爲仁 猶曰行仁]

정이(程頤) - 仁을 행하는 것은 孝弟로부터 시작된다는 말이다. 孝弟는 仁의 (여러 가지 중에) 한 가지 일이니, 그것을 일컬어 '孝弟가 仁을 행하는 근본' 이라고 한다면 가(可)하거니와 '이것이(孝弟가) 仁의 근본' 이라 한다면 불가하다. 仁은 본성[性]이고 孝弟는 용(用)이다. 性 가운데에는 단지 仁義禮智 네 가지만 있을 뿐이니, 어찌 일찍이 孝弟가 들어와 있었겠는가? 그러나 仁은 사랑을 주로 하고 사랑은 어버이를 사랑하는 것보다 더 큰 것이 없으므로 '孝弟라는 것은 그 인을 행하는 근본일 것이다.' 라고 말한 것이다. [謂行仁自孝弟始 孝弟是仁之一事 謂之行仁之本則可 謂是仁之本則不可 蓋仁是性也 孝弟是用也 性中只有箇仁義禮智四者而已 曷嘗有孝弟來 然仁主於愛 愛莫大於愛親 故曰孝弟也者 其爲仁之本與]

3. 듣고 보기 좋게 꾸민 말과 낯빛에는 인仁이 적으니

子曰 巧言令色 鮮矣仁

子(ᄌᆞ)ㅣ ᄀᆞᆯᄋᆞ샤ᄃᆡ 言(언)을 巧(교)히 ᄒᆞ며 色(ᄉᆡᆨ)을 令(령)히 홀 이 仁(ᄉᆡᆫ)홀 이 鮮(션)ᄒᆞ니라

선생님께서 말씀하시기를 "듣기 좋게 교묘히 꾸민 말과 보기 좋게 겉으로 꾸민 낯빛에는 적도다, 인(仁)이!" 하셨다.

[참고] 公冶長-25, 陽貨-17.

【巧言令色】 ㉠ 듣기 좋게 교묘히 꾸며서 하는 말과 겉으로 보기 좋게 꾸며 아첨하는 얼굴빛. 남의 환심을 사려고 아첨하는 교묘한 말과 꾸민 태도(거짓된 표정). ⇒ 巧言 : 교묘히 꾸며대는 말. 令色 : 위선적인 얼굴. [수식관계] ㉡ 말을 듣기 좋게 교묘히 하고, 얼굴빛을 겉으로 보기 좋게 꾸미는 것. [술목관계]

포함(包咸) - 巧言은 말을 좋게 하는 것이고, 令色은 안색을 좋게 하는 것이니, 이는 모두 타인으로 하여금 기뻐하도록 하려는 것이지만 (그 내면에) 仁을 간직한 경우는 적다. [巧言 好其言語 令色 善其顔色 皆欲令人說之 少能有仁也]

왕숙(王肅) - 巧言에는 참됨이 없고, 令色에는 믿음이 없다. [巧言 無實 令色 無質]

주희(朱熹) - 巧는 좋아하게 하는 것이고 令은 잘 보이려 함이다. 그 말을 듣기 좋게 하고 그 얼굴빛을 보기 좋게 하여 외모 꾸미기를 지극히 해서 남을 기쁘게 하기를 힘쓴다면 곧 인욕(人欲)이 함부로 부려져서 本心의 德이 없어질 것이다. [巧 好 令 善也 好其言 善其色 致飾於外 務以悅人 則人欲肆而本心之德亡矣]

【鮮矣仁】 적도다, 인이! 거의 없다는 것을 강조하기 위하여 '仁鮮矣(인이 적도다!)'를 도치하였음.

鮮 : 적다. 드물다. 흔하지 않다. 거의 없다.

矣 : …이구나! …이도다! …로구나! 어기조사. 감탄문의 끝에 쓰여 비통·찬송·감탄·놀람 등의 어기를 나타냄.

4. 내 날마다 세 가지로 내 자신을 반성反省하니

曾子曰 吾日三省吾身 爲人謀而不忠乎 與朋友交而不信乎 傳不習乎

曾子(증ᄌᆞ)ㅣ 갈ᄋᆞ샤ᄃᆡ 내 날로 세 가지로 내 몸을 ᄉᆞᆯ피노니 사ᄅᆞᆷ을 爲(위)ᄒᆞ야 謀(모)홈애 忠(듕)티 몯ᄒᆞᆫ가 朋友(붕우)로 더브러 交(교)홈애 信(신)티 몯ᄒᆞᆫ가 傳(뎐)코 習(습)디 몯ᄒᆞᆫ개니라

증자(曾子)가 말씀하기를 "내 날마다 내 몸[자신]을 세 가지로 살피니, 남을 위하여 일을 도모(圖謀)함에 충실(忠實)하지는 아니하였는가? 친구와 함께 사귐에 신실(信實)하지는 아니하였는가? 익히지 아니한 것을 전수(傳授)하였는가?" 하였다.

【曾子】 공자의 제자. 노(魯)나라 사람. 성이 증(曾). 이름은 삼(參). 자는 자여(子輿). 공자보다 46세 아래.

【吾日三省吾身】 나는 날마다 내 몸[자신]을 세 가지로 살핀다.

吾 : 나. 우리. 우리들. 일인칭대명사.

日 : 날마다. 매일. 부사.

省 : 살피다. 반성(反省)하다. 자신을 돌아보다.

三省 : 세 가지로 살피다. 여러 가지로 반성한다. 여러 차례 반성한다.

양백준(楊伯峻) - 三자는 여러 차례의 뜻이다. 고대에는 동작성(動作性) 동사 앞에 숫자를 첨가하여, 이 숫자가 일반적으로 동작의 빈도(頻度)를 나타내도록 했다. 그리고 三, 九 등의 숫자는 일반적으로 횟수가 많음을 나타내며 실제적인 수로 간주해서는 안 된다. 본문에서 반성하고 있는 것이 세 가지 일로, 三省의 三과 우연히 일치한다. 만약 이 三자가 뒤 문장의 세 가지 일을 말한다고 하면, 논어의 구법(句法)에 따라서 '吾日省者三'으로 되어야 한다. 헌문편(憲問篇)의 '君子道者三'과 마찬가지이다. [憲問-30]

[참고] 류종목 - 뒤에 반성하는 내용을 세 가지로 나열했기 때문에 '세 가지 측면에서 반성하다.'로 보는 것이 자연스럽다.

身 : 몸. 자기 자신. 본인.

【爲人謀而不忠乎】 남을 위하여 일을 도모(圖謀)하면서 충실하지 아니하였는가?

爲 : …을 위하여. …을 하기 위해서. 전치사. 동작이나 행위가 발생하는 목적을 나타냄.

謀 : 꾀하다. 일을 도모(圖謀)하다. 계책(計策)[계획]을 세우다. 추구하다.

而 : …에(는). …함에 있어서는. …일 때는. 어기조사. 잠시 멈춰 어기를 고르거나 상황이 진행되고 있음을 나타냄.

乎 : …인가? …한가? 어기조사. 문장 끝에 쓰여 의문(질문)을 나타내며 시비(是非) 판단의 어기를 도움.

不…乎 : …하지 않은가? …하지 않지는[못하지는] 않았는가?

【忠】 충성심(忠誠心). 정성(精誠)을 다하는 마음. 성실(誠實)한 자세로 최선(最善)을 다하는 마음. 다른 사람에 대해서, 특히 윗사람에 대해서 전심전력을 다함. 충심으로 정성을 다하다. [참고] 里仁-15.

【與】 …와[과]. …와 함께. …와 더불어. 전치사. 동작이나 행위에 대한 동반자임을 나타냄.

【朋友】 벗. 친구. [참고] 동문(同門)을 朋, 동지(同志)를 友라 함.

【信】 사람으로서의 도리를 잘 지켜 서로에게 믿음을 주는 것. 언행일치(言行一致). 신의(信義). 신실(信實). 신용(信用). ⇒ 성실하여 미쁘게 하다. 신의를 지키다. 신실하게 하다.

【傳不習乎】 익히지 아니한 것을 전수(傳授)하였는가? 익히지 않은 것을 가르쳤던가? ⇒ 미숙한 것을 가르치지나 않았는가? 잘 알지도 못하는 것을 가르치고 있는 일은 없었던가. [주어(吾, 생략됨) + 술어(傳) + 목적어(不習) + 의문 어기조사(乎)]

傳 : 전하다. 전수(傳授)하다. 전하여 가르치다. 가르쳐 주다. 동사.

習 : 익히다. 숙달하다. 연습하다. 실습하다. 반복하여 몸에 배게 하다.

하안(何晏) - 무릇 전하는 일에서 평소 자신이 익히지 않고서 그것을 전할 수는 없음을 말한다. [言凡所傳之事 得無素不講習而傳之]

형병(邢昺) - '무릇 전수(傳授)하는 일에 평소에 익히지 아니하고서 망령되이 전함이 없었던가?' 전함에 천착(穿鑿, 억지로 이치에 닿지 않는 말을 함)하기를 싫어하였으므로 증자가 이를 살펴 삼간 것이다. [凡所傳授之事 得無素不講習而妄傳乎 傳惡穿鑿 故曾子省愼之]

모기령(毛奇齡) - 傳은 業을 전하는 것을 말한다. … 무릇 단독으로 아래에 하나의 傳자만 쓴 것은 모두 이것이 授자의 뜻이다. [傳曰傳業 … 凡單下一傳字 總是授字]

[참고]

① (제자들에게 학문을) 전수(傳授)하면서 익숙하지는 아니하였는가?

류종목 - 曾子曰이라고 한 것을 보면 이것이 그가 스승이 된 뒤 제자들 앞에서 한 말임을 알 수 있으므로 이 문장을 '선생님이 전수(傳授) 해주신 것을 복습하지 않았는가?' 라고 풀이하는 것은 적합하지 않다.

② 傳 : 전하여 받은 것. 전수(傳受)한 것. 스승에게서 배운 것. 스승이 전수(傳授)한 것. 가르침 받은 것. 명사. 習 : 익히다. 연습하다. 실습하다. 반복하여 몸에 배게 하다. ☞ 전수(傳受)받은[가르침을 받은] 것을 익히지 아니하였는가?

주희(朱熹) - 자기 마음을 다하는 것을 忠이라 이르고 성실히 하는 것을 信이라 이른다. 傳은 스승에게 전수(傳受)받은 것이요, 習은 자기 몸에 익숙히 함을 말한다. [盡己之謂忠 以實之謂信 傳 謂受之於師 習 謂熟之於己]

정약용(丁若鏞) - 傳不習이란 배우기만 하고 익히지 아니한 것이다. 傳이란 한 글자는 위를 이어나가고 아래를 접해가는 데 통용할 수 있다. 소산(蕭山, 모기령의 호)은 '스승에게 업을 받는 데는 傳자를 쓸 수 없다.' 고 말하는데, 이것 또한 (傳자의 뜻을) 얽매어 놓은 것이 아니겠는가? 자기가 익히지 않은 바를 어떻게 전수(傳授)할 수 있겠는가? 익히지 않고서 傳하는 그런 이치는 없다. [傳不習者 學而不習也 傳一字 承上接下 可以通用 蕭山謂 受之於師 不得用傳字 不亦拘乎 己所不習 何以傳授 不習而傳 理所無也]

박기봉 - 傳은 여기서 '所傳' 의 뜻이다. '전수받은 것을(所傳) 익히지 않았는가?(不習乎)' 의문문에서 목적어인 所傳과 동사인 習이 도치된 문장형식이다. 평서문으로는 '不習所傳' 이다. 이것을 '스스로 익히지 않은 것(不習)을 전했는가(傳乎)' 의 뜻으로 해석하는 것은 앞의 문장들과도 어울리지 않고, 반성의 문장형식에도 부합되지 않는다.

5. 천승千乘의 나라를 다스림에 있어서는

子曰 道千乘之國 敬事而信 節用而愛人 使民以時

子(ᄌᆞ)ㅣ ᄀᆞᆯᄋᆞ샤ᄃᆡ 千乘(쳔승)ㅅ 나라홀 道(도)호ᄃᆡ 일을 敬(경)ᄒᆞ고 信(신)ᄒᆞ며 ᄡᅳ기를 節(졀)ᄒᆞ고 사ᄅᆞᆷ을 愛(ᄋᆡ)ᄒᆞ며 民(민)을 브료ᄃᆡ 時(시)로ᄡᅥ 홀 ᄯᅵ니라

선생님께서 말씀하시기를 "천승(千乘)의 나라를 다스림에 있어서는 일을 삼가 신중(愼重)히 하고 믿게 하며, 절도(節度) 있게 쓰고 아랫사람들을 아끼며, 때에 따라 백성을 부려야 하느니라." 하셨다.

【道】 다스리다. 통치하다. 동사.

마융(馬融) - 道는 백성을 다스리고 가르친다는 말이다. [道 謂爲之政敎也]

포함(包咸) - 道는 다스린다는 뜻이다. [道 治也]

정약용(丁若鏞) - 道란 인도함이다. 옛날의 성왕들은 백성을 인도하되 선을 행함으로써 천하를 통솔하였기 때문에 나라 다스림을 道라 하였던 것이다. [爲政-2. 道之以德] [道 導也 古之聖王導民 爲善以率天下 故謂治爲道] [下篇云 道之以德]

【千乘之國】 전차(戰車) 천대(千臺)를 가진 나라. 제후(諸侯)의 나라.

乘 : 수레를 세는 단위. 전차 한 대.

之 : …하는[한]. …의. 조사. 관형어와 중심어 사이에 쓰여 중심어를 수식하거나 국한하는 관계를 나타냄. 앞의 말에 형용성(形容性)을 띠게 함.

마융(馬融) - 司馬法에 '六尺이 一步이고, 百步는 一畝이며, 百畝가 一夫이며, 三夫가 一屋이고, 三屋이 一井이며, 十井이 一通이고 十通이 一成이 되는데, 成에서는 전쟁용 수레 一乘을 낼 수 있다.'라 하였다. 그렇다면 千乘의 병부(兵賦, 군대)란 그 땅이 千成이니, 거주지가 사방 316리 남짓이며, 오직 公侯의 봉토에서만 이를 행할 수 있고 비록 대국의 병부라 하더라도 이를 넘지 않는다. [司馬法 六尺爲步 步百爲畝 畝百爲夫 夫三爲屋 屋三爲井 井十爲通 通十爲成 成出革車一乘 然則千乘之賦其地千成也 居地方三百一十六里有畸 惟公侯之封 乃能容之 雖大國之賦亦不是過焉] [何晏 - 주례(周禮)에 의한 것임.]

포함(包咸) - 千乘之國이란 100里의 나라이다. 옛날 전정제(井田制)에서 사방 1里를 井이라 하고 10井을 乘이라 하니, 100里의 나라면 1,000乘에 해당된다. [千乘之國者 百里之國也 古者井田 方里爲井 十井爲乘 百里之國 適千乘也]

[何晏 - 예기(禮記) 왕제편(王制篇)과 맹자(孟子)에 의한 것임.]

【敬事而信】 일을 지극히 삼가는 마음으로 신중히 처리하고 사람들을 믿게 하다[백성들의 신임을 얻다].

敬 : 지극히 삼가다. 신중히 하다. 경건(敬虔)하게 하다. 공경하는 마음으로 깊이 삼가고 조심하는 태도가 있게 하다. 예의 바르고 신중(愼重)히 하다. 삼가고 정성(精誠)을 다하여 처리하다.

信 : 믿게 하다. 신뢰하도록 하다. 신임을 받다.

포함(包咸) - 나라를 다스리는 자는 모든 일을 반드시 공경스럽고 조심스럽게 하며 백성에 대해 반드시 성실하고 믿음이 있어야 한다. [爲國者擧事必敬愼與民必誠信]

【而】 와[과]. …하고. 그리고. 접속사. 병렬관계를 나타냄.

【節用而愛人】 절도 있게 재물을 사용하고, 아래 관리들을 아끼다.

節 : 절도(節度)있다. 절제(節制)하다. 넘치거나 모자라지 않고 딱 알맞다. 적당[적절]하다.

用 : 쓰다. 사용하다.

節用 : 절도 있게 재물을 쓰다. 알맞게[적절하게] 재물을 쓰다.

[참고] 節 : 절약하다. 用 : 쓰는 것. 비용(費用). ☞ **節用 : 쓰는 것을 절약하다. 비용을 절약하다. 비용을 아끼다.**

愛人 : 사대부 등 밑의 관리들을 아끼다. 아랫사람들을 아끼다.

愛 : 아끼다. 아깝게 여기다. 알뜰히 여기다.

人 : 사람. 지배층의 사람. 관리(벼슬아치). 대체로 사대부 이상의 사람을 가리킴.

양백준(楊伯峻) - 고대의 人자는 광·협의 두 가지 뜻이 있었다. 광의의 人이란 무리·군중을 가리키며, 협의의 뜻으로는 단지 사대부 이상의 각 계층의 사람을 가리킨다. 여기서는 民(使民以時)과 반대되는 말로, 협의의 뜻으로 사용되었다.

류종목 - 다음 구절의 民에 대칭되는 개념으로서 인재 즉 벼슬아치를 가리킨다.

[참고] 愛人 : 사람들을 사랑하다. 백성을 사랑하다.

포함(包含) - 節用이란 사치하지 않는 것이다. 나라는 백성을 근본으로 하므로, 백성을 아끼고 길러야 한다. [節用 不奢侈 國以民爲本 故愛養之]

양시(楊時) - 역경에 이르기를 '제도로 절제하여 재물을 없애지 않게 하고 백성에게 해를 입히지 않게 한다.' 고 하였으니, [節卦] 사치를 하면 재산을 잃게 되고 재산을 잃게 되면 반드시 백성에게 피해를 주는 것이다. 그러므로 백성을 사랑하려면 반드시 먼저 절용(節用)하는 것이다. [易曰 節以制度 不傷財 不害民 節卦文 蓋侈用則傷財 傷財必至於害民 故愛民必先於節用]

【使民以時】 때에 따라서 백성을 부리다. 때에 맞게 백성들을 부리다. ⇒ 때를 보아서 백성들에게 일을 시키다.

以 : …(으)로(써). …을(에) 따라. …을 사용하여. …에 근거하여. 전치사. 동작이나 행위가 발생할 때 사물이나 어떤 준칙(기준이나 근거)에 의거하는 것을 나타내며 간혹 강조를 위해 뒤의 목적어와 도치되기도 함.

以時 : 때로써[때에 따라] 하다. 때 또는 철에 맞게 하다.

포함(包咸) - 일을 하고 백성을 부리는 데에는 반드시 적절한 시기를 골라서 해야 하니 농사의 일을 방해하고 빼앗지 않는다. [作事使民 必以其時 不妨奪農務]

[참고] 而 : 그래서. 그리하여. …하여서. 접속사. 순접(연관)관계를 나타냄. ☞

敬事而信 節用而愛人 使民以時 : 정사를 신중히 처리하여서 (백성이 위정자를) 신임하게 하고, 비용을 절약하여서 백성을 사랑하며, 때에 맞춰서 백성을 부려야 한다.

정약용(丁若鏞) - 세 구가 각각 한 가지 일인데, 다섯 가지 일로 여긴 선유들이 많았다. 아마도 그렇지 않은 듯하다. [三句各爲一事 先儒多以爲五事 恐不然也]

6. 집 안팎에서 행할 도리를 다하고 여력이 있으면 글을 배워야

子曰 弟子 入則孝 出則弟 謹而信 汎愛衆 而親仁 行有餘力 則以學文

子(ᄌᆞ)ㅣ ᄀᆞᆯᄋᆞ샤ᄃᆡ 弟子(뎨ᄌᆞ)ㅣ 드러는 孝(효)ᄒᆞ고 나는 弟(뎨)ᄒᆞ며 謹(근)ᄒᆞ고 信(신)ᄒᆞ며 너비 衆(즁)을 愛(ᄋᆡ)호ᄃᆡ 仁(신)을 親(친)히 홀 ᄯᅵ니 行(ᄒᆡᆼ)홈애 남은 힘이 잇거든 곧 ᄡᅧ 글을 學(ᄒᆞᆨ)홀 ᄯᅵ니라

선생님께서 말씀하시기를 "젊은이는 들어가서는 효도(孝道)하고 나와서는 윗사람을 공경(恭敬)하며, (행실을) 삼가고 (말을) 미덥게 하며, 널리 뭇 사람들을 사랑하되 인(仁)한 이를 가까이 해야 하나니, 이것을 행하고 여력(餘力)이[여가(餘暇)가] 있으면 곧 글을 배워야 하느니라." 하셨다.

【弟子】 젊은이. 젊은 사람. 연소자. 동생과 자식. ⇔ 부형(父兄).

양백준(楊伯峻) - 예기(禮記) 내칙(內則)에서는 '명사(命士, 왕명으로 벼슬을 받은 士) 이상은 父子가 모두 집을 달리 한다[由命士以上 父子皆異宮].' 라고 했는데, 곧 여기에서 말하는 弟子는 命士 이상의 인물을 가리킨다는 것을 알 수 있다. 入은 부친이 거하는 집에 들어가는 것[入父宮]이고 出은 자기 집에서 나오는 것[出己宮]이다.

【則】 ① …은[는] 곧. …로 말하면[말할 것 같으면] 곧. …으로는 곧. …할 때는[경우에는] …하여서는 곧. 접속사. 두 가지 또는 여러 가지 사실의 대비(대응)관계나 병렬관계를 나타내며 강조의 어감을 가짐. 入則孝, 出則弟. ② …이면(하면)(곧). 그렇다면 곧. 접속사. 결과나 조건에 대한 상호 원인 등 앞뒤 문장의 전후 상황이 서로 연관됨을 나타냄. 則以學文.

【謹而信】 신중하게 행동하고 미덥게 말하다.

謹 : 삼가다. 행실을 삼가다. 신중히 하다. 신중하게 행동하다. 공경하고 조심하다(敬謹).

而 : 와[과]. …하고. 그리고. 접속사. 병렬관계를 나타냄.

信 : 성실하여 미쁘게 하다. 신의를 지키다. 신실하게 하다. [말이 알차서 주는 믿음.]

주희(朱熹) - 謹이란 행동에 떳떳함이 있는 것이며, 信이란 말에 성실함(진실)이

있는 것이다. [謹者 行之有常也 信者 言之有實也]

【汎愛衆】 널리 여러 사람을 사랑하다.

汎 : 널리. 광범위하게. 널리 차별 없이.

愛 : 사랑하다.

衆 : 무리. 많은 사람. 대중(大衆). 군중(群衆).

주희(朱熹) - 汎은 넓음이요, 衆은 衆人(여러 사람)을 이른다. [汎 廣也 衆 謂衆人]

【親仁】 인(仁)한 사람과 친하다. 인덕(仁德)이 있는 사람을 가까이 하다.

仁 : = 仁人. 인(仁)한 사람. 어진 사람. 인(仁)을 행(行)하는 사람. 인덕(人德)을 갖춘[이룬] 사람.

주희(朱熹) - 親은 가까이 하는 것이요, 仁은 인자(仁者)를 이른다. [親 近也 仁 謂仁者]

【餘力】 남은 힘. 여가(餘暇).

餘 : 남다. 나머지(의). 여분(의).

주희(朱熹) - 餘力은 가일(暇日, 틈나는 날)이란 말과 같다. [餘力 猶言暇日]

【則以學文】 곧 그것을 가지고(여력을 이용하여) 글을 배우다.

以 : …으로써. …을 가지고. …을 통하여. 전치사. 도구·수단·방법을 나타냄. 뒤에 之(餘力을 가리킴)가 생략되었음.

文 : 학문(學文). 경전(經典). 문헌(文獻)상의 지식. 옛 서적을 통하여 배우는 역사·문학·정치 등. 육경(六經, 詩·書·禮·樂·易·春秋)을 비롯한 과거의 전적(典籍)이 담겨 있는 문물.

마융(馬融) - 文이란 옛날의 남아 있는 문장이다. [文者 古之遺文也] 邢昺 - 注에서 말하는 古之遺文이란 곧 詩·書·禮·樂·易·春秋의 六經 이다. [注言古之遺文者 則詩書禮樂易春秋六經是也]

정현(鄭玄) - 文이란 道藝이다. [文 道藝也]

주희(朱熹) - 以는 用(쓰다)이요, 文은 시서(詩書)와 육예(六藝)의 文을 이른다. [以 用也 文 謂詩書六藝之文]

7. 비록 배우지 않았어도 배웠다 말할 수 있는 이는...

子夏曰 賢賢易色 事父母能竭其力 事君能致其身 與朋友交 言而有信 雖曰未學 吾必謂之學矣

子夏(ᄌᆞ하)ㅣ ᄀᆞᆯ오ᄃᆡ 어딘 이를 어딜이 너교ᄃᆡ 色(ᄉᆡᆨ)을 밧고며 父母(부모)를 셤교ᄃᆡ 能(능)히 그 힘을 竭(갈)ᄒᆞ며 님금을 셤교ᄃᆡ 能(능)히 그 몸을 致(티)ᄒᆞ며 朋友(붕우)로 더브러 交(교)호ᄃᆡ 言(언)홈애 信(신)이 이시면 비록 學(ᄒᆞᆨ)디 몯ᄒᆞ얏다 닐어도 나ᄂᆞᆫ 반ᄃᆞ시 學(ᄒᆞᆨ)ᄒᆞ얏다 닐오리라

자하(子夏)가 말하기를 "현자(賢者)를 숭상(崇尚)하기를 여색(女色)을 좋아하는 마음처럼 하며, 부모(父母)를 섬기되 능히 그 힘을 다하며, 인군(人君)을 섬기되 능히 그 몸을 바치며, 붕우(朋友)와 함께 사귀되 말함에 신실(信實)함이 있으면, 비록 배우지 않았다 하더라도 나는 반드시 그를 배웠다고 말할 것이다." 하였다.

【子夏】 공자의 제자. 성이 복(卜). 이름이 상(商). 자가 자하(子夏). 위(衛)나라 사람으로 공자보다 44세 아래.

【賢賢易色】 현자(賢者)를 높여 중히 여기기를 여색을 좋아하는 것 같이 바꾸다. ⇒ 현자(賢者)를 높여 중히 여기기를 여색을 좋아하는 마음처럼 하다. 현자를 숭상하기를 여색을 좋아하는 마음처럼 하다.

앞의 賢 : 높여 중히 여기다. 존중하다. 숭상(崇尚)하다.

뒤의 賢 : 어진 사람. 현자(賢者). 현명한 사람. 덕행이 뛰어난 사람이나 재능이 많은 사람.

易 : 바꾸다.

色 : 여자의 미모. 여색(女色). 색욕(色慾). ⇒ 여색을 좋아하는 마음.

공안국(孔安國) - 여색(女色)을 좋아하는 마음으로 현자(賢者)를 좋아하면 좋다는 말이다. [言以好色之心好賢則善]

주희(朱熹) - 남의 어짊을 어질게 여기되 女色을 좋아하는 마음과 바꾸어서 한다면 善을 좋아함에 정성됨이 있는 것이다. [賢人之賢 而易其好色之心 好善有誠也]

황간(皇侃) - 위의 賢자는 존중(尊重)과 같고 아래의 賢자는 현인(賢人)을 일컫는

다. 만약 이 賢人을 존중하고자 한다면 곧 마땅히 그 평상시의 낯빛을 바꿔 다시 장중하고 공경하는 모습을 일으킨다는 말이다. [上賢字猶尊重也 下賢字謂賢人也 言若欲尊重此賢人 則當改易其平常之色 更起莊敬之容也]

[참고] 賢 : 소중히 여기다. 현덕(賢德) [훌륭한 德]. 易이 : 소홀히 여기다. 가볍게 여기다. ⇔ 소중하게 여기다. 色 : 아름다운 외모. 미색(美色). ☞ **(아내를 대함에 있어서) 현덕(賢德, 현량한 덕성)을 소중히 여기고 미색(美色, 아름다운 용모)을 가볍게 여긴다.**

양백준(楊伯峻) - 이하 세 구절(부모 모시기, 임금 섬기기, 친구 사귀기)은 각각 인간관계를 가리키는 말이니, 賢賢易色 또한 마땅히 어떤 한 인간관계를 가리켜서 말하는 것이지 일반적으로 총괄해서 가리킬 수는 없다. 노예사회와 봉건사회에서는 부부간의 관계를 대단히 중요시했으니 이는 이것을 '인륜의 시작[人倫之始]'과 '왕의 교화의 바탕[王化之基]'으로 여겼기 때문이다.

【事】 섬기다(侍奉). 모시다.

【能】 능히[충분히] …할 수 있다. 조동사. 어떤 일을 할 능력이 있거나 조건이 됨을 나타냄.

【其】 그. 그 사람. 인칭대명사. 일반적인 사람을 가리킴.

【致】 내맡기다. 내던지다. 주다. 바치다.

주희(朱熹) - 致는 委(맡기다)와 같으니 그 몸을 위치(委致, 바치다)한다는 것은 그 몸을 두지 않음을 이른다. [致 猶委也 委致其身 謂不有其身也]

공안국(孔安國) - (致其身은) 충성과 절개를 다하며 자신의 몸을 아끼지 않는다는 것이다. [盡忠節 不愛其身也]

【與朋友交 言而有信】 친구와 함께 사귐에 있어 말에 신의(信義)가[신실信實함이] 있다. [참고] 學而-4. 與朋友交而不信乎.

【雖曰未學】 비록 아직 배우지 아니하였다 할지라도.

雖 : 비록 …일[할] 지라도. 접속사. 양보관계를 나타냄.

曰 : …라(고) 하다. …라고 말하다. …이다. = 爲. 주어가 생략됨.

【吾必謂之學矣】 나는 반드시 그를 일컬어 배웠다고 할 것이다. 나는 반드시 그 사람이 배웠다고 말할 것이다.

必 : 반드시[필시] …일 것이다. 반드시 …이다. 술어 앞에 쓰여, 사실을 서술한

것에 대한 확신에 찬 추측을 나타냄.

謂 : 이르다. 일컫다. 말하다. …라고 하다. …라고 생각하다.

之 : 그. 그 사람. 인칭대명사. 앞의 賢賢易色~言而有信한 사람을 가리킴.

矣 : …일 것이다. …이다. 어기조사. 진술문의 끝에 쓰여 긍정의 어기를 나타냄.

왕숙(王肅) - 이 네 가지를 행할 수 있는 사람은 비록 배우지 않았다고 말하더라도 이미 배웠다고 말할 수 있다는 말이다. [言能行此四者 雖云未學而可謂已學也]

8. 잘못이 있으면 고치기를 꺼려하지 말지니

子曰 君子不重則不威 學則不固 主忠信 無友不如己者 過則勿憚改

子(ᄌᆞ)ㅣ ᄀᆞᆯᄋᆞ샤ᄃᆡ 君子(군ᄌᆞ)ㅣ 重(듕)티 아니ᄒᆞ면 威(위)티 아니ᄒᆞᄂᆞ니 學(ᄒᆞᆨ)ᄒᆞ면 固(고)티 몯ᄒᆞᄂᆞ니라 忠信(튱신)으로 主(쥬)ᄒᆞ며 己(긔) ᄀᆞᆮ디 몯ᄒᆞᆫ 이를 友(우)티 말오 過(과)ㅣ 어든 改(ᄀᆡ)홈을 憚(탄)티 말올 ᄯᅵ니라

선생님께서 말씀하시기를 "군자(君子)는 진중(鎭重)하지 않으면 곧 위엄(威嚴)이 없게 되고, 배우면 곧 고폐(固蔽)하지 않게 되나니. 충성(忠誠)과 신실(信實)을 위주(爲主)로 하고, 자기보다 못한 자를 벗하려 하지 말며, 잘못이 있으면 고치기를 꺼려하지 말지니라." 하셨다.

【重】 무게가 있다. 중후(重厚)하다. 진중(鎭重)하다. 장중하다. [重 厚重[朱熹]]

【則】 …이면(하면) (곧). 그렇다면 곧. 접속사. 결과나 조건에 대한 상호 원인 등 앞뒤 문장의 전후 상황이 서로 연관됨을 나타냄.

【威】 위엄(威嚴)[朱熹]. 권위(權威). 다른 사람들로 하여금 경외심(敬畏心)이 나타나도록 하는 기세.

【固】 ① 가리다. 가리어 어둡다. 막히다. 막혀서 통하지 않다(閉塞不通). 고폐(固蔽, 고루하고 막히어 사리에 어둠)하다. ② 완고(頑固)하다.

공안국(孔安國) - 固는 蔽(가리다)이다. [固 蔽也]

형병(邢昺) - 군자는 당연히 두텁고 무게가 있어야 하는데 만약 돈중(敦重)하지 않으면 곧 위엄이 없으며, 또 마땅히 선왕의 도를 배움으로써 견문이 넓고 많은 것을 앎에 이르게 되니 곧 고폐(固蔽, 고루하고 막히어 사리에 어둠)하지 않다는 말이다. [言君子當須敦重 若不敦重則無威嚴 又當學先王之道以致博聞强識 則不固蔽也]

[참고] 學則不固 ☞ **배울지라도 견고하지 않다. 학문을 하지만 견고(공고)하지 않게 되다.** [則 : …일지라도. 양보관계 접속사. 또는 그러나. …이지만. 전환관계(역접관계) 접속사. 固 : 굳다. 단단하다. 견고(堅固)하다. 확고(確固)하다. 공고(鞏固)하다.]

하안(何晏) - 어떤 이가 말하기를 "사람이 두터우며 무게가 없다면 이미 위엄이 없어서 학문이 그 뜻과 이치를 알 정도로 견고할 수 없다는 말이다." 하였다. [一曰 言人不能敦重 旣無威嚴 學不能堅固識其義理]

황간(皇侃) - 내가 살펴보건대, 孔氏의 '固는 蔽이다.' 라는 훈(訓)에서 蔽는 當(알맞다, 적절하다, 마땅하게 하다)과 같다. 사람들이 이미 중후할 수 없게 되면 비록 배워도 역시 도리를 마땅하게 할 수 없음[도리에 알맞게 할 수 없음]을 말하니, '詩三百一言以蔽之' 의 蔽와 같다. [侃案 孔訓固爲蔽 蔽猶當也 言人旣不能敦重 縱學亦不能當道理也 猶詩三百 一言以蔽之蔽也]

주희(朱熹) - 固는 견고(堅固)함이다. 외모에 가벼운 자는 반드시 내면이 견고할 수 없다. 그러므로 중후하지 않으면 곧 위엄이 없어서 배우는 바도 또한 견고하지 않은 것이다. [固 堅固也 輕乎外者, 必不能堅乎內, 故不厚重則無威嚴, 而所學亦不堅固也]

[참고] 君子不重則不威 學則不固 ☞ **군자는 중요한 일이 아니면 위엄(威嚴)을 부리지 않고, 배움은 (어느 하나만을) 고수(固守)[고집]하지 않는다.**

오규 나베마쓰(荻生雙松) - 不重은 중요한 일이 아님을 일컫는다. 군자는 온화함을 덕으로 삼기 때문에 중요한 일이 아니면 위엄을 부리지 않는다. … 전(傳)[禮記 內則]에 말하기를 '널리 배워 국한된 방향이 없다.' 하였다. 공자께서 일정한 스승이 없었다는 것은 한 스승의 설을 고수(固守)하지 않았음을 일컫는다. [不重謂非重事也 君子愷悌以爲德 故凡非重事 不設威嚴 … 傳曰 博學無方 孔子無常師 謂不固守一師之說也] [重事 : 전쟁과 제사는 나라의 큰일(大事)이고 기타 여러 큰 예(禮)는 중요한 일(重事)이다.]

【主忠信】 충성(忠誠)과 신의(信義)을 주로[근본으로] 함. [참고] 子罕-24, 顔淵-10.

主 : 주(主)로 한다. 위주(爲主)로 하다. 주축(主軸)으로 하다. 주장으로 삼다. [참고] ① 높이다. 숭상하다. ② 친하다. 친히 여기다. ③ 지키다. 主 守也. [廣雅 釋詁]

정현(鄭玄) - 主는 親(친하게 여기다)이다. [主 親也]

황간(皇侃) - 마음을 충신(忠信)하게 하는 것은 백행(百行)의 주인[근본]이다. [忠信爲心 百行之主也]

주희(朱熹) - 사람이 충신(忠信)하지 못하면 일이 모두 실제가 없어서 惡하기는 쉽고 善하기는 어렵다. 그러므로 배우는 자가 반드시 이것을 주장으로 삼는[위

주로 하는] 것이다. [人不忠信 則事皆無實 爲惡則易 爲善則難 故學者必以是爲主焉]

【無友不如己者】 자기만 같지 않은 사람을 벗하지 마라. 자기만 못한 자를 벗으로 삼지 마라.

無 : = 毋. …하지 마라. …해서는 안 된다. 부사. 동작이나 행위에 대한 금지 및 충고를 나타냄.

友 : 벗하다. 벗으로 삼다. 벗으로 사귀다. 친구로 하다. 명사의 동사로의 전용.

不如 : …(함)만 못하다. …하는 것이 차라리 낫다. 부사. 앞에서 말한 사건이 뒤에서 말한 사건에 미치지 못함을 나타냄. [참고] 公冶長-28.

者 : …한[하는, 이라 하는] 사람[일, 때, 곳, 것]. 특수지시대명사. 동사·형용사 혹은 각종 구와 결합하여 그 말의 수식을 받아 명사구를 이루며, 사람이나 사물을 나타냄.

[참고] **자기보다 못한 벗은 없다. 벗이 자기만 못한 자는 없다.**

남회근(南懷瑾) - 君子不重則不威에서 의 重자는 자중(自重)한다는 뜻으로, 자중심(自重心)은 오늘날의 자존심(自尊心)과 같은 말이다. 이것은 모든 사람이 저마다 自重해야 한다는 뜻이다. 君子不重則不威를 요즘말로 해석하면 '자신에 대한 믿음이 없어서는 안 된다' 는 뜻이다. … 그러면 無友不如己者는 무엇을 말하는 것일까? 어떤 사람도 깔보지 마라, 어떤 사람도 자기보다 못하다고 생각하지 마라는 말이다. 앞 구절은 '자중하라' 는 것이고, 뒤의 구절은 '남을 존중하라' 는 것이다. 우리는 자기 자신의 자존심을 가져야 할 뿐 아니라 남의 자존심도 존중해 주어야 한다. 無友不如己者는 당신의 친구가 당신보다 못하다고 생각하지 마라는 것이다. 당신보다 못한 친구는 없다.

【勿】 …하지 마라. …해서는 안 된다. 부사. 동작이나 행위에 대한 금지 및 충고를 나타냄.

【憚】 꺼리다. 두려워하다.

第一篇 學而

9. 신종추원愼終追遠하면 민덕民德이 후厚하게 될 것이니

曾子曰 愼終追遠 民德歸厚矣

曾子(증ᄌᆞ)ㅣ ᄀᆞᆯᄋᆞ샤ᄃᆡ 終(죵)을 愼(신)ᄒᆞ며 遠(원)을 追(튜)ᄒᆞ면 民(민)의 德(덕)이 厚(후)에 歸(귀)ᄒᆞ리라

증자(曾子)가 말씀하기를 "상례(喪禮)를 예(禮)를 다해 신중히 행하고, 조상(祖上)의 제사(祭祀)에 추모(追慕)를 다하면 사람들의 덕(德)이 후(厚)한 데로 돌아갈 것이다." 하였다.

【曾子】 공자의 제자 증삼(曾參). 자는 자여(子輿).

【愼終追遠】 상례(喪禮)를 예를 다해 신중히 행하고, 조상을 추모하다.

愼 : 삼가다. 신중(愼重)히 하다. 신중히 다루다. 예를 다하여 신중히 거행하다.

終 : 끝. 종말. 죽음. 사망. ⇒ 상례(喪禮).

愼終 : 부모의 장례를 예법에 맞게 잘 치르다. 상례를 예를 다하여 신중히 거행하다.

追 : 추모하다. 추념하다. 죽은 사람을 잊지 않고 기리다. ⇒ 제사(祭祀).

遠 : 멀리 가신 분. 돌아가신 분. ⇒ 조상(祖上).

追遠 : 윗대의 조상을 추모하다. 조상의 제사를 공경스럽게 모시다.

공안국(孔安國) - 愼終이란 상(喪)을 지낼 때 슬픔을 다하는 것이며, 追遠이란 제사에서 공경함을 극진히 하는 것이다. [愼終者 喪盡其哀 追遠者 祭盡其敬]

황간(皇侃) - 어떤 이가 말하기를[일설에는] "'처음 일을 시작하지 않는 사람은 없으나 끝까지 마무리 짓는 사람은 드물다.[詩經 大雅 蕩]' 하였으니, 마지막 마무리란 마땅히 삼가야 하는 것이며 오래된 일을 기억하여 잊지 않는 것이 追遠이다." 하였다. [一云 靡不有初 鮮克有終 終宜愼也 久遠之事 錄而不忘 是追遠也]

남회근(南懷瑾) - 終은 곧 결과를 말하며, 遠은 매우 멀다는 뜻으로 오늘날 용어로는 '먼 원인[遠因]'이다. 즉 '좋은 결과를 바란다면 먼 원인(原因)이 되는 시작을 잘하라.'는 뜻이다. 좋은 결과를 바라는 것은 좋은 시작을 하는 것만 못하다

는 말로서 서양 속담의 '좋은 시작이 성공의 절반이다.' 라는 말과 같은 이치다.

미야자키 이치사다(宮崎市定) - 부모의 노후를 잘 보살피고 먼 조상의 은혜를 잊지 않는다.

이수태(李洙泰) - 일의 끝을 신중히 하고 먼 것을 추구하면. [참고] 衛靈公-11. 人無遠慮 必有近憂

【民德歸厚矣】 사람들의 덕(德, 道德性)이 두터운 데로 돌아갈 것이다.

民 : 사람의 통칭. 사람(人也). 사람들.

德 : 덕. 도덕성.

民德 : 사회 전체의 도덕적 기풍.

歸 : 돌아가다. 되돌아가다.

厚 : 인정이 두텁다. 인심이 후하다. 너그럽다. 충직하고 온후하다.

矣 : …일 것이다. …이다. 어기조사. 진술문의 끝에 쓰여 긍정의 어기를 나타냄.

공안국(孔安國) - 임금이 이 두 가지를 능히 행하면 백성들이 그 덕에 감화되어 모두 인후(仁厚)함으로 돌아온다. [君能行此二者 民化其德皆歸於厚也]

정약용(丁若鏞) - 民이란 사람(人)이다. '사람들이 능히 오래하는 이가 드물다.[中庸3]', '사람들은 착하지 아니함이 없다.[詩經 小雅 小弁]' 라고 하였으니, 어찌 반드시 아래의 천한 자만을 民이라 하겠는가? 상례와 제례는 상하 모든 사람에게 공통되는 예이므로 꼭 (아래 백성이) 보고서 감화하는 것이라고만 말할 수 없다. [民者 人也 民鮮能久 民莫不穀 豈必下賤者爲民乎 喪祭之禮 通於上下 不必以觀感言也]

주희(朱熹) - 愼終은 喪에 그 禮를 다하는 것이요, 追遠은 祭祀에 그 정성을 다하는 것이다. 백성의 德이 厚한 데로 돌아간다는 것은 下民들이 교화되어서 그 덕이 또한 후한 데로 돌아감을 말한다. 終은 사람들이 소홀히 하기 쉬운 것인데 이것을 삼가고 먼 선조는 사람들이 잊기 쉬운 것인데 追慕한다면 (이것은) 후하게 하는 방법이다. 그러므로 이것을 자신이 하면 자신의 덕이 후해지고 아래 백성들이 교화되면 그 덕이 또한 후한 데로 돌아가는 것이다. [愼終者 喪盡其禮 追遠者 祭盡其誠 民德歸厚 謂下民化之 其德亦歸於厚 蓋終者 人之所易忽也 而能謹之 遠者 人之所易忘也 而能追之 厚之道也 故以此自爲 則己之德厚 下民化之 則其德亦歸於厚也]

第一篇 學而

10. 정사政事를 들으시게 됨이 사람들과 다르시니

子禽問於子貢曰 夫子至於是邦也 必聞其政 求之與 抑與之與 子貢曰 夫子溫良恭儉讓以得之 夫子之求之也 其諸異乎人之求之與

子禽(ᄌᆞ금)이 子貢(ᄌᆞ공)의게 무러 ᄀᆞᆯ오ᄃᆡ 夫子(부ᄌᆞ)ㅣ 이 邦(방)에 니르샤 반ᄃᆞ시 그 政(정)을 드르시ᄂᆞ니 求(구)ᄒᆞ시ᄂᆞ냐 與(여)ᄒᆞᄂᆞ냐 子貢(ᄌᆞ공)이 ᄀᆞᆯ오ᄃᆡ 夫子(부ᄌᆞ)ᄂᆞᆫ 溫(온)ᄒᆞ시며 良(량)ᄒᆞ시며 恭(공)ᄒᆞ시며 儉(검)ᄒᆞ시며 讓(샹)ᄒᆞ시모로ᄡᅥ 得(득)ᄒᆞ시ᄂᆞ니 夫子(부ᄌᆞ)의 求(구)ᄒᆞ시ᄆᆞᆫ 그 사ᄅᆞᆷ의 求(구)ᄒᆞᆷ애 다ᄅᆞ신뎌

자금(子禽)이 자공(子貢)에게 묻기를 "저희 선생님께서는 어느 나라에 이르시든[가셔서든] 반드시 그 정사(政事)를 들으시니, 그것을 청(請)하신 것입니까? 아니면 스스로 말해준 것입니까?" 하니, 자공이 말하기를 "저희 선생님께서는 온화하시고 선량하시며 공손하시고 검소하시며 겸양하셔서 그리하여 이것을 들으시게 된 것이니, 저희 선생님께서 그것을 구(求)하시는 것은 아마도 (일반) 사람들이 그것을 구하는 것과는 다를 것이다." 하였다.

【子禽】 진(陳)나라 혹은 제(齊)나라 사람. 성이 진(陳). 이름이 항(亢, 본음은 강). 자는 자금(子禽). 공자의 제자 혹은 자공(子貢)의 제자라고 함. 공자보다 40세 아래. [참고] 季氏-13, 子張-25.

【於】 ① …에게. …을 향해. 전치사. 동작이나 행위가 일어날 때 관련되는 대상을 나타냄. 問於子貢. ② …에(서). 전치사. 동작이나 행위가 일어나는 장소나 범위 등을 나타냄. 至於是邦. [참고] 八佾-24. 至於.

【子貢】 공자의 제자. 위(衛)나라 사람. 성은 단목(端木). 이름은 사(賜). 자가 자공(子貢). 공자보다 31세 아래.

【夫子】 그분. 저분. 그 어른. 선생님. 제3자의 존칭. 대부 이상은 흔히 부자라고 했음. 논어에서는 주로 공자를 존칭하는 말로 쓰이나 간혹 상대의 선생이나 경대부를 지칭하기도 함. 이때 夫는 사람을 가리키는 인칭대명사로 관형어임.

양백준(楊伯峻) - 고대의 경칭(敬稱)으로 대부분 대부(大夫)를 지낸 적이 있는 사람은 모두 이런 경칭을 얻었다. 공자는 노나라에서 사구(司寇)를 지낸 적이

있었기 때문에, 공자의 제자들이 그를 부자라고 불렀다. 후에 이러한 것을 답습하여 '선생님(老師)'의 칭호로 사용되었다. 일정한 상황에서는 특별히 공자를 가리킬 때도 사용되었다.

【至】(장소에) 이르다. 도착하다. 오다.

【是】어떤. 어느. 지시대명사. 불특정한[막연한] 것을 가리킴. 관형어로 쓰임. '모든'의 의미가 내포됨.

【邦】나라. 제후(諸侯)의 나라.

【也】…은(는). …이란. …이면. 어기조사. 음절을 조정하고 어기를 고르는(말을 잠깐 멈추고 다음 내용을 환기시키는) 역할을 함.

【必】반드시. 꼭. 참으로. 과연. 동작·행위·성질·상태 등에 대한 결연한 의지나 확신을 나타냄.

【政】정사(政事). 정무(政務). 정치(政治).

【求之與 抑與之與】그것을 요구한[청(請)한] 것입니까? 아니면 그것을 주는 것입니까[아니면 상대방이 스스로 정사를 말해주는 것입니까]?

求 : 구하다. 요구(要求)하다. 청(請)하다.

與 : …인가? = 歟. 어기조사. 의문문 끝에 쓰여 선택의 어기를 나타냄.

抑 : …아니면 ~이다. 접속사. 선택관계를 나타냄.

與(之) : 주다. 말해주다.

A 與[乎, 邪], 抑[抑與, 且, 將, 其, 其諸, 亡其] B 與[也, 乎, 哉, 邪] A 인가? 아니면 B 인가?
求之與 抑與之與 그것을 요구한 것인가? 아니면 그것을 주는 것인가?

[참고] 微子-6. 선택의문.

【之】① 그. 그것. 지시대명사. 政을 가리킴. 求之與. 抑與之與. 得之. 求之也. ② …은[는]. …이[가]. 구조조사(주격조사). 주술구조 사이에 쓰여 이를 명사구(절)로 만들어 주는 역할을 함. 夫子之, 人之.

【溫良恭儉讓以得之】온화하고, 선량하며, 공손하고, 검소하며, 겸양하셔서, 그리하여 그것을 얻다[들으시게 되다].

溫 : 온화(溫和)하다. 온유(溫柔)하다.

良 : 선량(善良)하다. 양순(良順)하다.

恭 : 공손(恭遜)하다. 예의 바르고 겸손(謙遜)하다. 용모와 태도가 단정하고 근엄하다. 나볏하다(몸가짐이나 행동이 반듯하고 의젓하다).

儉 : 검소(儉素)하다. 검약(儉約)하다. 절제(節制)하다.

讓 : 겸양(謙讓)하다. 사양(辭讓)하다. ⇒ 오덕(五德).

以 : = 而. 그리고. 그래서. 그리하여. …하여서. 접속사. 순접관계를 나타냄. 목적의 의미가 내포됨.

[참고] …으로써. …때문에. …으로 인해. 전치사. 동작이나 행위가 발생한 원인을 나타냄. 류종목 - 이 뒤에 溫良恭儉讓을 가리키는 지시대명사 之가 와서 본위 목적어(本位目的語) 역할을 해야 하는데 그것이 생략됨으로써 결과적으로 전치사와 그 목적어가 도치된 형태가 된 것이다. 이런 성격의 以는 점점 순접관계를 표시하는 접속사 而와 같은 기능을 지니게 되었다. 所謂損有餘以補不足[晁錯 論貴粟疏] (이른바 남는 것을 덜어서 그리하여 부족한 것을 보충하는 것입니다.).

[참고] 衛靈公-8. 無求生以害仁 有殺身以成仁.

정현(鄭玄) - 공자는 이 다섯 가지 덕을 행하여 얻은 것(정치를 들을 수 있었던 것)이니 다른 사람이 정치에 대하여 듣기를 구한 것과는 다르다는 점을 말하여 군주가 스스로 공자에게 준 것을 밝힌 것이다. [言夫子行此五德而得之 與人求之異 明人君自與之]

정약용(丁若鏞) - 讓以得之는 비록 겸양하였으나 종국에는 들을 수 있었다는 말이다. … 讓자는 당연히 아래 구절에 붙여 읽어야 한다. 堯임금의 덕을 欽明文思, 湯임금의 덕을 齊聖廣淵, 文王의 덕을 徽柔懿恭으로 左傳에서는 八元·八凱의 덕을 찬미하면서 모두 네 글자로 구독을 삼았다. 자공이 공자의 덕을 찬미하면서 하필이면 다섯 글자로 구독을 하였겠는가? 자금이 '공자가 구하셨기에 이를 얻으신 것인가' 라고 의심한 까닭에 자공이 '공자께서는 겸양함으로써 그것을 얻으신 것이다' 라고 말하여, 그의 의혹을 없애 주었던 것이다. [讓以得之 謂雖退讓 而終亦得聞也 … 讓當屬下句讀 堯德曰 欽明文思 湯德曰 齊聖廣淵 文王曰 徽柔懿恭 左傳贊八元八凱之德 皆四字爲句 子貢美夫子之德 何必五字爲句 子禽疑夫子求而得之 故子貢謂夫子讓以得之 正以破其惑] ☞ **선생님께서는 온화하고, 선량하며, 공손하고, 검소하셔서, 겸양하셨지만[겸양함으로써] 그것을 들으실 수 있었다.**

【其諸異乎人之求之與】 아마도 일반 사람들이 그것을 구하는 것과는 다를 것이다.

其諸기저 : 아마도. 대개. 부사. 동작이나 행위에 대한 추측 및 예측을 나타냄.

其자만으로도 추측의 어기를 나타내는데 여기에 어세를 강하게 하는 조사 諸를 덧붙이고, 다시 끝에 역시 추측을 나타내는 어기조사 與를 추가한 형태임. 대개 '其諸…與'의 형식으로 연용되어 강한 추측을 나타내는 말로 쓰임. 홍이훤(洪頤煊)은 독서총록(讀書叢錄)에서 '其諸는 제나라와 노나라의 사투리다.' 했음. [楊伯峻 論語譯註 註]

異 : 다르다. 같지 않다. 색다르다. 형용사.

乎 : = 於. …와[과]. 전치사. 서로 다른 대상의 비교를 나타냄.

與 : …일 것이다. 어기조사. 진술문 끝에 쓰여 추측의 어기를 나타냄. 일반적으로 '其'와 같이 쓰임.

11. 삼 년 동안 아버지의 도道를 고침이 없어야 효孝!

子曰 父在觀其志 父沒觀其行 三年無改於父之道 可謂孝矣

子(ᄌᆞ)ㅣ ᄀᆞᆯᄋᆞ샤ᄃᆡ 父(부)ㅣ 在(직)홈애 그 志(지)를 보고 父(부)ㅣ 沒(몰)홈애 그 行(힝)을 볼 ᄯᅵ니 三年(삼년)을 父(부)의 道(도)애 고티미 업세사 可(가)히 孝(효)ㅣ라 닐을 이니라

선생님께서 말씀하시기를 "아버지께서 살아 계실 때에는 아버지의 뜻을 잘 살피고, 아버지께서 돌아가신 뒤에는 그분의 행적을 깊이 생각하여야 하나니, 삼 년 동안 아버지의 도(道)를 고침이 없어야 가히 효(孝)라 말할 수 있을 것이니라." 하셨다.

【在】 있다. 살아있다[계시다]. 생존해 있다. ⇔ 沒(생명이 다하다. 죽다).

【觀其志】 그(아버지)의 뜻을 살피다.

觀 : 자세히 보다. 살피다. 깊이 생각하다.

其 : 그. 그 사람. 그 분의. 인칭대명사. 앞의 父를 가리킴.

志 : 뜻. 마음. 의중(意中). 의지(意志).

정천구(丁天求) - 공자의 말하기가 늘 일상의 구체적인 상황 속에서 이루어진다는 점을 감안할 필요가 있다. 공자는 배우는 자, 즉 학인을 주체로 놓고서 개별적이면서도 보편적이고, 구체적이면서도 포괄적인 말하기를 한다. 이는 이 學而편에서 공자가 한 말들을 살펴보기만 해도 알 수 있다. 이처럼 공자의 말하기를 염두에 둔다면 其를 자식이 아닌 아버지를 가리키는 것으로 보는 게 적절하다. 그래야 자식으로서 효도해야 할 학인들에게 행동의 지침을 주는 언설이 성립되고, 말의 흐름 또한 매끄러워진다. 결국 아버지에 대해 자식으로서 지녀야 할 마음가짐이나 몸가짐에 대해서 말한 것으로 해석해야 타당하다.

[참고] 其 : 자식을 가리킴. ☞ **父在觀其志 父沒觀其行 : 아버지가 살아 계실 때에는 그 자식의 뜻을 관찰하고, 아버지가 돌아가셨을 때에는 그 자식의 행동을 관찰하는 것이니.**

공안국(孔安國) - 아버지가 살아 계시면 아들은 스스로 마음대로 할 수 없으므로 아들의 뜻을 볼 뿐이며, 아버지가 돌아가신 후에야 이에 아들의 행동을 본다. [父在 子不得自專 故觀其志而已 父沒 乃觀其行]

주희(朱熹) - 아버지가 살아 계실 때에는 자식이 자기 마음대로 할 수 없으나 뜻은 곧 알 수 있고 아버지가 별세한 후에야 그 행실을 볼 수 있다. 그러므로 이것을 관찰하면 충분히 그 사람의 선과 악을 알 수 있는 것이다. [父在 子不得自專 而志則可知 父沒 然後其行可見 故觀此足以知其人之善惡]

양백준(楊伯峻) - 其는 아들을 가리키는 말이지, 부친을 가리키지 않는다.

【於】 …을[를]. 전치사. 동작이나 행위가 일어날 때 직접 미치는 대상을 나타냄. 동사 다음에 위치하여 뒤에 목적어를 수반하므로, 즉 대상이 목적어가 되므로 굳이 於를 해석할 필요는 없음.

【父之道】 아버지께서 걸었던 길. 부친께서 생전에 일을 처리하시던 방식이나 원칙. 아버지께서 추구하셨던 삶이나 삶의 방식. 道 ☞ 學而-2.

之 : …의. 조사. 관형어와 중심어 사이에 쓰여 종속관계를 나타냄.

【可】 가히 …할 수 있다. 가능하다. 조동사. 동사 앞에 쓰여 허가나 가능을 나타냄. 단독으로 쓰여 술어 역할을 하는 경우도 있음.

【謂】 이르다. 일컫다. 말하다. …라고 하다. …라고 생각하다.

【矣】 …일 것이다. …이다. 어기조사. 진술문의 끝에 쓰여 긍정의 어기를 나타냄.

[참고] 里仁-20. 三年이하 重出.

12. 예禮를 운용運用함에는 조화調和가 귀중貴重하니

有子曰 禮之用 和爲貴 先王之道 斯爲美 小大由之 有所不行 知和而和 不以禮節之 亦不可行也

有子(ᄌᆞ)ㅣ ᄀᆞᆯ오ᄃᆡ 禮(례)의 用(용)이 和(화)ㅣ 貴(귀)ᄒᆞ니 先王(션왕)의 道(도)ㅣ 이 아ᄅᆞᆷ다온 디라 小(쇼)와 大(대)ㅣ 말ᄆᆡ암ᄋᆞ니라 行(ᄒᆡᆼ)티 몯ᄒᆞᆯ 빠 이시니 和(화)ᄅᆞᆯ 아라 和(화)만 ᄒᆞ고 禮(례)로ᄡᅥ 節(졀)티 아니면 ᄯᅩᄒᆞᆫ 可(가)히 行(ᄒᆡᆼ)티 몯ᄒᆞᄂᆞ니라

유자(有子)가 말씀하기를 "예(禮)를 운용(運用)함에는 조화(調和)가 가장 귀중(貴重)하니, 선왕(先王)의 도(道)도 이것을 훌륭하다 여겨 그리하여 크고 작은 일에 모두 이것을 따른 것이다. (그러나) 행하지 아니할 것이 있으니, 조화(調和)만을 알아서 조화(調和)시키려고만 하고 예(禮)로써 그것을 절제(節制)하지 않는다면 이 또한 곧 행할 수 없는 것이다." 하였다.

【禮之用】 예를 시행함에는. 예를 운용함에는.

禮 : 예의(禮意). 예의(禮儀). 예제(禮制). 예법(禮法). 예의범절. 질서의식. 윤리규범.

之 : …을[를]. 구조조사. 목적어를 강조하기 위하여 동사 앞으로 도치시킬 때 그 목적어와 동사 사이에 씀. 用禮에서 禮를 강조하기 위하여 用과 禮를 도치함.

用 : 적용(適用)하다. 운용(運用)하다. 시행(施行)하다. 동사.

[참고] 用 : 쓰임. 작용. 효용. 명사. 之 : …의. 조사. 관형어와 중심어 사이에 쓰여 종속관계를 나타냄. ☞ 禮之用 : 예의 효용은.

정약용(丁若鏞) - 禮之用은 禮가 시행되는 바를 이른다. [禮之用 謂禮之所施行]

【和爲貴】 조화가 (가장) 귀중하다.

和 : 조화(調和). 어울림. 다른 것들을 하나로 아우름. 음악의 조화. [참고] 알맞음. 법도에 맞음. 절도에 맞음.

형병(邢昺) - 和는 악(樂)을 말한다. 樂은 和同을 위주로 하므로 樂을 和라 일컫는 것이다. [和謂樂也 樂主和同 故謂樂爲和]

양백준(楊伯峻) - 예기(禮記)·중용(中庸)에서 '희로애락이 드러나지 않은 것을 中이라 하며, 드러나 모두 절도에 맞는 것을 和라고 한다[喜怒哀樂之未發謂之中 發而皆中節謂之和].' 라고 하였고, 양수달(楊樹達)은 논어소증(論語疏證)에서 '일이 절도에 맞는 것을 모두 和라고 하지 유독 희로애락이 드러나는 일만을 말하는 것이 아니다. 설문(說文)에서 盉는 조화로운 것이다[盉 調也], 盉는 조미하는 것이다[盉 調味也]라고 했는데, 음악을 조화롭게 하는 것을 龢라고 하고 맛을 조화롭게 하는 것을 盉라고 하며 일을 조화롭게 하는 것을 和라고 하는데, 그 뜻은 모두 하나이다. 오늘날에는 적합하고, 적당하고, 적절하게 잘 처리하는 것을 말한다.' 라고 했다.

爲 : …이다. = 是. 동사. 일반적으로 뒤에 명사나 대명사가 옴. 뒤에 형용사나 명사로 전용된 형용사가 오는 경우 '…함이다, …한 것이다, …하다' 라는 뜻의 술어를 이루며 대개 '가장 …하다' 라는 어감을 내포함. 民爲貴 社稷次之 君爲輕 (백성이 귀중하고 사직은 그 다음이고 임금은 대수롭지 않다.) [孟子 盡心 下]

貴 : 귀하다. 귀중(貴重)하다. 소중(所重)하다. 중요(重要)하다.

정약용(丁若鏞) - 禮란 엄격함을 주로 하나 和로 행하는 것이다. 이는 마치 음악이 和를 주로 하지만 방탕으로 흐르게 될까 하는 점을 경계하는 것과 같다. [禮主於嚴而行之以和 猶樂主於和而戒之在流也]

정천구(丁天求) - 禮만 있으면 각박해지고, 和만 있으면 어지러워진다. 무릇 모든 일에는 가락이 있다. 禮와 和는 그 가락의 양면이다.

[참고] 유월(兪樾) - 옛날에 以, 用 두 글자는 통하였다. 주역(周易) 정괘(井卦) 구삼(九三)의 '可用汲[물을 퍼낼만하다]' 은 사기(史記) 굴원전(屈原傳)에서 '可以汲' 이라 인용하였고, 또 상서(尙書) 여형(呂刑)의 '報虐以威[사나움에 위엄으로 갚다]' 는 논형(論衡) 유고(讉告)에서 '報虐用威' 라고 인용하였으며, 시경(詩經) 판편(板篇)의 '勿以爲笑[비웃지 말라]' 는 순자(荀子) 대략(大略)에서 '勿用爲笑' 라고 인용하였는데 이것이 모두 증거가 된다. '禮之用和爲貴' 는 예기(禮記) 유행(儒行)에서 '禮之以和爲貴' 라 했는데 이 문장의 뜻은 바로 본문과 동일한데 단지 여기서는 用자가 以자로 쓰였을 뿐이다. 해석할 때 여섯 글자로 구독(句讀)해야만 한다. 근래에 '體用' 의 用으로 해석하는 경우가 많은데 이는 잘못이다. [古以用二字通 周易井九三 可用汲 史記屈

原傳 引作可以汲 尙書呂刑篇 報虐以威 論衡譴告篇 報虐用威 詩板篇曰 勿以爲笑 荀子大略篇 引作勿用爲所 竝其證也 禮之用和爲貴 與禮記儒行篇曰 禮之以和爲貴 文義正同 此用者 止作以字 解當以六字爲句 近解多以體用之言 失之矣]

☞ 禮之用(以)和爲貴 : 예(禮)는 화(和)를 귀(貴)하게 여긴다.

【先王】 훌륭한 정치를 베푼 선대(전대)의 임금들. 곧 요(堯)·순(舜)·우(禹)·탕왕(湯王)·문왕(文王)·무왕(武王)을 가리킴.

【(先王)之】 …의. 조사. 관형어와 중심어 사이에 쓰여 종속관계를 나타냄.

【斯爲美】 이것을 아름답다[훌륭하다]고 여기다. 以斯爲美. 以가 생략됨.

斯 : 이것[이 사람. 이 일]. 이. 이러한. 이렇게. 여기. 지시대명사. 앞의 禮之用和爲貴를 가리킴.

爲 : 하다. 삼다(여기다). 생각하다. 간주하다. [以爲 : …으로 삼다(여기다). …으로 생각(간주)하다. 以… 爲~ : …으로써 ~을 삼다(여기다). …을 ~으로 삼다(여기다).]

美 : 아름답다. ⇒ 훌륭하다. 좋다.

【小大由之】 작은 일과 큰일에 (모두) 그것을 말미암았다[본으로 하였다]. 크고 작은 일에 그것을 따랐다.

由 : 말미암다. 본으로 하다. 좇다. 따르다.

之 : 그. 그것. 지시대명사. 和를 가리킴. 뒤의 節之도 같음.

【所】 …하는 바. …하는 것. …한. 특수지시대명사. 주어와 술어 사이에 쓰여 주술구조를 명사구로 만들어 줌.

【行】 행하다. 실천하다. 실행하다. 행동하다. 어떤 일을 하다. 나아가 도(道)를 행하다.

【知和而和】 조화를 알고서 조화시키려고만 하다. 조화가 귀중하다는 것만을 알아서 조화롭게 하려고만 하다.

而 : 그래서. …하고서. 접속사. 순접(연관)관계를 나타냄.

【以】 …으로써. …을 가지고[통하여]. 전치사. 도구·수단·방법을 나타냄.

【節】 절도(節度)있게 하다. 절제(節制)하다. 넘치거나 모자라지 않고 딱 알맞게 하다. 자기 자신을 잘 다스리다.

【亦】 곧. 즉. 부사. 동작이나 행위가 일정한 조건이나 정황에서 갖추어져 저절로 그러함을 강조함. […하면 곧 ~한다.]

【也】 …이다. 어기조사. 진술문의 끝에 쓰여 판단이나 단정 또는 긍정을 나타냄.

마융(馬融) - 사람이 禮에서 和가 중요하다는 것을 알되 모든 일에서 和만 따르고 禮로 조절하지 않는다면 이 역시 제대로 행할 수 없다. [人知禮貴和 而每事從和 不以禮爲節 亦不可行]

[참고] 유월(兪樾) - 여기의 斯자는 오로지 禮를 가리켜 말한 것이다. 대체로 선왕의 도는 예를 가장 아름답게 여겨서 크고 작은 일이 여기에서 나왔지만, 행하지 않는 것이 있다면 조화롭지 않았기 때문이다. [此斯字 專指禮之言 蓋謂先王之道 禮爲最美 小大由之 而有所不行者 不和故也]

[참고] 句讀을 先王之道斯爲美에서 끊고, 小大由之 有所不行을 한 문장으로 보는 경우. ☞ 선왕의 도는 이를 훌륭하게 여겼다. 크고 작은 일을 (모두) 그것에만 말미암는다면 행하지 못할 것이 있게 된다.

第一篇 學而

13. 신信은 의義에, 공恭은 예禮에 가까우니

有子曰 信近於義 言可復也 恭近於禮 遠恥辱也 因不失其親 亦可宗也

有子(ᄌᆞ)ㅣ ᄀᆞᆯ오ᄃᆡ 信(신)이 義(의)예 갓가오면 言(언)을 可(가)히 復(복)ᄒᆞ며 恭(공)이 禮(례)예 갓가오면 恥(티)와 辱(욕)을 遠(원)ᄒᆞ며 因(인)홈애 그 親(친)홀 이를 일티 아니ᄒᆞ면 ᄯᅩᄒᆞᆫ 可(가)히 宗(종)ᄒᆞ얌즉 ᄒᆞ니라

유자(有子)가 말씀하기를 "신실함이 의리(義理)에 가까우니 (신실하면) 말을 실천할 수 있으며, 공손(恭遜)함은 예(禮)에 가까우니 (공손하면) 치욕(恥辱)을 멀리할 수 있다. 이로 인해 가까운 사람들을 잃지 않는다면 또한 곧 가히 존경을 받을 수 있을 것이다." 하였다.

【信近於義】 신실(信實)함이 의리(義理)에 가깝다.

信 : 사람으로서의 도리를 잘 지켜 서로에게 믿음을 주는 것. 언행일치(言行一致). 신의(信義). 신실(信實). 신용(信用).

주희(朱熹) - 信은 약신(約信) [약속(約束)]이다. [信 約信也] ☞ **信近於義 言可復也 : 약속이 도리[의리]에 가까우면 그 약속한 말을 이행할 수 있다.**

於 : …에. 전치사. 동작이나 행위에 관련되는 대상을 나타냄.

義 : 올바름. 의리. 의로움. 사리에 합당한 행위. 옳은 길. 마땅히 지켜야 할 도리.

주희(朱熹) - 義란 일의 마땅함이다. [義者 事之宜也]

【言可復也】 말이 실천될 수 있다. 말한 것이 실천될 수 있다.

復 : 이행하다. 실천하다.

也 : …이다. 어기조사. 진술문의 끝에 쓰여 판단이나 단정 또는 긍정을 나타냄. 遠恥辱也, 亦可宗也.

주희(朱熹) - 復은 말을 실천하는 것이다. [復 踐言也]

하안(何晏) - 復은 覆(반복하다)과 같다. 義는 반드시 신실함은 아니며 신실함이 반드시 義로운 것은 아니다. 그런데 그 말을 반복(反覆)할 수 있으므로, 義에 가깝다고 말한 것이다. [復 猶覆也 義不必信 信不必義也 以其言可反覆 故曰近義]

【恭】 공손(恭遜)함. 예의 바르고 겸손(謙遜)함. 용모와 태도가 단정하고 근엄함.

나볏함(몸가짐이나 행동이 반듯하고 의젓함).

【恥辱】 부끄러움과 욕됨. 수치(羞恥)와 모욕(侮辱).

하안(何晏) - 공손함이 예에 합치되지 않으면 예가 아니다. 그런데 치욕을 멀리할 수 있으므로 예에 가깝다고 말한 것이다. [恭不合禮 非禮也 以其能遠恥辱 故曰近禮也]

요시가와 고오지로오(吉川行次郞) - 信은 義가 아니고, 恭은 禮가 아니다. 그러나 그것에 가깝다. 왜냐면 미더우면[信] 말을 실천할 수 있고, 공손하면[恭] 치욕을 받을 위험이 적기 때문이다. [박유리, 논어해설, p.29]

[참고] 信近於義와 恭近於禮를 조건절로 볼 경우 ☞ **신실함이 의리에 가까우면 말을 실천할 수 있고, 공손함이 예에 가까우면 치욕을 멀리할 수 있다.**

【因不失其親 亦可宗也】 그로 인하여 가까운 이를 잃지 않는다면 또한 곧 가히 높임[존경]을 받을 것이다.

因 : 곧. 따라서. 이로 인해. 그렇게 함으로써. 부사. 뒤의 동작이나 행위가 앞의 동작이나 행위에 이어 발생하는 것을 나타냄. [신실하게 하여서 말을 실천하고 공손하게 하여서 치욕을 멀리함으로써]

親 : 가까운 사람. 친한 사람. 친척(親戚). 친족(親族).

亦 : 곧. 즉. 부사. 동작이나 행위가 일정한 조건이나 정황에서 갖추어져 저절로 그러함을 강조함. […하면 곧 ~한다.]

宗 : 높이 받들다. 높임을 받다. 존경(尊敬)을 받다. 추존(推尊)하고 본받다.

[참고] ① 우두머리가 되다. 주인이 되다. 종주(宗主)가 되다. [朱熹] ② 주관하다. 믿을 만하다. [楊伯峻]

정약용(丁若鏞) - 因은 위 문장을 이어받는 말이다. 不失其親은 친족에게 신임을 얻는 것이요, 宗은 尊(높임)이다. 사람이 신임이 있고 또 공순하며 이로 인해 또한 부모형제의 친화함을 잃지 않는 다면 그 사람이 비록 성현(聖賢)에 이르지 못한다 하더라도 또한 그를 높여서 받들 만하다는 말이다. [因 承上之辭 不失其親 謂獲乎親也 宗 尊也 言人能信且恭 因又不失其父母兄弟之親 則其人雖不至於聖賢 亦可以尊而宗之也]

공안국(孔安國) - 因은 親(친하다)이다. 친해야 할 것(사람)에 그 친함을 잃지 않는다면 또한 높이고 공경을 받을 수 있다는 것을 말한 것이다. [因 親也

言所親不失其親 亦可宗敬] ☞ 친근히 하는 사람에게 그 친근함을 잃지 않는다면 곧 또한 존경받을 수 있다.

주희(朱熹) - 因은 의지함과 같은 것이요, 宗은 주(主, 주인)와 같다. 의지한 자가 그 친할 만한 사람을 잃지 않았다면 또한 그를 높여 주인(主人)으로 삼을 수 있다는 것이다. [因 猶依也 宗 猶主也 所依者不失其可親之人 則亦可以宗而主之矣] ☞ 의지하는 자가 그 친할 만한 사람을 잃지 않으면 곧 또한 그를 높여 주인으로 삼을 수 있을 것이다. [因 : 주어. 기대다. 의지하는 것. 의지할 만한 사람. 親 : 명사. 친할 수 있는 사람.] [참고] 기댈 때 그가 가까이해야 할 사람을 잃지 않으면 또한 존경할 수 있다. 의탁함이 그 친함을 잃지 않으면 또한 받들어 모실 수 있다.

미야자키 이치시다(宮崎市定) - 因은 因循(인순, 옛 관습을 그대로 따름)의 因이다.

오규 나베마쓰(荻生雙松) - 信近於義(말을 실천함이 의에 가깝다고 하는데), 恭近於禮(공손함이 예에 가깝다고 하는데), 因不失其親(인척과 친하면서도 친족을 잃지 않는다고 하는데), 이 세 말은 옛 책에 실린 옛 사람의 덕행을 인용한 것이다. 言可復也(말을 실천할 수 있으며), 遠恥辱也(치욕을 멀리할 수 있으며), 亦可宗也(또한 종주로 삼을 수 있다), 이 세 말은 有子가 풀이한 것이다. 어떻게 그러한지 아는가? 그 말로써 이다(알 수 있다). 또 (운이) 復은 辱과 맞고 親은 宗과 맞으며, 주역(周易) 상(象)의 말이 바로 그렇다. [信近於義 恭近於禮 因不失其親 此三言 引古書載古人之德也 言可復也 遠恥辱也 亦可宗也 此三言 有子釋之 何以知其然 以其辭也 且復協辱 親協宗 易象之辭爲爾] ☞ '말을 실천함은 의에 가깝다.'고 하는데, 이와 같다면 말을 실천할 수 있고, '공손함은 예에 가깝다.'고 하는데, 이와 같다면 치욕을 멀리할 수 있으며, '인척과 친하면서도 친족을 잃지 않는다.'고 하는데, 이와 같다면 또한 우두머리로 삼을 수 있다.

14. 배우기를 좋아한다는 말을 들을 수 있는 것들

子曰 君子食無求飽 居無求安 敏於事而愼於言 就有道而正焉 可謂好學也已

子(ᄌᆞ)ㅣ ᄀᆞᆯᄋᆞ샤ᄃᆡ 君子(군ᄌᆞ)ㅣ 食(식)홈애 飽(포)홈을 求(구)티 아니ᄒᆞ며 居(거)홈애 安(안)홈을 求(구)티 아니ᄒᆞ며 事(ᄉᆞ)애 敏(민)ᄒᆞ며 言(언)애 愼(신)ᄒᆞ고 道(도) 잇ᄂᆞᆫ ᄃᆡ 나ᅀᅡ가 正(정)ᄒᆞ면 可(가)히 學(ᄒᆞᆨ)을 됴히 너긴다 닐을 이니라

선생님께서 말씀하시기를 "군자(君子)가 먹음에 배부름을 구하지 않고, 거처함에 안락함을 구하지 않으며, 일을 남보다 앞서 부지런히 하고 말을 삼가며, 도덕(道德)을 갖추고 있는 이를 좇아 자신을 바르게 한다면 가히 배우기를 좋아한다 말할 수 있을 것이니라." 하셨다.

【無】 = 不. 아니다. 않다.

【求】 구하다. 추구하다. 원하고 바라다.

【居】 살다. (집에서) 지내다. 거처(居處)하다. 거주(居住)하다. 일상생활을 하다.

【安】 편안(便安)하다. 안락하다. 편하고 즐겁다.

【敏於事而愼於言】 일을 남보다 앞서 부지런히 하고 말을 삼가서 하다.

敏 : 민첩(敏捷)하다. 재빠르다. ⇒ 남보다 먼저 앞장서서 하다. 앞장서 부지런히 배우거나 실천하다. 수고를 아끼지 않고 앞장서 부지런히 일하다.

於 : …을. 전치사. 동작이나 행위에 직접 미치는 대상을 나타냄.

而 : 와[과]. …하고. 그리고. 접속사. 병렬관계를 나타냄.

愼 : 삼가다(謹). 신중(愼重)히 하다.

주희(朱熹) - 敏於事는 부족한 것(德行)을 힘쓰는 것이요, 謹於言은 남음이 있는 것(말)을 감히 다하지 않는 것이다. [敏於事者 勉其所不足 謹於言者 不敢盡其所有餘也] [中庸-13]

【就有道而正焉】 도덕(道德)을 갖추고 있는 이를 좇아 그 자신을 바르게 하다.

就 : 나아가다. 좇다. 따르다. 그쪽으로 가다. ⇒ 찾아가서 배우다.

有道 : 도덕과 학문을 몸에 갖추고 있음 또는 그 사람. 올바른 도를 지닌 사람.

세상살이의 이치를 아는 사람.

而 : …하여서. 그리하여. 접속사. 순접(연관)관계를 나타냄.

正 : 바로잡다. 법도 등에 맞게 바로잡다. 자신의 판단이나 행동을 올바르게 하다. 교정(矯正)하다.

양백준(楊伯峻) - 논어(論語)에서 正자가 동사로 쓰일 때에는 모두 '바로잡다[匡正].' 혹은 '단정히 하다[端正].'는 뜻이며, 여기서도 예외는 아니다.

焉 : 그를. 그 자신을. 於之. 합음사(合音詞). 於是. 於之. 於彼. 문장의 끝에 쓰여 전치사인 '於'와 대명사인 '是', '之', '彼' 등의 역할을 겸함. 보어로 쓰임. 여기에서 於는 전치사로 동작이나 행위에 직접 미치는 대상을 나타내며, 之는 지시대명사로 君子를 가리킴.

공안국(孔安國) - 有道는 道德이 있는 자요, 正은 일이 옳고 그른가를 묻는 것을 말한다. [有道 有道德者也 正 謂問事是非]

[참고] 이수태(李洙泰) ☞ **就有道而正焉 : 도가 있는 곳으로 나아가 바르게 처신한다.**

【也已】 …이다. 어기조사. 긍정(단정)적인 어기를 나타냄. 단정적인 어기를 나타내는 두 글자가 연용되어 긍정적인 단정을 더욱 강조함.

주희(朱熹) - 오히려 스스로 옳다고 여기지 않고 반드시 도가 있는 사람에게 찾아가서 그 옳고 그름을 바로잡는다면 배움을 좋아한다고 이를 만하다. [猶不敢自是 而必就有道之人 以正其是非 則可謂好學矣]

양백준(楊伯峻) - 논어(論語)에 나오는 君子는 '지위가 있는 사람'을 가리키기도 하고, 또 '덕이 있는 사람'을 가리키기도 한다. 그러나 어떤 때에 지위가 있는 사람을 가리키는지, 덕이 있는 사람을 가리키는지는 분별해 내기 어렵다. 여기에서는 덕이 있는 사람을 가리킨다.

15. 가난하면서도 도를 즐기고 부유하면서도 예를 좋아하니

第一篇 學而

子貢曰 貧而無諂 富而無驕 何如 子曰 可也 未若貧而樂 富而好禮者也 子貢曰 詩云 如切如磋 如琢如磨 其斯之謂與 子曰 賜也 始可與言詩已矣 告諸往而知來者

子貢(ᄌᆞ공)이 ᄀᆞᆯ오ᄃᆡ 貧(빈)ᄒᆞ야도 諂(텸)홈이 업스며 富(부)ᄒᆞ야도 驕(교)홈이 업소ᄃᆡ 엇더ᄒᆞ닝잇고 子(ᄌᆞ)ㅣ ᄀᆞᆯᄋᆞ샤ᄃᆡ 可(가)ᄒᆞ나 貧(빈)ᄒᆞ고 樂(락)ᄒᆞ며 富(부)ᄒᆞ고 禮(례)를 好(호)ᄒᆞᄂᆞᆫ 者(쟈)만 ᄀᆞᆮ디 몯ᄒᆞ니라 子貢(ᄌᆞ공)이 ᄀᆞᆯ오ᄃᆡ 詩(시)예 닐오ᄃᆡ 切(졀)ᄐᆞᆺ ᄒᆞ고 磋(차)ᄐᆞᆺ ᄒᆞ며 琢(탁)ᄃᆞᆺ ᄒᆞ고 磨(마)ᄐᆞᆺ ᄒᆞ다 ᄒᆞ니 그 이ᄅᆞᆯ 닐옴인뎌 子(ᄌᆞ)ㅣ ᄀᆞᆯᄋᆞ샤ᄃᆡ 賜(ᄉᆞ)ᄂᆞᆫ 비르소 可(가)히 더브러 詩(시)를 니ᄅᆞ리로다 往(왕)을 告(고)홈애 來者(ᄅᆡ쟈)를 알오녀

자공(子貢)이 말씀드리기를 "가난하되 아첨함이 없으며, 부유(富裕)하되 교만함이 없으면 어떠하니까?" 하니, 선생님께서 말씀하시기를 "그런대로 괜찮으니라. 가난하면서도 도를 즐기며, 부유하면서도 예(禮)를 좋아하는 것만은 못하느니라." 하셨다. 자공이 말씀드리기를 "시경(詩經)에 '자른 듯하며, 간 듯하며, 쫀 듯하며, 광낸 듯하다.' 하였으니, 아마 이것을 말한 것이니까?" 하니, 선생님께서 말씀하시기를 "사(賜)는 비로소 더불어 시(詩)를 말할 만하구나! 지나간 것을 말해주자 올 것[말해주지 않은 것]을 아는구나." 하셨다.

【子貢】 공자의 제자. 위(衛)나라 사람. 성은 단목(端木). 이름은 사(賜). 자가 자공(子貢). 공자보다 31세 아래.

【而】 그러나. 그렇지만. 오히려. …하더라도[하지만]. 접속사. 역접관계를 나타냄. 貧而無諂, 富而無驕, 貧而樂, 富而好禮.

【諂】 아첨(阿諂)하다. 아부(阿附)하다. 알랑거리다. 아양 떨다. 자신을 떨어뜨리고 남의 비위를 맞추다.

【驕】 크고 잘생긴 말(馬)이 뻣뻣하다. ⇒ 잘난 체하다. 교만(驕慢)하다. 거들먹거리다. 우쭐거리다. 뽐내다. 으스대다. 오만하며(傲), 늘어지고(縱), 방자함(姿)의 뜻을 아울러 가진 말.

【何如】 어떠합니까? 어떻습니까? 관용형식으로 의견이나 견해를 물음.

【可也】 괜찮다. 그런대로 좋다. 쓸[할] 만하다.

可 : 괜찮다. 그런대로 좋다[되다]. 겨우 괜찮은 정도에 달한 것이지 썩 좋은 것은 아니라는 뜻이 내포됨.

也 : …이다. 어기조사. 진술문의 끝에 쓰여 판단이나 단정 또는 긍정을 나타냄.

공안국(孔安國) - (可也는) 아직 충분히 많지 않다는 것이다. [未足多]

【未若】 = 不如. …(함)만 못하다. …하는 것이 차라리 낫다. 부사. 앞에서 말한 사건이 뒤에서 말한 사건에 미치지 못함을 나타냄. [참고] 公冶長-28.

【貧而樂】 가난하여도 도(道)를 즐기다.

정현(鄭玄) - 樂이란 도에 뜻을 두고 있어 가난함을 근심이나 고통으로 여기지 않음을 말한다. [樂 謂志於道 不以貧賤爲憂苦]

김학주(金學主) - 황간(皇侃) 의소(義疏)본, 고려본 등엔 樂자 아래 道자가 더 있고, 사기(史記) 중니제자열전(仲尼弟子列傳)과 문선(文選)의 유분시(幽憤詩) 注 등에 인용된 이 구절에도 모두 道자가 있다. 따라서 이는 그대로 '즐기는 것'이 아니라 '낙도(樂道)하는 것' 또는 '도를 따라 사는 것을 즐기는 것'으로 풀이함이 옳다. [이상 완원(阮元) 교감기(校勘記)에 의거]

【詩】 시(詩). 시경(詩經). 중국 최고(最古)의 시집으로, 주(周)나라 초부터 춘추시대까지의 시(詩) 311편을 수록함. 공자(孔子)가 편찬하였다고 하나 확실하지 않음.

瞻彼淇奧	저 기수의 물굽이를 보라!
綠竹猗猗	푸른 대 무성히 우거지고
有匪君子	아 저 아름다운 님
如切如磋	자른 듯 간 듯
如琢如磨	쫀 듯 광낸 듯
瑟兮僩兮	무게 있고 위엄이 넘치네!
赫兮咺兮	빛나고 훤칠하시네!
有匪君子	아 저 아름다운 님
終不可諼兮	끝내 잊을 수 없겠네!

【如切如磋 如琢如磨】 자른 듯 간 듯 쫀 듯 광낸 듯하다. ⇒ 학문과 덕행을 끊임없이 갈고닦아 더욱더 정진하다.

如 : 마치 …와 같다. (마치) …처럼[같이] 하다. 부사. 한 사물(대상)을 다른 사물(대상)과 직접 비유함을 나타냄.

切 : 자르다. 磋 : 갈다. 琢 : 쪼다. 다듬다. 磨 : 갈고 닦다. 문질러 광을 내다.

주희(朱熹) - 詩는 시경(詩經) 위풍(衛風) 기욱편(淇奧篇)의 내용이다. 뼈와 뿔을 다스리는 자는 이미 절단한 다음 다시 그것을 갈고, 옥(玉)과 보석(寶石)을

다스리는 자는 이미 쪼아놓은 다음 다시 그것을 가니, 다스림이 이미 정밀(精密)한데 더욱 그 정밀(精密)함을 구함을 말한다. [詩 衛風淇奧之篇 言治骨角者 旣切之而復磋之 治玉石者 旣琢之而復磨之 治之已精而益求其精也]

형병(邢昺) - 뼈는 자르고 상아는 갈며 옥은 쪼고 돌은 갈아 광을 내다. [骨曰切 象曰磋 玉曰琢 石曰磨]

정약용(丁若鏞) - 아니다. 이 말은 원래 이아(爾雅)의 석기(釋器)의 글이다. 그러나 뼈라도 갈지 않을 수 없으며 상아도 자르지 않을 수 없는 것이다. 옥도 갈지 않으면 아무리 쪼아놓아도 쓸모가 없으며 돌을 쪼지 않는다면 갈려고 해도 갈 수가 없는 것이다. 爾雅에서 하나의 물건마다 하나의 이름을 붙인 것은 원래 잘못된 것이다. 정밀한 공정이니 거친 공정이니 하는 뜻은 처음으로 주자에 의하여 나온 것으로, 그의 견해는 천고에 빼어난 것이다. [非也 此本爾雅釋器文 然骨不能無磋 象不能無切 玉不磨 雖琢無用 石不琢 欲磨不得 爾雅一物一名本是謬義 精麤之義 始發於朱子 其見度越千古]

【其斯之謂與】 아마도 이것을 말하는 것입니까?

其 : 아마(도). 어쩌면. 부사. 동작이나 행위 또는 어떤 상황에 대한 추측을 나타냄.

之 : …을[를]. 구조조사. 목적어를 강조하기 위하여 동사 앞으로 도치시킬 때 그 목적어와 동사 사이에 씀. 謂斯의 도치.

與 : …인가? …입니까? = 歟. 어기조사. 의문문 끝에 쓰여 추측의 어기를 나타냄.

【(賜)也】 …은(는). …이란. …이면. 어기조사. 음절을 조정하고 어기를 고르는(말을 잠깐 멈추고 다음 내용을 환기시키는) 역할을 함.

【始可與言詩已矣】 비로소 함께 시를 말할 수 있겠구나! 이제야 함께 시를 말할 만하구나! [참고] 八佾-8.

始 : …에서야 비로소. 이제야. 곧. 부사. 동작이나 행위가 어떤 조건을 갖춘 후에야 비로소 발생하게 됨을 나타냄.

與 : …와. …와 함께. …와 더불어. 전치사. 동작이나 행위에 대한 동반자임을 나타냄. 뒤에 賜를 가리키는 인칭대명사 之[汝]가 생략되었음. 전치사 與, 以, 爲는 왕왕 그 다음에 오는 목적어가 생략되기도 함.

已矣 : …이다. …할 것이다. 이미 발생하였거나 어떤 새로운 상황이 발생할 가능성이 있음을 나타냄. 감탄의 어기도 내포됨.

【告諸往而知來者】 그(너)에게 지나간 것을 말해주니 곧 올 것을 아는구나.

諸 : 그. 그들. 그런 일. 인칭대명사. 之에 해당함. 동사의 목적어가 되며 일반적으로 가리키는 대상이 앞에 이미 나타남. 賜를 가리킴.

而 : 이에. …하니 곧. 접속사. 순접(연관)관계를 나타냄.

주희(朱熹) - 往이란 이미 말해준 것이요, 來란 아직 말해주지 않은 것이다. [往者 其所已言者 來者 其所未言者]

16. 남을 알지 못함을 걱정하여야 하나니

子曰 不患人之不己知 患不知人也

子(ᄌᆞ)ㅣ ᄀᆞᆯᄋᆞ샤ᄃᆡ 人(신)의 己(긔)를 아디 몯홈을 患(환)티 말고 人(신)을 아디 몯홈을 患(환)홀 띠니라

선생님께서 말씀하시기를 "남이 자신을 알아주지 아니함을 걱정하지 말고, (내가) 남을 알지 못함을 걱정해야 하느니라." 하셨다.

【不】 = 勿. …하지 마라. …해서는 안 된다. 부사. 동작이나 행위에 대한 금지 및 권고를 나타냄.

【患】 근심하다. 걱정하다.

【人】 사람. ⇒ 남. 다른 사람. 나와 대조되는 개념.

【之】 …은[는]. …이[가]. 구조조사(주격조사). 주술구조 사이에 쓰여 이를 명사구(절)로 만들어 주는 역할을 함.

【不己知】 자기를 알아주지 아니하다. 의문문이나 부정문에서 대명사(代名詞)가 목적어로 쓰일 경우 목적어가 대개 동사나 전치사의 앞에 위치함. 不知己의 도치.

【也】 …하라. …하시오. …해야 한다. 어기조사. 명령문의 끝에 쓰여 명령이나 청유의 어기를 나타냄.

왕부지(王夫之) - 자기를 빨리 알아주지 않는 것을 걱정하게 되면 자기가 배운 것을 굽혀 세상에 아부하게 된다. [四書訓義]

[참고] 學而-1, 里仁-14, 憲問-32, 衛靈公-18.

[참고] 장림(臧林) 경의잡기(經義雜記) [육덕명(陸德明) 경전석문(經典釋文)] 患不知 뒤에 人이 없음. ☞ **不患人之不己知 患不知也 : 남이 자기를 알아주지 않음을 걱정하지 말고 알려지지 않을 것을 걱정하라.**

為政以德

정사(政事)를
덕(德)으로써
하여야 하니
[爲政-1]

第二篇

爲政 위정

덕으로써 하는 정치의 구체적 모습

① 예와 겸손으로 나라를 다스려야 한다. 不能以禮讓爲國 如禮何 [里仁-13]

② 솔선수범(率先垂範). 子帥以正 孰敢不正 [顔淵-17]

③ 올바른 처신. 其身正 不令而行 其身不正 雖令不從 [子路-6]

④ 사욕의 포기. 苟子之不欲 雖賞之 不竊 [顔淵-18]

⑤ 자기 직분의 충실 의무. 君君 臣臣 父父 子子 [顔淵-11]

⑥ 예, 의, 신의 사랑. 上好禮 則民莫敢不敬 上好義 則民莫敢不服 上好信 則民莫敢不用情 [子路-4]

⑦ 친족에 대한 후덕과 옛 친구에 대한 의리. 君子篤於親 則民興於仁 故舊不遺 則民不偸 [泰伯-2]

⑧ 신하에게는 예를 갖추어 명령한다. 君使臣以禮 臣事君以忠 [八佾-19]

⑨ 백성에 대한 사랑. 道千乘之國 敬事而信 節用而愛人 使民以時 [學而-5]

⑩ 백성들에게 혜택을 주어야 한다. 君子惠而不費 [堯曰-2]

[김영일 논어 1. pp.90~91.]

1. 정사政事를 덕德으로써 하여야 하니

子曰 爲政以德 譬如北辰 居其所而衆星共之

子(ᄌᆞ)ㅣ ᄀᆯᄋᆞ샤ᄃᆡ 政(졍)을 호ᄃᆡ 德(덕)으로ᄡᅥ 홈이 譬(비)컨댄 北辰(븍신)이 그 所(소)애 居(거)ᄒᆞ얏거든 모든 별이 共(공)홈 ᄀᆞᄐᆞ니라

선생님께서 말씀하시기를 "정사(政事)를 덕(德)으로써 하는 것은, 비유하건대 북극성(北極星)은 그 자리에 있고 여러 별들이 그를 따라 함께 운행(運行)하는 것과 같으니라." 하셨다.

【爲】 하다. 행하다. 실천하다. 동사.

【以】 …(으)로(써). …을(에) 따라. …을 사용하여. …에 근거하여. 전치사. 동작이나 행위가 발생할 때 사물이나 어떤 준칙(기준이나 근거)에 의거하는 것을 나타내며 간혹 강조를 위해 뒤의 목적어와 도치되기도 함.

【德】 덕. 도덕성. ㉠ 도덕적·윤리적 이상을 실현해 나가는 인격적 능력. 도덕적·윤리적 선(善)에 대한 의지(意志)의 항상적(恒常的) 지향성(志向性) 및 선(善)을 실현하는 항상적 능력. ㉡ 공정하고 남을 넓게 이해하고 받아들이는 마음이나 행동.

【譬如】 비유하자면 …와 같다. 비유컨대 …와 같다.

【北辰북신】 ㉠ 북극(北極). ㉡ 북극성(北極星).

정현(鄭玄) - 북극을 北辰이라 이른다. [北極謂之北辰]

주희(朱熹) - 北晨은 북극이니 하늘의 추(樞, 지도리)이다. [北晨 北極 天之樞也]

【居其所】 그 자리에 있다. 북극성 자기 자리에 있다.

居 : 있다. 자리하다. 자리 잡다. 꾸준히 한 곳에 머물다.

其 : 그. 그것. 지시대명사. 北辰을 가리킴.

所 : 장소. 위치. 처소. 자리. 명사.

【而】 이에. …하니 곧. 접속사. 순접(연관)관계를 나타냄.

【衆星共之】 여러 별들이 그(북극성)를 따라 함께 운행하다.

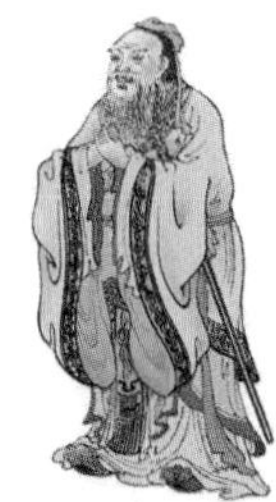

共 : 함께하다. ⇒ 따라 함께 돌다. 따라 함께 운행하다.

之 : 그. 그것. 지시대명사. 北辰을 가리킴.

정현(鄭玄) - 共(拱)은 손을 맞잡는 것이다. [共(拱) 拱手也]

형병(邢昺) - 여러 별들이 그를 함께 받드는 것이다. [衆星共尊之]

황간(皇侃) - 오히려 많은 별들이 북신(北辰)을 함께 받드는 것과 같다. [猶如衆星之共尊北辰也]

포함(包咸) - 德이 있는 사람은 인위적 행위를 하지 않는데, 마치 북극성이 움직이지 않아도 많은 별이 그것을 떠받드는 것과 같다. [德者無爲 猶北辰之不移 而衆星共之] 共 = 供.

주희(朱熹) - 共은 향하는 것이니, 여러 별들이 사면(四面)으로 돌아 감기어 북극성(北極星)을 향해 돌아감을 말한다. 정사(政事)를 덕(德)으로 하면, 하는 일이 없어도 천하(天下)가 돌아오니, 그 형상이 이와 같은 것이다. [共 向也 言衆星四面旋繞而歸向之也 爲政以德 則無爲而天下歸之 其象如此]

양백준(楊伯峻) - 共은 拱자와 같다. 좌전(左傳) 희공(僖公) 32年에 '너의 무덤에 나무가 한 아름짜리나 될 것이다[爾墓之木共矣].' 의 拱자와 뜻이 비슷하며, '둘러싸다·에워싸다' 의 뜻이다.

정약용(丁若鏞) - 共이란 同(함께하다)이다. 北辰이 바른 위치에 자리하여 天樞(하늘의 중심)를 선회하면 많은 별들이 따라 돌아 北辰과 함께 운행하므로 말하기를 共之라 하였다. [예기(禮記) 왕제(王制) - 뭇사람과 더불어 이것을 함께한다.] [共者同也 北辰居正 斡旋天樞 而衆星隨轉 與北辰同運 故曰 共之也 王制云 與衆共之]

2. 시詩 삼백 편은 생각에 사악邪惡함이 없나니

子曰 詩三百 一言以蔽之 曰 思無邪

子(ᄌᆞ)ㅣ ᄀᆞᆯᄋᆞ샤ᄃᆡ 詩(시)ㅣ 三百(삼ᄇᆡᆨ)애 ᄒᆞᆫ 말이 ᄡᅧ 蔽(폐)ᄒᆞ야시니 ᄀᆞᆯ온 思(ᄉᆞ)ㅣ 邪(사) 업슴이니라

선생님께서 말씀하시기를 "시(詩) 삼백 편(篇), 한마디 말로 그것을 포괄(包括)하면, 바로 '생각에 사악함이 없다.' 이니라." 하셨다.

【詩三百】 시(詩) 삼백 편. 지금의 시경(詩經)에는 305편의 시가 실려 있음. [참고] 學而-15.

주희(朱熹) - 시경(詩經)은 3백 11편(篇)인데, 3백 편(篇)이라고 말한 것은 큰 수(數)를 든 것이다. [詩 三百十一篇 言三百者 擧大數也]

【一言以蔽之】 한마디의 말로 그것을 싸잡으면. 한마디 말로 그것을 포괄하면.

以 : …으로써. …을 가지고. …을 통하여. 전치사. 도구·수단·방법을 나타냄. 一言以는 以一言이 도치된 것임.

蔽 : 하나로 가리다[덮다, 싸다]. ⇒ 싸잡다. 포괄(包括)[총괄(總括), 개괄(槪括)]하다. 요약하다.

之 : 그. 그것. 지시대명사. 詩三百을 가리킴.

포함(包咸) - 蔽는 當(해당되다)과 같다. [蔽 猶當也]

정현(鄭玄) - 蔽는 가리다는 뜻이다. [蔽 塞也]

주희(朱熹) - 蔽는 蓋(덮는다)와 같다. [蔽 猶蓋也]

【曰】 (바로)…이다. 동사. 是의 용법과 같음. [배학해(裵學海) 고서허자집석(古書虛字集釋)] [참고] 憲問-41.

【思無邪】 생각에 사악(邪惡)함이 없다. 詩經 魯頌 駉(경)편에 나옴.

邪 : 간사하다. 사악(邪惡)하다.

양백준(楊伯峻) - 思자는 본래 경(駉)편에서는 아무런 의미 없이 문장의 첫머리에 오는 어조사로 쓰였으나 공자가 그것을 인용할 때는 오히려 생각 사(思)와 같은 뜻으로 해석하여 스스로 단장취의(斷章取義)했다.

포함(包咸) - (思無邪란) 바른 곳으로 돌아간다는 뜻이다. [歸於正]

주희(朱熹) - 思無邪란 말은 노송(魯頌) 경(駉)편의 말이다. 모든 詩에서 善을 말한 것은 사람의 착한 마음을 감동(感動)시켜 분발(奮發)하게 할 수 있고, 惡을 말한 것은 사람의 방탕한 마음을 징계(懲戒)할 수 있으니, 그 효용(效用)은 사람들이 바른 성정(性情)을 얻는 데에 돌아갈 뿐이다. 그러나 그 말이 은미(隱微)하고 완곡(婉曲)하며, 또 각각 한 가지 일로 인하여 말한 것이어서, 그 전체(全體)를 곧바로 가리킨 것을 찾는다면, 이 말처럼 분명하고도 뜻을 다한 것이 없다. 그러므로 공자께서 '시(詩) 3백 편(篇)에 이 한 마디 말이 족히 그 뜻을 다 덮을 수 있다.' 고 하신 것이니, 사람에게 보여주신 뜻이 또한 깊고 간절하다. [思無邪 魯頌駉篇之辭 凡詩之言 善者 可以感發人之善心 惡者 可以懲創人之逸志 其用 歸於使人得其情性之正而已 然 其言微婉 且或各因一事而發 求其直指全體 則未有若此之明且盡者 故 夫子言詩三百篇 而惟此一言 足以盡蓋其義 其示人之意亦深切矣]

駉駉牡馬	살찌고 큰 수말들
在坰之野	저 먼 들판에 뛰놀고 있네
薄言駉者	살찌고 큰 말들 갖가지 말들
有駰有騢	잿빛 흰빛 얼룩말 붉고 흰 얼룩말
有驔有魚	정강이 흰 말 두 눈가 흰 말
以車祛祛	수레도 끄니 꿋꿋하도다
思 無 邪	아무 사념(邪念)도 없이
思馬斯徂	말들은 달려만 가고 있네

정약용(丁若鏞) - 思無邪란 이 시를 지은 사람이 그 마음과 뜻을 펴내는 바가 사악하고 편벽됨이 없음을 일컫는 것이다. [思無邪者 謂作詩之人 其心志所發無邪僻也]

[참고]

남회근(南懷瑾) ☞ 시 삼백 편을 정리한 주요 목적은 한마디로 말해, 사람들의 생각에 사악함이 없도록 하기 위한 것이라 하겠다.

리쩌허우(李澤厚) ☞ 시 삼백 수를 한마디로 개괄하면 이렇다. "거짓이 없다."

3. 덕으로 이끌고 예로 다스리면 부끄러움도 알고 바르게 되니

子曰 道之以政 齊之以刑 民免而無恥 道之以德 齊之以禮 有恥且格

子(ᄌᆞ)ㅣ ᄀᆞᆯᄋᆞ샤ᄃᆡ 道(도)호ᄃᆡ 政(졍)으로ᄡᅥ ᄒᆞ고 齊(졔)호ᄃᆡ 刑(형)으로ᄡᅥ ᄒᆞ면 民(민)이 免(면)홀 만ᄒᆞ고 恥(티)홈은 업ᄂᆞ니라 道(도)호ᄃᆡ 德(덕)으로ᄡᅥ ᄒᆞ고 齊(졔)호ᄃᆡ 禮(례)로ᄡᅥ ᄒᆞ면 恥(티)홈이 잇고 ᄯᅩ 格(격)ᄒᆞᄂᆞ니라

선생님께서 말씀하시기를 "정령(政令)으로 인도(引導)하고 형벌(刑罰)로 다스리면, 백성들은 형벌을 면(免)하려고만 하고 부끄러워함이 없느니라. (반면에) 덕(德)으로 인도(引導)하고 예(禮)로써 다스리면, (백성들은) 부끄러워함도 있게 되고 또 바르게 될 것이니라." 하셨다.

【道】 = 導. 이끌다. 인도(引導)하다.

주희(朱熹) - 道는 '인도(引導)하다' 와 같으니 솔선함을 말한다. [道 猶引導 謂先之也]

【之】 그. 그 사람(들). 인칭대명사. 民을 가리킴.

【以】 …으로써. …을 가지고[통하여]. 전치사. 도구·수단·방법을 나타냄.

【政】 정령(政令). 법령(法令). 명령(命令).

【齊제】 가지런히 하다. 얕고 깊고 두텁고 얇아 균일하지 않은 것을 가지런하게 통일시키다. ⇒ 질서를 잡다. 다스리다.

【民免而無恥】 백성들은 형벌 등을 면하려고만 하고 부끄러워함이 없다. 백성들이 형벌을 피하려고만 하고 수치심은 없다. 백성들은 형벌을 피하려고만 하지 부끄러워 할 줄은 모른다.

免 : 면하다. 모면하다. 화(禍)를 면하다. 죄를 면하다. 형벌을 피하다.

양백준(楊伯峻) - 선진(先秦) 시기 고서에서 免자가 단독으로 사용되면 일반적으로 면죄하다[免罪], 형을 면하다[免刑], 화를 면하다[免禍]로 번역한다.

而 : …하고. 그리고. 접속사. 병렬관계를 나타냄.

恥 : 부끄러움. 수치(羞恥). 치욕(恥辱).

[참고] ① 而 : …하여서. 그래서. 그리하여. 순접(연관)관계 접속사. ☞ **백성들이**

형벌을 면(免)하려고만 하여서 그래서 부끄러운 마음이 없게 된다. ② 而 : 그러나. 그렇지만. 오히려. 역접관계 접속사. ☞ 백성들이 (법을 어기지 않아) 형벌은 면하되 그러나 부끄러워하는 마음(수치심)은 없게 된다.

【且】 또. 게다가. 뿐만 아니라. 접속사. 체증(遞增) [점층] 관계를 나타냄.

【格】 바르게 하다. 바로잡다. 일정한 틀에 맞게 바로잡다.

[참고] ① 이르다. 善에 이르다. ② 품격을 갖추다. ③ 오다. 따르다. 귀의(歸依)하다. 사람들의 마음이 돌아오다. ④ 감동하다. 감화하다.

하안(何晏) - 格은 바로잡는다는 뜻이다. [格 正也]

정현(鄭玄) - 格은 오다(이르다)는 뜻이다. [格 來也]

황간(皇侃) - 모두 바름으로 돌아온다[바르게 된다]. [皆歸於正也]

주희(朱熹) - 格은 이르는 것이다. 몸소 행하여 솔선수범하면 백성이 진실로 보고 감동하여 흥기하는 바가 있을 것이요, 그 얕고 깊고 두텁고 얇아 균일하지 않은 것을 또 예로써 통일시킨다면 백성들이 선하지 못함을 부끄러워하고 또 선함에 이를 수 있음을 말한 것이다. 일설에 격은 바로잡음이라 하니 서경(書經) 경명(冏命)에 '그 그른 마음을 바로잡다.' 라고 하였다. [格 至也 言 躬行以率之 則民固有所觀感而興起矣 而其淺深厚薄之不一者 又有禮以一之 則民恥於不善 而又有以至於善也 一說 格 正也 書曰 格其非心]

[참고] 丁若鏞 - 格心은 감화하는 마음을 일컬으며 遯心은 죄만을 피하려는 마음을 일컫는다. [格心謂感化之心 遯心謂逭罪之心]

金容沃 - 格心은 자신을 정정당당하게 드러내는 마음, 즉 떳떳한 마음이다.

정약용(丁若鏞) - 格자는 假(격)자와 통용하는 글자이니 감화(感化)를 말한다. [格通作假 謂感化也] 格于上下(상하를 감격시키다.) [書經 堯典], 格則承之庸之 감격하면 그들을 받들고 그들을 등용한다.) [書經 皐陶謨]

양백준(楊伯峻) - 본래 이 글자에는 여러 가지 뜻이 있으며, 여기서는 오다[來]라고 해석했다. 예기(禮記) 치의(緇衣)에서 '대체로 백성을 덕으로써 가르치고, 예로써 바로잡으면 백성들은 임금을 사모하는 마음이 생기게 된다. 정치로써 가르치고, 형벌로써 바로잡으면 백성들이 도망할 마음을 가진다. [夫民 敎之以德 齊之以禮 則民有格心 敎之以政 齊之以刑 則民有遯心]' 라고 했는데 이 말은 공자가 본문에서 한 말에 대한 최초의 주석(註釋)으로 볼 수 있으며 비교적 믿을 만하다. 이 문장에서 格心과 遯心은 서로 대립되는 문장으로 遯은 곧 遁으로 피하여 숨다는 뜻이다. 피하여 숨다는 것의 반대는 당연히 가까이하다·돌아오다·동경하다는 뜻으로, '인심이 돌아오다.' 라고 번역했다.

4. 공자孔子 칠십 평생의 역정歷程은...

子曰 吾十有五而志于學 三十而立 四十而不惑 五十而知天命 六十而耳順 七十而從心所欲 不踰矩

子(ᄌᆞ)ㅣ ᄀᆞᆯᄋᆞ샤ᄃᆡ 내 열히오 또 다ᄉᆞ새 學(ᄒᆞᆨ)애 志(지)ᄒᆞ고 셜흔에 立(립)ᄒᆞ고 마ᅀᆞᆫ애 惑(혹)디 아니ᄒᆞ고 쉰에 天命(텬명)을 알고 여ᄉᆔᆫ에 耳(ᅀᅵ)ㅣ 順(슌)ᄒᆞ고 닐흔에 ᄆᆞᄋᆞᆷ의 欲(욕)ᄒᆞᄂᆞᆫ 바를 조차 矩(구)에 넘디 아니호라

선생님께서 말씀하시기를 "나는 열다섯 살에 배움에 뜻을 두었고, 서른 살에 자립(自立)하게 되었으며, 마흔 살에 사리(事理)에 미혹(迷惑)되지 않게 되었고, 쉰 살에 천명(天命)을 알게 되었으며, 예순 살에 어떤 것이든 귀에 거슬리지 않게 되었고, 일흔 살에는 마음에 하고자 하는 바를 좇아도 법도(法度)를 넘지 않게 되었느니라." 하셨다.

【有】 …와[과]. 또. – 又. 접속사. 숫자의 중간에 들어가 정수(整數)와 우수리를 연결함. 해석하지 않아도 무방함.

【而】 …에. …이 되어서. …되고 나서. 접속사. 순접(연관)관계를 나타냄.

【志于學】 배움에 뜻을 두다.

志 : 뜻을 갖다. 뜻을 두다. 지향(志向)하다. 소망을 가지다. 동사.

于 : …에. …에게. = 於, 乎. 전치사. 동작이나 행위가 발생할 때 관련되는 대상을 나타냄.

황간(皇侃) - 志란 마음에 두는 것을 일컫는다. [志者 在心之謂也]

주희(朱熹) - 예전에는 15세에 태학(大學)에 입학하였다. 마음이 가는 바를 志라고 한다. 여기에서 말한 學은 곧 대학(大學)의 도(道)이니 여기에 뜻을 둔다면 생각하고 생각함이 여기에 있어서 하기를 싫어하지 않게 되는 것이다. [古者十五而入大學 心之所之 謂之志 此所謂學 卽大學之道也 志乎此 則念念在此而爲之不厭矣]

【立】 서다. 자립(自立)하다. 입신(立身)하다. 禮는 사람의 행동 기준이므로 그 기준

에 따라 자립(自立)하는 것. ㉠ 학문이나 수양이 어느 정도 이루어져서 사회적으로 자립하다. ㉡ 올바른 도를 굳건히 세워 흔들리지 않는 단계에 서다. ㉢ 내 뜻이 분명하고 확고해져서 주체적으로 당당하게 행동할 수 있는 근거가 마련되다.

하안(何晏) - (立은) 이루어 세운 것이 있는 것이다. [有所成立也]

주희(朱熹) - 스스로 섬이 있으면 지킴이 견고해져서 뜻을 두는 것을 일삼을 필요가 없게 되는 것이다. [有以自立 則守之固而無所事志矣]

예기(禮記) 학기(學記) - 확고히 자립하여 道를 배반하지 아니하는 것을 大成이라고 한다. [强立而不反 謂之大成也]

[참고] 立於禮[泰伯-8], 不學禮 無以立[季氏-13], 不知禮 無以立也[堯曰-3]

【不惑】 사리(事理)를 모두 알게 되어 미혹(迷惑)되지 않게 되다.

① 남의 말을 듣거나 어떤 광경을 보거나 어떤 것을 맛보고 이에 도취되거나 현혹되어 갈팡질팡하고 헤매는 상태가 되지 않게 되다. ② 지혜를 갖추어 사리분별에서 헷갈림이 없거나 나아가 자신이 하는 일에 의심이 없게 되다.

공안국(孔安國) - (不惑은) 의심하고 미혹스럽지 않은 것이다. [不疑惑]

주희(朱熹) - 사물의 당연한 것[도리]에 대하여 의혹하는 바가 없다면 아는 것이 분명하여 지킴을 일삼을 필요가 없게 되는 것이다. [於事物之所當然 皆無所疑 則知之明而無所事守矣]

【天命】 하늘의 뜻. 하늘이 정한 이치. 곧 우주의 질서와 법칙.

① 하늘의 뜻. 하늘이 정한 운명(運命). ② 하늘이 정한 이치. 자연의 법칙. 인간의 의지를 초월한 질서, 곧 우주의 질서와 법칙 등 미묘한 이치의 세계. ③ 하늘이 내려준 명령(命令)[사명(使命)]. 하늘로부터 받은 왕권(王權).

공안국(孔安國) - (知天命은) 천명의 처음과 끝을 안다는 것이다. [知天命之終始]

주희(朱熹) - 天命은 천도(天道)가 유행(流行)하여 사물에 부여한 것이니, 바로 사물에 당연한 도리(道理)의 소이연(所以然)이다. 이것을 알면 아는 것이 지극히 정밀하여 의혹하지 않는 것은 굳이 말할 것이 없게 되는 것이다. [天命 卽天道之流行而賦於物者 乃事物所以當然之故也 知此則知極其精而不惑 又不足言矣]

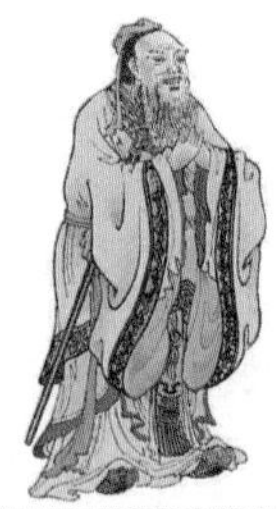

정약용(丁若鏞) - 知天命은 상제(上帝, 하늘)의 법칙에 순응하여 궁하거나 통함에

대해 의심하지 않는 것을 이른다. [知天命 謂順帝之則 窮通不貳也]

남회근(南懷瑾) - 天命이란 철학에서 말하는 우주만물의 근원으로서 형이상의 사상에서 말하는 본체 범위에 해당한다.

【耳順】 귀가 순해지다. 귀에 거슬리는 바가 없다. ① 무엇을 들어도 귀에 거슬리지 않아 화를 내지 않게 되다. ② 사람들이 하는 말의 참과 거짓을 단박에 알아채고 그 속마음까지 알게 되다.

정현(鄭玄) - (耳順은) 귀로 어떤 말을 듣고 그 속에 숨은 뜻을 안다는 것이다. [耳聞其言而知其微旨]

주희(朱熹) - 소리가 들어오면 마음에 깨달아져서 어긋나거나 거슬림이 없는 것이니, 앎이 지극해져서 생각하지 않아도 터득되는 것이다. [聲入心通 無所違逆 知之之至 不思而得也]

정약용(丁若鏞) - 耳順은 말이 귀에 거슬리지 않음을 이르니,[귀에 거슬리면 곧 마음에 거슬리게 된다.] 화순함이 마음속에 쌓이면 비록 이치에 맞지 않는 말이더라도 귀에 거슬리는 바가 없다. [耳順 謂言不逆耳 逆于耳 則拂于心 和順積中 雖非理之言 無所逆耳也]

【從心所欲 不踰矩】 마음에 하고자 하는 바대로 좇아도 법도를 넘지 않게 되다.

從 : 따르다. …하는 대로 하다. 欲 : 하고자 하다. 바라다(希望). 원하다.

所 : …하는 바. …한 것. …한. 특수지시대명사. 동사 혹은 '동사+목적어'로 된 절이나 구와 함께 쓰여 명사성 구조를 이룸. 곧 주어와 술어 사이에 쓰여 주술구조를 명사구로 만들어 줌. 주어·술어·목적어·한정어로 쓰이며, 앞에 구조조사 '之'를 함께 쓰는 경우가 많음.

踰 : 넘다. 벗어나다. 矩 : 곱자(曲尺). ⇒ 법(法). 법도(法度).

마융(馬融) - 矩는 법(法)이라는 뜻이니, 마음이 바라는 것을 따라도 법 아닌 것이 없다. [矩 法也 從心所欲 無非法]

주희(朱熹) - 從은 따르는 것이다. 矩는 법도(法度)의 기구이니, 모난 것을 만드는 것이다. 그 마음에 하고자 하는 바를 좇아도 저절로 법도에 넘지 않는 것은 편안히 행하여 힘쓰지 않아도 저절로 도(道)에 맞는 것이다. [從 隨也 矩 法度之器 所以爲方者也 隨其心之所欲而自不過於法度 安而行之 不勉而中也]

5. 효孝는 예禮를 어기지 말아야 하나니

孟懿子問孝 子曰 無違 樊遲御 子告之曰 孟孫問孝於我 我對曰 無違 樊遲曰 何謂也 子曰 生事之以禮 死葬之以禮 祭之以禮

孟懿子(ᄆᆡᆼ의ᄌᆞ)ㅣ 孝(효)를 묻ᄌᆞ온대 子(ᄌᆞ)ㅣ ᄀᆞᆯᄋᆞ샤ᄃᆡ 違(위)홈이 업슴이니라 樊遲(번디)ㅣ 御(어)ᄒᆞ야ᄡᅥ니 子(ᄌᆞ)ㅣ 告(고)ᄒᆞ야 ᄀᆞᆯᄋᆞ샤ᄃᆡ 孟孫(ᄆᆡᆼ손)이 孝(효)를 내게 무러늘 내 對(ᄃᆡ)ᄒᆞ야 ᄀᆞᆯ오ᄃᆡ 違(위)홈이 업슴이라 호라 樊遲(번디)ㅣ ᄀᆞᆯ오ᄃᆡ 엇디 닐옴이닝잇고 子(ᄌᆞ)ㅣ ᄀᆞᆯᄋᆞ샤ᄃᆡ 살아실 ᄢᅦ 셤김을 禮(례)로ᄡᅥ ᄒᆞ며 죽음애 葬(장)홈을 禮(례)로ᄡᅥ ᄒᆞ며 祭(제)홈을 禮(례)로ᄡᅥ 홈이니라

맹의자(孟懿子)가 효(孝)를 묻자, 선생님께서 말씀하시기를 "어김이 없어야 합니다." 하셨다. 번지(樊遲)가 수레로 모시는데, 선생님께서 알려주어 말씀하시기를 "맹손씨(孟孫氏)가 나에게 효(孝)를 묻기에 내 대답하여 말하기를 '어김이 없어야 한다.'" 하였느니라. 번지가 말씀드리기를 "무엇을 이르신 것이니까?" 하자, 선생님께서 말씀하시기를 "살아 계시면 예(禮)로 섬기고, 돌아가시면 예(禮)로 장사(葬事)지내고, 예(禮)로 제사(祭祀)지내는 것이니라." 하셨다.

【孟懿子】 노나라의 대부(大夫). 성은 중손(仲孫). 이름은 하기(何忌). 의(懿)는 시호(諡號)임. 노(魯)나라 실권을 장악했던 삼환씨(三桓氏, 孟孫氏·叔孫氏·季孫氏) 중의 하나인 맹손씨(孟孫氏) 家의 한 사람. [참고] 子張-19.

【違】 (예나 도리 등을) 어기다. 위반하다. 위배하다.

형병(邢昺) - 無違는 예에 어긋남이 없음을 말한다. [無違 言無得違禮]

주희(朱熹) - 無違는 도리(道理)에 위배되지 않음을 말한다. [無違 謂不背於理]

【樊遲】 공자의 제자. 성은 번(樊). 이름은 수(須). 자가 자지(子遲). 제(齊)나라 사람으로 공자보다 36세 아래.

【御】 수레를 몰다. 곧 공자를 위하여 수레를 몰다.

【於】 …에게. 전치사. 동작이나 행위에 관련되는 대상을 나타냄.

【何謂也】 무엇을 말하는[일컫는] 것입니까? 무엇을 뜻합니까? 무슨 뜻입니까?

何 : 무엇[어느 것이 …한가[인가]? 누구[무엇, 어디]인가? 누구를[무엇을] …한

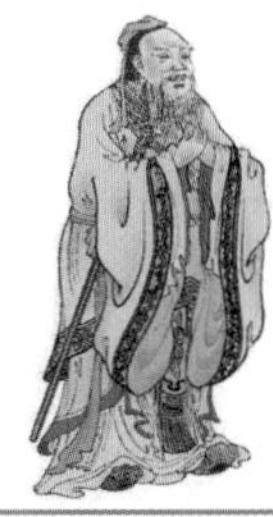

가? 의문대명사. 주어나 술어, 목적어로 쓰여 사람이나 사물, 장소에 대해 물음. 목적어로 쓰일 때는 일반적으로 도치되어 동사나 전치사 앞에 옴.

謂 : 이르다. 일컫다. 말하다. …라고 하다. …라고 생각하다.

也 : …한가[인가]? 어기조사. 의문문 끝에 쓰여 의문(질문)의 어기를 나타냄. 일반적으로 何, 誰, 奚, 焉 등의 의문대명사와 같이 씀.

【生事之以禮】 살아계실 때에는 예로써 그분들을 섬기다.

事 : 섬기다(侍奉). 모시다.

之 : 그. 그분. 인칭대명사. 생략된 父母를 가리킴.

以 : …으로써. …을 가지고[통하여]. 전치사. 도구·수단·방법을 나타냄.

【死葬之以禮 祭之以禮】 돌아가셨을 때에는 예로써 그분들을 장사(葬事) 지내고 예로써 제사를 지내다.

6. 부모父母는 오직 자식이 병들까 걱정하시니

孟武伯問孝 子曰 父母唯其疾之憂

孟武伯(밍무빅)이 孝(효)를 묻ᄌᆞ온대 子(ᄌᆞ)ㅣ ᄀᆞᆯᄋᆞ샤ᄃᆡ 父母(부모)ᄂᆞᆫ 오직 그 疾(질)을 근심ᄒᆞ시ᄂᆞ니라

맹무백(孟武伯)이 효(孝)를 묻자, 선생님께서 말씀하시기를 "부모는 오직 자식이 병들까 걱정하십니다." 하셨다.

【孟武伯】 맹의자(孟懿子)의 아들로 아버지 뒤를 이어 노나라 대부가 되었음. 이름은 체(彘) 또는 설(泄). 시호가 무(武). 백(伯)은 항렬(行列)임.

【唯】 단지. 다만. 오직. 오로지. 부사. 범위의 제한이나 한정(어떤 범위에 국한됨)을 나타냄.

【其疾之憂】 그(자식)의 병듦을 근심[걱정]하다. 자기 자식이 병들까 걱정하다.

其 : 그. 그 사람. 그 자식의. 인칭대명사. 생략된 子(자식)를 가리킴.

疾 : 병듦. 질병(疾病). 병(환). 병이 나다.

之 : …을[를]. 구조조사. 목적어를 강조하기 위하여 동사 앞으로 도치시킬 때 그 목적어와 동사 사이에 씀. 憂其疾에서 그 자식의 병[其疾]을 강조하기 위하여 其疾之憂로 도치하였음.

憂 : 근심하다(愁也). 걱정하다. 근심 걱정하다.

주희(朱熹) - 부모가 자식을 사랑하는 마음이 지극하지 않은 바가 없어 오직 자식이 병들까 염려해서 항상 근심함을 말한 것이다. 자식이 이것을 체득하여 부모의 마음으로 마음을 삼는다면 무릇 그 몸을 지키는 것이 스스로 삼가지 않음을 용납하지 않을 것이니, 어찌 효가 되지 않겠는가? [言父母愛子之心 無所不至 惟恐其有疾病 常以爲憂也 人子體此 而以父母之心爲心 則凡所以守其身者 自不容於不謹矣 豈不可以爲孝乎]

[참고]

① 부모에게는 오직 그 병만을 걱정하시게 해야 한다. 其는 자식을 가리키며 疾을 강조함. ⇒ 병 이외의 일로 부모님께 걱정을 끼쳐서는 안 된다.

마융(馬融) - 효자는 함부로 망령되이 잘못을 저지르지 않으니, 오직 질병이 생긴 연후에야 부모로 하여금 근심하시게 할 뿐이라는 말이다. [言孝子不妄爲非 唯疾病然後使父母憂耳]

형병(邢昺) - 질병 이외에는 함부로 망령되게 비행(非行)을 저질러 부모에게 근심을 끼치지 않는다. [疾病之外 不得妄爲非法 貽憂於父母]

② 부모님이 병드실까 걱정하는 것이다. 其는 앞의 父母를 가리키며 강조함.

왕충(王充) - 무백(武伯)은 부모에 대한 근심을 잘하여서(근심이 잦아서) '오직 부모의 질병을 근심하라.' 고 하였다. [武伯善憂父母 故曰 惟其疾之憂] [論衡 問孔]

정약용(丁若鏞) - (王充의 말은) 부모의 일에 대해 자식이 그때그때 모두 근심할 필요는 없고, 오직 어버이의 질병만을 근심한다는 것을 일컫는다. 아니다. 그렇게 한다면 불효자다. [謂父母之事 子不必輒皆憂歎 惟親癠乃憂之 非也 然則不孝子也]

7. 효孝는 봉양奉養만이 아니고 공경으로써 하여야 하나니

子游問孝 子曰 今之孝者 是謂能養 至於犬馬 皆能有養 不敬 何以別乎

子游(ᄌᆞ유)ㅣ 孝(효)를 묻ᄌᆞ온대 子(ᄌᆞ)ㅣ ᄀᆞᆯᄋᆞ샤ᄃᆡ 이젯 孝(효)ᄂᆞᆫ 이 닐온 能(능)히 養(양)홈이니 犬馬(견마)애 니르러도 다 能(능)히 養(양)홈이 인ᄂᆞ니 敬(경)티 아니ᄒᆞ면 므스거스로ᄡᅥ 別(별)ᄒᆞ리오

자유(子游)가 효(孝)를 여쭙자, 선생님께서 말씀하시기를 "지금의 효(孝)라는 것은 단지 잘 봉양하는 것만을 말하고 있으나 개(犬)나 말(馬)까지도 모두 능히 봉양함이 있는데, 공경(恭敬)하지 않는다면 무엇으로 구별하겠느냐?" 하셨다.

【子游】 공자의 제자. 성은 언(言). 이름은 언(偃). 자가 자유(子游). 오(吳)나라 사람으로 공자보다 45세 아래. 무성(武城)의 읍재(邑宰)를 지냈음.

【之】 …의. 조사. 관형어와 중심어 사이에 쓰여 종속관계를 나타냄.

【者】 …은. …이란[이라는 것은]. 어기조사. 제시와 아울러 문(文)을 잠깐 멈추게 하고 다음 말을 환기시키는 역할을 함.

【是】 = 祇. 단지. 다만. 부사. 동작이나 행위의 제한을 나타냄.

【能】 능히[충분히] …할 수 있다. 조동사. 어떤 일을 할 능력이 있거나 조건이 됨을 나타냄.

【養】 봉양(奉養)하다. 공양(供養)하다.

주희(朱熹) - 養은 음식으로 공양함을 말한다. [養 謂飮食供奉也]

정약용(丁若鏞) - 養은 좌우의 여러 면에서 봉양함을 이른다.[음식을 두고 말하는 것이 아니다.] [養 謂左右奉養][非飮食之謂]

【至於犬馬 皆能有養】 개나 말들에게 있어서도 모두 능히 봉양함이 있다. 개나 말까지도 능히 (사람을) 봉양할 수 있다.

至於 : …에 대해서. …에 관해서. …에 있어서. = 至于. 전치사. 주로 술어 앞에 쓰여 평론이나 처리되는 대상을 소개함.

포함(包咸) - 개는 지켜주고 말은 대신 일을 해주니, 모두 사람을 봉양하는 것이다. [犬以守禦 馬以代勞 皆養人者]

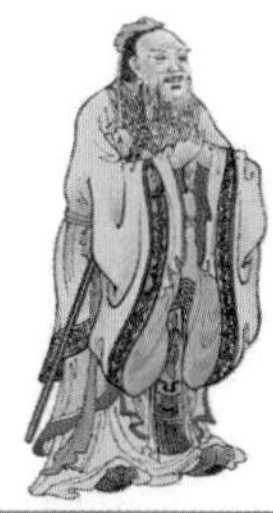

형병(邢昺) - 개나 말들도 모두 사람을 봉양은 하지만 다만 짐승들은 무지하므로 공경하는 마음을 생겨나게 할 수 없다. [犬馬皆養人 但畜獸無知 不能生敬]

서중산(徐仲山) - 개와 말도 능히 사람을 섬긴다. 그러므로 '能'이라 한 것이지 만약 사람이 개와 말을 기르는 의미로 한 것이라면 어찌 '能'이란 글자가 들어 있겠는가? 사람으로서 짐승을 기를 수 없는 자가 있음을 몇이나 보겠는가? [犬馬能事人 故曰能 若人養犬馬 何能之有 幾見有人而不能餵畜者乎]

【敬】 공경(恭敬)하다. 존경(尊敬)하다. 공경스럽다. 예의 있게 진심으로 성의를[정성을] 다하다.

【何以別乎】 무엇으로써 구별(區別)하겠는가?

何以 : 무엇으로. 어떻게. 무엇을 사용하여. 무엇에 의지하여. 관용형식으로 쓰이며, 전치사 '以'가 '用'의 뜻을 지닌 경우로서 어떤 행위를 할 때 어떤 방식이나 방법에 따르는 것을 나타냄. 의문문이므로 '以何'가 도치되었음.

乎 : …인가? …이겠는가? 어기조사. 의문문의 끝에 쓰여 반문의 어기를 나타냄. 일반적으로 대명사 何, 孰이나 접속사 況, 혹은 부사 庸, 寧, 豈, 不, 非 등과 호응함.

[참고]

하안(何晏) - 사람이 기르는 것은 개나 말에까지 이르게 된다. 공경하는 마음이 없으면 구별할 수 없다. 맹자(孟子)가 말하기를 "먹이기만 하고 사랑하지 않으면 돼지로 기르는 것이요, 사랑하기만 하고 공경하지 않으면 짐승으로 기르는 것이다." 하였다. [人之所養 乃至於犬馬 不敬則無以別 孟子曰 食而不愛 豕畜之 愛而不敬 獸畜之]

주희(朱熹) - 견마(犬馬)도 사람을 의지하여 먹으니, 또한 봉양하는 것과 흡사하다. '사람이 견마(犬馬)를 기를 적에도 모두 음식으로 길러줌이 있는 것이니, 만약 그 부모를 봉양만 하고 공경함이 지극하지 않으면, 견마(犬馬)를 기르는 것과 무엇이 다르겠는가?'라고 말씀하신 것이다. 이는 불경(不敬)의 죄를 심히 말씀하신 것이니, 깊이 경계하신 것이다. [犬馬 待人而食 亦若養然 言人畜犬馬 皆能有以養之 若能養其親而敬不至 則與養犬馬者何異 甚言不敬之罪 所以深警之也]

8. 낯빛을 온화하게 짓기가 어려우니

子夏問孝 子曰 色難 有事 弟子服其勞 有酒食 先生饌 曾是以爲孝乎

子夏(ᄌᆞ하)ㅣ 孝(효)를 묻ᄌᆞ온대 子(ᄌᆞ)ㅣ ᄀᆞᆯᄋᆞ샤ᄃᆡ 色(ᄉᆡᆨ)이 어려오니 일이 잇거든 弟子(뎨ᄌᆞ)ㅣ 그 勞(로)ᄅᆞᆯ 服(복)ᄒᆞ고 酒(쥬)와 食(ᄉᆞ)ㅣ 잇거든 先生(션ᄉᆡᆼ)을 饌(찬)홈이 일즉 이를 뻐 孝(효)ㅣ라 ᄒᆞ랴

자하(子夏)가 효(孝)를 여쭙자, 선생님께서 말씀하시기를 "얼굴빛을 온화하게 하는 것이 어려우니, 일이 있으면 젊은이가 그 일을 맡아서 대신하고, 술과 음식물이 있으면 어른들께 먼저 차려드리는 것, 고작 이런 것만으로 효(孝)라 할 수 있겠느냐?" 하셨다.

【子夏】 공자의 제자 복상(卜商). 자가 자하(子夏).

【色難】 얼굴빛을 온화하게 짓기가 어렵다.

정현(鄭玄) - 온화하고 즐거운 안색을 하는 것이 어렵다는 말이다. [言和顔說色是爲難也]

예기(禮記) - 효자로서 (어버이를) 깊이 사랑하는 사람은 반드시 온화한 기운이 있고, 온화한 기운이 있는 사람은 부드러운 낯빛이 있으며, 부드러운 낯빛이 있는 사람은 반드시 온순한 몸가짐이 있다. [孝子之有深愛者必有和氣 有和氣者必有愉色 有愉色者必有婉容] [祭義]

주희(朱熹) - 色難은 어버이를 섬길 때에 얼굴빛을 온화하게 하는 것이 어렵다는 것을 일컫는다. [色難 謂事親之際 惟色爲難也]

[참고] 포함(包咸) - 色難은 부모의 안색을 받들어 따르는 것이어서 어려운 일이라는 말이다. [色難者 謂承順父母顔色乃爲難] ⇒ 부모의 안색을 살피는 것이 어렵다.

【弟子】 젊은이. 젊은 사람. 연소자. 동생과 자식. ⇔ 부형(父兄).

【服其勞】 그 수고로움[일]을 맡아서 대신하다.

服 : 종사하다. 떠맡다. 맡아 하다. 맡아서 대신하다.

其 : 그. 그것. 지시대명사. 앞의 事를 가리킴. 勞 : 노고. 수고로움. ⇒ 일(事也).

【食사】 밥. 곡식을 익힌 주식. ⇒ 익힌 음식물.

【先生】 자기보다 먼저 난 사람. 손윗사람. 웃어른, 곧 연장자의 존칭.

마융(馬融) - 先生은 父兄을 말한다. [先生 謂父兄]

【饌찬】 진설(陳設)하다. 음식을 차리다. [참고] 鄕黨-1-16.

[참고] 먹다. 먹고 마시다. 마융(馬融) - 饌은 먹고 마시는 것이다. [饌 飮食]

정약용(丁若鏞) - 服은 몸소 짊어진다(맡아 한다)는 뜻이니 마치 소가 멍에를 짊어지는 것과 같다. 饌은 진열하는 것이다. 무릇 어른과 아이가 함께 모여 있을 때 일이 있으면 지위가 낮거나 나이 어린 자가 으레 그 수고로운 일을 맡아하고, 술과 음식이 있으면 존장자(尊長者)의 먹을 것을 으레 먼저 진설해 놓는 것이 향당(鄕黨)의 일반적인 예(禮)이다. [服躬任也 如牛服軛然 饌 陳列也 凡長幼同會 有事 則卑幼者例服其勞 有酒食 則尊長所食 例先陳設 此鄕黨之恒禮也]

筵饌于西塾(점치는 서죽筮竹을 서숙西塾에 진열한다.) [儀禮 士冠禮] 醯醬饌于房中(젓갈과 장을 방 가운데에 진열한다.) [儀禮 士昏禮]

【曾是以爲孝乎】 고작 이것을[이것만으로] 효라 하겠는가?

曾 : 설마(…이겠는가?). 고작(…이겠는가?). 어찌(…하겠는가?). 의문대명사. 강한 반문의 어기를 나타냄.

[참고] ① 이에. 곧. = 則, 乃. ② 끝내. 필경. = 竟. ③ 어찌. 어떻게.

마융(馬融) - 曾은 則(곧)이다. [曾 則也]

주희(朱熹) - 曾은 嘗(일찍이)과 같다. [曾 猶嘗也] [皇侃]

양백준(楊伯峻) - 부사로 필경[竟]의 뜻이다.

정약용(丁若鏞) - 설문(說文)에 '어조를 완만하게 하는 것이다.' 라고 한 것이 옳은 듯하다. [說文 以爲辭之舒者 近是]

是 : 이것. 지시대명사. 앞의 有事 弟子服其勞 有酒食 先生饌을 가리킴.

以爲 : …으로 여기다. …으로 삼다. …으로 생각하다. = 以是爲孝. 강조의 효과를 위하여 목적어 是를 문장 맨 앞으로 전치(도치)시켰음. [참고] 以… 爲~.

乎 : …인가? …이겠는가? 어기조사. 의문문의 끝에 쓰여 반문의 어기를 나타냄. 일반적으로 대명사 何, 孰이나 접속사 況, 혹은 부사 庸, 寧, 豈, 不, 非 등과 호응함.

第二篇 爲政

9. 안회顔回는 내 말을 충분히 발휘하여 실천하고 있었으니

子曰 吾與回言終日 不違如愚 退而省其私 亦足以發 回也不愚

子(ᄌᆞ)ㅣ ᄀᆞᆯᄋᆞ샤ᄃᆡ 내 回(회)로 더브러 言(언)홈을 日(실)을 終(죵)홈애 어글웃디 아니홈이 어린ᄃᆞᆺ ᄒᆞ더니 退(퇴)커든 그 私(ᄉᆞ)를 省(셩)혼ᄃᆡ ᄯᅩᄒᆞᆫ 足(족)히 ᄡᅧ 發(발)ᄒᆞᄂᆞ니 回(회)ㅣ 어리디 아니ᄒᆞ도다

선생님께서 말씀하시기를 "내가 회(回)와 함께 종일토록 이야기를 하였으나, 내 말을 거스르지 않아 마치 어리석은 듯했는데, 물러간 뒤에 그의 평소 생활을 살펴봄에 실로 충분히 발휘하여 실천하고 있었으니, 회(回)는 어리석지 않더구나!" 하셨다.

【與】 …와. …와 함께. …와 더불어. 전치사. 동작이나 행위에 대한 동반자임을 나타냄.

【回】 공자가 가장 총애했던 제자. 성은 안(顔). 이름이 회(回). 자는 자연(子淵). 노(魯)나라 사람으로 공자보다 30세 아래. 29세에 머리가 하얗게 세었고 32세에 죽었음. (이때 공자는 71세).

【違】 거스르다. 거역하다. 이의(異意)를 제기하다.

不違 : 배운 것을 거스르지 않다. 선생님의 말씀에 이의나 의문을 제기하지 않다.

공안국(孔安國) - 不違란 괴이하게 여겨 묻는 것이 없다는 것이다. [不違者 無所怪問]

주희(朱熹) - 不違는 의견이 서로 위배되지 않아 받아들이기만 하고 질문과 논란이 없는 것이다. [不違者 意不相背 有聽受而無問難也]

공안국(孔安國) - 孔子의 말에 대해 묵묵히 기억하는 것이 마치 어리석은 듯하였다. [於孔子之言 默而識之 如愚]

【如】 마치 …와 같다. …인 듯하다. 흡사. 마치. 부사. 상황에 대한 판단이 그다지 확실하지 않음을 나타냄. 곧 추측의 의미가 내포됨.

【愚】 어리석다. 우직(愚直)하다. 변통성이 없고 곧기만 하다. 정직하여 융통성이 없다. 고지식하다.

【退而省其私】 물러가고 나서 그의 평소의 행동[생활]을 살피다.

退 : 물러가다. 가다. 원래 있던 곳으로 돌아가다. 퇴근[퇴청]하다.

而 : …하고 나서. …한 후에. 접속사. 순접(연관)관계를 나타냄.

其 : 그. 그 사람. 인칭대명사. 回를 가리킴.

私 : 사생활. 개인 생활. 개인적인 일. 평소의 행동[생활].

주희(朱熹) - 私는 한가히 혼자 거처함을 이르니 나아가 뵙고 묻는 때가 아니다. [私 謂燕居獨處 非進見請問之時]

【亦足以發】 실로[확실히] 발휘하여 실천하기를 충분히 하다. 실로 충분히 발휘(發揮)하여 실천하다.

亦 : 확실히. 분명히. 실로. 부사. 뒤의 足을 수식하여 강세를 더함.

足以 : 충분히 그것으로써 …할 수 있다. …하기에 충분하다. …을 충분히 하다. 조동사. 동사 앞에 놓여 부사어로 쓰이며 능력이나 조건이 어떤 일을 하기에 충분함을 나타냄. 以는 '…으로써'라는 뜻의 전치사로 도구·수단·방법을 나타내는데, 以 뒤에 올 목적어가 생략됨으로써 足以가 아예 조동사로 되어 버린 것임.

發 : 발휘하다. 내면에 쌓인 것이 절로 드러나게 하다. (배운 것을) 실행[실천]하다. 선생님의 가르침을 능히 깨닫고 실천에 옮기다.

주희(朱熹) - 發은 말한 바의 이치를 발명(發明)함을 이른다. [發 謂發明所言之理]

【也】 …은(는). …이란. …이면. 어기조사. 음절을 조정하고 어기를 고르는(말을 잠깐 멈추고 다음 내용을 환기시키는) 역할을 함.

공안국(孔安國) - 그가 물러나 돌아가 제자들과 함께 道의 뜻을 풀어 말하면서 큰 틀을 드러내 밝히는 것을 보고서 그가 어리석지 않음을 알았다. [察其退還與二三子說釋道義 發明大體 知其不愚]

주희(朱熹) - 내가 스승에게 들었는데, 말씀하시기를 '안자(顏子)는 깊게 침잠하고 순수한 성품으로, 성인이 될 수 있는 몸의 조건을 이미 갖추었는지라, 부자의 말씀을 들음에 말 없는 가운데 기억하여 새겨두고 마음으로 통하여 닿는 곳마다 탁 트인 듯 환하여 절로 조리가 있었으므로 종일토록 말함에 다만 어기지 않아 어리석은 사람처럼 보일 뿐이었는데, 물러간 뒤에 그의 사사로이 거처함을 살펴보니 일상생활에서 동(動)하고 정(靜)하며 말하고 침묵하는 사이에 모두 충분히 공자의 도(道)를 발명하여 평탄히 행해서 의심이 없음을 볼 수 있었다. 그런 뒤에야 그가 어리석지 않음을 아신 것이다.' 하셨다. [愚聞之師 曰 顏子深潛純粹 其於聖人體段已具 其聞夫子之言 默識心融 觸處洞然 自有條理 故終日言 但見其不違如愚人而已 及退省其私 則見其日用動靜語默之間 皆足以發明夫子之道 坦然由之而無疑 然後知其不愚也]

第二篇 爲政

10. 以(행동), 由(경력), 安(방향)을 살피면 그 사람을 알 수 있나니

子曰 視其所以 觀其所由 察其所安 人焉廋哉 人焉廋哉

子(ᄌᆞ) ㅣ 갈ᄋᆞ샤ᄃᆡ 그 以(이) ᄒᆞᄂᆞᆫ 바를 視(시) ᄒᆞ며 그 由(유) ᄒᆞᆫ 바를 觀(관) ᄒᆞ며 그 安(안) ᄒᆞᄂᆞᆫ 바를 察(찰) ᄒᆞ면 사ᄅᆞᆷ이 엇디 숨기리오 사ᄅᆞᆷ이 엇디 숨기리오

선생님께서 말씀하시기를 "그의 하는 것[행동]을 보며, 그의 지내온 길[경력]을 관찰하며, 그가 마음을 두는 것[방향]을 자세히 살펴본다면, 사람이 어떻게 자신을 숨길 수 있겠는가! 사람이 어떻게 자신을 숨길 수 있겠는가!" 하셨다.

【視其所以】 그가 하는 바를 보다.

視 : 보다. 觀 : 관찰하다. 察 : 자세히 살펴보다.

주희(朱熹) - 觀은 視에 비하여 더 자세한 것이다. 察은 또 더 자세한 것이다. [觀 比視爲詳矣…察 則又加詳矣]

정약용(丁若鏞) - 視는 혹 보는 것이 마음이 거기에 없을 수도 있으나 觀은 보는 것이 반드시 의지가 있으며 察은 보는 것이 더욱더 상세하고 정밀한 것이다. [視 或無心也 觀 必有意 察 尤其詳密者也]

其 : 그. 그 사람. 인칭대명사. 일반적인 사람을 가리킴.

所 : …하는 바. …하는 것. …한. 특수지시대명사. 주어와 술어 사이에 쓰여 주술구조를 명사구로 만들어 줌.

以 : 하다. 행하다. 동사. 所以 : 하는 바. ⇒ 행동(行動).

하안(何晏) - 以는 用(쓰다)이다. 그가 행동하고 쓰는 것(일하는 방식)을 본다는 말이다. [以 用也 言視其所行用]

주희(朱熹) - 以는 爲(하다)이니 善을 하는 자가 군자가 되고 惡을 하는 자는 소인이 된다. [以 爲也 爲善者爲君子 爲惡者爲小人]

정약용(丁若鏞) - 以는 因(원인)이다. [以 因也] 何其久也 必有以也(어찌면 이리도 오래 걸리는고? 반드시 원인이 있으리라.) [詩經 邶風]

양백준(楊伯峻) - 視其所以 ☞ **교제하는 친구를 살펴보다.** [以 = 與]

【由】 겪어오다. 지내오다. 所由 : 지내온 길. 경력(經歷).

[참고] 由 : 말미암다. 원인이 되다. ⇒ 所由 : 말미암게 되는 바. 동기나 원인.

하안(何晏) - 由는 經(경유하다, 겪어오다)이니, 그가 겪어서 따르는 것을[지내온 바를] 본다는 말이다. [由 經也 言觀其所經從]

주희(朱熹) - 由는 從(비롯함)이다. 일이 비록 선하다 할지라도 마음의 비롯되어 온 바가 선하지 못함이 있다면 또한 군자가 될 수 없다. [由 從也 事雖爲善 而意之所從來者 有未善焉 則亦不得爲君子矣]

정약용(丁若鏞) - 由는 經(겪어오다)이다. [由 經也]

양백준(楊伯峻) - 由는 이것에 의해 행하다[由此行]는 뜻이다.

【安】 편안히 여겨 즐겨하다. ⇒ 마음을 두다(居心何在). 마음을 기울이다. 마음이 향하다. 지향하다(意氣歸向).

所安 : 편안히 여겨 즐겨하려는 바. 마음을 둔 것. 마음이 향하는 바. ⇒ 방향(方向).

형병(邢昺) - 察其所安은 그 편안히 처한 바를 살펴본다는 말이다. [察其所安者 言察其所安處也]

황간(皇侃) - 安은 의기(意氣, 정한 마음)가 그 곳으로 향하여 가는 것을 이른다. [安 謂意氣歸向之也]

주희(朱熹) - 安은 즐거워하는 바이다. 말미암은 바가 비록 선할지라도 마음에 즐거워하는 바가 여기에 있지 않다면 곧 또한 거짓일 뿐이니 어찌 오래 지나고서도 변하지 않을 수 있겠는가? [安 所樂也 所由雖善 而心之所樂者不在於是 則亦僞耳 豈能久而不變哉]

정약용(丁若鏞) - 安은 그쳐서 옮기지 않는 것이다. [安 止而不遷也]

【人焉廋哉】 사람이 어찌 숨기겠는가? 사람이 어찌 (자기를) 숨길 수 있겠는가?

焉 : 어찌. 어떻게. 부사. 반문의 어기를 강조하며 동사나 조동사(得, 敢, 可, 能, 足 등) 앞에 옴.

廋수 : 숨기다.

哉 : …이겠는가? …인가? …이랴? 어기조사. 반문의 어기를 나타냄.

공안국(孔安國) - 廋는 匿(감추다)이니, 사람의 시작과 끝을 보면 어떻게 그 실정을 감출 수 있겠는가 하는 말이다. [廋 匿也 言觀人終始 安所匿其情]

정약용(丁若鏞) - 무릇 사람을 관찰하는 법에는 매양 한 가지 일을 할 때마다 모름지기 그 시작에 원인이 되는 바가 무슨 까닭인가, 중간에 겪어 나가는 바가 무슨

길인가, 마지막에 그치는 곳이 어디인가를 살펴보면 사람이 그 실정을 숨길 수가 없다. [凡觀人之法 每作一事 須觀其始所因者何故 中所經者何道 終所止者何處 則人無所匿其情也] ☞ 그가 왜 하는지 동기를 보고 어떻게 하는지 과정을 관찰하고 어떻게 마무리 되는지 결과를 살펴본다면 그 사람이 어찌 자기 실정을 숨기겠는가?

11. 옛것을 익혀 새것을 안다면 스승이 될 수 있으니

子曰 溫故而知新 可以爲師矣

子(ᄌᆞ)ㅣ ᄀᆞᆯᄋᆞ샤ᄃᆡ 故(고)를 溫(온)ᄒᆞ야 新(신)을 知(디)ᄒᆞ면 可(가)히 ᄡᅧ 師(ᄉᆞ)ㅣ 되염즉 ᄒᆞ니라

선생님께서 말씀하시기를 "옛 것을 익혀서 새로운 것을 안다면, 가히 스승이 될 수 있느니라." 하셨다.

【溫故而知新】 옛 것을 잘 익혀서 새로운 것을 알다[터득하다].

溫 : 따뜻하다. ⇒ 익히다. 제대로 익히다. 연구하다.

故 : 옛일. 옛사람들의 학문. 과거의 역사나 문화 전반.

而 : …하여서. 그래서. 접속사. 순접(연관)관계를 나타냄.

知 : 알다. 이해하다. 깨달아 알다(창조적인 앎). 터득하다.

新 : 새로운 것. 새로운 뜻이나 이치. 아직 알지 못한 것.

하안(何晏) - 溫은 찾다는 뜻이니, 옛것을 찾아 풀어내고 또 새로운 것을 안다면 다른 사람의 스승이 될 수 있을 것이다. [溫 尋也 尋繹故者 又知新者 可以爲人師矣]

정현(鄭玄) - 溫은 심온(燖溫, 데워서 따뜻하게 하다)의 溫과 같이 읽어야 하니 옛날 배운 것에 익숙해짐을 이른다. 나중에는 때때로 익힌다는 것을 溫이라 하게 되었다. [溫 讀如燖溫之溫 謂故學之熟矣 後時習之謂之溫]

황간(皇侃) - 故는 배워서 얻은 바의 일을 이른다. [故謂所學已得之事也]

주희(朱熹) - 溫은 실마리를 찾아 연구하는 것이고, 故는 예전에 들은 것이며, 新이란 지금에 새로 터득한 것이다. [溫 尋繹也 故者 舊所聞 新者 今所得]

황간(皇侃) - 溫故 ⇒ 月無忘其所能(달마다 잘하는 것을 잊지 않는다.), 知新 ⇒ 日知其所亡(날마다 모르는 것을 안다.) [참고] 子張-5.

【可以爲師矣】 가히 스승이 될 수 있을 것이다.

可以 : = 能(得). 가히 …할 수 있다. 능히 …할 수 있다. 가능하다. …해도 좋다. 조동사. 조건의 허가를 나타내며 동사의 앞에서 부사어로 쓰임.

爲 : 되다.

矣 : …이다. 어기조사. 단정 또는 필연의 결과를 나타냄.

[참고]

정약용(丁若鏞) - 可以爲師란 스승이란 직업이 꽤 할 만한 것임을 말한 것이다. 옛날 배운 것을 익히지 않아 이미 싸늘해졌는데 지금 남을 가르치는 일로 해서 옛것을 따뜻하게 익히고 새것을 알게 되니 나에게 유익한 일이 아니겠는가? 사람은 스승이란 직업이 할 만하다. [可以爲師 謂師之爲職 頗可爲也 舊學旣冷 今以敎人之故 得溫故而知新 非益我之事乎 人可以爲師矣] ☞ **스승은 할 만한 것(직업)이다.**

이수태(李洙泰) - 爲師 : 스승을 삼다. ☞ **옛것을 익혀서 새로운 것을 깨닫는다면 (이것으로) 가히 스승을 삼을 수 있을 것이다.** [이 단편은 우리가 어떻게 더 높은 깨달음으로 나아갈 수 있느냐 하는 방법론적 문제를 다루고 있다. 따라서 이 단편은 述而 21장의 三人行 必有我師焉(세 사람이 길을 가면 반드시 거기에는 내 스승이 있다.)이나 子張 22장의 夫子焉不學 而亦何常師之有(선생님께서는 어디에선들 배우지 않으셨겠으며 그리고 또한 어찌 일정한 스승이 있었겠는가?)에서와 같이 자기 향상의 메커니즘에 있어서 자기를 이끄는 제3의 힘점인 '스승 문제'를 언급한 것이다. 공자는 논어의 어느 곳에서도 그러한 힘점으로서의 '스승'을 강조하지는 않았다. 그것은 아마 배움에 있어서 그가 타율적 체계를 철저히 경계한 탓으로 보인다. 이 단편을 스승의 조건에 대한 설명으로 보는 전통적 해석은 이점에서 공자의 근본정신과 정면으로 배치되는 것이다.]

12. 군자君子는 그릇 같은 것이 아니니

子曰 君子不器

子(ᄌᆞ)ㅣ ᄀᆞᆯᄋᆞ샤ᄃᆡ 君子(군ᄌᆞ)ᄂᆞᆫ 器(긔)ㅣ 아니니라

선생님께서 말씀하시기를 "군자(君子)는 그릇 같은 것이 아니니라." 하셨다.

【器】 그릇. 도구. 기구. ⇒ 그릇 같다. 명사의 형용사로의 전용.

도(道)와 상반되는 개념으로 형체를 갖춘 구체적인 기물. ⇒ 오직 한 가지의 전문적 기능만을 지닌 인재.

역경(易經) - 형이상학적인 것을 道라 이르고, 형이하학적인 것을 器라 이른다. [形而上者 謂之道 形而下者 謂之器] [繫辭傳]

포함(包咸) - 器란 각각 용도에 따라 쓰이는데, 군자는 쓰이지 않는 곳이 없다. [器者 各周其用 至於君子 無所不施]

황간(皇侃) - 器란 용도에 주어지는[맞는] 사물이다. 마치 배는 바다에 띄울 수 있는데 산을 오를 수 없으며 수레는 뭍을 다닐 수 있는데 바다를 건널 수 없는 것과 같다. [器者 給用之物也 猶如舟可汎於海 不可登山 車可陸行 不可濟海]

주희(朱熹) - 器는 각각 그 용도에만 적합하여 서로 통용될 수 없는 것이다. 성덕(成德)한 선비는 체(體)가 갖추어지지 않음이 없으므로, 용(用)이 두루 하지 않음이 없으니, 다만 한 재주, 한 기예(技藝)일 뿐만이 아니다. [器者 各適其用而不能相通 成德之士 體無不具 故 用無不周 非特爲一才一藝而已]

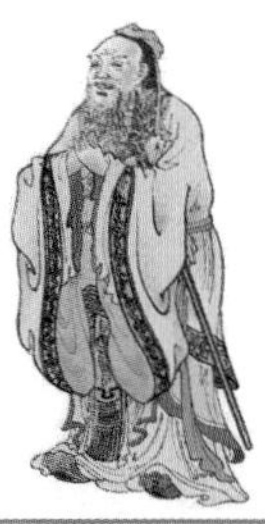

第二篇 爲政

13. 군자君子는 먼저 실행할지니 그런 다음에 말을 하라

子貢問君子 子曰 先行其言而後從之

子貢(ᄌᆞ공)이 君子(군ᄌᆞ)를 묻ᄌᆞ온대 子(ᄌᆞ)ㅣ ᄀᆞᆯᄋᆞ샤ᄃᆡ 몬져 그 言(언)을 行(ᄒᆡᆼ)ᄒᆞ고 後(후)에 從(죵)ᄒᆞᄂᆞ니라

자공(子貢)이 군자(君子)에 대해서 여쭙자, 선생님께서 말씀하시기를 "먼저 실행할지니, 군자의 말은 그런 다음에 그 실행한 바를 따르게 하는 것이니라." 하셨다.

【子貢】 공자의 제자 단목사(端木賜). 자가 자공(子貢).

【其言而後從之】 군자의 말은 그런 다음에 그것(실행한 것, 先行을 가리킴.)을 따른다. 실행한 다음에 설명의 말을 한다. [참고] 里仁-22.

其 : 그. 그 사람. 인칭대명사. 君子를 가리킴.

而後 : 이후에. 그런 다음에. …한 연후에. …하고 난 후에. =以後. 단문을 연결시키며, 뒷일이 앞의 일에 이어서 발생하는 연관관계를 나타냄. 而는 조동사로 뒤에 上, 下, 往, 來, 前, 後 등을 동반하여 범위를 나타냄.

從 : 뒤따르다. 뒤를 잇다. 뒤쫓아 따라 붙다. 따라서 이어가다(隨也). 따라다니다.

공안국(孔安國) - 소인이 말을 많이 하면서도 행동이 미치지 못함을 싫어한 것이다. [疾小人多言而行之不周]

[참고] **先行其言 而後從之**

① **그 말할 것을 먼저 실행하고 그런 다음에 (말이) 그 실행한 바를 따르게 한다. [그 말에 앞서서 먼저 실행부터 하고 그런 뒤에 말을 한다.]**

주부선(周孚先) - 先行其言은 말하기 전에 실행하는 것이요, 以後從之는 이미 실행한 뒤에 말하는 것이다. [先行其言者 行之於未言之前 而後從之者 言之於旣行之後]

② **먼저 그 말을 실행하고 그런 다음에 다른 이들을 따르게 하라.**

황간(皇侃) - 군자의 말은 반드시 다른 사람에게 법도가 되므로 무릇 군자의 말이 있으면 모두 후세 사람들에게 좇아서 이것을 본받도록 한 것이다. [君子之言 必為物楷 故凡有言 皆令後人從而法之也]

14. 군자君子는 두루 사귀되 패거리 짓지 않으나 소인小人은…

子曰 君子周而不比 小人比而不周

子(ᄌᆞ)ㅣ ᄀᆞᆯᄋᆞ샤ᄃᆡ 君子(군ᄌᆞ)ᄂᆞᆫ 周(쥬)ᄒᆞ고 比(비)티 아니ᄒᆞ고 小人(쇼신)ᄋᆞᆫ 比(비)ᄒᆞ고 周(쥬)티 아니ᄒᆞᄂᆞ니라

선생님께서 말씀하시기를 "군자(君子)는 두루 사귀되 패거리 짓지 않으며, 소인(小人)은 패거리는 짓되 두루 사귀지는 않느니라." 하셨다.

[참고] 子路-23.

【周】 두루 미치다. ⇒ 두루 친밀하게 지내다. 두루 어울리다. 두루 사귀다. [참고] ① 충성스럽고 신실하다. ② 의(義)로써 모이다[뭉치다, 결합하다].

【而】 그런데. 그러나. 그렇지만. 접속사. 역접관계를 나타냄.

【比】 편들다. 편을 가르다. 패거리 짓다. 편당(偏黨)을 짓다.

공안국(孔安國) - 충성스럽고 신실함이 周이며, 아첨하고 무리 짓는 것이 比이다. [忠信爲周 阿黨爲比]

황간(皇侃) - 周는 바로 박편(博遍, 널리 두루 미침)의 법이므로 충신(忠信)스러운 것을 일컫고, 比는 바로 친압(親狎, 무람없이 친함)의 법이므로 편파적으로 무리 짓는 것을 일컬은 것이다. [周是博遍之法 故謂爲忠信 比是親狎之法 故謂爲阿黨耳]

주희(朱熹) - 周는 보편(普偏, 두루 미침)이고 比는 편당(偏黨)이다. 모두 '사람과 친하고 두터이 하다'라는 뜻이되 다만 周는 공적인 것이고 比는 사적인 것이다. [周 普偏也 比 偏黨也 皆與人親厚之意 但周公而比私爾]

양백준(楊伯峻) - 周는 당시 도의(道義)로써 모인 사람들이고, 比는 잠시 동안 공동의 이해 때문에 결탁한 사람들이다.

정약용(丁若鏞) - 周는 密이고 比는 並이다. 모두 친근히 한다는 이름이다. 그러나 周密은 마음을 가지고 말한 것이고 比並은 힘을 가지고 말한 것이다. 군자는 덕을 함께하는 사람이 있으면 마음으로써 친밀하지 않은 적이 없으나 세력으로써 서로 결탁하지는 않고, 소인은 형세가 이로운 친구가 있으면 힘을 합하여

편당을 세우지 않은 적이 없으나 마음의 의로운 것으로써 서로 공고히 하지는 않으니 이것이 그 차이이다. [周 密也 比 並也 皆親暱之名 然周密以心言 比並以力言 君子有同德之人 未嘗不以心親密 而不以勢力相結 小人有勢利之交 未嘗不並力樹黨 而不以心義相固 此其別也]

【小人】 덕을 갖추지 못한 사람. 사적 이익에 집착하는 사람.

순자(荀子) - 君子는 온화하여 접근하기는 쉬우나 허물없이 친압하기는 어려우며, 삼가 두려워하여 조심하기는 쉬우나 위협하기는 어렵고, 환난을 당하는 것은 두려워하나 의로운 죽음은 피하지 않으며, 이로운 일은 하고자하나 도리가 아닌 것은 행하지 않고, 사귐은 친밀하게 하지만 편당은 하지 않으며, 말은 잘하나 어지럽지 않으니, 마음이 넓고 너그러움은 아마도 세속과 다름이 있을 것이다. [君子易知(和)而難狎 易懼而難脅 畏患而不避義死 欲利而不爲所非 交親而不比 言辯而不亂 蕩蕩乎其有以殊於世也] [不苟]

박기봉 - '周' 의 고문자형 '𤰈, 田, 周' 등은 밭둑으로 경계가 나눠진 밭 안에서 곡식들이 빽빽하게 자라고 있는 모습으로, 본래의 뜻은 '조밀하다' 이다. 밭 전체에 곡식들이 골고루 빽빽하게 자라고 있다는 데서 '두루' 란 뜻이 생기고, 후에 'ㅂ' (口)가 더해지면서 '나라 이름' (周)을 가리키게 되었는데, 어원의 측면에서 보면, 周란 자기의 바로 앞이나 뒤, 또는 좌우만을 가리키지 않고 일정한 구역(경계) 안에 있는 구성원 전부를 동시에 고려한다는 의미가 있다. 이에 반해 '比' 의 고문자형 '𠤎𠤎' 는 두 사람이 왼쪽을 보고 나란히 서 있는 모습으로, 이런 모습은 서로의 키를 비교할 때 볼 수 있으므로, 이로부터 '비교하다', '비유하다' 의 뜻이 생겼다. 이런 상황에 놓이게 되면 그 마음에는 경쟁심이 생기게 되고, 관심은 항상 자신의 앞과 뒤, 또는 좌우에만 국한되게 된다. 그렇게 되면 전체(公)보다는 자기 위주(私)가 되기 쉽다.

15. 생각만 하고 배우지 않으면 위태로워지니

子曰 學而不思則罔 思而不學則殆

子(ᄌᆞ)ㅣ ᄀᆞᆯᄋᆞ샤ᄃᆡ 學(혹)ᄒᆞ고 思(ᄉᆞ)티 아니ᄒᆞ면 罔(망)ᄒᆞ고 思(ᄉᆞ)ᄒᆞ고 學(혹)디 아니ᄒᆞ면 殆(ᄐᆡ)ᄒᆞᄂᆞ니라

선생님께서 말씀하시기를 "배우기만 하고 생각하지 아니하면 곧 속임을 당하게 되고, 생각만 하고 배우지 아니하면 곧 위태롭게 되느니라." 하셨다.

【而】 그러나. 그렇지만. …하더라도. 접속사. 역접관계를 나타냄.

【則】 …이면(하면) (곧). 그렇다면 곧. 접속사. 결과나 조건에 대한 상호 원인 등 앞뒤 문장의 전후 상황이 서로 연관됨을 나타냄.

【罔】 속임을 당하다. 무망(誣罔, 속이다)을 당하다. 사이비 주장에 쉽게 속다.

양백준(楊伯峻) - 속다는 뜻이다. ⇒ 속임을 당하다.

[참고] 미혹되다. 미혹되어 아는 것이 없다. 어찌할 바를 모르고 헤매다. 주관이 서지 않아 얻은 바가 없다. 체계가 없다.

황간(皇侃) - 罔은 멍하여 아는 바가 없는 것이다. [罔 罔然無所知也] [包咸 - 罔然無所得, 朱熹 - 昏而無得]

【殆태】 위태로워지다. 오류나 독단에 빠질 위험이 있다.

주희(朱熹) - 위태로워 불안하다. [危而不安]

[참고] ① 하안(何晏) - 한갓 사람들로 하여금 정신을 피태(疲殆, 피곤하다)하게 한다. [徒使人精神疲殆] ② 양백준(楊伯峻) - 의혹하게 되다. 믿음이 부족하게 되다.

정약용(丁若鏞) - 學은 전적(典籍)을 통하여 징험함을 이르며 思는 자신의 마음에 추구[궁구]하는 것을 말한다. 罔은 속임을 당하는 것이고 殆는 위험한[위태로운] 것이다. 본말을 추구[궁구]해 보지도 않고 가벼이 고서(古書)만 믿는다면 혹 속임수에 떨어지기도 하고, 옛 선인들을 상고하지 않고 가벼이 자기의 마음만 믿으면 아는 것이 위태롭게 되니, 두 가지는 한쪽에 치우쳐 버릴 수는 없는 것이다. [學 謂徵之於載籍 思謂硏之於自心 罔 受欺也 殆 危也 不究本末 而輕信古書 則或墮於誣罔 不稽古先 而輕信自心 則所知者危殆 二者不可偏廢也]

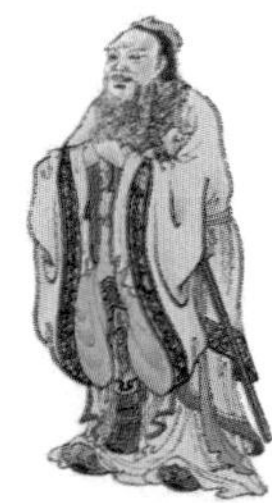

16. 이단異端을 전념하여 공부하는 것은 해로우니

子曰 攻乎異端 斯害也已

子(ᄌᆞ)ㅣ 골ᄋᆞ샤ᄃᆡ 異端(이단)을 攻(공)ᄒᆞ면 이 害(해)니라

선생님께서 말씀하시기를 "특이하고 한 쪽으로 치우친 것을 전념하여 공부하는 것, 이것이 해(害)이니라." 하셨다.

【攻】 다루다. 공부하다. 연구하다. 전공하다. 전념하여 공부하다.

하안(何晏) - 攻은 다스린다는 뜻이다. [攻 治也]

범조우(范祖禹) - 攻은 전적으로 다루는 것(專攻)이다. 그러므로 나무, 돌, 금, 옥 등을 다루는 공인(工人)을 攻이라 한다. [攻 專治也 故治木石金玉之工曰攻]

[참고] 양백준(楊伯峻) - 공격하다. 비판하다.

【乎】 = 於. …에(게). …에 대해(서). …을(를). 전치사. 동작이나 행위가 발생할 때 직접 미치는 대상을 나타냄.

【異端】 ① 바른 길에서 벗어난 특이하고 치우친 길. 괴이하고 기교(奇巧)한 작은 도(道). ② 성인의 도와 실마리를 달리하는 잡된 학설. ③ 부정확한 의론(議論).

異 : ① 기이(奇異)한. 괴이(怪異)한. 특이(特異)한. ② 다른. 별개의. 그 밖의. 형용사.

端 : ① 끝. 어느 한 쪽 끝. ② 처음. 일의 단서. 실마리. ③ 바르다.

하안(何晏) - 좋은 道에는 계통이 있으므로, 길을 달리하더라도 귀착점을 같이한다. 異端은 귀착점을 달리하는 것이다. [善道有統 故殊途而同歸 異端 不同歸也]

범조우(范祖禹) - 異端은 聖人의 道가 아니고 별도로 한 끝이 된 것이니 양주(楊朱)와 묵적(墨翟)같은 것이 이것이다. [異端 非聖人之道 而別爲一端 如楊墨是也]

※ 정약용(丁若鏞) - 공자의 시대에는 노장(老莊)과 양묵(楊墨)이 문호를 세우지 못하였다. [孔子之時 老莊楊墨 未立門戶]

정약용(丁若鏞) - 端이란 실마리이다. 異端은 선왕의 실마리[통서(統緖, 한 갈래로 이어온 계통)]를 잇지 않음을 이른다. 백가(百家)들의 여러 기예(技藝)들은 대체로 성명(性命)의 배움과 경전(經傳)의 가르침에 해당되지 않는 것이니

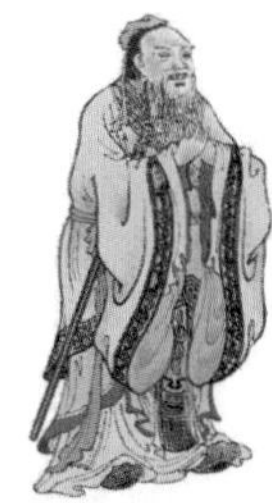

이는 모두 異端이다. 비록 그것이 혹 민생의 일용에 보탬이 되는 것이 있더라도, 만약 이 일만을 전적으로 다룬다면 이 또한 군자의 배움에 해로움이 있다. [端者 緖也 異端 謂不纘先王之緖者也 百家衆技 凡不在性命之學 經傳之敎者 皆異端 雖或有補於民生日用者 若專治此事 斯亦有害於君子之學也]

양백준(楊伯峻) - 공자 당시에는 아직 제자백가(諸子百家)가 없었기 때문에, 이것을 '다른 학설'로 해석하기는 어렵다. 그러나 공자와 서로 다른 주장이나 언론은 있었을 것이므로, '부정확한 의론(議論)'이라고 번역했다.

【斯】 이것[이 사람. 이 일]. 이. 이러한. 이렇게. 여기. 지시대명사. 가까운 사람·사물·상황·장소·시간 등을 가리키며 주어·목적어(전치사의 목적어 포함)·관형어·부사어 등으로 쓰임. 앞의 攻乎異端을 가리킴.

[참고] …하면. 이렇게 되면. 그렇다면. 접속사. 앞의 문장을 이어받아 조건에 따른 결과를 나타냄.

【害】 해로움. 폐해. 화. 결점.

【也已】 …이다. 어기조사. 긍정(단정)적인 어기를 나타냄.

[참고]

① **이단(異端)을 전공하면 (이에 곧) 해가 될 뿐이다.** [攻 : 전공하다. 斯 : …하면. 이렇게 되면. 그렇다면. 접속사. 앞의 문장을 이어받아 조건에 따른 결과를 나타냄. 也已 : …일 뿐이다. …일 따름이다. 그만이다. 어기조사. 제한 또는 한정의 어기를 나타냄.]

② **이단(異端)을 공격하면[비판하면] (이에 곧) 해가 그칠 것[없어질 것]이다.**

양백준(楊伯峻) - 斯는 연사(連詞)[접속사]로서 '곧'의 뜻이다. 已는 마땅히 동사로 보아야 하며 '그치다.'는 뜻이다. [也는 음절을 조정하는 어기조사.] ☞ 陽貨-26.

③ **이단(異端)을 공격하는[비판하는] 것, 이것이 해로운 것이다.**

第二篇 爲政

17. 아는 것을 안다고 하고, 모르는 것을 모른다고 하는 것이 앎이니

子曰 由 誨女知之乎 知之爲知之 不知爲不知 是知也

子(ᄌᆞ)ㅣ ᄀᆞᆯᄋᆞ샤ᄃᆡ 由(유)아 너를 알옴을 ᄀᆞᄅᆞ칠 뗜뎌 아ᄂᆞᆫ 거슬 아노라 ᄒᆞ고 아디 몯ᄒᆞᄂᆞᆫ 거슬 아디 몯ᄒᆞ노라 홈이 이 알옴이니라

선생님께서 말씀하시기를 "유(由)야! 내 너에게 앎에 대해 가르쳐 주겠노라! 아는 것을 안다고 하고, 모르는 것을 모른다고 하는 것, 이것이 앎이니라." 하셨다.

【由】 공자의 제자. 성은 중(仲). 이름은 유(由). 자는 자로(子路) 또는 계로(季路). 노나라 사람으로 공자보다 9세 아래. 계강자(季康子)의 가재(家宰)를 지냈음.

【誨女知之乎】 너에게 어떤 것을 안다는 것을 가르쳐 줄까?

誨 : 가르치다. 가르쳐 주다. 깨우쳐 주다. 잘못을 일깨워 주다.

女 : = 汝. 너. 인칭대명사. 이인칭을 나타냄.

知 : 앎. 지식(知識). 아는 것. 알다. 이해하다.

之 : 그. 그것. 지시대명사. 일반적인 사실·사물·사람을 가리킴. ⇒ 어떤 것. 무엇인가. 도(道) 또는 인(仁).

乎 : …이다. …하리라! …일 것이다! 어기조사. 단정이나 강조의 어기를 나타냄.

형병(邢昺) - 공자께서 자로의 성품이 강하여 모르는 것을 안다고 하기를 좋아하였으므로 이 말로 그것을 억제시킨 것이다. [孔子以子路性剛 好以不知爲知 故此抑之]

【知之爲知之】 어떤 것을 알면 그것을 안다고 말하다. 알면 안다고 하다.

之 : 앞의 之는 일반적인 것을 가리키고 뒤의 之는 앞의 之를 가리킴.

爲 : = 謂. 이르다. 일컫다. 말하다. …라고 말하다.

【是】 이 사람[이것]. 이. 이렇게. 여기. 이곳. 지시대명사. 가까운 데 있는 사람·상황·사물·시간·장소 등을 가리키며 주어·술어·목적어·관형어 등으로 쓰임. 앞의 知之爲知之 不知爲不知를 가리킴.

【也】 …이다. 어기조사. 진술문의 끝에 쓰여 판단이나 단정 또는 긍정을 나타냄.

18. 언행言行에 허물과 후회가 적다면 그 속에 벼슬이 있나니

子張學干祿 子曰 多聞闕疑 愼言其餘 則寡尤 多見闕殆 愼行其餘 則寡悔 言寡尤 行寡悔 祿在其中矣

子張(ᄌᆞ댱)이 祿(록)을 干(간)홈을 學(혹)호려 ᄒᆞᆫ대 子(ᄌᆞ)ㅣ ᄀᆞᆯᄋᆞ샤ᄃᆡ 해 드러 疑(의)를 闕(궐)ᄒᆞ고 그 남으니를 삼가 니르면 허믈이 젹으며 해 보와 殆(틔)를 闕(궐)ᄒᆞ고 그 남으니를 삼가 行(힝)ᄒᆞ면 뉘웃브미 젹ᄂᆞ니 言(언)이 허믈이 젹으며 行(힝)이 뉘웃브미 젹으면 祿(록)이 그 가온대 인ᄂᆞ니라

자장(子張)이 벼슬자리를 구하는 방법을 배우려 함에, 선생님께서 말씀하시기를 "많이 듣고서 의심나는 것을 놔두고 그 나머지를 삼가서 말하면 허물이 적어지며, 많이 보고서 미심쩍은 것을 놔두고 그 나머지를 삼가서 행하면 후회하는 일이 적어질 것이니, 말에 허물이 적으며 행실에 후회할 일이 적으면, 벼슬자리는 그 속에 있는 것이니라." 하셨다.

【子張】 공자의 만년 제자. 성은 전손(顓孫). 이름은 사(師). 자가 자장(子張). 진(陳)나라 사람으로 공자보다 48세 아래.

【學干祿】 벼슬자리를 구하는 것을 배우려고 하다.

學 : 배우다. ⇒ 배우려 하다.

干 : 구하다. 찾다. 얻으려 하다.

祿 : 녹봉(祿俸). 관리가 받는 봉급. ⇒ 벼슬자리.

정현(鄭玄) - 干은 구한다는 뜻이요, 祿은 봉급과 지위이다. [干 求也 祿 祿位也]

주희(朱熹) - 祿은 벼슬하는 사람의 봉급이다. [祿 仕者之俸也]

【闕】 비워두다. 빼다. 제외하다. 제쳐놓다. 보류하다. 그대로 두다. 제쳐 놓고 말을 하지 않다.

【疑】 의심스러운 것. 믿지 못하는 것. 자신할 수 없는 것. 의심을 하다. 의혹을 가지다.

여대임(呂大臨) - 疑는 아직 자신할 수 없는 것[믿지 못하는 것]이다. [疑者 所未信]

【愼】 삼가다. 조심하다. 신중히 하다.

【其】 그. 그것. 지시대명사. 闕疑, 闕殆, 言寡尤 行寡悔를 각각 가리킴.

【餘】 남다. 나머지. 여분.

【則】 …이면(하면) (곧). 그렇다면 곧. 접속사. 결과나 조건에 대한 상호 원인 등 앞뒤 문장의 전후 상황이 서로 연관됨을 나타냄.

【尤】 허물. 실수. 과실. 잘못.

정이(程頤) - 尤는 罪(허물)가 밖으로부터 이르는 것이다. [尤 罪自外至者也]

【殆태】 미심쩍은 것. 의아하게 여기는 것. 안전하지 않은 것. 확신이 서지 않는 것.

여대임(呂大臨) - 殆란 불안한 것[아직 안전하지 않은 것]이다. [殆 所未安]

【悔】 뉘우치다. 후회(後悔)하다.

정이(程頤) - 悔는 이치가 안[마음속]으로부터 나오는 것이다. [悔 理自內出者也]

【在】 있다. …에 있다. 어떤 장소에 있거나 어떤 상황 등에 처해 있음을 나타냄.

【矣】 …이다. 어기조사. 단정 또는 필연의 결과를 나타냄.

주희(朱熹) - 多聞見이란 배움이 넓은 것이요, 闕疑殆란 가리기를 정밀히 하는 것이요 愼言行은 지키기를 다잡는 것이다. 무릇 在其中이라 말씀하신 것은 모두 구하지 않아도 저절로 이른다는 말이다. 이것을 말씀하시어 자장의 단점을 바로잡아 나아가게 하신 것이다. [多聞見者 學之博 闕疑殆者 擇之精 謹言行者 守之約 凡言在其中者 皆不求而自至之辭 言此以救子張之失而進之也]

[참고] 衛靈公-31.

19. 곧은 이를 써서 굽은 이 위에 놓으면 백성이 복종하나니

哀公問曰 何爲則民服 孔子對曰 擧直錯諸枉 則民服 擧枉錯諸直 則民不服

哀公(ᄋᆡ공)이 묻ᄌᆞ와 ᄀᆞᆯ오ᄃᆡ 엇디 ᄒᆞ면 民(민)이 服(복)ᄒᆞᄂᆞ닝잇고 孔子(공ᄌᆞ)ㅣ 對(ᄃᆡ)ᄒᆞ야 ᄀᆞᆯᄋᆞ샤ᄃᆡ 直(딕)을 擧(거)ᄒᆞ고 모든 枉(왕)을 錯(조)ᄒᆞ면 民(민)이 服(복)ᄒᆞ고 枉(왕)을 擧(거)ᄒᆞ고 모든 直(딕)을 錯(조)ᄒᆞ면 民(민)이 服(복)디 아니ᄒᆞᄂᆞ닝이다

애공(哀公)이 물어 말하기를 "어떻게 하면 백성이 복종하겠소?" 하니, 공자께서 대답하여 말씀하시기를 "정직한 사람을 등용(登用)하여 바르지 못한 사람 위에 놓으면 백성들이 복종할 것이나, 바르지 못한 사람을 등용하여 정직한 사람 위에 놓아둔다면 백성들이 복종하지 않을 것입니다." 하셨다.

【哀公】 노(魯)나라 임금(B.C. 494~468 재위). 성은 희(姬). 이름은 장(蔣). 시호가 애공(哀公). 정공(定公)의 아들로 춘추(春秋) 말엽에 27년간 재위함.

【何爲則民服】 어떻게 하면 곧 백성들이 복종하여 따르겠습니까?

何 : 어떻습니까? 어떻게 …합니까? 의문대명사. 상황이나 방식[방법]에 대해 물음.

爲 : 하다. 행하다. 실천하다. 동사.

則 : …이면(하면) (곧). 그렇다면 곧. 접속사. 결과나 조건에 대한 상호 원인 등 앞뒤 문장의 전후 상황이 서로 연관됨을 나타냄.

民 : 백성(百姓).

服 : 복종하다. 믿고 따르다. 말을 듣다. 마음으로 따르다.

【擧直錯諸枉】 곧은 것을 들어 굽은 것 위에 두다[놓다]. 곧은 사람을 등용[거용, 기용]하여 굽은 사람 위에 놓다. 정직(正直)한 사람을 기용(起用)하여 사곡(邪曲)한 사람 위에 앉히다. [참고] 顔淵-22.

擧 : 들어 쓰다. 천거(薦擧)하다. 거용(擧用)하다. 기용(起用)하다. 등용(登用)하다.

直 : 곧고 바르다. 올곧다. ⇒ 곧고 바른 사람. 올곧은 사람. 정직한 사람.

錯조 : = 置. 놓다. 두다. 놓아두다.

정약용(丁若鏞) - 錯(조)는 안치(安置)하는 것이다.[땅에 자리를 정해 그릇을 갖다 놓는 것이다. 의례(儀禮)에 '豆의 祭器가 놓이고 俎의 祭器가 놓인다.' 고 했다.] [錯 安置也 奠器於地也 儀禮云 豆錯俎錯]

양백준(楊伯峻) - '錯(조)' 는 '놓아두다' 는 뜻이 있으며, 또 '버려두다' 는 뜻도 있다. 일반 사람들은 그것을 '버려두다' 로 해석하여 "그러한 사악한 사람들을 내버려두다(諸자를 '많은 사람[衆]' 으로 해석 했다)."라고 했다. 그러나 이러한 해석은 고한어 어법 규칙과 맞지 않는다. 왜냐하면 '枉' 과 '直' 은 추상명사이므로, 고문 중의 '衆' 이나 '諸' 와 같은 수량 형용사는 일반적으로 보통명사 앞에만 위치하고, 이러한 종류의 추상명사 앞에는 위치하지 않기 때문이다. 이 규칙은 남송(南宋)의 손계화(孫季和)가 이미 분명히 밝힌 적이 있다. 왕응린(王應麟)의 곤학기문(困學紀聞)에서 그의 말을 인용한 것이 있는데 "만약 여러 사람으로 해석한다면 어째서 諸자를 두 번씩이나 사용한 것인가? 이 두 '諸(저)' 자는 단지 '之於' 의 합음으로 볼 수 있으므로 '錯(조)' 는 마땅히 '놓아두다' 로 해석해야 한다."고 했다.

諸저 : 之於(…에 그를). 합음사. 之는 지시대명사로 直을 가리키고 於는 전치사로 동작이나 행위가 발생할 때 직접 미치는 대상을 나타냄.

枉 : 굽다. ⇒ 굽은 사람. 사곡(邪曲)한 사람. 사악하고 올바르지 못한 사람.

[참고] 錯조 : 버려두다. 버려두고 쓰지 않다. ⇔ 擧. ☞ 정직한 사람을 들어 쓰고 모든 굽은 사람을 버려두면 백성들이 복종한다.

포함(包咸) - 錯는 두는 것이다. 정직한 사람을 뽑아 그를 등용하고 간사하고 바르지 못한 사람을 버려두면 백성들은 그 윗사람에게 복종할 것이다. [錯 置也 擧正直之人而用之 廢置邪枉之人 則民服其上]

정현(鄭玄) - 錯는 던지는 것이다. [錯 投也]

주희(朱熹) - 錯는 버려둠이고 諸(제)는 모두이다. [錯 捨置也 諸 衆也]

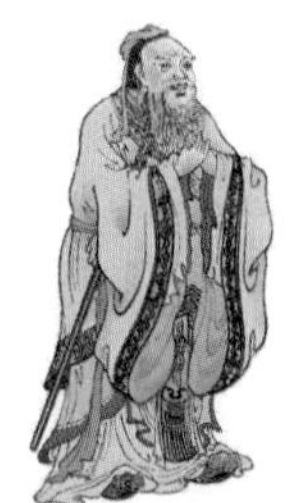

20. 백성들이 공경恭敬하고 충성忠誠하며 권면勸勉하게 하려면...

季康子問 使民敬忠以勸 如之何 子曰 臨之以莊則敬 孝慈則忠 擧善而敎不能則勸

季康子(계강ᄌᆞ)ㅣ 묻ᄌᆞ오ᄃᆡ 民(민)으로 ᄒᆞ여곰 敬(경)ᄒᆞ며 忠(듕)ᄒᆞ며 ᄡᅥ 勸(권)케 호ᄃᆡ 엇디ᄒᆞ리잇고 子(ᄌᆞ)ㅣ ᄀᆞᆯᄋᆞ샤ᄃᆡ 臨(림)호ᄃᆡ 莊(장)으로ᄡᅥ ᄒᆞ면 敬(경)ᄒᆞ고 孝(효)ᄒᆞ며 慈(ᄌᆞ)ᄒᆞ면 忠(듕)ᄒᆞ고 善(션)을 擧(거)ᄒᆞ고 能(능)티 몯ᄒᆞᄂᆞᆫ 이를 ᄀᆞᄅᆞ치면 勸(권)ᄒᆞᄂᆞ니라

계강자(季康子)가 묻기를 "백성으로 하여금 윗사람[임금]을 공경(恭敬)하고 나라에 충성(忠誠)하게 하며, 그리고 자신의 일에 부지런히 힘쓰게 하려면, 어떻게 해야 합니까?" 하니, 선생님께서 말씀하시기를 "장엄(莊嚴)한 자세로 그들을 대하면 곧 공경(恭敬)할 것이며, 효도(孝道)하고 사랑하면 곧 충성(忠誠)할 것이며, 어질고 유능한 자를 들어 쓰고 잘하지 못하는 자를 가르치면 곧 부지런히 힘쓰게 될 것입니다." 하셨다.

【季康子】 노나라의 대부. 이름은 비(肥). 시호가 강(康). 노나라의 실권을 장악하고 있는 삼환씨(三桓氏) [孟孫氏, 叔孫氏, 季孫氏] 중 가장 세력이 큰 계씨 가문의 대부로 애공(哀公) 3년에 아버지 계환자(季桓子)의 뒤를 이어 대부가 되었음.

【使】 …에게[으로 하여금] ~하도록 하다. …에게 ~을 시키다. 사역동사.

【敬忠以勸】 임금[윗사람]을 공경하고 나라에 충성하며 자신의 일에 부지런히 힘쓰다.

敬 : 공경(恭敬)하다. 존경(尊敬)하다. 공경스럽다. 예의 있게 진심으로 성의를[정성을] 다하다. ⇒ 임금을 공경하다.

忠 : 충성심(忠誠心). 정성(精誠)을 다하는 마음. 성실(誠實)한 자세로 최선(最善)을 다하는 것. ⇒ 나라에 충성하다. [참고] 里仁-15.

以 : = 而. 그리고. 그래서. 그리하여. …하여서. 접속사. 순접관계를 나타냄.

勸 : 권면(勸勉)하다. 일에 힘쓰다. 열심히 일하다. ⇒ 자신의 일에 부지런히 힘쓰다.

【如之何】 그것을 어떻게 합니까? 대명사성 구조인 如何의 사이에 처리할 대상을 나타내는 之를 삽입한 것임. 의문을 나타내거나 방법을 물음. 이때 之는 지시대

명사로 使民敬忠以勸을 가리키며, 如는 동사로 '처리하다. 처치하다. 대처하다.' 의 뜻임.

【臨之以莊】 장엄(莊嚴)한 자세로써 그들을 대하다.

臨 : 임하다. 윗사람이 아랫사람을 대하다.

之 : 그. 그 사람(들). 인칭대명사. 民을 가리킴.

以 : …으로써. …을 가지고[통하여]. 전치사. 도구·수단·방법을 나타냄.

莊 : 장엄(莊嚴)한 자세. 엄숙(嚴肅)하고 위엄(威嚴)이 있는 자세. 언행이 바르면서 위엄이 서는 모습. 점잖고 무게가 있음. 드레가 있음.

주희(朱熹) - 莊은 용모가 단정하고 엄중함을 일컫는다. [莊 謂容貌端嚴也]

【則】 …이면(하면) (곧). 그렇다면 곧. 접속사. 결과나 조건에 대한 상호 원인 등 앞뒤 문장의 전후 상황이 서로 연관됨을 나타냄.

【孝慈】 효도와 사랑[자애로움].

【擧善而敎不能】 어질고 유능한 사람을 등용하고 무능한 사람을 가르치다.

擧 : 들어 쓰다. 천거(薦擧)하다. 거용(擧用)하다. 기용(起用)하다. 등용(登用)하다.

善 : 잘하는 사람. 능력이 있는 사람. 어질고 유능한 사람.

정약용(丁若鏞) - 善은 어질고 유능한 것이다. [善 賢能也]

而 : 와[과]. …하고. 그리고. 접속사. 병렬관계를 나타냄.

不能 : 잘하지 못하는 사람. 능력이 부족한 사람. 무능한 사람.

포함(包咸) - 선한 사람을 들어 쓰고 능력이 없는 사람을 가르치면 백성들이 권면하게 된다. [擧用善人而敎不能者 則民勸勉]

[참고] 擧 : 들다. 들어 높이다. 거양(擧揚)하다. 칭찬하여 높이다. ☞ **잘하는 사람을 칭찬하여 높이고 잘하지 못하는 사람을 가르치면.** [참고] 子張-3.

21. 효도하고 형제간에 우애하여 정사에 미치게 하는 것이...

或謂孔子曰 子奚不爲政 子曰 書云 孝乎 惟孝 友于兄弟 施於有政 是亦爲政 奚其爲爲政

或(혹)이 孔子(공ᄌᆞ)ᄭᅴ 닐어 ᄀᆞᆯ오ᄃᆡ 子(ᄌᆞ)ᄂᆞᆫ 엇디 政(졍)을 ᄒᆞ디 아니ᄒᆞ시ᄂᆞ닝잇고 子(ᄌᆞ)ㅣ ᄀᆞᆯᄋᆞ샤ᄃᆡ 書(셔)애 孝(효)를 닐런ᄂᆞ뎌 孝(효)ᄒᆞ며 兄弟(형뎨)예 友(우)ᄒᆞ야 政(졍)에 베프다 ᄒᆞ니 이 ᄯᅩᄒᆞᆫ 政(졍)을 ᄒᆞᆷ이니 엇디ᄒᆞ야ᅀᅡ 그 政(졍)을 ᄒᆞ다 ᄒᆞ리오

어떤 이가 공자께 말하기를 "선생께서는 어찌하여 정사(政事)를 하지 않으십니까?" 하자, 선생님께서 말씀하시기를 "서경(書經)에 이르기를 '효(孝)이로다! 오직 효도하고 형제간(兄弟間)에 우애(友愛)하여 정사(政事)에 미치게 한다.' 하였나니, 이 또한 정사(政事)를 하는 것인데, 그 무엇이 정사(政事)를 하는 것이겠소?" 하셨다.

【或】 혹자(或者). 어떤 사람(이). 누군가. 인칭대명사. 특정대상을 가리키지 않는 것을 나타냄.

포함(包咸) - 어떤 사람이 지위에 있어야만 정치를 하는 것이라고 생각하였다. [或人以爲居位 乃是爲政]

【謂】 …에게 말하다(이르다). 일러주다. 타이르다.

【子】 그대. 당신. 선생. 이인칭대명사. 상대방을 높여 부르는 존칭.

【奚해】 ① 어찌하여. 어째서. 왜. 의문대명사. 어떤 일에 대한 원인이나 이유를 물음. 전치사의 목적어·관형어·부사어 등으로 쓰임. 子奚不爲政. ② 무엇. 무슨. 의문대명사. 사물에 대한 물음을 나타내며 주어·술어·목적어·관형어 등으로 쓰임. 奚其爲爲政.

【書】 서경(書經). 상서(尙書). 중국의 요순(堯舜) 때부터 주(周)나라 때까지의 정사(政事)에 관한 문서를 수집하여 공자(孔子)가 편찬한 역사서(歷史書).

【云】 이르다. 말하다.

【乎】 아! …이도다! …이(로)구나! 어기조사. 비분·찬양·감격 등의 감탄 어기를 나타냄.

포함(包咸) - 孝乎惟孝는 큰 효를 찬미한 말이다. [孝乎惟孝 美大孝之辭]

[참고] 乎 : …하라! 어기조사. 명령문 끝에 쓰여 명령의 어기를 도움. ☞ 孝乎惟孝 友于兄弟 施於有政 : 효도하라! 오직 효도하고 형제에게 우애하여 정사에 미치게 하라.

【惟】 獨也. 오직. 다만. 유독. …만이. 부사. 범위의 제한이나 한정을 나타냄.

【友】 우애하다. 형제를 존경하고 사랑하다. 명사의 동사로의 전용.

【于】 …에. …에게. = 於, 乎. 전치사. 동작이나 행위가 발생할 때 관련되는 대상을 나타냄.

【施於有政】 정사(政事)에 미치게[이르게] 하다.

施이 : 미치다(及也). 미치게 하다. 이르게 하다. ⇒ 파급되게 하다. 반영시키다.

於 : …에. 전치사. 동작이나 행위에 관련되는 대상을 나타냄.

有 : 어기조사. 명사, 형용사, 동사 등의 앞에 쓰여 어조를 고르는 역할을 함. [참고] [金元中 編著, 虛辭大辭典, 현암사, 2007. p.647], [延世大學校 虛詞辭典編纂室 編, 虛詞大辭典, 成輔社, 2001. p.548]

포함(包咸) - 施는 행하는 것이니, 행하는 것에 정치의 道가 있다면 정치를 하는 것과 같다. [施 行也 所行有政道 與爲政同]

정약용(丁若鏞) - 施는 延(뻗어나가다, 널리 미치게 하다)이다. [施 延也]

양백준(楊伯峻) - 여기서는 '파급되다'는 것을 말하지만, 종전에 사람들은 '시행(施行)하다'라고 해석했으며 그럴 경우 본문의 뜻과 맞지 않게 된다.

【亦】 또한. 역시. 부사. 몇 개 혹은 하나의 주체가 동일하거나 상이한 동작(행위)을 하고 있음을 나타냄.

【奚其爲爲政】 무엇이 정사(政事)를 하는 것이겠는가?

其 : 그. 그렇게. 어기조사. 음절을 조정하고 어세를 강하게 함. 강조하고자 하는 말 뒤에 위치함.

앞의 爲 : …이다. 동사. 是의 용법과 같음.

뒤의 爲 : 하다. 행하다. 실천하다.

원료범(袁了凡) - 소공(昭公)이 형이고 정공(定公)이 아우인데, 계손(季孫, 季平子)이 태연스럽게도 그 형을 내쫓고 아우를 세우니 효우(孝友)의 도가 사라졌다. 그래서 공자가 그렇게 말한 것이다. [昭公是兄 定公是弟 季孫晏然逐其兄而立其弟 孝友之道泯 故夫子云然]

22. 사람이면서 신의信義가 없다면...

子曰 人而無信 不知其可也 大車無輗 小車無軏 其何以行之哉

子(ᄌᆞ)ㅣ ᄀᆞᆯᄋᆞ샤ᄃᆡ 사ᄅᆞᆷ이오 信(신)이 업스면 그 可(가)홈을 아디 몯게라 大(대)ᄒᆞᆫ 車(거)ㅣ 輗(예)ㅣ 업스며 小(쇼)ᄒᆞᆫ 車(거)ㅣ 軏(월)이 업스면 그 므서스로ᄡᅥ 行(ᄒᆡᆼ)ᄒᆞ리오

선생님께서 말씀하시기를 "사람이면서 신의(信義)가 없다면, 그래도 되는지[괜찮은지] 모르겠노라. 큰 수레에 끌채 마구리가 없고, 작은 수레에 멍에걸이가 없으면, 장차 어떻게 그것들을 운행(運行)할 수 있겠느냐?" 하셨다.

【而】(…이다) 그러나. ⇒ …이면서. …이고서. …으로서. 접속사. 역접관계를 나타냄.

[참고] 八佾-3. 泰伯-10, 子路-22, 憲問-3,7, 陽貨-10.

[참고] 만약 …이면. 접속사. 가설(가정)이나 조건을 나타냄. ☞ **人而無信 : 사람이 만약 신의(信義)가 없다면.**

류종목 - 人은 원래 '사람' 이라는 뜻의 명사이지만 이 경우 판단의 어기를 표시하는 어기조사 也가 생략된 형태로써 '사람이다' 라는 의미가 된다. 人을 '사람이다' 로 보면 而는 '사람이다' 와 '신의가 없다' 라는 두 가지 사실을 연결해주는 역접표시(어떤 경우는 순접 표시) 접속사가 되어 이 구절이 '사람이면서 신의가 없다' 로 풀이되지만, 이처럼 '~이면서' 또는 '~로서' 로 풀이하는 것이 자연스럽지 않은 경우도 있기 때문에 이 而를 아예 가정이나 조건을 표시하는 접속사로 분류해버리는 것이 오늘날의 일반적인 추세이다.

양백준(楊伯峻) - 이 而자를 '만약' 으로 해석해서는 안 된다. '人無信' 이라고 하지 않고 '人而無信' 이라고 한 것은 人자만을 따로 떼어서 한 단위로 읽어 줌을 표시한다. 고서에서는 이런 종류의 구법(句法)이 많이 보인다.

【不知其可也】 그것이 옳은지 알지 못하다. 그래도 되는지[괜찮은지] 모르겠다.

其 : 그. 그것. 지시대명사. 人而無信을 가리킴.

可 : 옳다. 좋다. 괜찮다. 가(능)하다.

也 : …이다. 어기조사. 진술문의 끝에 쓰여 판단이나 단정 또는 긍정을 나타냄.

【輗예, 軏월】 수레의 끌채 마구리와 멍에걸이. 우마(牛馬)와 수레를 연결하는 연결장치.

포함(包咸) - 大車는 소가 끄는 수레이며 輗(예)는 수레 끌채 끝의 가로 놓인 나무로 멍에를 매는 것이다. 小車는 네 마리 말이 끄는 수레이며 軏(월)은 수레 끌채 끝 위에 굽어져 있는 가로 막대이다. [大車 牛車 輗者 轅端橫木以縛軛 小車 駟馬車 軏者 轅端上曲鉤衡]

【其何以行之哉】 장차 그것들을 어떻게[무엇으로] 운행할 수 있겠는가?

其 : 곧. 막. 장차. 부사. 술어 앞에 쓰여 동작·행위·상황 등이 곧 발생하려 함을 나타냄.

何以 : 무엇으로. 어떻게. 무엇을 사용하여. 무엇에 의지하여. 관용형식으로 쓰이며, 전치사 '以'가 '用'의 뜻을 지닌 경우로서 어떤 행위를 할 때 어떤 방식이나 방법에 따르는 것을 나타냄. 의문문이므로 '以何'가 도치되었음.

行 : 가다. 가게하다. 운행(運行)하다.

之 : 그것들. 지시대명사. 앞의 大車와 小車를 가리킴.

哉 : …이겠는가? …인가? …이랴? 어기조사. 반문의 어기를 나타냄.

정약용(丁若鏞) - 수레와 소는 본시 두 물체이다. 그 물체들은 각각 별개로서 서로 연결되어 있지 않아 오직 예(輗)와 월(軏)로써 단단하게 묶어서 연결시킨 뒤에라야 수레와 소가 일체가 되어 소가 가면 수레 또한 가게 되니, 이런 까닭으로 신(信)에 비유한 것이다. 나 자신과 남은 본시 두 사람이니, 신(信)으로써 이를 단단히 묶지 않으면 또한 아무것도 행할 수 없다. [車與牛本是二物 其體各別 不相聯接 惟以輗軏固結而聯接之 然後車與牛爲一體 牛行而車亦行 所以喻信也 我與人本是二人 不以信固結之 則亦無以行]

23. 주周나라를 계승繼承한다면 백세百世라도 알 수 있을 것이니

子張問十世可知也 子曰 殷因於夏禮 所損益 可知也 周因於殷禮 所損益 可知也 其或繼周者 雖百世 可知也

子張(ᄌᆞ댱)이 묻ᄌᆞ오ᄃᆡ 十世(십셰)를 可(가)히 알 꺼시닝잇가 子(ᄌᆞ)ㅣ ᄀᆞᆯᄋᆞ샤ᄃᆡ 殷(은)이 夏(하)ㅅ 禮(례)예 因(인)ᄒᆞ니 損(손)ᄒᆞ며 益(익)ᄒᆞᆫ 바ᄅᆞᆯ 可(가)히 알 꺼시며 周(쥬)ㅣ 殷(은)ㅅ 禮(례)예 因(인)ᄒᆞ니 損(손)ᄒᆞ며 益(익)ᄒᆞᆫ 바ᄅᆞᆯ 可(가)히 알 꺼시니 그 或(혹) 周(쥬)를 니을 者(쟈)ㅣ면 비록 百世(ᄇᆡᆨ셰)라도 可(가)히 알 꺼시니라

자장(子張)이 여쭙기를 "열 세대 뒤의 일이라도 알 수 있나이까?" 하니, 선생님께서 말씀하시기를 "은(殷)나라는 하(夏)나라의 예(禮)를 이어받아 덜고 보탠 것이어서 알 수 있으며, 주(周)나라는 은(殷)나라의 예(禮)를 이어받아 덜고 보탠 것이어서 알 수 있으니, 만약 어떤 나라가 주(周)나라를 계승(繼承)한다면 비록 백 세대 이후라도 알 수 있을 것이니라." 하셨다.

【子張】 공자의 제자 전손사(顓孫師). 자가 자장(子張).

【世】 ① 세대. 부자(父子)의 세대교체 기간. 한 세대는 보통 30년임. ② 왕조(王朝). 조대(朝代).

十世 : 열 세대. ⇒ 열 세대 뒤의 일. 열 세대 이후의 일.

주희(朱熹) - 王者가 姓을 바꿔 天命을 받는 것을 一世라 한다. [王者易姓受命爲一世]

【也】 ① …한가[인가]? 어기조사. 의문문 끝에 쓰여 의문(질문)의 어기를 나타냄. 일반적으로 何, 誰, 奚, 焉 등의 의문대명사와 같이 씀. 子張問十世可知也. ② …이다. 어기조사. 진술문의 끝에 쓰여 판단이나 단정 또는 긍정을 나타냄. 可知也.

【殷】 은(殷)나라. 탕왕(湯王)이 건국하여 B.C. 17세기경부터 지금의 하남성 일대를 중심으로 발달한 나라.(B.C. 1760~1122.) 고고학적으로 확인되고 있는 중국 최초의 왕조. 처음에는 국호를 상(商)이라 하였고, 반경(盤庚) 때에 은(殷)으로 고쳤음.

【因】 인하다. 말미암다. ⇒ 인습(因襲)하다. 이어받다. 뒤를 잇다. 계승(繼承)하다. 따르다. 근거로 하다.

【於】 …를. 전치사. 동작이나 행위에 직접 미치는 대상을 나타냄.

【夏】 하(夏)나라. 우(禹)임금이 건국한 중국 최초의 왕조(王朝). (B.C. 2200~1760 추정).

【所】 …하는 바. …하는 것. …한. 특수지시대명사. 주어와 술어 사이에 쓰여 주술구조를 명사구로 만들어 줌.

【損益】 덜거나 보탬. 빼거나 더함. 가감(加減)함. 변화의 추이(推移).

【周】 주(周)나라는 본래 은(殷)나라의 부속국이었음. 부속된 나라가 본토를 물려받은 것임. 시조(始祖)는 후직(后稷)이며, 당초 섬서성(陝西省) 중부지역의 기산(岐山)인근에 자리 잡고 있었음. 문왕(文王) 때 문물제도가 크게 발달하였고 그의 아들 무왕(武王)이 은(殷)의 주왕(紂王)을 멸망시키고 천하를 차지하여 부속국가에서 중국 전체를 지배하는 나라로 그 위상이 바뀜.

【其或繼周者】 만약 어떤 나라가 주(周)나라를 계승(繼承)한다면.

其 : 만약. 접속사. 단문을 연결시키며 가설(가정)을 나타냄.

或 : 혹자(或者). 어떤 사람(이). 어떤 나라. 인칭대명사. 특정대상을 가리키지 않는 것을 나타냄.

繼 : 잇다. 이어 나가다. 계승(繼承)하다.

者 : …이면. …하면. …한다면. 어기조사. 가설(가정)이나 조건의 어기를 나타냄.

【雖】 비록 …일[할] 지라도. 접속사. 양보관계를 나타냄.

마융(馬融) - 사물의 무리는 서로 부르고 세상의 운수는 서로 만들어내는 것이니, 그 변화에 일정함이 있기 때문에 미리 알 수 있는 것이다. [物類相召 勢數相生 其變有常 故可預知]

정약용(丁若鏞) - 하나라의 예(禮)가 다 좋지는 않았으므로 은나라가 비록 그것을 이어받았으나 덜거나 보탠 것이 있었고, 은나라의 예도 오히려 다 좋지 않았으므로 주나라가 비록 이어받았지만 또한 덜고 보탠 것이 있었다. 전장(典章)과 법도(法度)가 주나라에 이르러서야 완전히 구비되어 가장 좋고 가장 아름다워서 덜고 보탤 것이 없게 되었다. 왕자(王者)가 일어나 반드시 한결같이 주나라 예를 따른다면 백세(百世)토록 변하지 않을 것이다. 그러므로 말씀하시기를

'만약 어떤 나라가 주나라를 계승한다면 비록 백세 이후라도 알 수 있을 것이다.' 하셨다. [夏禮未盡善 故殷雖因之 而有所損益 殷禮猶未盡善 故周雖因之 而又有所損益 典章法度 至周而大備 盡善盡美 無可損益 有王者興 必一遵周禮 百世不變 故曰 其或繼周者 雖百世可知也]

[참고] 八佾-14.

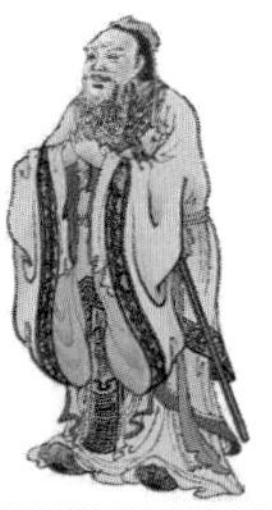

24. 의義를 보고도 행하지 않음은 용기勇氣가 없음이니

第二篇 爲政

子曰 非其鬼而祭之 諂也 見義不爲 無勇也

子(ᄌᆞ)ㅣ ᄀᆞᆯᄋᆞ샤ᄃᆡ 그 鬼(귀)ㅣ 아닌 거슬 祭(졔)홈이 諂(텸)이오 義(의)를 보고 ᄒᆞ디 아니홈이 勇(용)이 업슴이니라

선생님께서 말씀하시기를 "자기 귀신(鬼神)이 아닌데도 그에게 제사를 지내는 것은 아첨(阿諂)함이요, 의(義)를 보고도 행하지 아니함은 용기(勇氣)가 없는 것이니라." 하셨다.

【其鬼】 자기의 귀신. 자기가 제사지내야 할 귀신.

其 : 자신. 자기. 일인칭대명사.

鬼 : 조상(祖上)의 영혼(靈魂). 사람은 죽어도 영혼은 여전히 존재한다고 믿었는데, 바로 이 영혼을 일컬음. 이로 인해 죽은 조상을 역시 귀(鬼)라고 했음.

【而】 그런데. 그러나. 그렇지만. 오히려. …하지만. 접속사. 역접관계를 나타냄.

【之】 그. 그것. 지시대명사. 앞의 鬼를 가리킴.

주희(朱熹) - 천자는 천지에 제사지내고, 제후는 산천에 제사지내고, 대부는 오사(五祀)에 제사지내고, 서인(庶人)은 자기의 선조에 제사지내야 하는데, 윗사람은 아랫사람이 지내는 제사를 겸할 수 있지만 아랫사람은 윗사람이 지내는 제사를 겸할 수 없는 것과 같다. [如天子祭天地 諸侯祭山川 大夫祭五祀 庶人祭其先 上得以兼乎下 下不得以兼上也]

예기(禮記) - 제사지낼 귀신이 아닌데도 그를 제사지내는 것을 이름 하여 음사(淫祀)라고 한다. 음사에는 복이 없다. [非其所祭而祭之 名曰淫祀 淫祀無福] [曲禮]

【諂】 아첨(阿諂)하다. 아부(阿附)하다. 알랑거리다. 아양 떨다. 자신을 떨어뜨리고 남의 비위를 맞추다.

【也】 …이다. 어기조사. 진술문의 끝에 쓰여 판단이나 단정 또는 긍정을 나타냄.

【爲】 하다. 행하다. 실천하다.

【勇】 용감(勇敢)하다. 용기가 있다.

第三篇

八佾 팔일

繪事後素

그림 그리는 일은
흰 비단(바탕)을
마련한 다음에
하는 것이니
[八佾-8]

1. 계씨季氏는 팔일八佾을 제집 뜰에서 추게 하였으니

孔子謂季氏 八佾舞於庭 是可忍也 孰不可忍也

孔子(공ᄌᆞ)ㅣ 季氏(계시)를 니ᄅᆞ샤ᄃᆡ 八佾(팔일)로 庭(뎡)에 舞(무)ᄒᆞ니 이를 可(가)히 ᄎᆞᆷ아 ᄒᆞ곤 므스거슬 可(가)히 ᄎᆞᆷ아 몯ᄒᆞ리오

공자께서 계씨(季氏)를 평하여 말씀하시기를 "천자(天子)의 팔일(八佾) 춤을 (자기 집) 뜰에서 추게 하였으니, 이런 짓이 용인(容忍)될 수 있는 것이면 무엇이 용인할 수 없는 것이겠는가?" 하셨다.

【謂】 말하다. 비평(批評)하다. 평(評)하여 말하다.

【季氏】 노(魯)나라의 세도가인 한 집안[대부]. 계손씨(季孫氏). 많은 학자들이 계평자(季平子)로 봄.

양백준(楊伯峻) - 좌전(左傳) 소공(昭公) 二十五年 기록과 한서(漢書) 유향전(劉向傳)에 의하면 季氏는 아마도 계평자(季平子), 즉 계손의여(季孫意如)를 가리키는 말일 것이다. 한시외전(韓詩外傳)에서는 계강자(季康子)로, 마융(馬融)의 注에서는 계환자(季桓子)로 보고 있지만, 모두가 신뢰할 만한 것이 못된다.

【八佾舞】 천자의 64인무(六十四人舞)를 추게 하다.

八佾팔일 : 종묘에서 추는 악무(樂舞). 8명이 여덟 줄을 지어 64명이 음악에 맞추어 춤을 추는 천자(天子)의 악무(樂舞).

舞 : 춤추다. 춤을 추게 하다.

마융(馬融) - 佾은 '列(줄)'이다. 天子는 8열이고, 諸侯는 6열이며, 卿大夫는 4열이고 士는 2열이다. 여덟 사람을 한 열로 하여 여덟 명씩 여덟 열이므로 64명이다. 魯나라는 周公 때문에 王者만이 할 수 있는 禮樂을 할 수 있도록 허가받아서 八佾의 춤이 있었다. [佾 列也 天子八佾 諸侯六 卿大夫四 士二 八人爲列 八八六十四人 魯以周公故 受王者禮樂 有八佾之舞] [左傳 隱公 五年]

정약용(丁若鏞) - 노(魯)나라 중중(衆仲)의 말에 '춤은 음절을 팔음(八音)으로 하여 팔풍(八風)을 행한다.' 고 하였으니[左傳 隱公 5년], 여덟 열로 하지 않으면

팔음에 상응할 수 없다. 그러므로 六佾은 六八(48), 四佾은 四八(32), 二佾은 二八(16)이다. 정(鄭)나라 사람이 여악(女樂) 二八을 진후(晉侯)에게 뇌물로 바쳤다는 것이[左傳 襄公 11年] 그 증거가 아니겠는가? [魯 衆仲之言曰 舞者 所以節八音而行八風隱五年 不以八列 無以應八音 故六者 六八也 四者 四八也 二者 二八也 鄭人以女樂二八賂晉侯 非其驗乎]

【於】 …에서. 전치사. 동작이나 행위가 일어나는 장소(범위)를 나타냄.

【庭】 뜰. 정원. 여기서는 계씨의 집안 뜰.

【是可忍也】 이것이 용인(容忍)할 수 있는 것이면.

是 : 이것. 지시대명사. 八佾舞於庭를 가리킴. ※ 주희(朱熹)는 季氏를 가리키는 것으로 보았음.

황간(皇侃) - 是는 此(이것)와 같다. 此는 이 팔일무를 추는 일이다. [是猶此也 此此舞八佾之事也]

可 : 가히 …할 수 있다. 가능하다. 조동사. 허가나 가능을 나타냄.

忍 : 참다. 참고 보아 넘기다. 용인(容忍)하다. 용납(容納)하다.

황간(皇侃) - 忍은 容耐(받아들여 참다)와 같다. [忍 猶容耐也]

주희(朱熹) - 계씨가 대부로서 천자의 예악을 참람하게 사용하였다. 공자께서는 '그가 이 일을 오히려 차마 한다면 어떤 일인들 차마 하지 못하겠는가?' 라고 말씀하신 것이다. 혹자는 '忍은 용인하는 것이다.' 하니 그를 깊이 미워하신 말씀이다. [季氏以大夫而僭用天子之禮樂 孔子言其此事尙忍爲之 則何事不可忍爲 或曰 忍 容忍也 蓋深疾之之辭] ※ 季氏가 주어가 됨.

[참고] 忍 : 하다. 차마 하다(忍爲). 서슴지 않고 하다. 나쁜 마음으로 하다.

양백준(楊伯峻) - 일반적으로 '용납하다, 참다' 로 해석을 하지만 적당하지 않다. 왜냐하면 공자 당시에는 결코 계씨를 토벌할 만한 조건이나 의지가 없었다. 뿐만 아니라 계평자(季平子)가 노나라 공실(公室)을 약화시켜, 노나라 소공(昭公)이 이를 참지 못하고 제(齊)나라로 갔다가, 다시 진(晉)나라로 가서 결국에는 진나라의 건후(乾侯)에게 죽었다. 이것이 아마도 공자가 말한 '무슨 일이든지 나쁜 마음으로 할 수 있다[孰不可忍]' 는 일이다. 가자(賈子) 도술(道術)에서 '불쌍한 사람을 측은하게 여기는 것을 慈라고 하며, 慈에 반대되는 것을 忍이라 한다.[惻隱憐人謂之慈 反慈謂忍]' 고 했다. 여기서의 '忍' 자가

바로 본문의 뜻과 같다.

也 : …은(는). …이란. …이면. 어기조사. 음절을 조정하고 어기를 고르는(말을 잠깐 멈추고 다음 내용을 환기시키는) 역할을 함.

【孰不可忍也】 무엇이 용인(容忍)할 수 없는 것이겠는가? 도저히 용인할 수 없다는 말임.

孰 : 누구. 무엇. 지시대명사. 일반적인 사람이나 사물을 가리킴.

也 : …이겠는가? 어기조사. 의문문 끝에 쓰여 반문의 어기를 나타냄. 乎의 용법과 같음.

2. 어찌하여 삼가三家의 집안에서 옹雍을 연주하는가

三家者以雍徹 子曰 相維辟公 天子穆穆 奚取於三家之堂

三家者(삼가쟈)ㅣ 雍(옹)으로써 徹(텰)ᄒᆞ더니 子(ᄌᆞ)ㅣ ᄀᆞᆯᄋᆞ샤ᄃᆡ 相(샹)ᄒᆞᄂᆞᆫ이 辟公(벽공)이어늘 天子(텬ᄌᆞ)ㅣ 穆穆(목목)ᄒᆞ욤을 엇디 三家(삼가)ㅅ 堂(당)에 취ᄒᆞᆫ고

삼환씨(三桓氏) 집안에서 옹(雍)을 연주하면서 제사상(祭祀床)을 거두었다. 선생님께서 말씀하시기를 "'보좌하는 제후(諸侯)들, 천자(天子)는 장엄하시네.'라는 노래를 어찌하여 삼가(三家)의 사당(祠堂)에서 취하여 연주하는가?" 하셨다.

【三家】 세 가문. 당시 노나라의 실권을 장악하고 있었던 세 대부 집안[삼환씨(三桓氏)], 맹손씨(孟孫氏), 숙손씨(叔孫氏), 계손씨(季孫氏).

【者】 …(두, 세, …) 사람[일, 가지, 곳]. 특수지시대명사. 복수의 수량명사와 함께 명사구를 이룸. 앞의 나열한 사람 또는 사물(사건)을 합산함.

【以雍】 옹(雍)으로써. 옹(雍)의 노래[음악]으로써. 옹(雍)을 노래하면서.

以 : …으로써. …을 가지고[통하여]. 전치사. 도구·수단·방법을 나타냄.

雍 : 시경(詩經) 주송(周頌) 중의 한 편(篇). 주(周)나라 천자가 종묘에서 제사를 마치고 제사상을 치우면서 연주하던 노래.

【徹】 거두다. 제물(祭物)을 거두어들이다. ⇒ 제사상(祭祀床)을 치우다. 철상(撤床)하다.

주희(朱熹) - 撤은 제사를 마치고 조(俎, 희생을 담아놓는 祭器)를 거두는 것이다. [徹 祭畢而收其俎也]

【相維辟公 天子穆穆】 제사를 도우는 이는 제후들이요 천자의 모습은 아름답고 훌륭하네. 제사 돕는 이 제후들이요, 천자께선 엄숙히 주관하시네. 제후들의 옹호 속에 천자의 모습은 장엄하여라.

相 : 돕는 사람. 보필하는 사람. 보좌관. 신하. ⇒ 제사를 돕는 사람(助祭者).

維 : …이다. 동사. 萬邦黎獻 共維帝臣(만방의 여러 어진 사람들이 공히 임금의 신하이다.) [書經 益稷]

辟公 : 제후(諸侯). 고대 중국의 봉건제도에서 국가의 최고 권력자인 천자(天子)로

부터 일정한 구역을 봉토(封土)로 받아 그 지역을 다스리는 사람.

天子 : 천하의 최고 통치자. 황제(皇帝). 고대에는 임금의 권력을 하늘에서 부여받아 하늘의 뜻을 대신하여 통치한다고 여겼으므로 천자라 하였음.

穆穆목목 : 온화한 모습. 공손한 모습. 위엄이 있는 모습. 장엄한 모습. 아름답고 훌륭한 모양.

포함(包咸) - 辟公은 제후와 두 왕(文王, 武王)의 후손을 말한다. 穆穆은 천자의 용모이다. 雍篇에서 이처럼 노래한 것은 제후와 두 왕의 후손들이 와서 제사를 도왔기 때문이다. [辟公 謂諸侯及二王之後 穆穆 天子之容貌 雍篇歌此者 有諸侯及二王之後 來助祭故也]

【奚取於三家之堂】 어찌하여 세 집안의 사당에서 취하여 연주하는가?

奚 : 어찌하여. 어찌. 어떻게. 부사. 강한 반문의 어기를 나타냄.

取 : 취하다. 취하여 쓰다. 가려서 쓰다. ⇒ 취하여 연주하다.

於 : …에서. 전치사. 동작이나 행위가 일어나는 장소(범위)를 나타냄.

之 : …의. 조사. 관형어와 중심어 사이에 쓰여 종속관계를 나타냄.

堂 : 사당(祠堂). 조상의 신주(神主)[위패(位牌)]를 모셔 놓은 집.

포함(包咸) - 지금 三家는 家臣에 불과한데, 어떻게 이 의리를 취하여 자기들 사당에서 이 음악을 연주하는가? [今三家但家臣而已 何取此義而作之於堂邪]

第三篇 八佾

3. 사람으로서 인仁하지 못하면 예악禮樂이 무슨 소용인가

子曰 人而不仁 如禮何 人而不仁 如樂何

子(ᄌᆞ)ㅣ 골ᄋᆞ샤ᄃᆡ 사ᄅᆞᆷ이오 仁(ᅀᅵᆫ)티 아니ᄒᆞ면 禮(례)예 엇디 ᄒᆞ며 사ᄅᆞᆷ이오 仁(ᅀᅵᆫ)티 아니ᄒᆞ면 樂(악)애 엇디ᄒᆞ료

선생님께서 말씀하시기를 "사람으로서 인(仁)하지 못하면 예(禮)를 행한들 무엇 하며, 사람으로서 인(仁)하지 못하면 악(樂)을 한들 무엇 하겠는가?" 하셨다.

【人而不仁】 사람이면서[사람으로서] 인(仁)하지 아니하면. [참고] 泰伯-10.

而 : (…이다) 그러나. ⇒ …이면서. …이고서. …으로서. 접속사. 역접관계를 나타냄. [참고] 爲政-22, 泰伯-10, 子路-22, 憲問-3,7, 陽貨-10.

[참고] 만약 …이면. 접속사. 가설(가정)이나 조건을 나타냄.

【如禮何】 예를 어찌(어떻게) 하겠는가? 예는 무엇 하겠는가? 예가 무슨 소용이 있겠는가? 예를 행한들 무엇 하겠는가? 설사 예를 행한들 어찌 진정한 예라 하겠는가? [참고] 里仁-13.

如…何 : …을 어떻게 하겠는가? …을 무엇 하겠는가? 어찌 …하겠는가? 대명사성 구조인 如何의 사이에 처리할 대상을 직접 삽입하여 그 일의 처리를 묻는 관용구. 의문이나 반문을 나타냄.

[참고] ① 여하(如何) : 어떠하다. 어떻게 하겠는가? 무엇 하겠는가? 어찌된 일인가. 관용형식으로서 질문을 나타내며, 간혹 반문의 뜻을 나타내기도 한다.무엇, 왜, 어찌합니까, 어떻게 합니까, 어느 등으로 해석한다. [延世大學校 虛詞辭典編纂室 編, 虛詞大辭典, 成輔社, 2001. p.463] ② 여지하(如之何) ☞ 爲政-20.

형병(邢昺) - 如는 奈(어찌)이다.

[참고] 류종목 - 如는 '따르다. 의거하다.' 라는 뜻의 동사로 여기서는 '…에 따라 행하다. …에 의거하여 행하다. 행하다.' 라는 뜻을 지닌다. 項羽使人還報懷王 懷王曰 如約(항우가 사람을 시켜 돌아가 회왕에게 보고하게 하였더니, 회왕이 '약속대로 하라.' 고 했다.) [史記 高祖本紀]

【樂악】 음악. 풍류.

포함(包咸) - 사람으로서 仁하지 못하면 결코 예악을 행할 수 없다는 말이다. [言人而不仁 必不能行禮樂]

정약용(丁若鏞) - 인(仁)이란 충효(忠孝)가 이룬 이름이고, 예(禮)는 스스로 이를 실천함으로부터 생기는 것이며, 악(樂)은 이를 즐김으로부터 생기는 것이니, 인은 질(質)이 되고 예악은 문(文)이 된다. 계씨(季氏)와 같은 자는 불인(不仁)을 몸소 자행하였음에도 오히려 예를 행하고 풍악을 연주하여 그 문(文)을 이루고자 하였으니, 될 수 있겠는가? [仁者 忠孝之成名 禮自履此而生 樂自樂此而生 仁爲之質 而禮樂爲之文也 如季氏者 躬蹈不仁 猶欲行禮而奏樂 以成其文而可得乎]

4. 예禮는 검소하게 하고 상喪은 슬퍼하는 것이 더 나으니

林放問禮之本 子曰 大哉問 禮 與其奢也寧儉 喪 與其易也寧戚

林放(림방)이 禮(례)의 本(본)을 묻ᄌᆞ온대 子(ᄌᆞ)ㅣ ᄀᆞᆯᄋᆞ샤ᄃᆡ 크다 무롬이여 禮(례)ㅣ 그 奢(샤)홈으로 더브러론 출하리 儉(검)홀 띠오 喪(상)이 그 易(이)홈으로 더브러론 출하리 戚(쳑)홀 띠니라

임방(林放)이 예(禮)의 근본을 여쭙자, 선생님께서 말씀하시기를 "훌륭하도다! 물음이여! 예(禮)는 그 사치하는 것보다는 차라리 검소하여야 하고, 상(喪)은 잘 치르는 것보다는 차라리 슬퍼하여야 하느니라." 하셨다.

【林放】 노(魯)나라의 어떤 사람. 공자의 제자라는 설이 있으나 불분명함.

【之】 …의. 조사. 관형어와 중심어 사이에 쓰여 종속관계를 나타냄.

【大哉】 위대하도다! 훌륭하도다!

大 : 크다. ⇒ 훌륭하다.

哉 : …이로다! …이구나! …이도다! …하구나! …로구나! …이여! 어기조사. 찬양·비통·분노·경악·감개 등의 감탄의 어기를 나타냄.

【與其…寧~】 …하는 것보다[것에 비하여] 차라리[오히려] ~하는 것이 더 낫다. …하느니 차라리 ~하겠다.

> 與其 A (無)寧 B
> A 하느니 차라리 B 하겠다.
> [A 하는 것보다 차라리 B 하는 것이 더 낫다.]

與其不孫也 寧固[述而-35]
겸손하지 않은 것보다는 차라리 고루한 것이 더 낫다.
喪 與其易也寧戚
상(喪)은 잘 치르는 것보다는 차라리 슬퍼하는 것이 더 낫다.

與其 : 접속사. 두 상황 중 한 가지를 선택하는 것을 나타냄. 일반적으로 뒤 단문은 선택을 나타내는 접속사 寧이나 관형어인 孰若, 豈若, 不如 등과 같이 쓰이며, 與其 뒷부분은 포기해야할 상황임을 나타냄.

寧 : 차라리 …하는 것이 낫다. 접속사. 득실을 따져 본 후에 선택해야 함을 나타냄.

【奢】 사치(奢侈)하다.

【也】 …은(는). …이란. …이면. 어기조사. 음절을 조정하고 어기를 고르는(말을 잠깐 멈추고 다음 내용을 환기시키는) 역할을 함.

【儉】 검소(儉素)하다. 검약(儉約)하다. 절제(節制)하다.

【喪】 초상. 상사(喪事). 상례. 장례(葬禮)를 치르는 일.

【易】 다스리다. 잘 치르다. 잘 처리하다. 상례의 절차를 빠트림 없이 잘 처리하다. 예의 절차에 치중하다.

주희(朱熹) - 易는 다스림이니, 맹자(孟子)에 '그 밭두둑을 다스린다.' 하였다. 상례에 있어서 곧 절차와 꾸미는 것에만 익숙하고 애통해하고 서글퍼 하는 참모습이 없는 것이다. [易 治也 孟子曰 易其田疇 在喪禮 則節文習熟而無哀痛慘怛之實者也]

포함(包咸) - 易는 온화하고 평온함을 뜻한다. [易 和易也]

정현(鄭玄) - 易는 간략하게 하다는 뜻이다. [易 簡也]

【戚척】 슬퍼하다. 서러워하다.

정약용(丁若鏞) - 임방이 예를 물은 것은 또한 삼가(三家)에서 예를 참람하게 행했기 때문에 이 물음이 나왔다. 대개 팔일(八佾)을 추고 옹(雍)을 연주하면서 철상하는 것은 모두 예(禮)이다. 그런데 삼가(三家)에서는 오직 예를 성대하게 하여 조상을 높일 줄만 알고 예를 제정한 본래 의도를 알지 못하였으므로, 이것이 바로 임방이 예를 물은 이유이다. 그리고 계씨(季氏)가 팔일(八佾)을 추고 옹(雍)을 연주하면서 철상하는 것은 모두 사치함을 억제하지 못한 데에서 나온 것이니, 이것이 공자가 답한 내용이다. 여기에 상례(喪禮)를 덧붙여 말한 것은, 이것으로 저것을 비유한 것이지 두 가지를 다 말하려고 한 것이 아니다. [林放問禮 亦以三家僭禮而發 蓋佾舞雍徹 皆禮也 三家惟知盛禮以尊祖 不知制禮之本意 此林放之所以問也 季氏之佾舞雍徹 皆由於不能抑奢 此孔子之所以答也 附言喪禮者 以此喩彼 非雙言之也]

5. 변방 나라가 임금을 두는 것보다 중원이 임금을 잃음이 나으니

子曰 夷狄之有君 不如諸夏之亡也

子(ᄌᆞ)ㅣ ᄀᆞᆯᄋᆞ샤ᄃᆡ 夷狄(이뎍)의 君(군)이 이심이 諸夏(져하)의 업ᄉᆞ니 ᄀᆞᆮ디 아니ᄒᆞ니라

선생님께서 말씀하시기를 "오랑캐처럼 하여 임금 자리에 있는 것보다, 중원(中原)처럼 하다 (임금 자리를) 잃는 것이 낫다." 하셨다.

☞ 변방 나라가 임금을 두는 것보다 중원의 나라가 (임금을) 잃음이 낫다.

【夷狄】 오랑캐. 중국 변방의 야만스러운 종족[미개민족]. 오랑캐 땅. 오랑캐 나라. 중원(中原) 변방의 나라들. 동쪽을 夷(이), 서쪽을 戎(융), 남쪽을 蠻(만), 북쪽을 狄(적)이라 하였음.

【之】 …은[는]. …이[가]. 구조조사(주격조사). 주술구조 사이에 쓰여 이를 명사구(절)로 만들어 주는 역할을 함.

【君】 인군(人君). 임금. ⇒ 임금의 자리. 임금의 지위.

【不如】 …(함) 만 못하다. …만 같지 못하다. …하는 게 차라리 낫다. 부사. 앞에서 말한 사건이 뒤에서 말한 사건에 미치지 못함을 나타냄.

【諸夏】 중국의 여러 제후국(諸侯國).

諸 : 여러. 모든. 부사. 夏 : 중국. = 中華, 夏華, 中夏, 中原.

【亡망】 잃다(喪失). 뒤에 君이 생략되었음. [참고] 亡무 : = 無. 없다.

【也】 …이다. 어기조사. 진술문의 끝에 쓰여 판단이나 단정 또는 긍정을 나타냄.

형병(邢昺) - 오랑캐는 비록 군장(君長)이 있으나 예의가 없고, 중국은 비록 우연하게도 주공(周公)과 소공(召公)이 공화(共和) 정치를 할 때같이 임금이 없으나 예의는 폐지되지 않았다는 말이다. 그러므로 말씀하시기를 '오랑캐에 임금이 있는 것이 중원에 임금이 없는 것만 못하다.' 고 하신 것이다. [言 夷狄 雖有君長 而無禮義 中國雖偶無君若周召共和之年而禮義不廢 故曰 夷狄之有君 不如諸夏之亡也]

정이(程頤) - 오랑캐에게도 또한 군주(君主)가 있으니 제하(諸夏)가 참람하고 어지

러워 상하의 구분이 없는 것과는 같지 않다. [夷狄 且有君長 不如諸夏之僭亂 反無上下之分也]

정약용(丁若鏞) - 夷狄은 오랑캐의 道를 쓰는 것을 말하고 諸夏는 중원(中原)의 법을 쓰는 것을 말한다. 임금이 임금답지 않고 신하가 신하답지 않으면 이 또한 오랑캐일 뿐이다. 오랑캐의 도에 편안하게 있으면서 구차하게 임금의 자리를 보존하는 것은 선왕의 법을 준수하고 중원의 예를 닦다가 그 임금 자리를 보존하지 못하는 것보다 못하다. 노나라 소공 25년에 양공(襄公)에게 체제(禘祭)를 지낼 때 춤추는 대열을 구비하지 못했는데 도리어 모든 무공(舞工)들이 계씨에게 나아가 태무(大武)를 추었던 것이다. 소공이 노해서 계씨를 죽이려 하다가 일이 실패로 돌아가 소공은 제(齊)나라로 달아났고 공자 역시 제나라로 갔다. 노나라에 드디어 임금이 없게 되자 나라 사람들이 모두 소공을 나무랐는데 공자가 그렇지 않음을 밝히면서 '임금이 임금답지 못하고 신하가 신하답지 못해 오랑캐의 도에 편안히 있으면서 구차스럽게 임금 자리를 지키는 것이, 난신을 죽이고 역적을 토벌하여 중원의 법을 닦다가 그 임금 자리를 잃는 것만 못하다.' 라고 말씀하신 것이다. 그 나라 사람들에게 있어서도 이 도적에게 편안히 있으면서 임금이 있는 것보다, 도리어 이 의(義)를 밝히다가 임금이 없는 것이 더 나은 것이다. [夷狄 謂用夷狄之道也 諸夏 謂用諸夏之法也 君不君 臣不臣 是亦夷狄而已 安於夷狄 而苟保君位 不若遵先王之法 修華夏之禮 而不保其君位也 昭公二十五年 祭于襄公 舞列不備 而舞工盡赴季氏 以舞大武 昭公怒 欲誅季氏 事敗 公奔齊 孔子亦適齊 魯遂無君 國人皆咎昭公 孔子明其不然曰 與其君不君臣不臣 安於夷狄 而苟保君位 不若誅亂討賊 以修諸夏之法 而失其君位也 其在國人 與其安此賊而有君 反不若明此義而無君也]

[참고]

① 형병(邢昺) 등 ☞ **오랑캐들에게 임금이 있는 것은 중원(中原)의 나라에 없는 것만 못하다.** 군주가 있는 변방의 나라보다 군주가 없어도 문화가 있는 중원 제후국이 더 낫다. [亡(무) = 無, 不如 : …함 만 못하다.]

② 주희(朱熹) 등 ☞ **오랑캐들에게도 임금이 있으니, 중원(中原)의 나라에 없는 것과는 같지 않다[다르다].** 변방의 나라에도 군주가 있어 질서가 있으니, 지금의 중원처럼 군주가 없어 질서가 흐트러진 난세는 아니다. [亡(무) = 無, 不如 : …와 같지 않다.]

第三篇 八佾

6. 계씨季氏가 태산泰山에 여제旅祭를 지내니...

季氏旅於泰山 子謂冉有曰 女弗能救與 對曰 不能 子曰 嗚呼 曾謂泰山不如林放乎

季氏(계시)ㅣ 泰山(태산)애 旅(려)ᄒᆞ더니 子(ᄌᆞ)ㅣ 冉有(셤유)ᄃᆞ려 닐어 ᄀᆞᆯᄋᆞ샤ᄃᆡ 네 能(능)히 救(구)티 몯ᄒᆞ리로소냐 對(ᄃᆡ)ᄒᆞ야 ᄀᆞᆯ오ᄃᆡ 能(능)티 몯ᄒᆞ리송이다 子(ᄌᆞ)ㅣ ᄀᆞᆯᄋᆞ샤ᄃᆡ 嗚呼(오호)ㅣ라 일즉 泰山(태산)이 林放(림방)만 ᄀᆞᆮ디 몯ᄒᆞ다 니ᄅᆞ랴

계씨(季氏)가 태산(泰山)에 여제(旅祭)를 지내니, 선생님께서 염유(冉有)에게 일러 말씀하시기를 "네가 그것을 말릴 수 없었더냐?" 하시자, (염유가) 대답하여 말씀드리기를 "할 수 없었나이다." 하니, 선생님께서 말씀하시기를 "아! 어찌 태산(泰山)의 신령이 (예의 근본을 물은) 임방(林放)만도 못하단 말이냐?" 하셨다.

【季氏】 노나라의 세도가인 한 집안[대부]. 계손씨(季孫氏). 여기서는 季康子를 가리킴. 계평자(季平子) → 계환자(季桓子) → 계강자(季康子)

【旅】 여제(旅祭). 산신제(山神祭). ⇒ 산신제[여제]를 지내다. 명사의 동사로의 전용. 천자와 제후만이 명산대천(名山大川)에 제사를 지낼 수 있는 자격이 있었는데, 대부의 신분인 계씨가 이 제사를 지낸다는 것은 참람(僭濫)한 일이다.

마융(馬融) - 旅는 제사의 이름이다. 예법에 의하면 제후는 자신의 봉지 내에서 산천에 제사지내는 것인데, 지금은 제후의 신하조차 태산에서 제사를 지내니 올바른 예법이 아니다. [旅 祭名也 禮諸侯祭山川在其封內者 今陪臣祭泰山 非禮也]

【於】 …에. …에게. 전치사. 동작이나 행위에 관련되는 대상을 나타냄.

【泰山】 옛날 노(魯)나라 북쪽인 산동성(山東省) 태안현(泰安縣)에 있는 산. 중국에서 진산(鎭山)으로 받들어 천자가 제사를 지내던 다섯 명산 중의 하나.

[참고] 오악(五嶽)[오진(五鎭)] : 태산(泰山, 東嶽), 화산(華山, 西嶽), 형산(衡山, 南嶽), 항산(恒山, 北嶽), 숭산(嵩山, 中嶽).

【冉有】 공자의 제자. 성은 염(冉). 이름은 구(求). 자가 자유(子有). 노나라 사람으로 공자보다 29세 아래. 계강자(季康子)의 가신(家臣)을 지냄. 【求】 [公冶長-8,

雍也-6, 先進-16] 【冉求】[雍也-10, 先進-23, 憲問-13] 【冉子】[雍也-3, 子路-14]

【女弗能救與】 네가 막을 수 없었느냐? 네가 말릴 수 없었느냐?

女 : = 汝. 너. 이인칭대명사. 冉有를 가리킴.

弗 : = 不. 아니다. 부정부사. 목적어가 생략된 타동사나 전치사, 그리고 부사어 수식을 받지 않는 형용사 술어 앞에 쓰여 不보다 더 강한 부정의 어기를 나타냄. 자동사, 목적어가 생략되지 않은 타동사나 전치사, 부사어의 수식을 받는 술어 앞에는 사용되지 않음.

救 : ① 막다. 못하게 하다. 말리다. ② 구(救)하다. 구제하다.

마융(馬融) - 救는 중지시킨다는 말과 같다. [救 猶止也]

주희(朱熹) - 救는 참람히 도용(盜用)하는 죄에 빠짐을 구원함(바로잡음)을 일컫는다. [救 謂救其陷於僭竊之罪]

與 : …인가? = 歟. 어기조사. 단독으로 쓰여 가벼운 의문(질문)의 어기를 나타냄.

【嗚呼】 아! 아! 감탄사. 문장 밖에서 단독으로 쓰여 슬픔을 나타냄.

【曾謂泰山不如林放乎】 어찌 태산의 신령이 임방만 못하다는 말인가? 설마 태산의 신령이 (예의 근본을 물은) 임방만 못하다는 말인가?

曾 : 설마(…이겠는가?). 고작(…이겠는가?). 어찌(…하겠는가?). 의문대명사. 강한 반문의 어기를 나타냄.

謂 : 이르다. 일컫다. 말하다. …라고 하다. …라고 생각하다.

不如 : …함 만 못하다. …만 같지 못하다. …하는 게 차라리 낫다. 부사. 앞에서 말한 사건이 뒤에서 말한 사건에 미치지 못함을 나타냄.

林放 : 노나라 어떤 사람. 본편 4장에서 공자께 禮의 근본을 물음.

乎 : …인가? …이겠는가? 어기조사. 의문문의 끝에 쓰여 반문의 어기를 나타냄. 일반적으로 대명사 何, 孰이나 접속사 況, 혹은 부사 庸, 寧, 豈, 不, 非 등과 호응함.

포함(包咸) - 귀신은 합당한 예가 아닌 것을 흠향하지 않는다. 임방은 예에 대해 물었는데, 태산의 신령이 오히려 임방보다 못하겠는가? 속여서 제사지내려고 한 것이다. [神不享非禮 林放尙知問禮 泰山之神 反不如林放邪 欲誣而祭之]

7. 군자君子는 다투는 것이 없으니 있다면 활쏘기라

子曰 君子無所爭 必也射乎 揖讓而升 下而飮 其爭也君子

子(ᄌᆞ)ㅣ ᄀᆞᆯᄋᆞ샤ᄃᆡ 君子(군ᄌᆞ)ㅣ ᄃᆞ토ᄂᆞᆫ 배 업스나 반ᄃᆞ시 射(샤)ㅣᆫ뎌 揖讓(읍샹) ᄒᆞ야 올라 ᄂᆞ려와 머키ᄂᆞ니 그 ᄃᆞ토미 君子(군ᄌᆞ)ㅣ니라

선생님께서 말씀하시기를 "군자(君子)는 다투는 것이 없으나, 꼭 있다면 활쏘기일 것이니, 읍(揖)하며 겸양(謙讓)의 뜻을 표하고 올라가며, 지면 벌주(罰酒)를 마시니, 이러한 다툼이 군자(君子)다운 것이니라." 하셨다.

【必也】 만약 …이 있다면 틀림없이 …일 것이다. 꼭[굳이] …한다면 반드시[틀림없이] …할 것이다. 그렇다면 반드시. 굳이 말하자면. = 必是. 必은 부사로 사람이나 사물에 대한 행위의 필요성·결연한 의지·확신 등을 나타내며, 也는 어기조사로 음절을 조정하고 어기를 고르는 역할을 함. [참고] 雍也-28.

【射】 활쏘기. 궁술. 고대 육예(六藝) 가운데 하나. ♣ 六藝 : 禮, 樂, 射(활쏘기), 御(말타기), 書(글쓰기), 數(산술).

【乎】 …이다. …하리라! …일 것이다! 어기조사. 단정이나 강조의 어기를 나타냄.

【揖讓而升】 읍을 하며 겸양의 뜻을 표하고 나서 당(堂)에 오르다.

揖 : 읍하다. 예를 갖추어 인사하다. (두 손을 모으고 공손하게) 인사하다. 상대방에게 공경의 뜻을 나타내는 예(禮)의 하나로서 포개어 잡은 두 손을 가슴 앞으로 들고 허리를 앞으로 공손히 구부렸다가 펴면서 손을 내리는 인사.

讓 : 겸양하다. 사양하다. 겸손해 하다.

揖讓 : 읍을 하며 겸양의 뜻을 표함. 공수(拱手)의 예를 행하며 겸양의 뜻을 표함.

而 : …하면서. …하고 나서. …한 후에 곧. 접속사. 순접(연관)관계를 나타냄.

升 : 오르다(登上). 높은 곳에 오르다. 당(堂)에 오르다. 벼슬길에 오르다.

주희(朱熹) - 揖讓而升은 대사례(大射禮)에 짝지어 나아가 세 번 읍한 뒤에 당에 오르는 것이다. [揖讓而升者 大射之禮 耦進三揖而後升堂也]

【下而飮】 지면 벌주(罰酒)를 마신다.

下 : 이기지 못하다. 지다.

[참고] 내려오다. 걸어 내려오다. ☞ 下而飮 : 당에서 내려와 벌주(罰酒)를 마시다.

飮 : 마시다. ⇒ 벌주(罰酒)를 마시다.

주희(朱熹) - 下而飮은 활쏘기를 마치면 읍하고 내려와 여러 짝이 다 내려오기를 기다려 이긴 자가 마침내 읍하면 이기지 못한 자가 올라가 술잔을 잡아 서서 마심을 이른다. [下而飮 謂射畢揖降 以俟衆耦皆降 勝者乃揖不勝者升 取觶立飮也]

정약용(丁若鏞) - 下는 이기지 못한 것을 말하니 무릇 군사에서 이긴 것을 下之(그를 지게 하다, 함락시키다)라고 한다. [악의전(樂毅傳)에 이르기를 '제(齊)나라의 70여 성(城)을 함락시켰는데, 오직 거(莒)와 즉묵(卽墨)만은 함락시키지 못하였다.'라고 하였고, 사기(史記) 항우본기(項羽本紀)에서는 '외황(外黃)은 함락시키지 못하였다.'라 하였다.] 사례에서 이기지 못한 자는 술을 마시는데 이것이 下而飮(지면 마신다)이다. 또 살펴보건대 사례에는 '올라가서 마시는 것(升而飮)'은 있어도 '내려와서 마시는 것(降而飮)'은 없으니, 下而飮은 내려와서 마시는 것이 아니다. 降자를 바꾸어 下자로 말하는 이런 이치는 또한 없다. [下 謂不勝也 凡軍事 勝曰下之 樂毅傳云 下齊七十餘城 惟莒卽墨未下 項羽本紀云 外黃未下 射禮 不勝者飮酒 是下而飮也 又按 射禮有升而飮 無降而飮 則下而飮 非降而飮也 變降言下 亦無是理]

왕숙(王肅) - 堂에서 활을 쏘는데, 오르고 내릴 때 모두 읍하고 겸양을 표하면서 서로 마시게 한다. [射於堂 升及下皆揖讓而相飮]

황간(皇侃) - 사의(射儀)에 이르기를 '사례에서 처음에 주인이 손님에게 읍하며 나아가 서로 사양하면서 당에 오르고 활을 쏘아서 승부가 이미 결정되어 당에서 내려와서도 오히려 읍양을 하여 예를 잊지 않는다.'고 하였다. 그러므로 '읍양하면서 오르내린다.[揖讓而升下]'고 한 것이다. [射儀云 禮初 主人揖賓而進 交讓而升堂 及射竟 勝負旣決 下堂猶揖讓 不忘禮 故云揖讓而升下也] ☞ 揖讓而升下 而飮 : 읍하고 사양하면서 당을 오르내리고 그리고 벌주를 마신다.

【其爭也君子】 이러한 (활쏘기의) 다툼은 군자답다.

其 : 이. 이러한. 지시대명사. 앞의 射를 가리킴.

也 : …은(는). …이란. …이면. 어기조사. 음절을 조정하고 어기를 고르는(말을 잠깐 멈추고 다음 내용을 환기시키는) 역할을 함.

君子 : 군자답다. 명사의 형용사로의 전용. 술어로 쓰임.

8. 그림은 흰 바탕을 마련한 후에 그리니 예禮도 나중이니라

子夏問曰 巧笑倩兮 美目盼兮 素以爲絢兮 何謂也 子曰 繪事後素 曰 禮後乎 子曰 起予者商也 始可與言詩已矣

子夏(ᄌᆞ하)ㅣ 묻ᄌᆞ와 ᄀᆞᆯ오ᄃᆡ 巧(교)ᄒᆞᆫ 笑(쇼)ㅣ 倩(쳔)ᄒᆞ며 美(미)ᄒᆞᆫ 目(목)이 盼(변)홈이여 素(소)로ᄡᅥ 絢(현)을 ᄒᆞ다 ᄒᆞ니 엇디 닐옴이닝잇고 子(ᄌᆞ)ㅣ ᄀᆞᆯᄋᆞ샤ᄃᆡ 繪(회)ᄒᆞᄂᆞᆫ 일이 素(소)애 後(후)ㅣ니라 ᄀᆞᆯ오ᄃᆡ 禮(례)ㅣ 後(후)ᅵᆫ뎌 子(ᄌᆞ)ㅣ ᄀᆞᆯᄋᆞ샤ᄃᆡ 나ᄅᆞᆯ 起(긔)ᄒᆞᄂᆞᆫ 者(쟈)ᄂᆞᆫ 商(샹)이로다 비르소 可(가)히 더브러 詩(시)를 닐엄즉 ᄒᆞ도다

자하(子夏)가 여쭈어 말씀드리기를 "'어여쁜 웃음 보조개가 예쁘네! 아름다운 눈동자 흑백이 분명하네! 흰 색칠에 오색 문채(文彩)일세!' 하였는데, 무엇을 말한 것이니까?" 하자, 선생님께서 말씀하시기를 "그림 그리는 일은 흰 비단(바탕)을 마련한 다음에 하는 것이니라." 하시니, (자하가) 말씀드리기를 "예(禮)가 뒤라는 것이니까?" 하자, 선생님께서 말씀하시기를 "나를 일깨우는 자는 상(商)이로구나. 비로소 함께 시(詩)를 말할 만하도다!" 하셨다.

【子夏】 공자의 제자 복상(卜商). 자가 자하(子夏).

【巧笑倩兮 美目盼兮 素以爲絢兮】 어여쁜 웃음 보조개가 예쁘네! 아름다운 눈동자 흑백이 분명하네! 흰 색칠에 오색 문채일세!

巧 : 예쁘다. 아름답다. 예쁘고 귀엽다.

倩천 : 예쁘다. 뺨이 어여쁜 모습. 볼우물이 예쁘게 팬 모양.

兮 : 이어라! 이도다! 이여! 어기조사. 찬양이나 감탄의 어기를 나타냄.

盼반 : 눈이 예쁘다. 눈매가 시원스럽다. 흑백이 분명한 눈동자. 선명한 눈동자. 눈이 초롱초롱한 모양.

素 : 희다. 흰색. 무늬가 없는 흰 색깔의 피륙. 흰 비단. ⇒ 흰 바탕.

以 : = 而. 그리고. 그래서. 그리하여. …하여서. 접속사. 순접관계를 나타냄.

爲 : 만들다. 絢현 : 무늬. 문채(文彩).

素以爲絢 : 흰 색칠을 하여서 문채를 만들다.

주희(朱熹) - 倩은 구보(口輔, 보조개)가 예쁜 것이요. 盼은 눈동자에 흑백이 분명한

것이다. 素는 색칠하는 자리이니 그림의 바탕이며, 絢은 채색이니 그림의 꾸밈이다. 사람이 예쁜 보조개와 흑백이 분명한 눈동자의 아름다운 바탕을 가지고 있고 또 화려한 채색의 꾸밈을 더하는 것이니 마치 흰 바탕이 있고 채색을 더하는 것과 같음을 말씀하신 것이다. 자하는 도리어 '흰 물감을 가지고 채색을 한다.' 고 말한 것으로 의심하였으므로 물은 것이다. [倩 好口輔也 盼 目黑白分也 素 粉地 畫之質也 絢 采色 畫之飾也 言人有此倩盼之美質 而又加以華采之飾 如有素地而加采色也 子夏疑其反謂以素爲飾 故問之]

마융(馬融) - 倩은 웃는 모양이고 盼은 눈을 움직이는 모양이다. 絢은 무늬가 있는 모양이다. 이 위 두 구는 시경(詩經) 위풍(衛風) 석인(碩人)의 두 번째 장에 있으며, 그 아래 한 구는 없어졌다. [倩 笑貌 盼 動目貌 絢 文貌 此上二句在衛風碩人之二章 其下一句逸也]

주희(朱熹) - 석인(碩人)의 네 장은 모두 일곱 구로 되어 있어 이 장이 유독 한 구가 더 많은 것과는 서로 맞지 않으니, 이는 필시 별도로 그 자체가 하나의 시였던 것이 지금은 없어진 것이다. [碩人四章皆七句 不應此章獨多一句 必別自一詩 今逸矣]

【何謂也】 무엇을 말하는[일컫는] 것입니까? 무엇을 뜻합니까? 무슨 뜻입니까?

何 : 무엇[어느 것]이 …한가[인가]? 누구[무엇, 어디]인가? 누구를[무엇을] …한가? 의문대명사. 주어나 술어, 목적어로 쓰여 사람이나 사물, 장소에 대해 물음. 목적어로 쓰일 때는 일반적으로 도치되어 동사나 전치사 앞에 옴.

也 : …한가[인가]? 어기조사. 의문문 끝에 쓰여 의문(질문)의 어기를 나타냄. 일반적으로 何, 誰, 奚, 焉 등의 의문대명사와 같이 씀.

【繪事後素】 그림을 그려 넣는 작업은 흰 바탕이 있은 다음이다.

繪 : 그림. 그림 그리다. 그림 그리는 일.

주희(朱熹) - 繪事는 그림 그리는 일이다. 後素는 흰 바탕의 뒤에 온다는 것이다. 주례(周禮) 고공기(考工記)에 '그림 그리는 일은 흰 비단을 마련한 뒤에 한다.' 하였으니, 먼저 분지(粉地, 흰 비단)로 바탕을 삼은 뒤에 오색의 채색을 칠함을 말한 것이다. 마치 사람이 아름다운 자질이 있은 뒤에야 문식(文飾)을 가할 수 있음과 같은 것이다. [繪事 繪畫之事也 後素 後於素也 考工記曰 繪畫之事後素功 謂先以粉地爲質而後 施五采 猶人有美質然後 可加文飾]

[참고] 정현(鄭玄) - 繪는 무늬를 그리는 것이다. 무릇 그림을 그리는데, 먼저 채색을 배치한 후에 흰색을 그 사이에 배치하여 무늬를 완성한다. 이는 미녀가 비록 예쁜 눈동자와 아름다운 바탕을 갖고 있을지라도 반드시 예(禮)로 그것을 완성해야 한다는 것을 비유한 것이다. [繪 畫文也 凡繪畫 先布衆色 然後以素分布其間 以成其文 喩美女雖有倩盼美質 亦須禮以成之] ☞ **繪事後素 : 그림 그리는 일은 흰 색을 뒤에(나중에) 칠한다.**

【乎】 …인가? …한가? 어기조사. 문장 끝에 쓰여 의문(질문)을 나타내며 시비(是非)판단의 어기를 도움.

【起予者商也】 나를 일깨우는 자는 상(商)이다.

起 : 일어나다. 일으키다. 일으켜 주다. 흥기(興起)시키다. ⇒ 일깨워 주다. 분발시키다. 감발시키다.

주희(朱熹) - 起는 發(분발奮發, 감발感發)과 같으니, 起予는 나의 지의(志意)를 감발시킴을 이른다. [起 猶發也 起予 言能起發我之志意]

予 : 나. 인칭대명사. 일인칭을 나타냄.

也 : …이다. 어기조사. 진술문의 끝에 쓰여 판단이나 단정 또는 긍정을 나타냄.

주희(朱熹) - 禮는 반드시 충신(忠信)을 바탕으로 삼으니 이는 그림 그리는 일에 반드시 흰 비단(바탕)을 우선으로 삼는 것과 같다. [禮必以忠信爲質 猶繪事必以粉素爲先]

【始可與言詩已矣】 비로소 함께 시를 말할 수 있겠구나! 이제야 함께 시를 말할 만하구나! [참고] 學而-15.

始 : …에서야 비로소. 이제야. 곧. 부사. 동작이나 행위가 어떤 조건을 갖춘 후에야 비로소 발생하게 됨을 나타냄.

與 : …와[과]. …와 함께. …와 더불어. 전치사. 동작이나 행위에 대한 동반자임을 나타냄. 뒤에 商를 가리키는 인칭대명사 女(汝)가 생략되었음.

已矣 : …이다. 이미 발생하였거나 어떤 새로운 상황이 발생할 가능성이 있음을 나타냄. 감탄의 어기도 내포됨.

9. 하례夏禮나 은례殷禮는 다 말할 수는 있으나

子曰 夏禮吾能言之 杞不足徵也 殷禮吾能言之 宋不足徵也 文獻不足故也 足則吾能徵之矣

子(ᄌᆞ)ㅣ ᄀᆞᆯᄋᆞ샤ᄃᆡ 夏(하)ㅅ 禮(례)를 내 能(능)히 니르나 杞(긔)예 足(죡)히 徵(딩)티 몯ᄒᆞ며 殷(은)ㅅ 禮(례)를 내 能(능)히 니르나 宋(송)에 足(죡)히 徵(딩)티 몯홈은 文(문)과 獻(헌)이 足(죡)디 몯ᄒᆞᆫ 故(고)ㅣ니 足(죡)ᄒᆞ면 내 能(능)히 徵(딩)호리라

선생님께서 말씀하시기를 "하(夏)나라의 예(禮)는 내 능히 말할 수는 있으나 기(杞)나라로는 족히 입증(立證)할 수 없으며, 은(殷)나라의 예는 내 능히 말할 수는 있으나 송(宋)나라로는 족히 입증할 수 없다. (이는) 기록과 어진이가 부족하기 때문이니, (문헌이) 충분하다면 내 그것들을 능히 입증(立證)할 수 있을 것이니라." 하셨다.

【夏, 殷】 하(夏)나라, 은(殷)나라.

【杞】 중국 하남성(河南省) 기현(杞縣)에 있었던 나라. 주(周)나라 무왕(武王)이 하나라 우왕(禹王)의 후예인 동루공(東樓公)에게 우왕의 제사를 지내게 하기 위하여 세워 준 나라.

【足】 ① 족히 …할 수 있다. …하기에 족하다. 부사. 충분한 정도·수준·수량 등에 도달하는 것을 나타냄. 不足徵也. ② 충분하다. 풍족[넉넉]하다. 不足故也, 足則.

【徵징】 증명(證明)하다. 입증(立證)하다. 실증(實證)하다. 증거를 대다.

【宋】 중국 하남성(河南省) 상구현(商邱縣)에 있었던 나라. 주나라 무왕이 은나라 탕왕(湯王)의 후예인 미자(微子)에게 탕왕의 제사를 지내게 하기 위하여 세워 준 나라.

【文獻】 전적(典籍, 책, 서적, 기록)과 어진 사람.

주희(朱熹) - 文은 전적이고 獻은 어진 사람이다. [文 典籍也 獻 賢也]

【故】 까닭. 이유.

【則】 …이면(하면) (곧). 그렇다면 곧. 접속사. 결과나 조건에 대한 상호 원인 등 앞뒤 문장의 전후 상황이 서로 연관됨을 나타냄.

【矣】 …이다. 어기조사. 단정 또는 필연의 결과를 나타냄.

10. 체제사는 강신주降神酒를 따른 이후로 보고 싶지 않으니

子曰 禘自旣灌而往者 吾不欲觀之矣

子(ᄌᆞ)ㅣ ᄀᆞᆯᄋᆞ샤ᄃᆡ 禘(톄)ㅣ 임의 灌(관)홈으로브터 往(왕)ᄒᆞᆫ 者(쟈)ᄂᆞᆫ 내 보고져 아니ᄒᆞ노라

선생님께서 말씀하시기를 "체(禘) 제사는 강신주(降神酒)를 따른 뒤로부터는 내 보고 싶지 않노라." 하셨다.

【禘】 체(禘) 제사. 천자(天子)가 종묘(宗廟)에서 시조(始祖)와 선왕(先王)께 올리는 큰 제사의 이름.

【自旣灌而往者】 강신(降神)의 예를 마친 이후로부터의 것. 강신례가 끝난 이후의 것. ⇒ 강신주(降神酒)를 따른 뒤로부터는.

自 : …(으)로부터. …이후로. 전치사. 동작이나 행위가 발생하는 시간을 나타냄.

旣 : 마치다. 끝마치다. 동사.

灌관 : 제사를 시작할 때 울창(鬱鬯)이란 술을 땅에 뿌려 신을 강림하게 하는 제례의 한 절차. ⇒ 강신주(降神酒)를 따르다.

而往 : = 而後. 以後. 이후에. …하고 난 후에. 그런 다음에. …한 연후에. 단문을 연결시키며, 뒷일이 앞의 일에 이어서 발생하는 연관관계를 나타냄. 而는 접속사로 뒤에 上, 下, 往, 來, 前, 後 등을 동반하여 범위를 나타냄.

者 : …한[하는, 이라 하는] 사람[일, 때, 곳, 것]. 특수지시대명사. 동사·형용사 혹은 각종 구와 결합하여 그 말의 수식을 받아 명사구를 이루며, 사람이나 사물을 나타냄. 自旣灌而往를 가리킴.

【矣】 …이다. 어기조사. 단정 또는 필연의 결과를 나타냄.

공안국(孔安國) - 체제(禘祭)와 협제(祫祭)의 禮는 소목(昭穆)의 순서를 정하기 위함이므로, 훼묘(毁廟)의 신주와 여러 사당의 신주를 모두 태조의 묘(廟)에 모셔 놓고 합제(合祭)하는 것이다. 灌이란 울창주를 따르는 것인데 태조에게 술을 따라 신을 내리게 하는 것이다. 이미 강신을 한 후에 높고 낮음의 차례로 소목의 순서를 정하는데 노나라에서는 제사를 거꾸로 하여 희공(僖公)을 올리

어 소목(昭穆)을 어지럽게 하므로 그것을 보지 않고자 한 것이다. [禘祫之禮 爲序昭穆 故毁廟之主及群廟之主 皆合食於太祖 灌者 酌鬱鬯 灌於太祖以降神也 旣灌之後 列尊卑 序昭穆 而魯逆祀 躋僖公 亂昭穆 故不欲觀之矣]

♣ 昭穆 : 조상의 신주를 사당에 모시는 차례. 왼쪽 줄을 昭, 오른쪽 줄을 穆이라 하는데, 시조 곧 태조인 1세를 가운데 모시고 2·4·6세를 昭에, 3·5·7세를 穆에 모심.

♣ 毁廟 : 새로 죽은 이가 생겨 친계(親系)가 고조(高祖)를 넘어 섰을 때는 고조의 묘를 헐고 그 신주를 태묘(太廟)에 합사(合祀)하는데, 그 구묘(舊廟)를 훼묘(毁廟)라 함.

조광(趙匡) - 禘 제사는 왕자의 큰 제사이다. 왕자가 이미 시조의 사당을 세우고, 또 시조가 나온 본원인 상제(上帝)를 추존(推尊)하여 시조의 사당에 모시고 시조로서 배향(配享)한다. 성왕(成王)은 주공(周公)이 큰 공로가 있다 하여 노나라에 중요한 제사를 내려 주었다. 그러므로 주공의 사당에 禘제사를 지내고 문왕(文王)을 所自出의 상제(上帝)로 삼아 주공을 배향하였다. 그러나 예가 아니다. [禘 王者之大祭也 王者旣立始祖之廟 又推始祖所自出之帝 祀之於始祖之廟 而以始祖配之也 成王以周公有大勳勞 賜魯重祭 故得禘於周公之廟 以文王爲所出之帝 而周公配之 然非禮矣]

♣ 所自出 : 시조(始祖)는 그 나라의 국조(國祖)를 이르며, 所自出은 그 분이 어디로부터 나왔는가의 뜻으로 원래의 시조[국조의 선조]를 이른다. 周나라의 시조를 문왕(文王)으로, 所自出의 시조를 후직(后稷)으로, 魯나라의 시조를 주공(周公)으로, 所自出의 시조를 문왕(文王)으로 삼음.

주희(朱熹) - 灌은 바야흐로 제사를 시작할 때 울창(鬱鬯)이라는 술을 사용하여 땅에 부어 신을 강림(降臨)하게 하는 것이다. 노나라의 임금과 신하가 이때를 당해서는 성의가 아직 흩어지지 않아 그래도 볼 만한 것이 있었고, 이로부터 다음은 점차 게을러져서 볼 만한 것이 없었다. 노나라의 禘 제사는 예가 아니니 공자께서 본래 보고 싶어 하지 않으셨고, 이때에 이르러서는 예를 잃은 가운데 또 예를 잃은 것이었으므로 이러한 탄식을 하신 것이다. [灌者 方祭之始 用鬱鬯之酒灌地 以降神也 魯之君臣 當此之時 誠意未散 猶有可觀 自此以後 則浸以懈怠 而無足觀矣 蓋魯祭非禮 孔子本不欲觀 至此而失禮之中又失禮焉 故發此歎也]

정약용(丁若鏞) - 체제(禘祭)의 예는 이미 술을 따라 강신을 하고 당에 올라가 시경(詩經)의 청묘(淸廟)를 노래하고 주간(朱干)과 옥척(玉戚)으로 태무(大武)의 춤을 추는데 이것은 천자의 가무이다. 술을 따라 강신한 이후에 이러한

참람한 행사가 이에 나타났으므로 공자가 보고 싶지 않았던 것이다. [禘祭之禮 旣灌 升歌淸廟 朱干玉戚以舞大武 此天子之歌舞也 旣灌而往 此僭乃著 孔子不欲觀也]

禘祭에서 이미 술을 따라 강신하고는 희생을 맞이하는데 희생에 이미 견률(繭栗)을 사용하였으니 보고 싶지 않은 첫 번째요, 정(鼎)을 올리는데 정(鼎) 또한 전증(全烝)으로 하였으니 보고 싶지 않은 두 번째요, 풍악을 울리며 향음(饗飮)케 하고 악인(樂人)이 당에 올라가 청묘(淸廟)를 노래를 하였는데 그 시 내용이 '제를 집사(執事)하는 모든 관리들이 문왕(文王)의 덕을 잡아 행하네!' 라 하였으니 보고 싶지 않은 세 번째요, 주간(朱干), 옥척(玉戚)으로 태무(大舞)를 추었으니 보고 싶지 않은 네 번째이다. 그 나머지의 의절(儀節)은 지금 고람(考覽)할 수 없지만 요컨대 제왕(帝王)이 아니고서는 체제(禘祭)를 지내지 못하는 것이니, 그것이 참람한 것임을 알 수 있다. 그리고 희공(僖公)과 민공(閔公)의 순서를 역으로 바꿔 제사지내는 것이 이와 무슨 관련이 있겠는가? [禘之旣灌 將迎牲矣 牲旣繭栗 不欲觀者一也 將升鼎矣 鼎又全烝 不欲觀者二也 饗之以樂 升歌淸廟 其詩曰 濟濟多士 秉文之德 不欲觀者三也 朱干玉戚以舞大武 不欲觀者四也 其餘儀節 今不可攷 要之 不王不禘 則其僭可知 僖閔逆祀何與於是哉]

♣ 繭栗 : 소의 뿔이 밤이나 누에고치만큼 나온 그러한 소를 희생으로 쓰는 것.

11. 체 제사를 아는 자가 있다면 손바닥 보듯 할 것이니

或問禘之說 子曰 不知也 知其說者之於天下也 其如示諸斯乎 指其掌

或(혹)이 禘(톄)의 說(셜)을 묻ᄌᆞ온대 子(ᄌᆞ)ㅣ ᄀᆞᆯᄋᆞ샤ᄃᆡ 아디 몯ᄒᆞ노라 그 說(셜)을 아ᄂᆞᆫ 者(쟈)ㅣ 天下(텬하)애 그 이ᄅᆞᆯ 봄 ᄀᆞᄐᆞᆫ뎌 ᄒᆞ시고 그 掌(쟝)을 ᄀᆞᄅᆞ치시다

어떤 이가 체(禘) 제사의 의의(意義)를 묻자, 선생님께서 말씀하시기를 "알지 못하겠노라. 그 의의를 아는 사람이 천하(天下)에 있다면, 아마도 마치 여기에서 그것을 [체 제사를] 보는 듯할 것이로다!" 하시고, 당신 손바닥을 가리키셨다.

【或】 혹자(或者). 어떤 사람(이). 누군가. 인칭대명사. 특정대상을 가리키지 않는 것을 나타냄.

【禘之說】 체(禘) 제사의 의의(意義)

之 : …의. 조사. 관형어와 중심어 사이에 쓰여 종속관계를 나타냄.

說 : ① 학설. 생각. 의견. ② 뜻. 의의(意義). 내용. 이치. 도리.

【也】 ① …이다. 어기조사. 진술문의 끝에 쓰여 판단이나 단정 또는 긍정을 나타냄. 不知也. ② …은(는). …이란. …이면. 어기조사. 음절을 조정하고 어기를 고르는(말을 잠깐 멈추고 다음 내용을 환기시키는) 역할을 함. 知其說者之於天下也.

【知其說者之於天下也】 그 의의(意義)를 아는 사람이 천하에 있다면.

其 : 그. 그것. 지시대명사. 禘를 가리킴.

之 : …은[는]. …이[가]. 구조조사(주격조사). 주술구조 사이에 쓰여 이를 명사구(절)로 만들어 주는 역할을 함.

於 : …에 있다(在也). 존재하다. 처하다. 살고 있다. 살아가다. 동사.

【其如示諸斯乎】 아마도 마치 여기[손바닥]에서 그것을[체 제사를] 보는 듯할 것이로다!

其 : 아마(도). 어쩌면. 부사. 동작이나 행위 또는 어떤 상황에 대한 추측을 나타냄.

如 : 마치 …와 같다. …인 듯하다. 흡사. 마치. 부사. 상황에 대한 판단이 그다지

확실하지 않음을 나타냄. 곧 추측의 의미가 내포됨.

示 : 보다. 들여다보다.

주희(朱熹) - 示는 視(보다)와 같다. [示 與視同]

諸저 : 之於(…에서 그를). 합음사. 之는 지시대명사로 禘를 가리키고, 於는 전치사로 동작이나 행위가 발생한 장소나 범위를 나타냄.

斯 : 이것[이 사람. 이 일]. 이. 이러한. 이렇게. 여기. 지시대명사. 뒤에 나오는 其掌을 가리킴.

乎 : …일 것이로다! 어기조사. 감탄의 어기를 나타냄. 其와 함께 쓰이는 경우 추측의 어기를 내포함.

형병(邢昺) - 당시 공자가 한 손을 들어 손바닥을 펴고 다른 한 손으로 그것을 가리키면서 어떤 이에게 보이며 말씀하시기를 '마치 여기에 보이는 것과 같다.'고 한 말이다. [當時孔子擧一手伸掌 以一手指之 以示或人曰 其如示諸斯乎]

[참고] **知其說者之於天下也 其如示諸斯乎**

① 於 앞에 治가 생략되었음[(治)於天下]. 이때의 於는 전치사로 동작이나 행위에 직접 미치는 대상을 나타냄. ☞ **그 의의를 아는 사람은 천하를 다스리는 것이 마치 여기를 들여다보는 것과 같을 것이다.**

예기(禮記) - 교제(郊祭, 天祭)와 사제(社祭, 地祭)의 예는 하늘을 섬기는 것이요, 종묘의 예는 그 선조에게 제사지내는 것이다. 교제·사제의 예와 체제(禘祭)·상제(嘗祭)의 의의에 밝으면 나라를 다스림이 아마도 손바닥에 올려놓고 그것을 보는 것과 같을 것이다. [郊社之禮 所以事上帝也 宗廟之禮 所以祀乎其先也 明乎郊社之禮 禘嘗之義 治國其如示諸掌乎] [中庸]

② 그냥 단순히 於를 관련되는 대상을 나타내는 전치사로 보고 '…에 대하여'로 해석함. '諸(之於)'의 之는 天下를 가리킴. ☞ **그 의의를 아는 사람은 천하에 대하여[천하를 대함에 있어], 아마 여기에서 그것을[천하를] 보는 것 같이 할 것이다.**

포함(包咸) - 공자가 어떤 사람에게 이르기를, 禘 제사의 禮를 설명할 수 있는 사람은 천하의 일에 대해 손바닥 안의 물건을 가리키는 것과 같을 것이라고 말하였는데 이것은 쉽고 명료하다는 말이다. [孔子謂或人 言知禘禮之說者 於天下之事 如指示掌中之物 言其易了]

박유리 - '知其說者之於天下也'의 之는 '其如示諸斯乎'를 대신하고 있는 말이

다. 곧 之는 어떤 성분을 자리 바꾸기 할 때, 자리바꿈을 한 성분의 자리에 놓여 그 성분이 다른 곳으로 옮겨갔음을 나타내는 구실을 한다.

주희(朱熹) - 禘 제사의 내용을 알면 이치가 밝지 않음이 없고, 정성이 감동시키지 않음이 없어서 천하를 다스림이 어렵지 않을 것이니, 성인이 이 체 제사에 있어 어찌 참으로 알지 못하시는 바가 있었겠는가? [蓋知禘之說 則理無不明 誠無不格 而治天下不難矣 聖人於此 豈眞有所不知也哉]

12. 내 제祭에 참여치 않으면 제를 지내지 않은 것 같으니

祭如在 祭神如神在 子曰 吾不與祭 如不祭

祭(졔)ᄒᆞ샤ᄃᆡ 인ᄂᆞᆫ ᄃᆞ시 ᄒᆞ시며 神(신)을 祭(졔)ᄒᆞ샤ᄃᆡ 神(신)이 인ᄂᆞᆫ ᄃᆞ시 ᄒᆞ더시다 子(ᄌᆞ)ㅣ ᄀᆞᆯᄋᆞ샤ᄃᆡ 내 祭(졔)예 與(여)티 몯ᄒᆞ면 祭(졔) 아니홈 ᄀᆞᄐᆞ니라

조상(祖上)의 제사를 지내실 때에는 마치 (조상이 앞에) 계신 듯이 하셨으며, 신(神)을 제사지낼 때에도 마치 신(神)이 계신 듯이 하셨다. 선생님께서 말씀하시기를 "내가 제사에 참여하지 않으면 마치 제사를 지내지 않은 것 같구나." 하셨다.

【祭如在】 조상의 제사를 지낼 때에는 마치 조상이 앞에 계신 것같이 하다.

祭 : 제사. 귀신(鬼神)이나 조상(祖上)에 대한 공양(供養). 여기서는 조상(祖上)의 제사. ⇒ 조상의 제사를 지낼 때에는. 무생물 주어일 때는 부사구처럼 해석함이 자연스러움.

如 : 마치 …와 같다. (마치) …처럼[같이] 하다. 부사. 한 사물(대상)을 다른 사물(대상)과 직접 비유함을 나타냄.

【神】 하늘(天)의 신. 조상 이외의 다른 신.

정이(程頤) - 祭는 선조에게 제사함이요, 祭神은 외신(外神, 조상외의 신)에게 제사함이다. 선조를 제사함은 효(孝)를 위주로 하고, 신(神)을 제사함은 경(敬)을 위주로 한다. [祭 祭先祖也 祭神 祭外神也 祭先主於孝 祭神主於敬]

[참고] **祭如在 祭神如神在 ☞ 제사를 지낼 때에는 있는 것 같이 하라 함은, 신을 제사 지낼 때에는 신이 계시는 것 같이 하라는 뜻이다.**

【吾不與祭】 내가 제사에 참여하지 않다.

與 : 참여(參與)하다. 관여(關與)하다. 간여(干與)하다. 동사.

정약용(丁若鏞) - 與는 助(돕다)와 같으니 與祭는 가묘(家廟)에서 제사를 돕는 것을 말한다. 공자는 맏아들이 아니어서 제사를 주제(主祭)하지 않았기 때문에 與祭라고 하였다. [與 猶助也 與祭 謂助祭於家廟也 孔子非適子 未嘗主祭 故曰與祭]

【如不祭】 제사를 지내지 않은 것 같다. (다른 사람이 내 대신 제사를 지냈다 해도 마치 제사를 지내지 않은 것 같다.)

祭 : 제사를 지내다. 명사의 동사로의 전용.

13. 왕손가王孫賈여, 하늘에 죄罪 지으면 빌 곳이 없나니

王孫賈問曰 與其媚於奧 寧媚於竈 何謂也 子曰 不然 獲罪於天 無所禱也

王孫賈(왕손가)ㅣ 묻ᄌᆞ와 ᄀᆞᆯ오ᄃᆡ 그 奧(오)애 媚(미)홈으로 더브러론 출하리 竈(조)애 媚(미)홀 ᄯᅡ라 ᄒᆞ니 엇디 닐오미닝잇고 子(ᄌᆞ)ㅣ ᄀᆞᆯᄋᆞ샤ᄃᆡ 그러티 아니ᄒᆞ다 罪(죄)를 하ᄂᆞᆯ씌 어드면 禱(도)홀 빼 업스니라

왕손가(王孫賈)가 물어 말씀하기를 "아랫목 신(神)에게 아첨하기보다는 차라리 부엌 신(神)에게 아첨하라 하니, 무슨 말입니까?" 하니, 선생님께서 말씀하시기를 "그렇지 않습니다. 하늘에 죄를 얻으면 빌 곳이 없습니다." 하셨다.

【王孫賈】 위(衛)나라의 대부(大夫)로 위(衛) 영공(靈公)의 신하. 성이 왕손(王孫). 이름이 가(賈). 병사 훈련, 군비 확충, 전략 수립 등 군대를 통솔하는 능력이 뛰어난 사람. [참고] 憲問-20.

【與其媚於奧 寧媚於竈】 아랫목 신에게 아첨하기보다는 차라리 부엌 신에 아첨하는 편이 더 낫다.

與其…寧~ : …하는 것보다[것에 비하여] 차라리[오히려] ~하는 것이 더 낫다. …하느니 차라리 ~하겠다.

與其 : 접속사. 두 상황 중 한 가지를 선택하는 것을 나타냄. 일반적으로 뒤 단문은 선택을 나타내는 접속사 寧이나 관형어인 孰若, 豈若, 不如 등과 같이 쓰이며, 與其 뒷부분은 포기해야할 상황임을 나타냄.

寧 : 차라리 …하는 것이 낫다. 접속사. 득실을 따져 본 후에 선택해야 함을 나타냄.

媚미 : 아첨(阿諂)하다. 비위를 맞추다. 아양 떨다. 알랑거리다.

주희(朱熹) - 媚는 친하여 따르는 것이다. [媚 親順也]

於 : …에. …에게. 전치사. 동작이나 행위에 관련되는 대상을 나타냄.

奧오 : 방의 서남쪽 모퉁이 자리. 방의 아랫목. ⇒ 아랫목 신(神).

정현(鄭玄) - 奧는 방의 서남쪽 구석이다. [奧 西南隅]

竈조 : 부엌. 부뚜막. ⇒ 부엌 신(神). 조왕(竈王).

양백준(楊伯峻) - 집안의 서남쪽 가장자리를 가리켜 奧라고 하며, 밥을 지을 수 있는 시설을 竈라 하였다. 고대에는 이곳에 모두 귀신이 있다고 여겨서 제사를 지냈다.

【何謂也】 무엇을 말하는[일컫는] 것입니까? 무엇을 뜻합니까? 무슨 뜻입니까?

何 : 무엇[어느 것]이 …한가[인가]? 누구[무엇, 어디]인가? 누구를[무엇을] …한가? 의문대명사. 주어나 술어, 목적어로 쓰여 사람이나 사물, 장소에 대해 물음. 목적어로 쓰일 때는 일반적으로 도치되어 동사나 전치사 앞에 옴.

【也】 ① …한가[인가]? 어기조사. 의문문 끝에 쓰여 의문(질문)의 어기를 나타냄. 일반적으로 何, 誰, 奚, 焉 등의 의문대명사와 같이 씀. 何謂也. ② …이다. 어기조사. 진술문의 끝에 쓰여 판단이나 단정 또는 긍정을 나타냄. 無所禱也.

【然】 그렇다. 그러하다. 옳다. 맞다.

【獲 획】 얻다(得也). 받다. ⇒ 죄를 짓다. [참고] 雍也-20.

양백준(楊伯峻) - 어떤 사람은 奧는 한 집의 주인으로, 위나라의 임금을 비유한 것이고, 또 집안에 있는 것이므로 위나라 영공(靈公)의 총희(寵姬)인 남자(南子)를 비유할 수 있다고 한다. 그리고 竈는 왕손가 자신을 비유했다고 한다. 이것은 왕손가가 공자에게 '당신이 위나라 靈公이나 南子에게 아첨하기보다는 차라에 나에게 아첨하는 것이 낫다.'는 것을 암시하는 것으로, 이 때문에 공자가 그에게 '내가 만약 나쁜 일을 저지르면 아첨해도 소용이 없고, 내가 만약 나쁜 일을 하지 않으면 누구에게도 아첨하지 않는다.'라고 대답했다고 한다. 또 어떤 사람은 이것은 왕손가가 공자에게 암시한 말이 아니고, 공자에게 가르침을 청한 말이라고 주장한다. 奧는 위나라 임금을, 竈는 남자(南子)와 이자하(彌子瑕)를 가리키는데, 직위는 비록 낮았지만 오히려 실제 권력을 잡고 있었다. 그 의미를 말하면 '어떤 사람이 나에게 말하기를 임금에게 아첨하기보다는 차라리 권세를 갖고 있는 南子나 彌子瑕에게 아첨하는 것이 낫다고 하는데, 당신 생각은 어떻습니까?'라고 하자, 공자가 오히려 그에게 '그 말은 잘못되었다. 하늘에 죄를 지으면, 기도한들 소용이 없고, 누구에게 아부해도 안 된다.'고 말했다는 것이다. 본문의 상황을 볼 때 후자의 설이 비교적 맞는 것 같다.

14. 주周는 하夏은殷 두 왕조를 거울삼았으니 내 주周를 좇으리

子曰 周監於二代 郁郁乎文哉 吾從周

子(ᄌᆞ)ㅣ ᄀᆞᆯᄋᆞ샤ᄃᆡ 周(쥬)ㅣ 二代(ᅀᅵᄃᆡ)예 監(감)ᄒᆞ니 郁郁(욱욱)히 文(문)ᄒᆞᆫ디라 내 周(쥬)를 조초리라

선생님께서 말씀하시기를 "주(周)나라는 하(夏)·은(殷) 이대(二代)를 거울삼았으니, 찬란하도다! 그 문물제도(文物制度)여! 내 주(周)나라를 좇겠노라." 하셨다.

【監】 비추어 보다. 거울삼다. ⇒ 거울삼아 본받다. 본보기로 삼다.

【於】 …를. 전치사. 동작이나 행위에 직접 미치는 대상을 나타냄.

【二代】 두 왕조. 곧, 앞의 하(夏)나라와 은(殷)나라의 두 왕조를 가리킴.

【郁郁乎】 성대하고 찬란하도다!

郁郁욱욱 : ① 향기가 대단히 짙게 나는 모양. ② 찬란히 빛나는 모양. ③ 문물이 성한 모양.

乎 : 아! …이도다! …이(로)구나! 어기조사. 비분·찬양·감격 등의 감탄 어기를 나타냄.

【文哉】 문물제도여!

文 : 문화(文化). 문물제도(文物制度, 예악과 제도 등 문화적 산물).

哉 : …이로다! …이구나! …이도다! …하구나! …로구나! …이여! 어기조사. 찬양·비통·분노·경악·감개 등의 감탄의 어기를 나타냄.

【從】 좇다. 따르다. 택하여 따르다. 좇아가다. 추종하다.

第三篇 八佾

15. 태묘大廟에 들어 매사每事에 묻는 것, 이것이 예禮이니

子入大廟 每事問 或曰 孰謂鄹人之子知禮乎 入大廟 每事問 子聞之曰 是禮也

子(ᄌᆞ)ㅣ 大廟(태묘)애 드르샤 每事(ᄆᆡᄉᆞ)를 무르신대 或(혹)이 ᄀᆞᆯ오ᄃᆡ 뉘 닐오ᄃᆡ 鄹人(추ᄉᆡᆫ)의 子(ᄌᆞ)를 禮(례)를 안다 ᄒᆞ더뇨 大廟(태묘)애 드러 每事(ᄆᆡᄉᆞ)를 묻고녀 子(ᄌᆞ)ㅣ 드ᄅᆞ시고 ᄀᆞᆯᄋᆞ샤ᄃᆡ 이 禮(례)ㅣ니라

선생님께서 태묘(大廟)에 들어가 매사(每事)를 물으시니, 어떤 이가 말하기를 "누가 추(鄹)땅 사람의 아들(공자)을 일러 예(禮)를 안다고 하였는가? 태묘(大廟)에 들어가 매사(每事)를 묻는데!" 하니, 선생님께서 이 말을 들으시고 말씀하시기를 "이것이 바로 예(禮)이니라." 하셨다.

【大廟태묘】 천자나 제후들의 시조(始祖)를 모신 묘(廟) [사당].

【孰】 누구. 무엇. 지시대명사. 일반적인 사람이나 사물을 가리킴.

【鄹人之子】 추(鄹)땅 사람의 아들. 곧 공자를 가리킴.

鄹추 : 노나라 읍(邑) 이름. 지금의 산동성(山東省) 곡부(曲阜) 근방임.

주희(朱熹) - 鄹는 노나라 읍 이름인데 공자의 아버지 숙량흘이 일찍이 그 읍의 대부가 되었었다. [鄹 魯邑名 孔子父叔梁紇 嘗爲其邑大夫]

之 : …의. 조사. 관형어와 중심어 사이에 쓰여 종속관계를 나타냄.

【乎】 …인가? …한가? 어기조사. 문장 끝에 쓰여 의문(질문)을 나타내며 시비(是非)판단의 어기를 도움.

【(聞)之】 그. 그것. 지시대명사. 앞의 或曰 이하를 가리킴.

【是禮也】 이것이 예(禮)이다.

是 : 이것. 지시대명사. 入大廟 每事問을 가리킴.

주희(朱熹) - 공자는 젊어서부터 禮를 잘 안다고 소문이 났으므로 어떤 이가 이를 인하여 비아냥거린 것이다. 공자께서 이것이 禮라고 하신 것은 공경과 삼감이 지극한 것이 바로 예가 되기 때문이다. [孔子自少以知禮聞 故或人因此而譏之 孔子言是禮者 敬謹之至 乃所以爲禮也]

16. 활쏘기의 가죽 뚫기가 주가 아님은 힘이 동등하지 않기 때문

子曰 射不主皮 爲力不同科 古之道也

子(ᄌᆞ)ㅣ ᄀᆞᆯᄋᆞ샤ᄃᆡ 射(샤)홈애 皮(피)를 主(쥬)티 아니홈은 힘이 科(과)ㅣ 同(동)티 아님을 爲(위)ᄒᆞ얘니 녯 道(도)ㅣ니라

선생님께서 말씀하시기를 "활쏘기가 정곡의 가죽을 뚫는 것을 위주로 하지 않음은 힘이 동등하지 않기 때문이니, 옛날의 도(道)였느니라." 하셨다.

【射不主皮】 활쏘기의 예는 정곡의 가죽을 뚫는 것을 위주로 하지 않는다.

射 : 활쏘기. ⇒ 사례(射禮). 활 쏘는 예(禮).

主 : 주(主)로 한다. 위주(爲主)로 하다. 주축(主軸)으로 하다. 주력(主力)하다. [참고] 높이 여기다. 존중하다. 숭상하다. ⇒ 활쏘기의 예는 정곡의 가죽을 뚫는 것을 높이 여기지 않는다.

皮 : 과녁의 한 가운데에 붙여 놓은 가죽. 과녁의 정곡(正鵠). ⇒ ① 과녁의 정곡을 맞추다. ② 과녁의 정곡 가죽을 뚫다. [참고] 과녁 ⇐ 관혁(貫革, 가죽을 뚫다)

주희(朱熹) - 皮는 가죽이다. 侯(후, 과녁판)를 베로 만들고 그 가운데에 가죽을 붙여서 표적으로 삼은 것이니 이른바 곡(鵠)이라는 것이다. [皮 革也 布侯而棲革於其中以爲的 所謂鵠也] [참고] 정곡(正鵠)을 찌르다.

정약용(丁若鏞) - 皮는 정곡이니 主皮는 정곡을 맞히는 것을 주로 삼는다는 말이다. [皮 鵠也 主皮 謂以中鵠爲主也]

【爲力不同科】 힘이 같은 등급이 아니기 때문이다. 힘이 동등하지 않기 때문이다.

爲 : … 때문에. …으로 인하여. 왜냐하면. 전치사. 동작이나 행위가 발생하는 원인을 나타냄. 仲尼曰 始作俑者 其無後乎 爲其象人而用之也(중니가 '처음으로 나무 인형을 만든 자는 아마도 후손이 없을 것이리라.' 라고 한 것은 그가 사람의 형상을 본떠서 사용했기 때문이다.) [孟子 梁惠王 上]

科 : 품등(品等). 등급.

주희(朱熹) - 爲力不同科는 공자께서 향사례(鄕射禮)의 뜻을 해석하기를 이와 같이 하신 것이다. [爲力不同科 孔子解禮之意如此也] 射不主皮는 의례(儀禮) 향사

례(鄕射禮)에 나오는 글이다.

[참고] 마융(馬融) - 爲力이란 힘을 쓰는 일이다. 또 상·중·하 세 등급을 설정하기 때문에 등급을 달리한다고 말한 것이다. [爲力 力役之事 亦有上中下設三科焉 故曰不同科] ☞ 射不主皮 爲力不同科 : 활쏘기는 과녁을 맞히는 것을 주로 하지 않았고, 힘을 쓰는 것은 등급을 같이하지 않았다.

【之】 …의. 조사. 관형어와 중심어 사이에 쓰여 종속관계를 나타냄.

【也】 …이다. 어기조사. 진술문의 끝에 쓰여 판단이나 단정 또는 긍정을 나타냄.

정약용(丁若鏞) - 공자 시대의 예사(禮射)에서도 또한 혹 주피(主皮)를 한 적이 있었다. 그러므로 고경(古經)으로 비유하여 비난하면서 탄식하여 '옛날의 도이다.' 라고 말씀하신 것이다. [夫子之時 禮射亦或主皮 故誦古經而歎之曰 古之道也]

주희(朱熹) - 옛날에는 활쏘기로써 덕행(德行)을 관찰하여 다만 적중시키는 것만을 위주로 하고 가죽을 뚫는 것을 위주로 하지 않았으니, 이는 사람의 힘이 강약이 있어 동등하지 않기 때문이다. 예기(禮記) 악기(樂記)에 '무왕이 상(은)나라를 이기고 군대를 해산하여 교외에서 활쏘기를 함에 가죽을 뚫는 활쏘기가 종식되었다.' 하였으니, 바로 이것을 말한다. 주나라가 쇠퇴하여 禮가 폐지되고 열국(列國)들이 무력으로 다투어 다시 가죽을 뚫는 것을 숭상하였으므로 공자께서 한탄하신 것이다. [古者射以觀德 但主於中 而不主於貫革 蓋以人之力有强弱 不同等也 記曰 武王克商 散軍郊射 而貫革之射息 正謂此也 周衰 禮廢 列國兵爭 復尙貫革 故孔子歎之]

17. 곡삭告朔에서 바치는 양羊보다 그 예禮가 아까우니

子貢欲去告朔之餼羊 子曰 賜也 爾愛其羊 我愛其禮

子貢(즈공)이 朔(삭)을 告(곡)ᄒᆞᄂᆞᆫ 餼羊(희양)을 去(거)코져 ᄒᆞᆫ대 子(ᄌᆞ)ㅣ ᄀᆞᄅᆞ샤ᄃᆡ 賜(ᄉᆞ)아 너는 그 羊(양)을 愛(ᄋᆡ)ᄒᆞᄂᆞᆫ다 나는 그 禮(례)를 愛(ᄋᆡ)ᄒᆞ노라

자공(子貢)이 초하룻날 지내는 곡삭(告朔)의 희양(餼羊)을 없애려고 하자, 선생님께서 말씀하시기를 "사(賜)야! 너는 그 양(羊)을 아까워하는구나! 나는 그 예(禮)를 아까워하노라." 하셨다.

【子貢】 공자의 제자 단목사(端木賜). 자가 자공(子貢).

【去】 제거하다. 없애다. 버리다. 선택[시행]하지 않다.

【告朔之餼羊】 곡삭(告朔)의 희생양(犧牲羊).

告朔곡삭 : 매월 초하루 종묘에 나가서 살아 있는 양을 제물로 바치며 지내는 제사.

주희(朱熹) - 告朔의 예는 옛날에 천자가 항상 계동(季冬, 섣달)에 다음해 열두 달의 월삭(月朔, 달력)을 제후들에게 반포하면 제후들은 이것을 받아서 조상의 사당에 보관하였다가 매월 초하룻날이 되면 특양(特羊, 한 마리의 양)을 가지고 사당에 고유(告由)하고 청하여 시행하였다. [告朔之禮 古者天子常以季冬 頒來歲十二月之朔于諸侯 諸侯受而藏之祖廟 月朔 則以特羊告廟 請而行之]

餼羊희양 : 제물로 바치는 날고기의 희생양(犧牲羊).

주희(朱熹) - 餼는 날고기의 희생이다. [餼 生牲也]

【也】 …야! 어기조사[호격조사]. 상대를 부를 때 그의 이름 밑에 씀. = 乎.

【爾愛其羊】 너는 그 양을 아낀다.

爾 : 너. 그대. 너희(들). 당신. 이인칭대명사.

愛 : 아끼다. 아까워하다(惜也). 其 : 그. 그것. 지시대명사. 告朔을 가리킴.

주희(朱熹) - 노나라는 문공(文公) 때부터 비로소 시삭(視朔, 초하루에 군주가 친히 고유하는 것)을 하지 않았으나 유사(有司, 담당 관원)가 아직도 이 양을 바쳤다. 그러므로 자공이 이를 없애려고 한 것이다. [魯自文公始不視朔 而有司猶供此羊 故子貢欲去之]

第三篇 八佾

18. 임금을 섬김에 예禮를 다하는데 아첨阿諂한다 하네

子曰 事君盡禮 人以爲諂也

子(ᄌᆞ)ㅣ ᄀᆞᆯᄋᆞ샤ᄃᆡ 君(군)을 셤굠애 禮(례)를 다 홈을 사ᄅᆞᆷ이 ᄡᅥ 諂(텸)ᄒᆞᆫ다 ᄒᆞᄂᆞ다

선생님께서 말씀하시기를 "임금을 섬김에 예(禮)를 다하는데, 사람들은 아첨(阿諂)한다고 하는구나!" 하셨다.

【事】 섬기다(侍奉). 모시다.

【盡】 다하다. 있는 힘[마음]을 다하다. 최선을 다하다. 정성을 다하다.

【以爲】 …으로 여기다. …으로 삼다. …으로 생각하다. 以 다음에 목적어(盡禮를 가리키는 지시대명사 之)가 생략됨. [참고] 以… 爲~ .

【諂】 아첨(阿諂)하다. 아부(阿附)하다. 알랑거리다. 아양 떨다. 자신을 떨어뜨리고 남의 비위를 맞추다.

【也】 …이다. 어기조사. 진술문의 끝에 쓰여 판단이나 단정 또는 긍정을 나타냄.

공안국(孔安國) - 당시 임금을 섬기는 자들이 무례함이 많았으므로 예의가 있는 사람을 아첨한다고 여겼다. [時事君者多無禮 故以有禮者爲諂]

정이(程頤) - 성인께서 임금을 섬김에 예를 다하심을 사람들이 아첨한다고 생각하였다. [聖人事君盡禮 當時以爲諂]

황조순(黃祖舜) - 공자께서 임금을 섬기는 예에 (특별히) 더한 바가 있었던 것이 아니요 이와 같이(평상시 같이) 한 뒤에야 다하였을 뿐인데 당시 사람들이 능히 하지도 못하고 도리어 아첨한다고 하므로 공자께서 이를 말씀하시어 예의 당연함을 밝힌 것이다. [孔子於事君之禮 非有所加也 如是而後盡爾 時人不能 反以爲諂 故孔子言之 以明禮之當然也]

정약용(丁若鏞) - 구설에서는 事君盡禮를 또한 다른 사람이 한 것으로 하였는데 주자(朱子) 논어집주(論語集註)에서는 이를 공자가 하였다고 했다. [舊說 事君盡禮 亦屬他人 集注屬之孔子]

19. 임금은 예禮로써, 신하는 충忠으로써 하여야 하니

定公問 君使臣 臣事君 如之何 孔子對曰 君使臣以禮 臣事君以忠

定公(뎡공)이 묻ᄌᆞ오ᄃᆡ 君(군)이 臣(신)을 브리며 臣(신)이 君(군)을 셤교ᄃᆡ 엇디 ᄒᆞ링잇고 孔子(공ᄌᆞ)ㅣ 對(ᄃᆡ)ᄒᆞ야 ᄀᆞᆯᄋᆞ샤ᄃᆡ 君(군)이 臣(신)을 브료ᄃᆡ 禮(례)로ᄡᅥ ᄒᆞ며 臣(신)이 君(군)을 셤교ᄃᆡ 忠(튱)으로ᄡᅥ ᄒᆞᆯ 띠니이다

정공(定公)이 묻기를 "임금이 신하를 부리며, 신하가 임금을 섬김에 어떻게 해야 하오?" 하자, 공자께서 대답하여 말씀하시기를 "임금이 신하를 부리기는 예(禮)로써 하고, 신하가 임금을 섬기는 것은 충(忠)으로써 해야 하나이다." 하셨다.

【定公】 노나라 임금(B.C. 509~495 재위). 이름은 송(宋). 양공(襄公)의 아들이며 소공(昭公)의 아우. 공자의 나이 44세에서 58세 되던 해까지의 임금.

【使】 (사람을) 부리다. (일을) 시키다. 동사.

【事】 섬기다(侍奉). 모시다.

【如之何】 그것을 어떻게 합니까? 대명사성 구조인 如何의 사이에 처리할 대상을 나타내는 지시대명사 之(君事臣 臣事君을 가리킴)를 삽입한 형태로 의문을 나타내거나 방법을 물음.

공안국(孔安國) - 당시의 신하들이 예의를 잃어 定公이 그것을 근심하였으므로 그것을 물은 것이다. [時臣失禮 定公患之 故問之]

【以】 …으로써. …을 가지고[통하여]. 전치사. 도구·수단·방법을 나타냄.

【忠】 충성심(忠誠心). 정성(精誠)을 다하는 마음. 성실(誠實)한 자세로 최선(最善)을 다하는 마음. 다른 사람에 대해서, 특히 윗사람에 대해서 전심전력을 다함. 충심으로 정성을 다하다. [참고] 里仁-15.

형병(邢昺) - 임금이 예를 쓰지 않으면 신하가 충성을 다하지 않는다. [君不用禮則臣不竭忠]

20. 관저關雎 시는 즐거우나 지나치지 않고 슬프나 가슴 쓰리지 않으니

子曰 關雎 樂而不淫 哀而不傷

子(ᄌᆞ)ㅣ ᄀᆞᆯᄋᆞ샤ᄃᆡ 關雎(관져)ᄂᆞᆫ 樂(락)호ᄃᆡ 淫(음)티 아니ᄒᆞ고 哀(ᄋᆡ)호ᄃᆡ 傷(샹)티 아니ᄒᆞ니라

선생님께서 말씀하시기를 "시경(詩經)의 관저(關雎) 시(詩)는 즐거우면서도 질탕(跌宕)하지 아니하고, 구슬프면서도 화(和)를 해쳐 상심(傷心)케 하지 아니하니라." 하셨다.

【關雎관저】 시경(詩經) 국풍(國風) 주남(周南) 첫 편의 시 편명(篇名). 이 시는 문왕(文王)의 비(妃) 태사(太姒)의 덕을 노래한 것이라 보는 것이 통설이나, 신혼의 남녀를 축복하는 시라고 보는 이도 있고 아름다운 아가씨를 그리는 청년의 연시(戀詩)라는 설도 있음.

주희(朱熹) - 관저(關雎)의 시는 (문왕의) 후비(后妃)의 덕이 마땅히 군자에 짝할 만하니, 구하여 얻지 못하면 자나 깨나 생각하며 몸을 뒤척거리는 근심이 없을 수 없고, 구하여 얻으면 금슬(琴瑟)과 종고(鐘鼓)의 악기로 즐거워함이 마땅하다고 말하였다. 그 근심이 비록 깊으나 화(和)를 해치지 않고, 그 즐거움이 비록 성대하나 그 바름을 잃지 않았다. 그러므로 공자께서 칭찬하시기를 이와 같이 하셨으니, 배우는 자들이 그 말을 음미해보고 그 음

關關雎鳩 꾸완 꾸완 우는 저구새
在河之洲 하수의 모래섬에 있네.
窈窕淑女 그윽하고 정숙한 숙녀
君子好逑 군자의 좋은 짝일세.

參差荇菜 들쭉날쭉 마름나물
左右流之 여기저기 떠 있네.
窈窕淑女 그윽하고 정숙한 숙녀
寤寐求之 자나 깨나 구하고 있네.

求之不得 구하다 얻지 못하니
寤寐思服 자나 깨나 그리워하네.
悠哉悠哉 기나긴 그리움에
輾轉反側 이리 뒤척 저리 뒤척.

參差荇菜 들쭉날쭉 마름나물
左右采之 이리저리 뜯는다네.
窈窕淑女 그윽하고 정숙한 숙녀
琴瑟友之 금슬로 벗하고파.

參差荇菜 들쭉날쭉 마름나물
左右芼之 요리조리 삶아내네.
窈窕淑女 그윽하고 정숙한 숙녀
鐘鼓樂之 종과 북으로 즐기고 싶네.

(音)을 살펴서 성정(性情)의 바름을 알 수 있게 하고자 하신 것이다. [關雎之詩言后妃之德 宜配君子 求之未得 則不能無寤寐反側之憂 求而得之 則宜其有琴瑟鐘鼓之樂 蓋其憂雖深 而不害於和 其樂雖盛 而不失其正 故夫子稱之如此 欲學者玩其辭 審其音 而有以識其性情之正也]

【而】 …하지만. 그러나. 오히려. 접속사. 역접관계를 나타냄.

【淫】 ① 음란(淫亂)하다. 간사하다. 사악하다. ② 정도에 지나치다. 지나쳐 바름[적당함]을 잃다. 절제를 못하다. 질탕(跌宕)하다.

주희(朱熹) - 淫이란 즐거움이 지나쳐 그 바름을 잃은 것이다. [淫者 樂之過而失其正者也]

양백준(楊伯峻) - 옛날 사람들은 대개 지나치거나 적합하지 않은 지경에 이른 것을 가리켜 淫이라 했다. 예를 들면 음사(淫祀, 마땅히 제사지내지 않아도 되는데 가서 드리는 제례), 음우(淫雨, 필요 없이 너무 오래 내리는 비)와 같은 것이다.

【傷】 상하다. 다치다. 해치다. 상처 나게 하다. 마음을 상하게 하다. 마음에 상처를 입히다[상심케 하다]. 화(和)를 해쳐 상심케 하다.

주희(朱熹) - 傷이란 슬픔이 지나쳐 화(和)를 해치는 것이다. [傷者 哀之過而害於和者也]

21. 애공哀公의 물음에 재아宰我의 답변을 들으시고는

哀公問社於宰我 宰我對曰 夏后氏以松 殷人以栢 周人以栗 曰 使民戰栗 子聞之曰 成事不說 遂事不諫 旣往不咎

哀公(ᄋᆡ공)이 社(샤)를 宰我(ᄌᆡ아)의게 무ᄅᆞ신대 宰我(ᄌᆡ아)ㅣ 對(ᄃᆡ)ᄒᆞ야 ᄀᆞᆯ오ᄃᆡ 夏后氏(하후시)ᄂᆞᆫ 松(숑)으로ᄡᅥ ᄒᆞ고 殷人(은신)ᄋᆞᆫ 栢(ᄇᆡᆨ)으로ᄡᅥ ᄒᆞ고 周人(쥬신)ᄋᆞᆫ 栗(률)로ᄡᅥ ᄒᆞ니 ᄀᆞᆯ온 民(민)으로 ᄒᆞ여곰 戰栗(젼률)케 홈이니이다 子(ᄌᆞ)ㅣ 드ᄅᆞ시고 ᄀᆞᆯᄋᆞ샤ᄃᆡ 成(셩)ᄒᆞᆫ 일이라 說(설)티 몯ᄒᆞ며 遂(슈)ᄒᆞᆫ 일이라 諫(간)티 몯ᄒᆞ며 임의 디난 디라 咎(구)티 몯ᄒᆞ리로다

애공(哀公)이 재아(宰我)에게 토지신의 신주(神主)에 대하여 물으니, 재아가 대답하여 말씀드리기를 "하(夏)나라는 소나무를 사용하였고, 은(殷)나라 사람들은 잣나무를 사용하였는데, 주(周)나라 사람들은 밤나무를 사용하였으니, 말하자면 백성들로 하여금 전율(戰慄)케 하려는 것이나이다." 하였다. 선생님께서 그 말을 들으시고 말씀하시기를 "이미 이루어진 일이라 말하지 아니하며, 끝난 일이라 바로잡지 아니하며, 이미 지나간 일이라 탓하지 아니하니라." 하셨다.

【哀公】 노(魯)나라 임금(B.C. 494~468 재위). 성은 희(姬). 이름은 장(蔣). 시호가 애공(哀公). 정공(定公)의 아들.

【於】 …에게. 전치사. 동작이나 행위에 관련되는 대상을 나타냄.

【宰我】 공자의 제자. 성은 재(宰). 이름은 여(予). 자가 자아(子我). 노나라 사람. [참고] 公冶長-10.

【社】 토지의 신(神). ⇒ 토지신의 신주(神主). 사주(社主).

공안국(孔安國) - 무릇 나라를 건국하고 토지의 신에 제사지내는 사당인 社를 세울 때 각 나라의 토지에 적합한 나무를 사용한다. 宰我는 이러한 취지에 근본하지 않고 망령되게 말을 만들어서 周나라가 밤[栗]나무를 쓴 것을 고쳐 말하기를 백성들로 하여금 두려워 떨게 한 것이라고 하였다. [凡建邦立社 各以其土所宜之木 宰我不本其意 妄爲之說 因周用栗 便云使民戰栗]

양백준(楊伯峻) - 애공이 물었던 社는 재아의 대답에서 추측해 볼 때 사주(社主)를

가리키는 말이다. 고대에 토지신에게 제사지낼 때는, 그를 대신해서 나무로 만든 위패를 세웠다. 이 위패를 主라 했으며, 이 목주(木主)에 신령(神靈)이 깃든다고 여겼다. 만약 다른 나라와 전쟁이 있으면, 반드시 이 목주를 싣고 갔다. 어떤 사람은 社는 토지신에게 제사지내기 위해 심어 놓은 나무라고 하지만 믿을 것은 못된다.

【夏后氏】 하나라. 하나라 임금. 后 : 임금.

【以】 = 用. 쓰다. 사용하다. 동사. [참고] …으로써. …을 가지고. …을 통하여. 전치사. 도구·수단·방법을 나타냄.

【柏】 측백나무(편백과의 상록 침엽 교목). 잣나무(소나뭇과의 상록 교목).

【曰使民戰栗】 백성들로 하여금 전율(戰慄)케 하려는 것이다.

曰 : (바로) …이다. 동사. 是의 용법과 같음. [배학해(裵學海) 고서허자집석(古書虛字集釋)] [참고] 憲問-41.

使 : …에게[으로 하여금] ~하도록 하다. …에게 ~을 시키다. 사역동사.

戰栗 : 전율(戰慄, 몹시 무섭거나 두려워 몸이 벌벌 떨림)케 하다. 栗과 慄이 음이 같다는 사실에 착안하여 宰我가 임의로 이렇게 해석한 것임.

【成事】 이미 이루어진 일. 이미 완성된 일.

【說】 말하다. 이야기하다. 거론(擧論)하다.

【遂事】 끝난 일.

遂 : 끝나다. 끝내다. 다 마치다.

【諫】 바로잡다(匡正). 잘못을 옳게 고치다. 잘못된 것을 돌이키다. [참고] 微子-5.

【旣往】 과거. 이미 지난 일.

往 : 과거. 과거의. 지난 일. 가버린 것. 이전의 일. 돌아간 뒤의 행위.

【咎구】 탓하다. 책망(責望)하다.

주희(朱熹) - 공자는 재아가 대답한 것이 사(社)를 세운 본뜻이 아니요, 또 당시 임금의 살벌(殺伐)한 마음을 열어 주었으나 그 말이 이미 입에서 나와 다시 바로 잡을 수 없으므로 이것을 차례로 말씀하여 깊이 꾸짖으셨으니, 그로 하여금 그 뒤를 삼가게 하고자 하신 것이다. [孔子以宰我所對 非立社之本意 又啓時君殺伐之心 而其言已出 不可復救 故歷言此以深責之 欲使謹其後也]

22. 관중管仲의 기량이 작구나!

子曰 管仲之器小哉 或曰 管仲儉乎 曰 管氏有三歸 官事不攝 焉得儉 然則管仲知禮乎 曰 邦君樹塞門 管氏亦樹塞門 邦君爲兩君之好 有反坫 管氏亦反坫 管氏而知禮 孰不知禮

子(ᄌᆞ)ㅣ ᄀᆞᆯᄋᆞ샤ᄃᆡ 管仲(관듕)의 그르시 小(쇼)ᄒᆞ다 或(혹)이 ᄀᆞᆯ오ᄃᆡ 管仲(관듕)은 儉(검)ᄒᆞ닝잇가 ᄀᆞᆯᄋᆞ샤ᄃᆡ 管氏(관시)ㅣ 三歸(삼귀)를 두며 官事(관ᄉᆞ)를 攝(셥)디 아니ᄒᆞ니 엇디 시러곰 儉(검)ᄒᆞ리오 그러면 管仲(관듕)은 禮(례)를 아닝잇가 ᄀᆞᆯᄋᆞ샤ᄃᆡ 邦君(방군)이아 樹(슈)로 門(문)을 塞(식)ᄒᆞ거늘 管氏(관시) ᄯᅩᄒᆞᆫ 樹(슈)로 門(문)을 塞(식)ᄒᆞ며 邦君(방군)이아 兩君(량군)의 好(호)를 홈애 反(반)ᄒᆞᄂᆞᆫ 坫(뎜)을 두거늘 管氏(관시) ᄯᅩᄒᆞᆫ 反(반)ᄒᆞᄂᆞᆫ 坫(뎜)을 두니 管氏(관시)오 禮(례)를 알면 뉘 禮(례)를 아디 몯ᄒᆞ리오

선생님께서 말씀하시기를 "관중의 기량(器量)이 작구나!" 하시니, 어떤 사람이 말하기를 "관중은 검소하였습니까?" 하자, 말씀하시길 "관씨에게는 세 나라에서 맞이한 아홉의 부인이 있었고, 그의 가신(家臣)들은 겸직도 하지 않았으니 어찌 검소하다고 할 수 있겠소!" 하셨다. "그렇다면 관중은 예는 알았습니까?" 하자, 말씀하시길 "임금이라야 문 앞을 가리는 병장(屛墻)을 세웠는데 관씨도 역시 그리하였고, 임금이라야 두 나라 우호증진 연회를 위해 빈 잔을 올려놓는 토대(土臺)를 두었는데 관중 또한 그리하였으니, 만일 관씨가 예를 안다면 누가 예를 모르겠소!" 하셨다.

【管仲】 ? ~ BC 645. 춘추시대(春秋時代) 제(齊)나라 대부(大夫). 성은 관(管), 이름은 이오(夷吾), 자는 중(仲). 공자보다 약 200년 전의 사람으로 환공(桓公)의 재상이다. 환공을 도와 내정을 개혁하고 국력을 증강시켜 패업(霸業)을 완성한 사람.

【器】 그릇. ⇒ 기량(器量). 도량(度量).

하안(何晏) - (器小는) 그의 기량이 작다는 것을 말한 것이다. [言其器量小也]

【哉】 …이로다! …이구나! …이도다! …하구나! …로구나! …이여! 어기조사. 찬양·비통·분노·경악·감개 등의 감탄의 어기를 나타냄.

【乎】 …인가? …한가? 어기조사. 문장 끝에 쓰여 의문(질문)을 나타내며 시비(是

非) 판단의 어기를 도움.

【歸】 시집가다(嫁). 之子于歸 宜其室家(이 아가씨 시집가니 그 집안이 화목하리.) [詩經 周南 桃夭]

포함(包咸) - 三歸란 세 姓氏의 여자를 맞이함이니, 여인이 시집가는 것을 일컬어 歸라 한다. [三歸 娶三姓女 婦人謂嫁爲歸]

황간(皇侃) - 예기에 의하면 제후는 한 번 부인을 맞이할 때 세 나라에서 아홉 여자를 맞이하게 되는데 그중에서 대국의 여인으로 정부인을 삼고 정부인의 형제 가운데 딸 한 사람과 또 부인의 매씨(妹氏) 한 사람을 질제(姪娣)라 하는데, 이들은 부인을 따라와 첩이 되는 사람들이다. 또한 두 작은 나라에서 온 여인들은 잉첩(媵妾)이 되며, 이 잉첩 또한 질제(姪娣)가 있어 따라오는 것이다. 이미 나라마다 세 사람에 세 나라이므로 구인(九人)이 되는 것이다. 대부는 혼인을 할 때 국경을 넘지 못하고 다만 한 나라에서만 세 여인을 맞이하여 그중 한 사람으로 정처(正妻)를 삼고 두 사람은 질제(姪娣)로 따라와 첩(妾)이 되는 것이다. [禮諸侯一娶三國九女 以一大國為正夫人 正夫人之兄弟女一人 又夫人之妹一人 謂之姪娣 隨夫人來爲妾 又二小國之女來爲媵 媵亦有姪娣自隨 既每國三人 三國故九人也 大夫婚不越境 但一國娶三女 以一爲正妻 二人姪娣 從爲妾也]

주희(朱熹) - 三歸는 대(臺)의 이름이니, 이에 대한 일은 설원(說苑)에 보인다. [三歸 臺名 事見說苑]

정약용(丁若鏞) - 三歸가 세 성씨(姓氏)에 장가들었다는 뜻임이 분명하다. [三歸之爲娶三姓審矣]

【官事】 관청의 일. 가신(家臣)들이 일을 맡는 것.

【攝섭】 겸하다. 겸직(兼職)하다.

주희(朱熹) - 攝은 겸하는 것이니, 경대부(卿大夫)의 가신(家臣)은 관속(官屬)을 다 갖출 수 없어 한 사람이 항상 몇 가지 일을 겸하는데, 관중(管仲)은 그렇지 않았으니, 모두 그 사치함을 말씀한 것이다. [攝 兼也 家臣不能具官 一人常兼數事 管仲不然 皆言其侈]

【焉得】 어찌……할 수 있으리오. 어떻게……할 수 있겠는가? 객관적인 사물의 가능성을 부정하는 반문의 어기를 나타내며, 동사의 앞에 놓여 부사어로 쓰임.

得은 조동사로 가능성을 나타냄. 君子平其政 行辟人可也 焉得人人而濟之(군자가 정사를 공평히 한다면 출행할 때 사람을 물리쳐도 되는 것이니, 어떻게 사람마다 건너게 해 줄 수 있겠는가?) [孟子 離婁 下]

【然則】 그러면. 그렇다면. 이와 같다면. 접속사. 뒷일이 앞일을 이어받는 것, 즉 연관관계를 나타냄. 앞의 말을 근거로 어떤 결론을 이끌어 내는 역할을 함. 子曰 書不盡言 言不盡意 然則聖人之意 其不可見乎(공자께서 말씀하시길 "글로는 다 말할 수 없고 말로는 뜻을 다할 수 없다."고 하셨다. 그렇다면 성인의 뜻을 볼 수 없는 것인가?) [周易 繫辭 上]

【樹塞門】 색문(塞門)을 세우다. 樹는 '세우다'의 뜻이며, 塞門은 문 가리개. 즉 밖에서 집안을 들여다보지 못하도록 대문 앞에 병풍 같이 세우는 가림벽[병장(屛牆)]임.

【亦】 또한. 역시. 부사. 몇 개 혹은 하나의 주체가 동일하거나 상이한 동작(행위)을 하고 있음을 나타냄.

【爲】 …을 위하여. …을 하기 위해서. 전치사. 동작이나 행위가 발생하는 목적을 나타냄.

【兩君之好】 양국의 우호증진을 위한 두 임금간의 친선 만찬 연회.

好 : 우호. 친선. 우호증진을 위한 잔치. 우호증진을 위한 친선 만찬 연회.

【反坫】 주나라 때에, 제후들이 회맹을 할 때 다 마신 술잔을 엎어 놓기 위하여 흙으로 만든 잔대(盞臺). 작점(爵坫).

【而】 = 如. 만일(만약) …이면(…하면). 접속사. 가설(가정)이나 조건을 나타냄.

【孰】 누가 …인[한]가? 의문대명사. 사람에 대한 질문을 나타냄. 반문의 어기가 내포됨.

정현(鄭玄) - 反坫은 술잔을 돌려놓는 받침대인데, 두 기둥 사이에 있다. 군주는 문에서 안과 밖을 구분할 때 병풍을 두어 가린다. 만약 이웃 나라와 우호적인 모임을 가질 때, 술을 따라주는 예법에 의해 다시 따라주고 그 술 따르는 것이 끝나면 각각 坫 위에 잔을 되돌려 놓는다. 지금 관중이 분수에 어긋나게 이 모든 것을 하는데, 그렇다면 그는 예법을 알지 못한 것이다. [反坫 反爵之坫 在兩楹之間 人君別內外於門 樹屛以蔽之 若與隣國爲好會 其獻酢之禮更酌 酌畢則各反爵於坫上 今管仲皆僭爲之 如是 是不知禮]

23. 음악이라는 것, 그것을 가히 알 만합니다

子語魯大師樂曰 樂其可知也 始作 翕如也 從之 純如也 皦如也 繹如也 以成

子(ᄌᆞ)ㅣ 魯(로) 大師(태ᄉᆞ)ᄃᆞ려 樂(악)을 닐어 ᄀᆞᆯᄋᆞ샤ᄃᆡ 樂(악)은 그 可(가)히 알 띠니 비르소 作(작)홈애 翕(흡)ᄃᆞᆺ ᄒᆞ야 從(종)홈애 純(슌)ᄐᆞᆺ ᄒᆞ며 皦(교)ᄐᆞᆺ ᄒᆞ며 繹(역)ᄃᆞᆺ ᄒᆞ야 ᄡᅧ 成(셩)ᄒᆞᄂᆞ니라

선생님께서 노나라의 태사(大師)에게 음악에 대한 의견을 말씀하시기를, "음악이라는 것, 그것을 가히 알 만합니다. 처음 시작할 때는 모든 악기들이 합하여 한데 어우러져 연주되고, 그 다음으로 조화 즉 하모니를 이루며, 개별 악기들이 각각 제소리를 내며 명료하게 연주되고, 음이 끊이지 않고 면연(綿延)히 이어져, 한 곡이 이루어지는군요." 하셨다.

【語】 …에게 …을[에 대해] 말하다. 의견을 말하다.

【魯】 노(魯)나라. 주(周)나라 제후국(諸侯國). 주(周)나라 무왕(武王)의 동생 주공단(周公旦)을 제후로 봉하였음.

【大師태사】 = 太師. 모든 악사(樂師) [악관(樂官)]의 우두머리. 종사(鐘師)·경사(磬師)·생사(笙師)·소사(簫師)의 총관(總官).

정약용(丁若鏞) - 大師는 모든 악사의 우두머리이다. [大師 諸樂師之長]

【其】 그. 그렇게. 어기조사. 음절을 조정하고 어세(語勢)를 강하게 함. 강조하고자 하는 말 뒤에 위치함.

【也】 ① …이다. 어기조사. 진술문의 끝에 쓰여 판단이나 단정 또는 긍정을 나타냄. 樂其可知也, 翕如也. ② 어기조사. 병렬문장에서 몇 가지 사항을 나열할 때 씀. 純如也, 皦如也, 繹如也.

【始作】 처음 시작하다.

始 : 처음으로. 作 : 비롯하다[되다]. 시작하다[되다].

하안(何晏) - 始作이란 五音을 처음 연주하는 것이다. [五音始奏]

정현(鄭玄) - 始作은 쇠로 연주할 때를 말한다. [始作謂金奏時]

【翕흡】 팔음(八音)이 화합하여 연주되는 것. 여러 악기가 한 데 어우러져 소리를 내다.

하안(何晏) - 翕如는 성대하다는 뜻이다. [翕如 盛也]

정현(鄭玄) - 쇠로 연주하는 것을 들으면 사람들이 모두 翕如하게 되는데, 翕如는 변하여 움직이는 모양이다. [聞金奏 人皆翕如 翕如 變動之貌]

정약용(丁若鏞) - 팔음(八音)이 모두 화합한 것을 翕이라 한다. [八音諧合曰 翕]

【如】 형용사 또는 부사의 접미사로 쓰여 상태를 나타냄. 영어의 '-able, -ful, -ly' 등에 해당됨.

【從】 뒤따르다. 뒤를 잇다. 뒤쫓아 따라 붙다. 따라서 이어가다(隨也).

하안(何晏) - 從은 縱(늘어놓다)으로 해석해야 한다. 五音이 이미 발하면 그 음성을 다 내어놓는다. [從讀曰縱 言五音旣發 放縱盡其聲]

정현(鄭玄) - 從은 縱으로 해석해야 하는데, 縱之란 八音이 모두 연주됨을 말한다. [從讀曰縱 縱之謂八音皆作]

정약용(丁若鏞) - 雅樂은 풀어 놓아두는 법은 없다. 첫 번째 가락이 이미 시작되면 두 번째 가락이 뒤따라서 연주된다. 從이란 뒤따라 나아가는 것이다. [雅樂無放縱之法 第一調旣作 第二調趁之 從者趁也]

【純순】 융합되어 하나로 어우러지는 것. 조화. 하모니.

하안(何晏) - 純純은 조화롭다는 뜻이다. [純純 和諧也]

정현(鄭玄) - 純如는 사람을 감동시키는 모양이다. [純如 感人之貌]

정약용(丁若鏞) - 모두 융합하여 하나로 어우러지는 것을 純이라 한다. [諧合渾一曰 純]

【皦교】 음절이 명백한 것. 개별 악기의 소리가 분명하고 명료하게 구별되는 것.

하안(何晏) - (皦如는) 그 음절이 분명하다는 말이다. [言其音節明也.]

정현(鄭玄) - 皦如란 분명하게 구별되도록 하는 모양이다. [皦如 使淸別之貌]

정약용(丁若鏞) - 음절이 명백한 것을 皦라 한다. [音節明白曰 皦]

【繹역】 실오라기처럼 끊이지 않고 이어지는 것. 서로 이어져 끊이지 않음(相續不絶). 면연(綿延)함.

정현(鄭玄) - 繹如란 뜻이 사방으로 퍼지는 모양이다. [繹如 志意條達之貌]

정약용(丁若鏞) - 실과 같이 이어져 계속되는 것을 역이라 한다. [絡續如絲曰 繹]

【以】= 而. 그리고. 그래서. 그리하여. …하여서. 접속사. 순접관계를 나타냄. 목적의 의미가 내포됨.

【成】 완성되다. 한 곡이 이루어지다. 음악이 마무리 되다. 음악이 끝나다.

하안(何晏) - 純如, 皦如, 繹如로 늘어놓는다는 것은 음악이 翕如에서 시작하여 세 가지에서 이루어진다는 말이다. [縱之以純如皦如繹如 言樂始作翕如 而成於三]

주희(朱熹) - 語는 말씀해주는 것이다. 大師(태사)는 악관(樂官)의 명칭이다. 당시에 음악이 폐지되어 결함이 있었기 때문에 공자께서 그에게 가르쳐 주신 것이다. 翕(흡)은 합하는 것이요, 從(종)은 풀어놓는 것이요, 純(순)은 조화(調和)함이요, 皦(교)는 분명한 것이요, 繹(역)은 서로 이어져 끊이지 않는 것이요, 成은 음악이 한 번 끝나는 것이다. [語 告也 大師 樂官名 時音樂廢缺 故 孔子敎之 翕 合也 從 放也 純 和也 皦 明也 繹 相續不絶也 成 樂之一終也]

第三篇 八佾

24. 하늘이 장차 선생을 목탁木鐸으로 삼으려 하는 것인데

儀封人請見曰 君子之至於斯也 吾未嘗不得見也 從者見之 出曰 二三子何患於喪乎 天下之無道也久矣 天將以夫子爲木鐸

儀(의)ㅅ 封人(봉ᄉᆡᆫ)이 뵈ᄋᆞ옴을 請(청)ᄒᆞ야 ᄀᆞᆯ오ᄃᆡ 君子(군ᄌᆞ)ㅣ 이예 니르롬애 일즉 시러곰 見(견)티 몯ᄒᆞ디 아니ᄒᆞ얀노라 從者(죵쟈)ㅣ 見(현)ᄒᆞ이온대 나와 ᄀᆞᆯ오ᄃᆡ 二三子(ᄉᆡ삼ᄌᆞ)ᄂᆞᆫ 엇디 喪(상)홈애 患(환)ᄒᆞ리오 天下(텬하)의 道(도)ㅣ 업슴이 오란 디라 하ᄂᆞᆯ히 장ᄎᆞᆺ 夫子(부ᄌᆞ)로ᄡᅥ 木鐸(목탁)을 삼으시리라

의(儀)지방 국경 관리인이 (공자를) 뵙기 청하며 말하기를 "군자가 이곳에 이르시면(오시면) 나는 일찍이 뵙지 아니한 적이 없었습니다." 하니, 제자들이 공자를 뵙도록 하였다. 뵙고 나와서 그가 말하기를 "그대들은 어찌하여 (공자께서) 지위를 잃은 것에 대해 걱정을 하는가? 천하가 무도(無道)한지 오래니 하늘이 장차 그대 선생을 목탁(木鐸)으로 삼으려 하는 것인데." 하였다.

【儀】 위(衛)나라의 한 읍(邑).

【封人】 국경을 관리하는 하급 관리(官吏).

封 : 지경, 경계, 국경.

[참고] 은자(隱者)를 그가 하는 일로써 이름을 붙여 부름. 신문(晨門, 문지기)[憲問-41], 하궤(荷蕢, 삼태기 멘 자)[憲問-42], 접여(接輿, 수레에 접근하는 이)[微子-5], 장저·걸익(長沮·桀溺, 나루터의 사람)[微子-6], 장인(丈人, 지팡이를 짚고 있는 이)[微子 -7].

【見현】 (웃어른을) 뵙다. 찾아뵙다. 알현(謁見)하다. 뵈러 오다.

【之】 ① …은[는]. …이[가]. 구조조사(주격조사). 주술구조 사이에 쓰여 이를 명사구(절)로 만들어 주는 역할을 함. 君子之, 天下之. ② 그. 그분. 인칭대명사. 생략된 孔子를 가리킴. 從者見之.

【至於斯】 이곳에 이르면. 이곳에 오면. [참고] 述而-13.

至於 : …에 이르러[이르면, 도착하면]. 전치사. 도달하는 지점을 나타냄.

【也】 ① …은(는). …이란. …이면. 어기조사. 음절을 조정하고 어기를 고르는(말을

잠깐 멈추고 다음 내용을 환기시키는) 역할을 함. 君子之至於斯也, 天下之無道也. ② …이다. 어기조사. 진술문의 끝에 쓰여 판단이나 단정 또는 긍정을 나타냄. 吾未嘗不得見也.

【未嘗】 일찍이 …한 적이 없다. 아직까지 …한 일이 없다. 부사. 동작이나 행위 혹은 어떤 상황이 발생한 적이 없음을 나타냄.

【得】 …할 수 있다. = 能. 조동사. 동사나 짧은 구 앞에 쓰여 동작이나 행위에 대한 가능성을 나타냄.

【從者】 (공자를) 따르는 사람. 수행원. 곧 수행한 제자.

【二三子】 너희들. 여러분. 그대들. 자네들. 본래의 의미는 '두세 아이'라는 뜻으로 공자가 문하의 제자들을 부를 때 사용하였음.

【何】 어찌하여[왜] …한가? 의문대명사. 어떤 일의 이유나 원인에 대해 물음.

【喪】 잃다. 지위나 벼슬 따위를 잃음. 나라를 잃어버림.

【天下之無道也久矣】 천하가 무도(無道)한 것이 오래되었다.

無道 : 올바른(합당한) 도리가 통하지 않음. 사회의 질서가 없음. 정치가 어지럽다.

矣 : …이다. 어기조사. 단정 또는 필연의 결과를 나타냄.

【將】 장차[막, 곧] …하려 하다. 부사. 술어 앞에 쓰여 동작이나 행위가 곧(가까운 미래에) 발생하려 함을 나타냄.

정약용(丁若鏞) - 天將以란 하늘의 마음을 헤아려 하는 말이지, 반드시 앞으로 닥쳐올 일로써 장차(將)라고 말한 것은 아니다. [天將以者 揣度天心之辭 不必以前頭之事謂之將也]

【以 … 爲 ~】 …으로써 ~을 삼다[여기다]. …을 ~으로 삼다[여기다]. …을 ~(이)라고 여기다[간주하다, 생각하다]. …이(가) ~하다고 여기다[간주하다, 생각하다]. 以는 전치사. 爲는 동사. 吾以天地爲棺槨 以日月爲連璧(나는 천지를 관으로 삼고, 일월을 쌍옥으로 삼는다.) [莊子 列御寇]

【夫子】 그분. 저분. 그 어른. 선생님. 제3자의 존칭. 대부 이상은 흔히 부자라고 했음. 논어에서는 주로 공자를 존칭하는 말로 쓰이나 간혹 상대의 선생이나 경대부를 지칭하기도 함. 이때 夫는 사람을 가리키는 인칭대명사로 관형어임.

【木鐸목탁】 구리로 요령과 같은 모양을 만들고 나무로 혀를 매단 것. 고대 중국에서 새로운 법령이나 정령 등을 백성들에게 알릴 때 주위를 환기시키기 위해 관원들

이 흔들고 다니던 종. 목탁이 백성을 가르치고 깨우치는 역할을 한 것으로 인하여 세상을 일깨워줄 훌륭한 인물(선각자 또는 계몽가)을 뜻함.

주희(朱熹) - 木鐸은 쇠로 입을 만들고 나무로 혀를 만드는 것이니, 政敎를 베풀 때에 흔들어 여러 사람을 경계하는 것이다. '어지러움이 극에 달하면 마땅히 다스려지니, 하늘이 반드시 장차 공자로 하여금 벼슬을 얻어 교화를 베풀게 해서 오랫동안 벼슬을 잃게 하지 않을 것이다.' 라고 말한 것이다. 封人이 한 번 공자를 뵙고서 대번에 이 말로써 일컬었으니, 보고 느끼는 사이에 얻은 것이 깊다. 혹자는 '木鐸은 길에 순행하는 것이니, 하늘이 공자로 하여금 벼슬을 잃고 사방을 두루 돌아다니면서 그 가르침을 행하게 하기를 마치 목탁이 길을 따르는 것과 같이 할 것임을 말한 것이다.' 하였다. [木鐸金口木舌 施政敎時 所振以警衆者也 言亂極當治 天必將使夫子 得位設敎 不久失位也 封人一見夫子 而遽以是稱之 其得於觀感之間者深矣 或曰 木鐸所以徇于道路 言天使夫子失位 周流四方 以行其敎 如木鐸之徇于道路也]

25. 소韶는 지극히 아름답고 또한 지극히 훌륭하도다

子謂韶 盡美矣 又盡善也 謂武 盡美矣 未盡善也

子(ᄌᆞ)ㅣ 韶(쇼)를 니ᄅᆞ샤ᄃᆡ 극진히 美(미)ᄒᆞ고 ᄯᅩ 극진히 善(션)타 ᄒᆞ시고 武(무)를 니ᄅᆞ샤ᄃᆡ 극진히 美(미)ᄒᆞ고 극진히 善(션)티 몯ᄒᆞ다 ᄒᆞ시다

선생님께서 '소(韶)'를 평하여 말씀하시기를 "지극히 아름답고, 또한 지극히 훌륭하도다!" 하시고, '무(武)'를 평하시기는 "지극히 아름답지만, 지극히 훌륭하지는 않도다!" 하셨다.

【謂】 말하다. 비평(批評)하다. 평(評)하여 말하다. 평론하다.

【韶소】 순(舜)임금 시대의 태평성대(太平聖代)를 구가(謳歌)한 음악. 순임금은 요(堯)임금으로부터 왕위를 이어받았으며, 나중에 우(禹)임금에게 다시 물려주었다. 즉 선양(禪讓)이라는 평화적인 방법으로 천하를 얻고 물려 준 것이다. '韶'도 '잇는다. 이어받는다. 계승한다.'라는 뜻을 가지고 있음.

【盡】 극(極)에 달하다. 최고에 이르다. 지극(至極)하다. ⇒ 매우. 가장. 최고로. 지극히. 부사.

【美】 아름답다. 미려(美麗)하다.

【善】 좋다. 훌륭하다. 아주 좋아서 나무랄 것이 없다.

【矣】 …이구나! …이도다! …로구나! 어기조사. 감탄문의 끝에 쓰여 비통·찬송·감탄·놀람 등의 어기를 나타냄.

【又】 = 而且. 게다가. 또한. 그리고 또. 부사. 접속사의 작용을 하며 점층 관계를 나타냄.

【也】 …이여! …이구나! …이도다! …로구나! 어기조사. 감탄문의 끝에 쓰여 비통·찬송·감탄·놀람 등의 어기를 나타냄.

【武】 주나라 무왕(武王) 시대의 음악. 무왕은 무력으로 은(殷)나라의 주왕(紂王)을 정벌하여 왕위를 빼앗았다. 선양(禪讓)이 아니고 찬탈(簒奪)하여 도(道)나 덕(德)을 이어받지 못했다.

【未】= 不. …이 아니다. …하지 않다. 부사. 동작·행위·성질·상태 등에 대한 부정을 나타냄.

주희(朱熹) - 韶는 순(舜) 임금의 음악이고, 武는 무왕(武王)의 음악이다. 美란 소리와 모양의 성대함이요, 善이란 아름다움의 실제 내용이다. [韶 舜樂 武 武王樂 美者 聲容之盛 善者 美之實也]

26. 내가 어찌 이 꼴을 보겠는가

子曰 居上不寬 爲禮不敬 臨喪不哀 吾何以觀之哉

子(ᄌᆞ)ㅣ ᄀᆞᆯᄋᆞ샤ᄃᆡ 上(샹)애 居(거)ᄒᆞ야 寬(관)티 아니ᄒᆞ며 禮(례)를 호ᄃᆡ 敬(경)티 아니ᄒᆞ며 喪(상)애 臨(림)ᄒᆞ야 哀(ᄋᆡ)티 아니ᄒᆞ면 내 므스거스로ᄡᅥ 보리오

선생님께서 말씀하시기를 "높은 자리에 있으면서 너그럽지 않으며, 예를 행함에 경건한 마음이 없고, 초상(初喪)을 당했을 때도 슬퍼하지 않으니, 내가 어찌 이 꼴을 보겠는가?" 하셨다.

【居】 자리에 앉다[있다]. 벼슬자리[관직]에 앉다[있다]. 어떤 직위[지위]에 있다.

【寬】 너그럽다. 넓고 두텁다. 너그럽고 후하다.

【爲】 하다. 행하다. 실천하다.

【臨】 임하다. 만나다. 당하다. 직면하다. 당면하다. 어떤 사태나 일에 직접 부닥치다.

【吾何以觀之哉】 내가 어찌 그것을(이 꼴을) 보겠는가?

정약용(丁若鏞) - 족히 볼 나위가 없음을 말함이다. [吾何以觀言無足觀也]

何以 : 왜. 어찌하여. 무슨 이유로. 무엇 때문에. 무슨 까닭으로. 관용형식으로 쓰이며, 전치사 '以'가 '因'의 뜻을 지닌 경우로서 이유나 원인에 대한 질문이나 반문을 나타냄. 문장 속에서 부사어로 쓰임.

哉 : …이겠는가? …인가? …이랴? 어기조사. 반문의 어기를 나타냄.

[참고] 觀 : 관찰하다. 살펴보다.

주희(朱熹) - 윗자리에 있을 적에는 사람을 사랑함을 주장하기 때문에 너그러움을 근본으로 삼는다. 예(禮)를 행함에는 경(敬)을 근본으로 삼고, 초상에 임해서는 슬픔을 근본으로 삼으니, 이미 그 근본이 없다면 무엇으로 그 행하는 바의 잘잘못을 관찰하겠는가? [居上 主於愛人 故 以寬爲本 爲禮 以敬爲本 臨喪 以哀爲本 旣無其本 則以何者而觀其所行之得失哉]

木鐸

목탁
(세상 사람을
깨우쳐
바르게
인도할 만한
사람이나 기관을
비유)
[八佾-24]

第四篇

里仁 이인

里仁爲美

인(仁) 속에서 사는 것은 (가장) 아름다운 일이니 [里仁-1]

1. 인仁 속에서 사는 것은 아름다운 것이니

子曰 里仁爲美 擇不處仁 焉得知

子(ᄌᆞ)ㅣ 갈ᄋᆞ샤ᄃᆡ ᄆᆞ올히 仁(신)홈이 아름다오니 ᄀᆞᆯ히오ᄃᆡ 仁(신)에 處(쳐)티 아니ᄒᆞ면 엇디 시러곰 知(디)타 ᄒᆞ리오

선생님께서 말씀하시기를 "인(仁) 속에서 사는 것은 (가장) 아름다운 일이다. (인仁을) 선택해 그 인(仁)에 처하지 않는다면 어찌 지혜롭다 하겠는가?" 하셨다.

【里仁】 인(仁) 속에서 살다. 인(仁)에 터 잡고 안주하다. 곧 인(仁)을 실천하는 삶. 또는 삶 자체가 인(仁)임을 말한다. ⇒ 인(仁)을 실천하다.

里 : 살다. 터를 잡고 안주(安住)하다. 거주하다. 이웃하여 살다. [大漢韓辭典編纂室 編, 敎學大漢韓辭典, (株)敎學社, 2005. p.3385.]

정약용(丁若鏞) - 里란 사람이 거처하는 바(곳)이다. 사람이 거처하는 바는 오직 仁이 아름다운 것이 된다. 맹자의 이른바 '인이란 사람의 편안한 집이다.' 라는 것이다. 거처할 곳을 선택하되 인에 거처하지 않으면 어찌 지혜롭다 하겠는가? [里者 人所居也 人所居 惟仁爲美 孟子所謂 仁者人之安宅也 擇所居而不處仁 何得爲智] [孟子 公孫丑 上, 離婁 上]

맹자 공손추 상 조기 주(孟子 公孫丑 上 趙岐 註) - 里는 居(살다, 거주하다)이다. [里 居也]

爲 : …이다. 동사. 是의 용법과 같음. 일반적으로 뒤에 명사나 대명사가 옴. 뒤에 형용사나 명사로 전용된 형용사가 오는 경우 '…함이다, …한 것이다, …하다' 라는 뜻의 술어를 이루며 대개 '가장 …하다' 라는 어감을 내포함.

[참고]

① 정현(鄭玄) - 里란 사람들이 거처하는 곳이다. 어진 자의 마을에 거처하는 것, 이것이 아름다운 일이다. [里者 民之所居 居於仁者之里 是爲美]

② 주희(朱熹) - 마을에 인후(仁厚)한 풍속이 있는 것이 아름답다. [里有仁厚之俗爲美]

【擇不處仁】 택하여 처하지 않음. 인을 택하여 거기에 거처하지 아니함. 擇(仁)不處

(於)之[仁].

擇 : 가리다. 고르다. 골라내다. 선택하다.

[참고]

① 정현(鄭玄) - 거처를 구하되 어진 자의 마을에 살지 않으면 지혜가 있다고 할 수 없다. [求居而不處仁者之里 不得爲有知]

② 주희(朱熹) - 마을을 선택하되 이에(仁에) 처하지 않는다면 이는 그 시비(是非)의 본심(本心)을 잃은 것이어서 지혜가 될 수 없는 것이다. [擇里而不居於是焉 則失其是非之本心 而不得爲知矣]

【焉得】 어찌 …할 수 있으리오. 어떻게 …할 수 있겠는가? 객관적인 사물의 가능성을 부정하는 반문의 어기를 나타내며, 동사의 앞에 놓여 부사어로 쓰임.

得 : = 能. …할 수 있다. 조동사. 동사나 짧은 구 앞에 쓰여 동작이나 행위에 대한 가능성을 나타냄.

【知】 = 智. 지혜롭다. 슬기롭다. 지혜가 있다. 총명하다.

2. 인仁한 사람은 인仁을 편안하게 여기고

子曰 不仁者 不可以久處約 不可以長處樂 仁者安仁 知者利仁

子(ᄌᆞ)ㅣ ᄀᆞᆯᄋᆞ샤ᄃᆡ 仁(싄)티 아니ᄒᆞᆫ 者(쟈)는 可(가)히 ᄡᅧ 오래 約(약)에 處(쳐)티 몯ᄒᆞ며 可(가)히 ᄡᅧ 기리 樂(락)에 處(쳐)티 몯ᄒᆞᄂᆞ니 仁(싄)ᄒᆞᆫ 者(쟈)ᄂᆞᆫ 仁(싄)을 安(안)ᄒᆞ고 知(디)ᄒᆞᆫ 者(쟈)ᄂᆞᆫ 仁(싄)에 利(리)히 너기ᄂᆞ니라

선생님께서 말씀하시기를 "인(仁)하지 않은 사람은 곤궁함에 오래 처할 수 없고, 편안하고 부유함에도 오래 처할 수 없느니라. 인(仁)한 사람은 인(仁)을 편안하게 여기고, 지혜로운 사람은 인(仁)을 이롭게 여기느니라." 하셨다.

【不可以久處約 不可以長處樂】 곤궁한 생활을 검약하며 오래 견디지 못하고, 편안하고 부유한 생활도 오래 누리지 못한다.

可以 : 가히[능히] …할 수 있다. 조동사. 조건의 허가를 나타냄.

約 : 곤궁함(窮困). 長 : = 久. 오래. 오래도록. 부사.

樂 : 안락함. 편안하고 부유함(安富).

주희(朱熹) - 불인(不仁)한 사람은 그 본심을 잃어서 오랫동안 곤궁하면 반드시 넘치고(도를 넘어 수단 방법을 가리지 않고 못할 일이 없다). 오랫동안 즐거우면 반드시 음탕해진다(음란하고 방종하게 된다). [不仁之人 失其本心 久約必濫 久樂必淫]

【安仁】 인(仁)을 편안하게 여기다.

安 : 편안하게 여기다. 형용사의 동사로의 전용.

포함(包咸) - 오직 성품이 인(仁)한 사람만이 자연히 인을 체득하므로 安仁이라 한다. [惟性仁者 自然體之 故安仁]

【知】 = 智. 지혜롭다. 슬기롭다. 지혜가 있다. 총명하다.

【利仁】 인(仁)을 이롭게 여기다.

利 : 이롭게 여기다. [위의 '安'과 같이 동사로 전용됨.]

왕숙(王肅) - 지혜로운 사람은 인(仁)이 아름답게(이롭게) 해준다는 것을 알기 때문에 이롭게 여겨 仁을 행한다. [知者知仁爲美 故利而行之]

第四篇

里仁

3. 오직 인仁한 사람이어야 남을 좋아할 수도 미워할 수도 있다

子曰 惟仁者 能好人 能惡人

子(ᄌᆞ)ㅣ 굴ᄋᆞ샤ᄃᆡ 오직 仁(신)ᄒᆞᆫ 者(쟈)ㅣ사 能(능)히 사ᄅᆞᆷ을 好(호)ᄒᆞ며 能(능)히 사ᄅᆞᆷ을 惡(오)ᄒᆞᄂᆞ니라

선생님께서 말씀하시기를 "오직 인(仁)한 사람만이 남을 좋아할 수도 있고, 남을 미워할 수도 있느니라." 하셨다.

【惟】 獨也. 오직. 다만. 유독. …만이. 부사. 범위의 제한이나 한정을 나타냄.

【能】 능히[충분히] …할 수 있다. 조동사. 어떤 일을 할 능력이 있거나 조건이 됨을 나타냄.

【惡오】 미워하다. 증오하다. 싫어하다.

주희(朱熹) - 惟란 말은 홀로라는 뜻이다. 대개 사심이 없는 뒤에야 좋아하고 미워하는 것이 이치에 맞으니, 정자(程子)가 말씀하신 '그 공정(公正)함을 얻었다.'는 것이 이것이다. [惟之爲言 獨也 蓋無私心然後 好惡當於理 程子所謂 得其公正 是也]

4. 진실로 인仁에 뜻을 둔다면 미워하는 일이 없을 것이니

子曰 苟志於仁矣 無惡也

子(ᄌᆞ)ㅣ ᄀᆞᆯᄋᆞ샤ᄃᆡ 진실로 仁(신)에 志(지)ᄒᆞ면 惡(악)이 업ᄂᆞ니라

선생님께서 말씀하시기를 "진실로 인(仁)에 뜻을 둔다면, 미워하는 일이 없을 것이니라." 하셨다.

【苟구】 (진실로) 만약[가령] …이라면. 접속사. 가정이나 조건을 나타냄. 본래의 뜻인 '진실로'의 의미도 내포하고 있음. [苟 誠也(朱熹)]

【志】 뜻을 갖다. 뜻을 두다. 志向하다. 소망을 가지다. 동사.

주희(朱熹) - 志란 '마음이 가는 것'이다. [志者 心之所之也]

【矣】 어기조사. 잠시 말을 멈추게 하는 느낌[짧은 휴지(休止)]을 주고 문장이 끝나지 않았음을 나타내며 다음 말을 일으키는 역할을 함.

【惡오】 미워(증오)하는 것(일).

남회근(南懷瑾) - 특별히 누군가를 미워함이 없다.(진정으로 인에 뜻을 둔 사람은 천하에 미운 사람이란 하나도 없으니, 좋은 사람은 물론 사랑해야 하고, 나쁜 사람도 불쌍히 여겨 그에게 자비를 베풀고 그를 감화시켜야 한다.)

미야자키 이치사다(宮崎市定) - 미워하지 말라.(일단 수양하려고 결심한 이상 까닭없이 사람을 미워해서는 안 된다.)

김용옥(金容沃) - 사람들이 싫어하는 행동은 하지 않게 될 것이다.(내가 참으로 인간됨의 보편적 원리나 차마 어찌할 수 없는 도덕적 감성의 보편성에 나의 삶의 지향성을 견지하기만 한다면, 나는 남들이 싫어하는 행위를 하지 않게 될 것이며, 남들로부터 미움을 받는 일도 없게 될 것이라는, 행위의 주관성의 맥락에서 이 구절은 해석되어야 하는 것이다.)

[참고] 악(惡)이(은) 없다. 악한 짓을 하지 않는다. 악한 일은 하지 않을 것이다.

주희(朱熹) - 그 마음이 진실로 인(仁)에 있으면 반드시 惡(악)을 하는 일이 없을 것이다. [其心 誠在於仁 則必無爲惡之事矣] [孔安國]

5. 군자는 밥 한 끼 먹는 사이에도 인을 어기지 말아야 하니

子曰 富與貴 是人之所欲也 不以其道得之[1)]不處也 貧與賤 是人之所惡也 不以其道得之[2)]不去也 君子去仁 惡乎成名 君子無終食之間違仁 造次必於是 顚沛必於是

子(ᄌᆞ)ㅣ ᄀᆞᆯᄋᆞ샤ᄃᆡ 富(부)홈과 다ᄆᆞᆺ 貴(귀)홈이 이 사ᄅᆞᆷ의 ᄒᆞ고져 ᄒᆞᄂᆞᆫ 배나 그 道(도)로ᄡᅥ 아니ᄒᆞ야 어더든 處(쳐)티 아니ᄒᆞ며 貧(빈)홈과 다ᄆᆞᆺ 賤(쳔)홈이 이 사ᄅᆞᆷ의 惡(오)ᄒᆞᄂᆞᆫ 배나 그 道(도)로ᄡᅥ 아니ᄒᆞ야 어더도 去(거)티 아니 홀 띠니라 君子(군ᄌᆞ)ㅣ 仁(ᅀᅵᆫ)을 去(거)ᄒᆞ면 어ᄃᆡ 일홈을 일오리오 君子(군ᄌᆞ)ㅣ 食(식)終(죵)홀 ᄉᆞ이ᄅᆞᆯ 仁(ᅀᅵᆫ)에 違(위)홈이 업ᄂᆞ니 造次(조ᄎᆞ)애 반ᄃᆞ시 이예 ᄒᆞ며 顚沛(뎐패)예 반ᄃᆞ시 이예 ᄒᆞᄂᆞ니라

선생님께서 말씀하시기를 "부유함과 고귀함, 이것은 사람들이 하고자하는 바이나 정도(正道)로써 그것을(하고자하는 바를) 얻은 것이 아니면 처하지 않아야 하며, 가난함과 비천함, 이것은 사람들이 싫어하는 바이나 정도(正道)로써 그것을(싫어하는 바를) 얻은 것(싫어하는 것에서 벗어나는 것)이 아니라면 떠나려 하지 않아야 하느니라. 군자가 인을 떠나면 어찌 명예를 이룰 것인가? 군자는 밥 한 끼 먹는 사이에도 인을 떠남이 없어야 하니, 이룰[성취할] 때도 반드시 이[仁]에 있어야 하고, 넘어질(실패할) 때도 반드시 이[仁]에 있어야 하느니라." 하셨다.

【與】 …와[과]. 및. 접속사. 단어나 문장을 연결시키는 역할을 하며 병렬관계를 나타냄.

【是人之所欲也】 이것은(부유함과 고귀함은) 사람들이 하고자하는 바(원하는 것)이다.

是 : 이것. 지시대명사. 앞의 富與貴를 가리킴.

之 : …은[는]. …이[가]. 구조조사(주격조사). 주술구조 사이에 쓰여 이를 명사구(절)로 만들어 주는 역할을 함.

所 : …하는 바. …하는 것. …한. 특수지시대명사. 주어와 술어 사이에 쓰여 주술구조를 명사구로 만들어 줌.

欲 : 하고자 하다. 바라다(希望). 원하다.

【也】 …이다. 어기조사. 진술문의 끝에 쓰여 판단이나 단정 또는 긍정을 나타냄.

是人之所欲也, 不處也, 是人之所惡也, 不去也.

【不以其道得之[1]】 바른 길로[방법으로] 합당하게 그것[사람들이 하고자하는 바(원하는 것)]을 얻지(이루지) 아니하면[얻은 것이 아니면].

以 : …으로써. …을 가지고[통하여]. 전치사. 도구·수단·방법을 나타냄.

其 : 그. 그렇게. 어기조사. 음절을 조정하고 어세를 강하게 함.

道 : 바른 길(正道). 올바른 방법. 합당한 도리.

정약용(丁若鏞) - 道란 그것에 이르는 방법이 의리(義理)의 바름에 합당함을 말한다. [道 謂其所以致之者 合於義理之正]

得 : 얻다. 손에 넣다. 갖다. 갖게 되다.

之 : 그것. 지시대명사. 앞의 '人之所欲[사람들이 하고자하는 바(원하는 것)]'을 가리킴.

【惡오】 싫어하다. 미워하다. 증오하다.

【不以其道得之[2]】 바른 길로[방법으로] 합당하게 그것[사람들이 싫어하는 것]을 얻은 것(싫어하는 것에서 벗어나는 것)이 아니면.

之 : 그것. 지시대명사. 앞의 '人之所惡[사람들이 싫어하는 것]'를 가리킴.

남회근(南懷瑾) - 正道로써 벗어나는 것이 아니라면 면하려 들지 말아야 한다.(빈천은 사람마다 싫어해서, 인의 수양이 있는 사람이라도 빈천을 좋아하지 않는다. 그러나 올바른 방법으로 노력하고 향상하여 빈천을 벗어나야지 비뚤어진 방법을 써서는 안 된다.)

정약용(丁若鏞) - 富貴는 사람들이 하고 싶어 하는 바이다. 그러나 道로써 그것에 처함을 얻지 않으면 곧 처하지 않아야 한다. 貧賤은 사람들이 싫어하는 바이다. 그러나 道로써 그것을 버림을 얻지 않으면 곧 버리지 않아야 한다. 得이란 일을 이룬다는 뜻이니, 빈천을 버리는 것 또한 그 일을 이룬 것이다. [富貴 人所欲也 然不以其道得處之 則弗處也 貧賤 人所惡也 然不以其道得去之 則弗去也 得者 成事之意 去貧賤亦成事也]

【去】 벗어나다. 면하다.

[참고]

하안(何晏) - 때에 불운과 행운이 있으니, 군자는 도를 실천하였지만 오히려 빈천할

第四篇 里仁

수 있다. 이것이 그 도로써 얻은 것이 아니면, 비록 이것이 사람들이 싫어하는 것이지만 그것을 피하여 떠날 수는 없다. [時有否泰 故君子履道而反貧賤 此則不以其道而得之 雖是人之所惡 不可違而去之] ☞ **富與貴 是人之所欲也 不以其道得之 不處也 貧與賤 是人之所惡也 不以其道得之 不去也 : 부(富)와 귀(貴)는 사람들이 하고자 하는 것이나 그 정상적인 방법으로 얻지 않으면 처하지 않아야 하며, 빈(貧)과 천(賤)은 사람들이 싫어하는 것이나 그 정상적인 방법으로 얻지 않았다 하더라도 버리지 않아야 한다.**

【惡乎오호】 어찌[어떻게] …하겠는가? 의문대명사. 일반적으로 문장의 맨 앞에서 부사어로 쓰여 강한 반문을 나타냄.

[참고] '惡오'를 장소를 묻는 의문대명사[어디]로, '乎'를 동작 발생의 장소를 나타내는 전치사[…에서. =於]로 보아 "어디에서"로도 해석할 수 있음.

【成名】 명예를 이루다. (군자라는) 이름(名聲명성)을 이루다[떨치다].

【終食之間】 (한 끼의) 식사를 마치는 사이. 밥 한 끼를 먹는 짧은 시간.

終 : 마치다. 시작부터 끝까지 모든 단계의 시간.

之 : …하는[한]. …의. 조사. 관형어와 중심어 사이에 쓰여 중심어를 수식하거나 국한하는 관계를 나타냄. 앞의 말에 형용성(形容性)을 띠게 함.

【違】 떠나다(去也). 떠나가다. 벗어나다.

【造次】 이룰 때. 성취할 때.

造 : 이루다. 성취하다. 창조. 작위(作爲).

次 : …한 상황.

[참고] '造'를 '갑자기, 창졸간에'의 뜻으로 보아 '造次'를 '다급한 상황(때), 급작스러움, 황망함'으로 해석하는 학자들도 많음.

마융(馬融) - 造次는 급박함이요, 顚沛는 엎어짐이다. 비록 급박하고 엎어지더라도 仁을 어기지 않는다. [造次 急遽 顚沛 偃仆 雖急遽偃仆不違仁]

정현(鄭玄) - 造次는 잡작스럽다는 말이다. [造次 倉卒也]

【必於是】 반드시 이것에 있어야 한다. 반드시 이에 처해야 한다.

必 : 반드시. 꼭. 참으로. 과연. 동작·행위·성질·상태 등에 대한 결연한 의지나 확신을 나타냄.

於 : …에 있다(在也). 존재하다. 처하다. 살고 있다. 살아가다. 동사.

是 : 이것. 지시대명사. 앞의 仁를 가리킴.

【顚沛전패】 넘어지고 쓰러지다. 곤궁하여 의지가 꺾이다. ⇒ 실패하다.

[참고] 주희(朱熹) - 造次는 급하고 구차한 때요, 顚沛는 경복(傾覆)을 당하고 유리(流離)하는 즈음이다. [造次 急遽苟且之時 顚沛 傾覆流離之際] ☞ 造次 必於是 顚沛 必於是 : 경황(驚惶) 중에도 이 인(仁)에 반드시 하며, 위급한 상황에도 이 인(仁)에 반드시 하는 것이다. [성백효(成百曉) 譯]

6. 인仁을 좋아하는 이도 불인不仁을 미워하는 이도 아직 보지 못했으니

子曰 我未見好仁者惡不仁者 好仁者 無以尙之 惡不仁者 其爲仁矣 不使不仁者加乎其身 有能一日用其力於仁矣乎 我未見力不足者 蓋有之矣 我未之見也

子(ᄌᆞ)ㅣ ᄀᆞᆯᄋᆞ샤ᄃᆡ 내 仁(ᅀᅵᆫ)을 好(호)ᄒᆞᄂᆞᆫ 者(쟈)와 不仁(블ᅀᅵᆫ)을 惡(오)ᄒᆞᄂᆞᆫ 者(쟈)를 보디 몯게라 仁(ᅀᅵᆫ)을 好(호)ᄒᆞᄂᆞᆫ 者(쟈)ᄂᆞᆫ 뻐 더을 꺼시 업고 不仁(블ᅀᅵᆫ)을 惡(오)ᄒᆞᄂᆞᆫ 者(쟈)ᄂᆞᆫ 그 仁(ᅀᅵᆫ)을 ᄒᆞ욤이 不仁(블ᅀᅵᆫ)으로 ᄒᆞ여곰 그 몸애 加(가)티 아니ᄒᆞᄂᆞ니라 能(ᄂᆞᆼ)히 一日(일ᅀᅵᆯ)에 그 힘을 仁(ᅀᅵᆫ)에 쁘리 인ᄂᆞ냐 내 힘이 足(죡)디 몯ᄒᆞᆫ 者(쟈)를 보디 몯게라 잇거ᄂᆞᆯ 내 보디 몯ᄒᆞ엿도다

선생님께서 말씀하시기를 "나는 인(仁)을 좋아하는 사람도 불인(不仁)을 미워하는 사람도 아직 보지 못했노라. 인을 좋아하는 사람은 그 이상 더할 것이 없으며, 불인을 미워하는 사람은 그 사람도 인을 행하는 것이니 불인한 것으로 하여금 그의 몸에 가해지지(미치지) 못하게 하기 때문이니라. 하루라도 그의 힘을 인(仁)에(을 위해) 쓸 수 있는 사람이 있었는가? 나는 힘이 부족한 사람을 아직 보지 못했노라. 아마 그러한 사람도 있었을 터이지만 나는 아직 그런 사람을 보지 못했노라." 하셨다.

【未】 아직 …하지 않다[못하다]. 아직 …이 아니다. 부사. 동작·행위·상황 등이 아직 발생하지 않았음을 나타냄.

【惡오】 미워하다. 싫어하다.

【無以】 …할 수(가) 없다. …할 것[방법]이 없다. 관용형식으로서, '無'는 문장 중에서 술어로 쓰이며, 부정을 나타내며, '以'는 생략된 목적어와 함께 '전치사 + 목적어' 구문을 이루어, 근거가 되는 사물을 나타내며, 부사어로 쓰임. [延世大學校 虛詞辭典編纂室 編, 虛詞大辭典, 成輔社, 2001. p.248]

【尙】 더하다(加也). 보태다. 덧붙이다.

【爲】 하다. 행하다. 실천하다.

【矣】 …이다. 어기조사. 동작이 이미 완료되었음(어떤 상황이 이미 실현되었거나 형성되었음)을 나타냄.

【使】 …에게[으로 하여금] ~하도록 하다. …에게 ~을 시키다. 사역동사.

【加】 베풀다(施). 미치다(及). 베풀어 미치다.

【(加)乎(其身)】 = 於. …에(게). …에 대해(서). …을(를). 전치사. 동작이나 행위가 발생할 때 직접 미치는 대상을 나타냄.

주희(朱熹) - 夫子께서 스스로 말씀하시기를 '仁을 좋아하는 자와 不仁을 미워하는 자를 보지 못하였다. 仁을 좋아하는 자는 仁이 좋아할 만한 것임을 참으로 안다. 그러므로 天下의 일이 그보다 더할 수 없는 것이요, 不仁을 싫어하는 자는 不仁이 미워할 만함을 참으로 안다. 그러므로 그 仁을 함에 不仁한 일을 완전히 끊어버려서 조금이라도 자기 몸에 미침이 있지 않게 한다.' 하셨다. 이것은 모두 성덕(成德)의 일이다. 그러므로 그런 사람을 얻어서 보기가 어려운 것이다. [夫子子言 未見好仁者 惡不仁者 蓋好仁者 眞知仁之可好 故 天下之物無以加之 惡不仁者 眞知不仁之可惡 故 其所以爲仁者必能絶去不仁之事 而不使少有及於其身 此皆成德之事 故難得而見之也]

【有能一日用其力於仁矣乎】 능히 하루라도 인(仁)에 그 힘을 쓸 수 (있는 사람이) 있었는가? 힘을 쓸 수 없는 사람이 없다는 것을 강조함.

於 : …에. …에 대해. 전치사. 동작이나 행위에 관련되는 대상을 나타냄.

矣乎 : …했다고 할 수 있습니까? …합니까? …입니까? 판단문 끝에 쓰여, 矣는 이미 그러한 것 혹은 장차 그러할 것을 나타내고, 乎는 의문을 나타냄.

【蓋】 아마도. 혹시나. 아마도 …할[일] 것이다. 아마 …할 것 같다. 부사. 동작·행위·사람·사물의 상황·성질 등에 대한 추측을 나타냄.

【我未之見也】 나는 아직 그런 사람을 보지 못했다.

之 : 그. 그 사람. 인칭대명사. 力不足者를 가리킴. '見' (동사)의 목적어인데 고어(古語)에서는 의문문이나 부정문에서 목적어가 대명사일 경우 도치됨.

也 : …이다. 어기조사. 진술문의 끝에 쓰여 판단이나 단정 또는 긍정을 나타냄.

주희(朱熹) - 仁을 좋아하고 不仁을 미워하는 자를 비록 볼 수 없으나 혹시라도 어떤 사람이 과연 하루아침에 분발하여 仁에 힘을 쓴다면 내 또한 그 힘이 부족함이 있는 자를 보지 못하였다는 말이다. 仁을 행함은 자신에게 달려 있다. 하고자 하면 바로 되는 것이니, 뜻이 지극한 바에 기운이 반드시 이르는 것이다. 그러므로 仁은 비록 능하기는 어려우나 이르기는 또한 쉬운 것이다. [言好仁

惡不仁者 雖不可見 然或有人果能一旦奮然用力於仁 則我又未見其力有不足者 蓋爲仁在己 欲之則是 而志之所至 氣必至焉 故仁雖難能 而至之亦易也]

7. 과실過失을 살펴보면 곧 인仁한 지를 알게 되니

子曰 人之過也 各於其黨 觀過 斯知仁矣

子(ᄌᆞ)ㅣ ᄀᆞᆯᄋᆞ샤ᄃᆡ 사ᄅᆞᆷ의 허믈이 각각 그 류에니 허믈을 봄애 이에 仁(ᅀᅵᆫ)을 알 띠니라

선생님께서 말씀하시기를 "사람들의 과실(過失)[허물]은 각기 그 부류(部類)에 따르니, 과실을 살펴보면 곧 인(仁)한 지를 알게 되느니라." 하셨다.

【也】 …은(는). …이란. …이면. 어기조사. 음절을 조정하고 어기를 고르는(말을 잠깐 멈추고 다음 내용을 환기시키는) 역할을 함.

【於】 따르다. 따라하게 되다. 동사.

【黨】 무리(徒也). 동아리. 의기가 서로 통하는 벗. 부류(部類). 도당(徒黨).

주희(朱熹) - 黨은 類이다. [黨 類也]

정약용(丁若鏞) - 黨은 偏과 같다. [각각 그 類로써 한 편(偏)을 이룬다.] [黨 猶偏也 各以其類爲一偏]

【斯】 …하면 (곧). 이렇게 되면. 그렇다면. 접속사. 앞의 문장을 이어받아 조건에 따른 결과를 나타냄.

【知仁】 인(仁)한 지를 안다. 인(仁)한 지 인(仁)하지 않은 지를 안다.

[참고] 사람됨을 안다.(仁 = 人) [陳公懋, 楊伯峻, 미야자키 이치사다(宮崎市定)]

【矣】 …하게 되다. …일[할] 것이다. …하게 될 것이다. 어기조사. 상황의 변화나 새로운 상황의 출현(어떤 사건이 발전·변화하는 과정이나 그것이 장차 발생하려 함)을 나타냄. 간혹 미래나 어떤 조건 하에서의 결과가 긍정적임을 나타냄.

8. 아침에 도道를 들어 안다면 저녁에 죽어도 좋으니

子曰 朝聞道 夕死可矣

子(ᄌᆞ)ㅣ ᄀᆞᆯᄋᆞ샤ᄃᆡ 아ᄎᆞᆷ의 道(도)를 드르면 나죄 죽어도 可(가)ᄒᆞ니라

선생님께서 말씀하시기를 "아침에 도(道)를 들어 안다면 저녁에 죽어도 좋으니라." 하셨다.

【朝聞道】 아침에 도(道)를 들어 알다(깨닫다).

朝 : 아침에. 시간을 표시하는 명사가 부사어로 쓰임. '夕' 도 마찬가지 임. [참고] 顔淵-21. 一朝.

聞 : 듣다. 들어서 알다.

【可】 옳다. 좋다. 괜찮다. 가(능)하다.

【矣】 …이다. 어기조사. 단정 또는 필연의 결과를 나타냄.

하안(何晏) - 장차 죽음에 이르렀는데, 세상에 도가 있다는 것을 듣지 못했음을 말한 것이다. [言將至死 不聞世之有道]

주희(朱熹) - 道는 사물의 당연(當然)한 이치이니, 만일 그것을 얻어 듣는다면, 곧 살면 이치에 순(順)하고, 죽으면 편안해서 다시 유한(遺恨) [여한(餘恨)]이 없을 것이다. 朝夕이란 그 때의 가까움을 심히 말한 것이다. [道者 事物當然之理 苟得聞之 則生順死安 無復遺恨矣 朝夕 所以甚言其時之近]

9. 도에 뜻을 두고서도 나쁜 옷과 음식을 부끄럽게 여기는 선비라면

子曰 士志於道 而恥惡衣惡食者 未足與議也

子(ᄌᆞ)ㅣ ᄀᆞᄅᆞ샤ᄃᆡ 士(ᄉᆞ)ㅣ 道(도)애 志(지)호ᄃᆡ 사오나온 옷과 사오나온 음식을 붓그리ᄂᆞᆫ 者(쟈)ᄂᆞᆫ 足(죡)히 더브러 議(의)티 몯홀 꺼시니라

선생님께서 말씀하시기를 "선비가 도(道)에 뜻을 두고서도 나쁜 옷과 나쁜 음식을 부끄럽게 여기는 사람이라면 족히 함께 (도를) 의론할 수 없을 것이니라." 하셨다.

【士】 주(周)나라 시대 귀족(貴族) 중에서 제일 아래 계층의 사람들. 선비. 지식인. 특별히 일정한 사회적 지위나 수양이 있는 사람. 당시의 士는 학문하는 사람(책을 읽는 지식인)의 통칭으로 언제든지 벼슬길에 나아갈 가능성을 가진 사람. [참고] 중국 상고시대의 청년 열 명마다 한 명씩 추천하여 국가를 위해 봉사하게 한 제도.

【志】 뜻을 갖다. 뜻을 두다. 지향(志向)하다. 소망을 가지다.

【於】 …에. 전치사. 동작이나 행위에 관련되는 대상을 나타냄.

【而】 그러나. 오히려. 그렇지만. 접속사. 전환을 나타내어 앞뒤 문장의 의미가 상반됨을 나타냄.

【未足與議也】 (그런 사람과는) 함께 (道)를 의론하기에 충분하지 못할 것이다.

未足 : ≒ 不足. …하기에 족하지 못하다. 족히 …하지 못하다. 족히 …할 수 없다. 부사. 사물의 가치 혹은 가능성에 대한 부정적 판단을 나타냄.

足 : 족히 …할 수 있다. …하기에 족하다. 부사. 충분한 정도·수준·수량 등에 도달하는 것을 나타냄.

與 : …와[과]. …와 함께. …와 더불어. 전치사. 동작이나 행위에 대한 동반자임을 나타냄. 뒤에 앞의 내용을 가리키는 지시대명사 之가 생략되었음.

議 : 의론하다. 논의하다. 꾀하다.

也 : …이다. 어기조사. 진술문의 끝에 쓰여 판단이나 단정 또는 긍정을 나타냄.

정이(程頤) - 도(道)에 뜻을 두되 마음이 외물(外物)에 사역(使役)이 된다면 어찌 족히 더불어 의논할 수 있겠는가? [志於道而心役乎外 何足與議也]

10. 오로지 주장함도 없고 오로지 부정함도 없으며

子曰 君子之於天下也 無適也 無莫也 義之與比

子(ᄌᆞ)ㅣ 골ᄋᆞ샤ᄃᆡ 君子(군ᄌᆞ)ㅣ 天下(텬하)애 適(뎍)홈도 업스며 莫(막)홈도 업서 義(의)로 더브러 比(비)ᄒᆞᄂᆞ니라

선생님께서 말씀하시기를 "군자는 천하에 있음에[살아감에], (꼭 그렇다고) 오로지 주장함도 없고 (절대 아니다 라고) 오로지 부정함도 없으며 의(義)에 견주어 함께 하느니라." 하셨다.

【君子之於天下也】 군자는 천하에 있음에. 군자는 천하에 살아감에.

之 : …은[는]. …이[가]. 구조조사(주격조사). 주술구조 사이에 쓰여 이를 명사구(절)로 만들어 주는 역할을 함.

於 : …에 있다(在也). 존재하다. 살고 있다. 살아가다. 동사. ['於' 자체에 '처하다. 존재하다.' 의 의미가 내포되어 있으므로 이를 동사로 간주하여 '…에 처하다. …에 존재하다. …에 살아가다.' 로 해석함. (류종목 등)]

[참고] ① …에서. 전치사. 동작이나 행위가 발생하는 장소(처소)나 범위를 나타냄. ☞ 군자는 천하에. ② '於' 앞에 '處 또는 在 또는 治' 등의 동사가 생략된 것으로 볼 수도 있다. (李基東, 李起榮 등) ☞ 군자가 천하를 다스림에.

【也】 ① …은(는). …이란. …이면. 어기조사. 음절을 조정하고 어기를 고르는(말을 잠깐 멈추고 다음 내용을 환기시키는) 역할을 함. 君子之於天下也. ② 어기조사. 병렬문장에서 몇 가지 사항을 나열할 때 씀. 無適也, 無莫也.

【適】 옳다고 주장함. 꼭 그래야 한다고 주장함(고집을 부림).

주희(朱熹) - 適은 오로지 주장함이다. [適 專主也]

사량좌(謝良佐) - 適은 可함이다. [適 可也]

【莫】 하면 안 된다. 절대 아니라고 부정하고 고집을 부림. '適' 과 반대 개념.

주희(朱熹) - 莫은 즐겨하지 않음(긍정하지 않음)이다. [莫 不肯也]

사량좌(謝良佐) - 莫은 不可함이다. [莫 不可也]

【義之與比】 義에 견주어 함께하다. 義에 비교하여 與, 不與를 정하다.

之 : …을[를]. 구조조사. 목적어를 강조하기 위하여 동사 앞으로 도치시킬 때 그 목적어와 동사 사이에 씀. '與比義' 에서 義를 강조하기 위하여 '義' 와 '與比' 를 도치함. [참고] 與義比가 도치된 것임. [류종목, 李起榮]

與 : 함께 하다. 동반하다. 어울리다. 교제하다. 사귀다. 동사.

比 : 비교하다. 견주다.

정약용(丁若鏞) - 比는 비교함이니 오직 義로 비교하여 義라면 이를 실행하고 不義라면 이를 하지 않아야 한다. [比校也 言惟義是校 義則行之 不義則違之也]

남회근(南懷瑾) - 해야 될지 말아야 될지 만 물어서, 즉 도덕을 위해서 해야 될 것은 하고 해서는 안 될 것은 하지 않되, 義로써 비교 대비를 삼는다는 것이다.

[참고] 주희(朱熹) - 比는 從(좇다, 따르다)이다. [比 從也]

[참고]

형병(邢昺) - 이 장은 義를 귀히 여긴 것이다. 適은 두터움이요, 莫은 엷음이며, 比는 친함이다. 군자가 천하의 사람들에 대해서 부유하고 두터운 자와 궁핍하고 엷은 자를 가리지 않고, 다만 의로움이 있으면 곧 서로 함께하여 친하게 지낸다는 말이다. [此章 貴義也 適厚也 莫薄也 比親也 言君子於天下之人 無擇於富厚與窮薄者 但有義者則與相親也]

11. 군자는 덕德을 생각하고 소인은 토지土地를 생각하니

子曰 君子懷德 小人懷土 君子懷刑 小人懷惠

子(ᄌᆞ)ㅣ ᄀᆞᆯᄋᆞ샤ᄃᆡ 君子(군ᄌᆞ)ᄂᆞᆫ 德(덕)을 懷(회)ᄒᆞ고 小人(쇼신)은 土(토)를 懷(회)ᄒᆞ며 君子(군ᄌᆞ)ᄂᆞᆫ 刑(형)을 懷(회)ᄒᆞ고 小人(쇼신)은 惠(혜)를 懷(회)ᄒᆞᄂᆞ니라

선생님께서 말씀하시기를 "군자는 덕(德)을 생각하고 소인은 토지(土地)를 생각하며, 군자는 법(法)[형벌]을 생각하고 소인은 혜택(惠澤)[이익]을 생각하느니라." 하셨다.

【懷】 마음에 두다. 마음속에 간직하다. 생각하다. 그리워하다.

【德】 ① 덕. 도덕성. ㉠ 도덕적·윤리적 이상을 실현해 나가는 인격적 능력. 도덕적·윤리적 선(善)에 대한 의지(意志)의 항상적(恒常的) 지향성(志向性) 및 선(善)을 실현하는 항상적 능력. ㉡ 공정하고 남을 넓게 이해하고 받아들이는 마음이나 행동.

【土】 토지. 재부(財富). 땅. 살 곳.

[참고] 남회근(南懷瑾) - 옛날의 토지는 오늘날의 재부(財富)에 해당한다.

【刑】 법(法). 법규. 법도.

【惠】 혜택. 은혜. 이익.

주희(朱熹) - 懷는 생각하는 것이다. 懷德은 고유(固有)한 선(善)을 보존(保存)함을 이르고, 懷土는 처하는 바의 편안함에 빠짐을 이른다. 懷刑은 법(法)을 두려워함이요, 懷惠는 이익(利益)을 탐(貪)함을 이른다. [懷 思念也 懷德 謂存其固有之善 懷土 謂溺其所處之安 懷刑 謂畏法 懷惠 謂貪利]

12. 이익利益에 따라서 행동行動하면 원망怨望이 많으니

子曰 放於利而行 多怨

子(ᄌᆞ)ㅣ ᄀᆞᆯᄋᆞ샤ᄃᆡ 利(리)예 放(방)ᄒᆞ야 行(ᄒᆡᆼ)ᄒᆞ면 怨(원)이 하ᄂᆞ니라

선생님께서 말씀하시기를 "이익(利益)에 의거하여[따라서] 행동(行動)하면 원망(怨望)이 많으니라." 하셨다.

【放】 ≒ 倣. 의거하다. 의지하다. 따르다.

공안국(孔安國) - 放은 의지하다는 뜻이다. [放 依也]

【於】 …에. 전치사. 동작이나 행위에 관련되는 대상을 나타냄.

【而】 …하여서. 그래서. 그리하여. 접속사. 순접(연관)관계를 나타냄.

【行】 행하다. 실천하다. 행동하다. 어떤 일을 하다.

【怨】 원망(怨望). 원한(怨恨). 악의(惡意). 분해하고 한을 품음. 남을 탓함. 뒤틀린 마음. 응등그러진 마음.

공안국(孔安國) - 모든 일을 이익에 의지해 행하는 것은 원망함을 취하는[얻는] 길이다. [每事依利而行 取怨之道]

정이(程頤) - 자신에게 이롭게 하고자 하면 반드시 남에게 해를 끼친다. 그러므로 원망이 많은 것이다. [欲利於己 必害於人 故多怨]

13. 능히 예양禮讓으로써 한다면 나라를 위함에 무엇이 있으리

子曰 能以禮讓 爲國乎 何有 不能以禮讓 爲國 如禮何

子(ᄌᆞ)ㅣ ᄀᆞᆯᄋᆞ샤ᄃᆡ 能(ᄂᆞᆼ)히 禮讓(례샹)으로써 ᄒᆞ면 國(국)을 홈애 므서시 이시며 能(ᄂᆞᆼ)히 禮讓(례샹)으로써 國(국)을 ᄒᆞ디 몯ᄒᆞ면 禮(례)예 엇디 ᄒᆞ리오

선생님께서 말씀하시기를 "능히 예양(禮讓)으로써 한다면 나라를 위함[다스림]에 무엇이 있으리오. 능히 예양(禮讓)으로써 하지 못하니 나라를 위함[다스림]에 예(禮)를 어찌[어떻게] 할꼬?" 하셨다.

【能】 능히[충분히] …할 수 있다. 조동사. 어떤 일을 할 능력이 있거나 조건이 됨을 나타냄.

不能 : 능히(충분히) …할 수 없다.

【以】 …으로써. …을 가지고[통하여]. 전치사. 도구·수단·방법을 나타냄.

【禮讓】 예의와 겸양. 禮는 讓의 형식(文)이며, 讓은 禮의 내용(實)이다.

주희(朱熹) - 讓은 禮의 실제[내용]다.(讓者 禮之實也)

[참고] 이수태(李洙泰) - 사양하는 예. 양보하는 예. '禮'와 '讓'을 각각 독립적인 말로 이해하여 "예의와 겸양"으로 보기도 하나 그렇게 해석할 경우 뒤에 나오는 '如禮何'와 충돌되는 문제점이 있다. 따라서 '禮讓'은 그 당시 이미 예양이라는 결합 어휘로 쓰이고 있었던 것으로 보이며, 요순의 양위(讓位)와 같이 모든 禮 가운데에서 가장 위대한 형태를 지칭하는 것이었다고 볼 것이다.

미야자키 이치사다(宮崎市定) - 禮讓은 이른바 연문(連文)인데 동의어를 겹쳐 그 공통부분을 취하는 것이다. 곧 禮의 정신적인 면을 취한 것으로 이해할 수 있다. 외형적인 제도를 의미하는 禮가 아님을 讓을 덧붙여 표현하고 싶었을 것이다.

【爲國】 나라를 위하다. ⇒ 나라를 다스리다. 나라를 통치하다.

爲 : 정사(政事)를 행하다. 다스리다(治理). 통치하다.

[참고] 미야자키 이치사다(宮崎市定) - 원문은 최초의 예양 다음에 '於'자가 탈락

되어 있다. 만약 '於' 자가 없다 하더라도 지금처럼 읽지 못할 것이 없다. [能以禮讓 於爲國乎 何有 : 능히 예양으로 하면 나라를 다스림에 무엇이 있으리오.]

【乎】 어기조사. 也, 也者 등과 같이 음절을 조정하고 어기를 고르는 역할을 함. 쉼표 역할을 함.

홍인표, 한문문법, 신아사, 2008. p.302 - 구문(句文) 중에서 멈추는 역할을 함.

연세대학교 사서사전편찬실, 사서집해사전, 성보사, 2003. p.892 - 문장의 끝에 쓰여 잠시 쉬는 느낌을 나타냄.

【何有】 무엇이 있겠는가? 무엇이 더 필요하겠는가? 무슨 관계가 있겠는가? 무슨 문제나 어려움이 있겠는가?(何難之有) 곧 어려울 것이 없다(아무런 문제도 없다)는 뜻. 관용형식으로서 술어로 쓰여 반문을 나타냄.

형병(邢昺) - 무슨 어려움이 있겠는가? [何難之有]

【如禮何】 예를 어찌(어떻게) 하겠는가? 예는 무엇 하겠는가? 예가 무슨 소용이 있겠는가?

如…何 : …을 어떻게 하겠는가? …을 무엇 하겠는가? 어찌 …하겠는가? 일의 처리를 묻는 관용구. 의문이나 반문을 나타냄.

포함(包咸) - 예를 사용할 수 없다. [如禮何者 言不能用禮]

정약용(丁若鏞) - 國君이 찬탈(簒奪)하고 大夫가 참월(僭越)을 하니 이는 곧 예양으로써 나라를 다스릴 수 없는 것이다. 이 같은 사람이 오히려 예를 행하려고 하니 장차 예를 어찌하겠는가? 이는 예를 쓸 수 없음을 말함이다. [國君簒奪 大夫僭越 是不能以禮讓爲國也 如此之人 猶欲行禮 將如禮何 言不爲用也]

14. 직위가 없음을 걱정하지 말고 입신立身할 방법을 근심하라

子曰 不患無位 患所以立 不患莫己知 求爲可知也

子(ᄌᆞ)ㅣ ᄀᆞᆯᄋᆞ샤ᄃᆡ 位(위) 업ᄉᆞᆷ을 患(환)티 말오 ᄡᅧ 立(립)홀 ᄲᅡᆯ를 患(환)ᄒᆞ며 己(긔) 아디 몯호ᄆᆞᆯ 患(환)티 말오 可(가)히 알게 ᄒᆞ욤을 求(구)홀 띠니라

선생님께서 말씀하시기를 "자리[직위]가 없음을 걱정하지 말고 입신(立身)할 방법을(에 대해) 근심하며, 자기를 알아주는 이가 없음을 걱정하지 말고 가히 알게(알아줄 수 있도록 되게) 하도록 힘쓸 것이니라." 하셨다.

【位】 자리. 지위(地位). 직위(職位). 벼슬자리.

【所以立】 일어서는 방법. 입신(立身)할 수 있는 방법. 즉 자신의 학문과 심신을 갈고닦아 사회에 나가 일할 수 있는 자질을 갖추는 일.

所以 : …하는 방법, …하는 수단. 동작이나 행위가 의거하는 방식·방법·도구 등을 나타냄. 以는 수단이나 도구를 나타냄.

주희(朱熹) - 所以立은 그 지위에 설 수 있는 바를 말한다. [所以立 謂所以立乎其位者] 관직이 없을까 걱정하는 것이 아니라 다만 관직이 있으면 (그 직무를) 잘해나가지 못할까 걱정한다는 말이다. [猶言不怕無官做 但怕有官不會做]

【莫己知】 아무도 자기를 알아주지 않는다. 자기를 알아주는 사람이 없다. 부정문 또는 의문문에서 대명사가 목적어로 될 경우 동사와 목적어가 도치되는 경우가 있음(己와 知가 도치).

莫 : 아무도 …한 사람이 없다. 아무도 …하지 않다. 지시대명사.

[참고] 學而-16. 不患人之不己知 患不知人也(사람들이 자기를 알아주지 않음을 걱정하지 말고 남을 알아주지 못함을 걱정하라.)

【求爲可知也】 가히 알게 할 것을 구할 것이니라. 알 수 있게 하도록 할 것을 구한다. 알아줄 수 있도록 하게 할 것을 구한다. 남들이 알아주도록 힘쓴다(노력한다). 남들이 알아볼 만한 상태가 되도록 노력한다.

求 : 구하다. 추구하다. 힘쓰다. 노력하다.

爲 : …하게 하다. …하도록 하다. 쓰다. 삼다(인연을 맺어 자기와 관계있는 사람으로

만들다). 시키다.

也 : …이다. 어기조사. 진술문의 끝에 쓰여 판단이나 단정 또는 긍정을 나타냄.

주희(朱熹) - 可知는 남들이 보고 써 그를 알 수 있는 실상을 말함이다. [可知謂可以見知之實]

정이(程頤) - 군자는 자신에게 있는 것을 구할 따름이다. [君子 求其在己者而已矣]

포함(包咸) - 善한 道를 구하여 그것을 배우고 행하면 곧 다른 사람이 자기를 알아준다. [求善道而學行之 則人知己]

第四篇 里仁

15. 나의 도道는 하나로써 관통貫通되었으니

子曰 參乎 吾道一以貫之 曾子曰 唯 子出 門人問曰 何謂也 曾子曰 夫子之道 忠恕而已矣

子(ᄌᆞ)ㅣ ᄀᆞᆯᄋᆞ샤ᄃᆡ 參(숨)아 吾道(오도)ᄂᆞᆫ 一(일)이 ᄡᅧ 貫(관)ᄒᆞ얀ᄂᆞ니라 曾子(증ᄌᆞ)ㅣ ᄀᆞᆯᄋᆞ샤ᄃᆡ 唯(유)ㅣ라 子(ᄌᆞ)ㅣ 出(출)커시ᄂᆞᆯ 門人(문신)이 묻ᄌᆞ와 ᄀᆞᆯ오ᄃᆡ 엇디 니ᄅᆞ심이니잇고 曾子(증ᄌᆞ)ㅣ ᄀᆞᆯᄋᆞ샤ᄃᆡ 夫子(부ᄌᆞ)의 道(도)ᄂᆞᆫ 忠(튱)과 恕(셔) ᄯᆞᄅᆞᆷ이니라

선생님께서 말씀하시기를 "삼(參)아, 나의 도(道)는 하나로써 관통(貫通)되었느니라." 하시니, 증자(曾子)가 즉시 "예, 그렇습니다." 하였다. 선생님께서 나가시자 문인[제자]들이 물어 말하기를 "무엇을 일러 말씀하신 것인가?"하니, 증자가 말하기를 "저희 선생님의 도(道)는 충서(忠恕)일 뿐입니다." 하였다.

【參】 공자의 제자 증자(曾子)의 이름(名). 성은 曾, 자는 자여(子輿). 노나라 사람. 공자보다 46세 아래. [참고] 學而-4.

【乎】 아! 야! 호격조사(이름을 부를 때 이름 아래에 쓰는 조사).

【一以貫之】 하나로써 그것을 꿰뚫었다. 하나로 꿰여 있다. 하나로써 그것을 관통(貫通)하다. 하나로 관통(貫通) 되어 있다. 하나로 통(統)하다. 결국 하나다.

一以 : 하나로(써). 강조하기 위하여 '以一'을 도치하였음.

以 : …으로써. …을 가지고[통하여]. 전치사. 도구·수단·방법을 나타냄.

貫 : 꿰뚫다. 관통(貫通)하다. 통(通)하다.

주희(朱熹) - 貫은 通함이다.[貫 通也]

[참고] 형병(邢昺) 등은 '貫'을 '統'이라 하였으나, '一以貫之(以一貫之)'가 '統'이다.

之 : 그. 그것. 지시대명사. 일반적인 사실·사물·사람을 가리킴. [참고] 논어에서는 공자의 기본 사상인 '道'나 '仁' 등을 가리키기(의미하기)도 함.]

【唯】 예(諾也). 예, 그렇습니다. 즉시 공손하게 응낙(應諾) (긍정적인 응답)하는 말.

주희(朱熹) - 唯는 응(應)하기를 속히 하여 의심이 없는 것이다. [唯者 應之速而無疑者也]

【門人】 제자(들). 문하생(門下生). 공자의 제자들.

【何謂也】 무엇을 이르는(말하는) 것입니까? 무슨 말입니까? 무슨 뜻입니까? 부정문이나 의문문에서 목적어인 대명사가 동사와 도치되는 경우임.

【夫子】 그분. 저분. 선생님. 그 어른. 제3자의 존칭. 공자를 가리킴.

【忠恕】 스스로 정성을 다하여, 이로 남의 사정을 헤아릴 줄 앎. 마음에 중심을 세우고 그 중심에 또 자기 마음을 다하면(온갖 정성을 다 쏟으면) [中+心], 곧 그 마음이 남의 마음과 같이 되어, 남의 처지를 이해하고 배려하게 되는 마음[如+心].

주희(朱熹) - 자기 마음을 다하는 것을 忠이라 이르고, 자기 마음을 미루는 것(자기 마음을 남에게 미침(옮김))을 恕라 이른다. [盡己之爲忠 推己之謂恕]

정약용(丁若鏞) - 孔子는 원래 '一以貫之'라 말하였는데 이에 曾子는 '忠恕' 두 글자로 말하였다. 그러므로 학자들은 두 가지이지 하나의 일이 아닐 것이라고 의심하였다. 그러나 中庸에서 이미 '忠恕는 道와 멀지 않으니 …'라 하였고 그 석의(釋義)에서 '이것은 하나의 恕자일 뿐'이라고 말하였으니, 忠恕는 곧 恕이다. 본래 두 가지로 나누어 볼 수 없는 일이다. 一以貫之란 恕이지만 恕를 행할 수 있는 所以는 忠이다. [夫子本云 一以貫之 而曾子乃言 忠恕二字 故學者疑二之非一 然中庸旣云 忠恕違道不遠 而及其釋義 仍是一恕字而已 則忠恕卽恕本不必分而二之 一以貫之者 恕也 所以行恕者 忠也]

【而已矣】 …일 뿐이다. …할 따름이다. '而已'는 제한의 어기를 나타내고, '矣'는 긍정의 어기를 나타내는데 이 둘이 연용되어 제한의 어기를 강조함.

주희(朱熹) - 而已矣라는 것은 다해서 남음이 없는 말이다. [而已矣者 竭盡而無餘之辭也]

[참고] 신동준, 논어론, 도서출판 인간사랑, 2006. pp.164~166.

증자가 말한 '忠恕'와 관련해서도 여러 설이 대립했다. 먼저 '忠'과 관련해 『설문해자』는 '진심盡心'으로 해석해 놓았다. 맹자는 사람에게 선을 가르치는 '교선敎善', 황간은 '중심中心', 왕필은 '진정盡精', 주희는 '진기盡己, 자신을 다함'로 풀이했다.

'恕'에 대해 『설문해자』는 '인仁'으로 풀이했다. 이를 두고 단옥재段玉裁는 『단씨설문해자주段氏說文解字注』에서 "인을 행하는 것은 '恕'에서 벗어나지 않으니 말하면 구별이 있고 섞으면 구별이 없다. 인은 친親이다."라고 풀이해 놓았다. 가의賈誼는 자신을 기준으로

한 양인量人, 사람의 그릇을 헤아림으로 보았고, 황간은 자신을 헤아려 남을 촌탁忖度하는 것으로 보았고, 왕필은 '반정동물反情同物, 정情으로 돌아가 사물과 같아짐'로 해석했다. 주희는 '추기推己, 자신을 기준으로 남에게 미침' 내지 '여심如心, 자신의 마음과 같이 함'으로 해석했다.

다산은 대부분의 학자들이 '일'의 실체를 '이理'나 '심心', '인仁' 등으로 본 것에 반대하고 '서恕' 자체로 보아야 한다고 주장했다. 다산은 주희가 말한 대로 '忠'을 '盡己', '恕'를 '推己'로 나눠보게 되면 공자의 도는 하나가 아니라 둘이 되고, '一以貫之'는 사실상 '이이관지二以貫之'로 왜곡될 수밖에 없다고 지적했다. '忠'은 '恕'의 근원인 까닭에 '忠'과 '恕'를 나눠서 보는 것은 잘못이라는 것이 다산의 지적인 것이다. 다산은 사람들이 증자가 말한 '忠恕'의 자구에 너무 집착한 나머지 '忠'이 있는 뒤에 '恕'가 뒤따른다고 해석해 이러한 잘못을 저지르게 되었다고 분석했다.

다산의 주장에 따르면 공자는 '恕'를 염두에 두고 '一以貫之'를 언급했고, 증자는 '恕'를 '忠恕'로 풀이한 셈이 된다. 다산은 『논어』[공야장]편 등에서 공자가 자공의 질문에 거듭 '恕' 한 자만을 언급한 사례 등을 들어 자신의 주장을 뒷받침했다.

그렇다면 증자는 왜 공자가 말한 '恕'를 '忠恕'로 설명한 것일까. 다산은 『중용』에서 '忠恕'를 사실상 하나의 단어로 사용한 사례를 그 예로 들면서 '忠'과 '恕'는 본래 같은 뜻으로 사용된 것이라고 주장했다. 다산은 나아가 공자의 도를 하나로 관통시키는 '恕'를 '성인지법成仁之法, 인을 이루는 방법' 내지 『대학』에서 말하는 소위 '혈구지도絜矩之道'에 해당한다고 설명했다. 다산은 '혈구지도'를 이같이 풀이해 놓았다.

> 혈絜, 원래는 삼 한 단의 의미은 줄로써 물건을 묶어 그 대소를 재는 것이고, 구矩는 직각으로 된 곱자로 물건을 네모반듯하게 하는 것이다. 스스로 태학太學에 나아가 3례三禮 : 養老, 序齒, 恤孤를 행하면 백성이 모두 효孝·제悌·자慈의 기풍을 일으키게 된다. 이로써 내가 좋아하는 것을 남도 좋아함을 알 수 있다. '絜矩之道'를 행하는 것이 곧 '서'이다.

다산은 사람이 평생 동안 함께 생활하는 것은 사람뿐으로 윗사람은 싫어하는 것으로 아랫사람을 부리지 않고, 아랫사람은 싫어하는 것으로 윗사람을 섬기지 않아야 한다며 이를 총괄하는 글자가 바로 '恕'라고 보았다. 옛 성인의 하늘을 섬기는 도리는 인륜에서 벗어나지 않으므로 '恕'는 곧 사람을 섬기고 하늘을 섬기는 요체라는 것이다. 다산의 '一以貫之'에 대한 해석은 논리전개 자체가 간명하면서도 모순이 없어 지금의 기준에서 볼지라도 탁견이 아닐 수 없다.

사실 당시 조선에서는 다산보다 한 세대 이전에 이미 다산과 유사한 주장을 펼친 인물이 있었다. 그는 성호 이익의 조카인 정산貞山 이병휴李秉休 : 1710-1776이다. 그는 『집성集成』에서 '忠恕'에 대해 이같이 풀이해 놓았다.

충忠하므로 능히 서恕하고, '恕' 하면 '忠' 이 그 안에 있게 된다. 혹 '忠恕' 를 병칭하거나 '恕' 만을 단칭할지라도 실제로는 하나이다. '恕' 는 요도要道이니 이를 일러 '絜矩之道' 라고 한다. 이는 '恕' 의 도를 풀이한 것이다.

이를 통해 대략 다산은 정산으로부터 커다란 영향을 받았음을 알 수 있다. 실제로 다산은 정산의 제자인 복암茯菴 이기양李基讓과 매우 절친하게 지냈다. 다산은 복암을 통해 정산의 유저遺著를 읽고 이에 크게 공감한 나머지 그의 학설을 거의 그대로 인용한 것으로 짐작된다.

16. 군자는 의義에 밝고, 소인은 이利에 밝으니

子曰 君子 喩於義 小人 喩於利

子(ᄌᆞ)ㅣ ᄀᆞᆯᄋᆞ샤ᄃᆡ 君子(군ᄌᆞ)는 義(의)예 喩(유)ᄒᆞ고 小人(쇼신)은 利(리)예 喩(유)ᄒᆞᄂᆞ니라

선생님께서 말씀하시기를 "군자는 의(義)에 밝고, 소인은 이(利)에 밝으니라." 하셨다.

【喩】 밝다. 훤히 알다. 깨닫다.

공안국(孔安國) - 喩는 曉(밝다, 깨닫다)와 같다. [喩 猶曉也]

주희(朱熹) - 喩는 曉와 같다. [喩 猶曉也]

【於】 …에. …에 대해. 전치사. 동작이나 행위에 관련되는 대상을 나타냄.

【義】 올바름. 의리. 의로움. 사리에 합당한 행위. 옳은 길. 마땅히 지켜야 할 도리.

주희(朱熹) - 義는 天理의 마땅함이요, 利는 人情의 하고자 하는 바이다. [義者 天理之所宜 利者 人情之所欲]

정약용(丁若鏞) - 義란 도심(道心)의 지향하는 바이요, 利란 인심(人心)의 추종하는 바이다. [義者 道心之所嚮 利者 人心之所趨]

17. 어진 이를 보면 그와 같이 될 것을 생각하고

子曰 見賢思齊焉 見不賢而內自省也

子(ᄌᆞ)ㅣ ᄀᆞᆯᄋᆞ샤ᄃᆡ 賢(현)ᄒᆞᆫ 이ᄅᆞᆯ 보고 齊(졔)홈을 思(ᄉᆞ)ᄒᆞ며 賢(현)티 아니ᄒᆞᆫ 이ᄅᆞᆯ 보고 안ᄒᆞ로 스스로 省(셩)홀 띠니라

선생님께서 말씀하시기를 "어진 이를 보면 그와 같이 될 것을 생각하며, 어질지 아니한 이를 보면 안으로 자신을 살필지니라." 하셨다.

【賢】 어진 사람. 현자(賢者). 현명한 사람. 덕행이 뛰어난 사람이나 재능이 많은 사람.

【齊】 같다. 같게 하다. 나란하다. 서로 동등하다(相等).

포함(包咸) - (思齊란) 어진 자와 같아지기를 생각하는 것이다. [思與賢者等]

【焉】 그와. 그 사람과. 於之. 합음사. 於는 전치사로 동작이나 행동에 관련되는 대상을 나타내며, 之는 지시대명사로 賢을 가리킴.

【而】 = 則. 이에 곧. …이면[하면] 곧. 접속사. 조건에 따른 결과를 나타냄. 非父則母 非兄而姒也(아버지가 아니면 어머니이고 형이 아니면 언니이다.) [墨子 明鬼]

【內】 안으로. 속으로. 내심(內心)으로. 마음속으로. 부사.

【自】 자기 자신. 일인칭대명사. 자신을 가리킴. 부사적 성격이 강하기 때문에 목적어로 쓰일 경우 동사 앞에 놓임. 先名實者 爲人也 後名實者 自爲也(명예와 공적을, 앞세우는 사람은 남을 위하고 뒤로 돌리는 사람은 자기 자신을 위합니다.) [孟子 告子 下]

【省】 살피다. 반성(反省)하다. 자신을 돌아보다.

주희(朱熹) - 思齊란 자신도 또한 이러한 선(善)이 있기를 바라는 것이이요, 內自省이란 자신도 이러한 악(惡)이 있을까 두려워하는 것이다. [思齊者 冀己亦有是善 內自省者 恐己亦有是惡]

【也】 …하라. …하시오. …해야 한다. 어기조사. 명령문 끝에 쓰여 충고나 금지의 어기를 나타냄. 일반적으로 부정을 나타내는 無, 毋, 不 등의 부사와 호응함.

18. 부모父母를 섬김에, 기미幾微로 간諫하여야 하니

子曰 事父母 幾諫 見志不從 又敬不違 勞而不怨

子(ᄌᆞ)ㅣ ᄀᆞᆯᄋᆞ샤ᄃᆡ 父母(부모)를 셤교ᄃᆡ 幾(긔)히 諫(간)홀 ᄯᅵ니 志(지)ㅣ 좃디 아니ᄒᆞ심을 보고 ᄯᅩ 敬(경)ᄒᆞ야 違(위)티 아니ᄒᆞ며 勞(로)ᄒᆞ야도 怨(원)티 아니홀 ᄯᅵ니라

선생님께서 말씀하시기를 "부모를 섬김에, 넌지시 간(諫)하여야 하니, (부모님의) 뜻이 따라와 주지 않음을 보고도 또 공경하여 거스르지 아니하고, 괴로워도 원망하지 아니할지니라." 하셨다.

【幾諫】 기운을 낮추고 부드러운 안색과 목소리로 은근하게 간함.

幾 : 조용하다(微也). 은근히. 넌지시. 조용하고 공손하게. 완곡하게.

諫 : 간언(諫言)을 하다. 바로 잡도록 옳은 말[직언(直言)]을 하다. 바른 말로 충고하다.

주희(朱熹)- (內則에) 이른바 '부모가 허물이 있으면 기를 낮추어 안색을 환하게 하고 목소리를 부드럽게 하여 간언(諫言) 한다.' 라는 것이다. [所謂父母有過 下氣怡色柔聲以諫也]

【見志不從】 (부모님의) 뜻이 따라와 주지 않는 것을 보다. 즉, 부모님의 뜻이 간(諫)한 것에 대하여 따라주지(수용하지) 않을 것임을 보다(알다). '志不從' 은 '見' 의 목적어.

從 : 말을 듣다. 수용하다. 남의 뜻을 따라 그대로 하다.

포함(包咸) - 見志는 부모의 뜻에 내가 간한 것을 따르지 않으려는 기색이 있음을 본 것이니, 또 마땅히 공경하여 감히 부모의 뜻을 어기지 않으면서 내가 간한 바를 이루어야 한다. [見志 見父母志有不從己諫之色 則又當恭敬 不敢違父母意而遂己之諫]

주희(朱熹) - 見志不從 又敬不違는 (內則에) 이른바 '간언이 만약 받아들여지지 않으면 더욱 공경하고 더욱 효도하여, 기뻐하시면 다시 간언한다.' 라는 말이다. [見志不從 又敬不違 所謂諫若不入 起敬起孝 悅則復(부) 諫也]

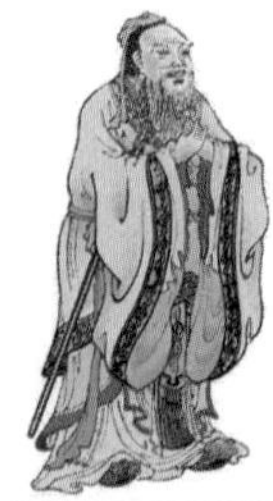

[참고] 정약용(丁若鏞) - '見'을 '現'으로 발음하니, 들추어 내보이는 것이다. 이는 어버이의 명을 따를 수 없다는 자신의 뜻을 은근히 보여주고 또한 공경하는 마음으로 어버이의 명을 어기지 않고 스스로 깨달으시길 기다리는 것이다. 이처럼 하는 것은 괴로운 일이나 아무리 괴롭더라도 원망하지 않는다. [見讀作現 露也示也 微示己志之不從親命 且須恭敬不違親命 以俟其自悟也 如是則勞矣 雖勞不怨] ☞ 자기의 뜻이 부모를 따르지 않음을 드러내면서도.

【違】 거스르다. 거역하다. 이의(異意)를 제기하다.

【勞】 괴롭다. 괴로워하다. 근심하다. 고민하다.

【怨】 원망하다. 남을 탓하다. 후회(後悔)하다.

주희(朱熹) - 勞而不怨은 (內則에) 이른바 '향당과 주려(州閭, 동네나 고을)에서 (부모가) 죄를 얻게 하기보다는 차라리 능숙하게 간언하는 것이 나으니, 부모가 노하여 기뻐하시지 아니하고, 종아리를 쳐 피가 흘러도 감히 (부모를) 미워하거나 원망하지 아니하고, 더욱 공경하고 더욱 효도하라.'는 말이다. [勞而不怨 所謂與其得罪於鄕黨州閭 寧孰諫 父母 怒不悅 而撻之流血 不敢疾怨 起敬起孝也] ♣ 孰은 熟과 같음.

19. 부모가 살아 계시거든 멀리 떠나 있지 아니하며

第四篇 里仁

子曰 父母在 不遠遊 遊必有方

子(ᄌᆞ)ㅣ ᄀᆞᆯᄋᆞ샤ᄃᆡ 父母(부모)ㅣ 겨시거시든 멀리 遊(유)티 아니ᄒᆞ며 遊(유)호ᄃᆡ 반ᄃᆞ시 方(방)을 둘 띠니라

선생님께서 말씀하시기를 "부모가 살아 계시거든 멀리 떠나 있지 아니하며, 떠나게 되면 반드시 정한 장소에 있어야 하느니라." 하셨다.

【在】 있다. 살아있다[계시다]. 생존해 있다.

【遊】 떠나다. 여행하다. 놀다. 나가 놀다. [참고] 顔淵-21.

不遠遊 : 멀리 떠나 있지 않다.

【必】 반드시[틀림없이, 꼭] …해야 한다. 부사. 동사 앞에 쓰여 어떤 동작을 실행하는 필요성을 나타냄.

【有方】 일정한 장소에 있어야 한다.

형병(邢昺) - 놀러 갈 때 반드시 일정한 장소를 정하여 두어야 하는데 부모가 나를 부르려 하실 때에 곧 그 거처를 알게 하고자 함이다. [遊必有常所 欲使父母呼己得 卽知其處也]

[참고]

① 일정한 장소[방소方所]가 있어야 한다. [朱熹]

② 장소[향방向方, 갈 곳]를 알려 드려야 한다.

③ 일정한 장소에 있어야 한다. [이강수, 동양고전연구회 등]

④ 정해진 규칙(규율)이 있어야 한다. [方 常也]

⑤ (편히 지내시게 할) 방법(方法)이 있어야 한다.

남회근((南懷瑾) - 부모가 늙어서 돌볼 사람이 없을 때 자녀는 멀리 나가더라도 반드시 부모가 편히 지낼 '방법'을 마련해 두어야 하는 것이 효자의 도리이다. 여기에서의 '方' 자는 '방법'이지 '방향'이 아니다.

20. 삼 년 동안 아버지의 도道를 고침이 없어야 효孝!

子曰 三年無改於父之道 可謂孝矣

언해 없음.

선생님께서 말씀하시기를 "삼년 동안 아버지의 도를 고침이 없어야 가히 효라 말할 수 있을 것이니라." 하셨다.

[참고] 學而-11.

【無】 없다.

【於】 …를. 전치사. 동작이나 행위에 직접 미치는 대상을 나타냄.

【父之道】 부친께서 생전에 일을 처리하시던 방식이나 원칙.

第四篇 里仁

21. 부모님의 연세年歲는 가히 알지 않으면 아니 될 것이니

子曰 父母之年 不可不知也 一則以喜 一則以懼

子(ᄌᆞ)ㅣ ᄀᆞᆯᄋᆞ샤ᄃᆡ 父母(부모)의 나ᄒᆞᆫ 可(가)히 知(디)티 아니티 몯ᄒᆞᆯ 꺼시니 一(일)로ᄂᆞᆫ 뼈 깃브고 一(일)로ᄂᆞᆫ 뼈 저프니라

선생님께서 말씀하시기를 "부모님의 연세(年歲)는 가히 알지[기억하지] 않으면 아니 될 것이니, 한 편으로는 기쁘기 때문이요, 한 편으로는 두렵기 때문이니라." 하셨다.

【年】 나이. 연령. 연세(年歲).

【知】 = 認. 기억(記憶)하다. 잊지 않다.

주희(朱熹) - 知는 기억하다와 같다. [知 猶記憶也]

【一】 한편으로(一方面).

【則】 …은(는). …으로는. 접속사. 一, 二, 三 등의 수사와 함께 여러 가지 사항을 열거함.

【以】 … 때문에. …으로 인하여. 전치사. 동작이나 행위가 발생한 원인을 나타냄.

【也】 …하라. …하시오. …해야 한다. 어기조사. 명령문 끝에 쓰여 충고나 금지의 어기를 나타냄. 일반적으로 부정을 나타내는 無, 毋, 不 등의 부사와 호응함.

주희(朱熹) - 항상 부모의 나이를 기억하여 알고 있으면 이미 그 장수하신 것이 기쁘고, 또 그 노쇠하신 것이 두려워서 날짜를 아끼는 정성에 있어 저절로 능히 그만둘 수 없게 됨이 있을 것이다. [常知父母之年 則旣喜其壽 又懼其衰 而於愛日之誠 自有不能已者]

[참고] 부모의 나이를 알아서 마땅히 그 효양하는 도리에 게으름이 없도록 해야 한다. [유교문화연구소, 논어, 성균관대학교출판부, 2007. p.120]

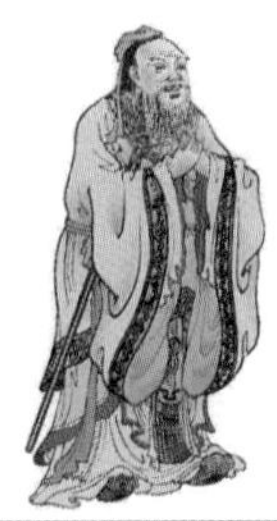

22. 옛날에 말을 함부로 하지 않은 것은

子曰 古者言之不出 恥躬之不逮也

子(ᄌᆞ)ㅣ ᄀᆞᆯᄋᆞ샤ᄃᆡ 古者(고쟈)애 말ᄉᆞᆷ을 내디 아니홈은 몸의 밋디 몯홈을 붓그림이니라

선생님께서 말씀하시기를 "옛날에 말을 (함부로) 내뱉지[하지] 않은 것은 몸[몸소 행함]이 미치지[뒤따르지] 못함을 부끄러워했기 때문이니라." 하셨다.

【古者】 옛날에. 옛날에는. 昔者.

者 : …에[는]. 어기조사. 시기·시간 등을 나타내는 말 뒤에 붙어서 그 말을 부사어로 만들어 주는 역할을 함.

[참고] 者 : 사람. ⇒ 古者 : 옛날 사람들(古之者).

【言之不出】 말을 입 밖으로 내뱉지 않다. 함부로 말을 하지 않다.

之 : …을[를]. 구조조사. 목적어를 강조하기 위하여 동사 앞으로 도치시킬 때 그 목적어와 동사 사이에 씀. 不出言의 도치.

出 : 나타내다. 표출하다. 표현하다. 말하다.

【恥躬之不逮也】 몸이 미치지[따르지] 않음[못함]을 부끄러워한 것이다[했기 때문이다]. 몸소 행하지 못할 경우를 부끄러워한 것이다.

躬 : 몸. 자신. 그 자체. 궁행(躬行, 몸소 행함).

之 : …은[는]. …이[가]. 구조조사(주격조사). 주술구조 사이에 쓰여 이를 명사구(절)로 만들어 주는 역할을 함.

逮체 : 미치다. 이르다. 뒤따르다.

也 : …이다. 어기조사. 진술문의 끝에 쓰여 판단이나 단정 또는 긍정을 나타냄.

포함(包咸) - 옛날 사람들이 말을 함에 망령되이 입에서 내뱉지 않은 것은, 자신의 행동이 장차 미치지 못하는 것을 부끄럽게 생각했기 때문이다. [古人之言不妄出口 爲恥其身行之將不及]

第四篇 里仁

23. 단속 절제함으로써 과실을 범하는 사람은 거의 없으니

子曰 以約失之者 鮮矣

子(ᄌᆞ)ㅣ ᄀᆞᆯᄋᆞ샤ᄃᆡ 約(약)으로ᄡᅥ 失(실)ᄒᆞᆯ 者(쟈)ㅣ 져그니라

선생님께서 말씀하시기를 "단속 절제함으로써 과실(過失)을 범하는 사람은 거의 없느니라." 하셨다.

【以】 …으로써. …을 가지고[통하여]. 전치사. 도구·수단·방법을 나타냄.

【約】 다잡다. 잡도리(잘못되지 않도록 엄하게 단속하는 일)하다. 절제하다. [단속, 조심, 주의, 신중]

[참고] 다잡다 : ① 다그쳐 단단히 잡다. ② 엄하게 단속을 하거나 통제하다. ③ 들뜨거나 어지러운 마음을 가라앉혀 바로잡다. ④ 단단히 다스리거나 잡도리하다. ⑤ 어떤 사실을 꼭 집어내거나 다지다.

정약용(丁若鏞) - 삼가는 마음으로 자기 자신을 단속[검속]하여 감히 방자하지 않음을 約이라 한다. [竦然束躬 不敢放肆 謂之約]

사량좌(謝良佐) - 잘난 체하여 스스로 방사(放肆)하지 않음을 약(約)이라 이른다. [不侈然以自放之謂約]

【失】 과실(過失)을 범하다. 잘못이나 허물이 생기다. 잘못하다. 실수하다.

【之】 …하는[한]. …의. 조사. 관형어와 중심어 사이에 쓰여 중심어를 수식하거나 국한하는 관계를 나타냄. 앞의 말에 형용성(形容性)을 띠게 함.

【鮮】 적다(少也). 드물다. 흔하지 않다. 거의 없다.

【矣】 …이다. 어기조사. 단정 또는 필연의 결과를 나타냄.

윤돈(尹焞) - 모든 일을 약(約)하게 하면 곧 실수를 적게 하니, 다만 검약(儉約)만을 말한 것이 아니다. [凡事約則鮮失 非止謂儉約也]

24. 군자는 말을 어눌하게 하고 행함을 민첩하게 하고자 하니

子曰 君子 欲訥於言而敏於行

子(ᄌᆞ)ㅣ ᄀᆞᆯᄋᆞ샤ᄃᆡ 君子(군ᄌᆞ)ᄂᆞᆫ 言(언)에 訥(눌)ᄒᆞ고 行(ᅘᆡᆼ)애 敏(민)코져 ᄒᆞᄂᆞ니라

선생님께서 말씀하시기를 "군자는 말을 어눌하게 하고 행함을 민첩하게 하고자 하느니라." 하셨다.

[참고] 學而-14, 爲政-13.

【欲】 …하고자 하다. …하려고 하다. …하기를 바라다.

【訥】 어눌(語訥)하다. 과묵(寡默)하여 말을 경솔하게 하지 않다.

【於】 …을. 전치사. 동작이나 행위에 직접 미치는 대상을 나타냄.

【而】 와[과]. …하고. 그리고. 접속사. 병렬관계를 나타냄.

【敏】 민첩(敏捷)하다. 재빠르다. ⇒ 남보다 먼저 앞장서서 하다. 앞장서 부지런히 배우거나 실천하다. 수고를 아끼지 않고 앞장서 부지런히 일하다.

포함(包咸) - 訥은 더디고 둔하다는 뜻이다. 말은 더디고 행동은 민첩하게 하고자 함을 말한다. [訥 遲鈍也 言欲遲而行欲疾]

사량좌(謝良佐) - 함부로 말하는 것은 쉬우므로 어눌(語訥)하고자 하며, 힘써 행함은 어려우므로 민첩하고자 하는 것이다. [放言易 故欲訥 力行難 故欲敏]

25. 덕德은 외롭지 아니한지라 반드시 이웃이 있느니

子曰 德不孤 必有鄰

子(ᄌᆞ)ㅣ ᄀᆞᆯᄋᆞ샤ᄃᆡ 德(덕)이 孤(고)티 아니ᄒᆞᆫ 디라 반ᄃᆞ시 鄰(린)이 인ᄂᆞ니라

선생님께서 말씀하시기를 "덕(德)은 외롭지 아니한지라 반드시 이웃이 있느니라." 하셨다.

【德】 덕. 도덕성. ㉠ 도덕적·윤리적 이상을 실현해 나가는 인격적 능력. 도덕적·윤리적 선(善)에 대한 의지(意志)의 항상적(恒常的) 지향성(志向性) 및 선(善)을 실현하는 항상적 능력. ㉡ 공정하고 남을 넓게 이해하고 받아들이는 마음이나 행동.

【孤】 외롭다. 홀로 되다. 의지할 데가 없다.

정약용(丁若鏞) - 외롭게 홀로 서 있는 것을 孤라 말한다. [孑然獨立曰 孤]

【必】 반드시. 꼭. 참으로. 과연. 동작·행위·성질·상태 등에 대한 결연한 의지나 확신을 나타냄.

【鄰】 이웃.

주희(朱熹) - 鄰은 親과 같다. 덕(德)은 고립되지 않아 반드시 같은 유(類)가 응한다. 그러므로 덕이 있는 자는 반드시 그 동류가 따름이 있으니, 거주하는 곳에 이웃이 있는 것과 같은 것이다. [鄰 猶親也 德不孤立 必以類應 故 有德者 必有其類從之 如居之有鄰也]

26. 임금을 섬김에 번거롭게 하면 이에 곧 욕을 보게 될 것이고

子游曰 事君數 斯辱矣 朋友數 斯疏矣

子游(ᄌᆞ유)ㅣ ᄀᆞᆯ오ᄃᆡ 君(군)을 셤김애 數(삭)ᄒᆞ면 이에 辱(욕)ᄒᆞ고 朋友(븡우)에 數(삭)ᄒᆞ면 이에 疏(소)ᄒᆞᄂᆞ니라

자유(子游)가 말하기를 "임금을 섬김에 번거롭게 하면 이에 곧 욕을 보게 될 것이고, 벗을 사귐에 번거롭게 하면 이에 곧 소원(疏遠)해질 것이다." 하였다.

[참고] 顔淵-23. 자공이 친구(교우交友)에 대해 물었다. 공자께서 대답하시기를 "충심으로 말하고 잘 인도하되 불가능하면(잘 안되면) 그만두어 스스로 욕되지 말게 하여야 한다(모욕을 자초하지 말라)." 하셨다. [子貢問友 子曰 忠告而善道之 不可則之 無自辱焉]

【子游】 공자의 제자. 성은 언(言). 이름은 언(偃). 자가 자유(子游). 오(吳)나라 사람으로 공자보다 45세 아래. 무성(武城)의 읍재(邑宰)를 지냄.

【事】 섬기다(侍奉). 모시다.

【數삭】 번삭(煩數)하다[번거롭게 잦다. 너무 잦아 귀찮다]. 자주 번거롭게 하다. 자주하다. 되풀이하다.

정호(程顥) - 數은 번거롭고 자주하는 것이다. [數 煩數也]

호인(胡寅) - 임금을 섬김에 간(諫)하는 말이 행해지지 않으면 마땅히 떠나야 하고, 벗을 인도함에 착한 말이 받아들여지지 않으면 마땅히 중지해야 하니, 번독(煩瀆, 너저분하게 많고 더럽다, 개운하지 못하고 번거롭다)함에 이르면 말한 자는 가벼워지고 듣는 자는 싫어한다. 이 때문에 영화를 구하다가 도리어 욕을 당하고, 친하기를 구하다가 도리어 소원해지는 것이다. [事君 諫不行則當去 導友 善不納則當止 至於煩瀆 則言者輕 聽者厭矣 是以 求榮而反辱 求親而反疏也]

범조우(范祖禹) - 君臣과 朋友는 모두 의로써 합하였다. 그러므로 그 일이 똑같은 것이다. [君臣朋友 皆以義合 故其事同也]

정약용(丁若鏞) - 數은 입성(入聲)이다. 數은 煩(빈번하다)이고 促(촉구하다)이고 密(은밀하다)이다. 아무 때나 임금을 알현한다거나 말을 간단히 하지 않는다

거나 만족할 줄 모르고 끝없이 구하는 것, 이 모두가 數이다. 이는 반드시 하나의 일만을 가리킨 것이 아니다. [數入聲 補曰 數煩也促也密也 進見無時言語不簡 求索無厭 皆數也 不必指一事也]

【斯】 …하면 (곧). 이렇게 되면. 그렇다면. 접속사. 앞의 문장을 이어받아 조건에 따른 결과를 나타냄.

【辱】 욕을 보다. 욕되게 하다. 욕됨을 당하다. 곤욕을 당하다. 곤욕을 치르다. 피동으로 쓰임.

【矣】 …이다. 어기조사. 단정 또는 필연의 결과를 나타냄.

【疏】 친하지 않다. 사이가 멀어지다. 소원(疏遠) 해지다.

第五篇

公冶長 공야장

恭敬惠義

(몸가짐이) 공손(恭遜)하고, (윗사람을 섬김이) 공경(恭敬)스러우며,
(백성을 기름이) 은혜(恩惠)로우며, (백성을 부림이) 의(義)로우니 [公冶長-16]

1. 공야장公冶長은 가히 사위로 삼을만하니

子謂公冶長 可妻也 雖在縲絏之中 非其罪也 以其子妻之

子(ᄌᆞ)ㅣ 公冶長(공야댱)을 닐ᄋᆞ샤ᄃᆡ 可(가)히 妻(쳐)ᄒᆞ얌즉 ᄒᆞ도다 비록 縲絏(류셜)ㅅ 中(듕)에 이시나 그 罪(죄)ㅣ 아니라 ᄒᆞ시고 그 子(ᄌᆞ)로써 妻(쳐)ᄒᆞ시다

선생님께서 공야장(公冶長)을 평하여 이르시기를 "가히 사위로 삼을 만하도다. 비록 구금(拘禁) 중에 있었지만 그의 죄가 아니었느니라." 하시고, 당신의 딸을 그에게 시집보내셨다.

【謂】 말하다. 비평(批評)하다. 평(評)하여 말하다.

【公冶長】 공자의 제자이자 사위. 성은 공야(公冶). 이름은 장(長). 자는 자장(子長). 사기(史記)에는 제(齊)나라 사람, 공자가어(孔子家語)에는 노(魯)나라 사람이라 하였음.

【妻】 사위로 삼다. 시집보내다. 아내로 삼다. '可妻也'의 '妻'는 '사위로 삼다.'로, '以其子妻之'의 '妻'는 '시집을 보내다'로 해석함이 타당할 것임. 齊侯欲以文姜妻鄭大子忽(제나라 임금이 문강을 정나라 태자 홀에게 시집보내려 했다.) [春秋 左傳 桓公六年] 太子忽嘗有功於齊 齊侯請妻之(태자 홀은 일찍이 제나라에 공을 세운 적이 있어서, 제나라 임금이 그를 사위로 삼기를 청했다.) [詩經 鄭風 有女同車 序]

주희(朱熹) - 妻는 (시집보내어) 그의 아내가 되게 하는 것이다. [妻 爲之妻也]

【也】 …이다. 어기조사. 진술문의 끝에 쓰여 판단이나 단정 또는 긍정을 나타냄.

【雖】 비록 …일[할] 지라도. 접속사. 양보관계를 나타냄.

【縲絏누설】 ① 범인을 묶는 노끈. 포승(捕繩). (인신하여) 감옥(監獄). ② 구금함. 누설(縲紲).

縲루 : 포승(黑索). 검은색의 오랏줄.

絏설 : 묶다. 포박하다.

주희(朱熹) - 縲는 검정색의 새끼줄이고 絏은 결박이니, 옛날 옥중에서는 검정색의 포승으로 죄인을 결박하였다. [縲 黑索也 絏 攣也 古者獄中 以黑索拘攣罪人]

【之】 ① …의. 조사. 관형어와 중심어 사이에 쓰여 종속관계를 나타냄. 縲絏之中.

② 그. 그 사람. 인칭대명사. 公冶長을 가리킴. 妻之.

【中】 …하는 중[가운데]. 동작이나 현상이 진행되는 과정을 나타냄.

【以】 …으로써. …을 가지고[통하여]. 전치사. 도구·수단·방법을 나타냄.

【其子】 그의 자식. 공자의 자식, 곧 공자의 딸.

其 : 그. 그 사람. 인칭대명사. 맨 앞의 '子(孔子)'를 가리킴.

子 : 자식. 아들과 딸의 통칭. 여기서는 딸을 가리킴.

형병(邢昺) - 구설(舊說)에는 공야장이 새소리를 알았으므로 포승으로 묶어 가두었다고 하였으나, 그 말은 도리에 맞지 않기 때문에 지금은 취하지 않는다. [舊說冶長解禽語 故繫之縲紲 以其不經 今不取也] [참고] 황간(皇侃)의 논어의소(論語義疏)에, 공야장은 새소리를 들으면 그 뜻을 알 수 있는 비범한 재능을 지니고 있어, 어떤 살인사건이 일어났을 때 새의 소리를 듣고 시체가 있는 곳을 찾아내어 도리어 살인 혐의를 받아 옥에 갇히게 되었고, 새소리, 그리고 또 돼지와 제비의 말까지 아는 것을 여러 번 실증하고 혐의가 풀려 석방되었다는 설이 실려 있음.

2. 남용南容은 나라에 도가 있을 때는 폐廢치 아니 되고

子謂南容 邦有道 不廢 邦無道 免於刑戮 以其兄之子妻之

子(ᄌᆞ)ㅣ 南容(남용)을 닐ᄋᆞ샤ᄃᆡ 나라히 道(도)ㅣ 이슘애 廢(폐)티 아니ᄒᆞ며 나라히 道(도)ㅣ 업슴애 刑戮(형륙)에 免(면)ᄒᆞ리라 ᄒᆞ시고 그 兄(형)의 子(ᄌᆞ)로뻐 妻(쳐)ᄒᆞ시다

선생님께서 남용(南容)을 평하여 이르시기를 "나라에 도(道)가 행해지고 있을 때는 폐출(廢黜)되지 않겠고, 나라에 도(道)가 행해지지 않을 때는 형벌을 면하겠구나." 하시고, 당신 형의 딸을 그에게 시집보내셨다.

[참고] 先進-5.

【南容】 공자의 제자. 성은 남궁(南宮). 자는 자용(子容). 이름은 사기(史記)에 괄(适)로, 공자가어(孔子家語)에는 도(縚)로 되어 있음. 주희(朱熹)는 南宮에 거처하였고 시호(諡號)는 경숙(敬叔)이며 맹의자(孟懿子)의 兄이라 하였음. 또 정현(鄭玄)의 예기(禮記) 단궁(檀弓) 주(注)에는 '남궁도(南宮縚)는 맹희자(孟僖子)의 아들 남궁열(南宮閱)이다.' 라고 하였음. [참고] 좌전(左傳) 소공(昭公) 11년 - 천구[泉丘, 지금의 산동성(山東省) 영양(寧陽)과 사수(泗水) 사이에 있는 지명]의 여자가 맹의자를 먼저 낳고 그 뒤에 경숙을 낳았다. [泉丘女先生懿子 後生敬淑] [참고] 憲問-6.

【邦有道】 나라에 도가 있다. 나라에 도가 있을 때는. 나라에 올바른 도가 행하여지고 있을 때는.

【廢】 내쫓다. 등용하지 아니하고 내치다. 파면하다. 축출하다. 폐출하다.

주희(朱熹) - 不廢는 반드시 쓰여 질 것임을 말씀하신 것이다. [不廢 言必見用也]

【於】 …을. 전치사. 동작이나 행위에 직접 미치는 대상을 나타냄.

【刑戮형륙】 형법에 의하여 죄인을 벌함. 형벌. 형벌에 처함.

3. 자천子賤은 군자로다!

第五篇 公冶長

子謂子賤 君子哉若人 魯無君子者 斯焉取斯

子(ᄌᆞ)ㅣ 子賤(ᄌᆞ쳔)을 닐ᄋᆞ샤ᄃᆡ 君子(군ᄌᆞ)ㅣᆫ 디라 이러ᄐᆞᆺ ᄒᆞᆫ 사ᄅᆞᆷ이여 魯(로)애 君子(군ᄌᆞ)ㅣ 업스면 이 어ᄃᆡ가 이ᄅᆞᆯ 取(츄)ᄒᆞ리오

선생님께서 자천(子賤)을 평하여 이르시기를 "군자로다! 이 사람은. 만일 노나라에 군자가 없었다면 이 사람이 어디에서 이러한 군자다움을 취하였겠는가?" 하셨다.

【子賤】 공자의 제자. 魯나라 사람. 성은 宓(복). 이름은 不齊(부제). 자가 子賤(자천). 사기(史記)에는 공자보다 30세 아래로, 공자가어(孔子家語)에는 49세 아래로 되어 있음.

【哉】 …이로다! …이구나! …이도다! …하구나! …로구나! …이여! 어기조사. 찬양·비통·분노·경악·감개 등의 감탄의 어기를 나타냄.

【若】 이. 그. 저. 이러한. 지시대명사. 가까이 있는 사물·상황 등을 나타내며 주어·관형어·부사어로 쓰임.

【者】 …이면. …하면. …한다면. 어기조사. 가설(가정)이나 조건의 어기를 나타냄.

【斯焉取斯】 이 어디서 이를 취하였겠는가? 이 사람(子賤)이 어디에서 이것[君子]을 취하였겠는가? 이 사람이 어디에서 이 군자다움을 취하였겠는가? 이 사람이 어디에서 이러한 군자의 德性(덕성)을 취하였겠는가?

斯 : 이것[이 사람. 이 일]. 이. 이러한. 이렇게. 여기. 지시대명사. 앞의 '斯'는 '子賤'을 가리키고, 뒤의 '斯'는 '君子'를 가리킴.

焉 : 어느 곳에서. 어디에서. 의문대명사. 장소에 대한 물음을 나타냄. 부사어로 쓰임.

取 : 취하다. 손에 쥐다. 손에 넣다. 가지다.

주희(朱熹) - 위 斯자는 이 사람이고, 아래 斯는 이 德이다. 자천은 아마도 어진 이를 높이고 훌륭한 벗을 취하여 덕을 이룬 사람인 듯하다. 그러므로 夫子께서 이미 그의 어짊을 감탄하시고, 또 '만약 노나라에 군자가 없었다면 이 사람이 어디에서 취하여 이러한 덕을 이루었겠는가?' 라고 말씀하셨으니, 이로 인하여

노나라에 군자가 많음을 나타내신 것이다. [上斯此人 下斯此德 子賤 蓋能尊賢 取友 以成其德者 故 夫子旣歎其賢 而又言 若魯無君子 則此人 何所取以成此德乎 因以見현魯之多賢也]

설원(說苑) - 복자천(宓子賤)이 선보(單父)를 다스리는데 악기를 연주하면서 자신은 당(堂)을 내려가지 않았으나 선보가 잘 다스려졌다. 무마기(巫馬期)가 또한 선보를 다스리는데 별이 있을 때 출근하고 별이 있을 때 퇴근하여 밤낮으로 쉬지 않고 자신이 직접 하여 선보가 또한 다스려졌다. 무마기가 복자천에게 그 까닭을 물었다. 복자천이 말하기를 '나는 사람에게 일을 맡겼고, 그대는 힘에 일을 맡겼습니다. 힘에 일을 맡기는 사람은 진실로 수고스럽고, 사람에게 일을 맡기는 사람은 진실로 편안합니다.' 하였다. … 공자의 제자 중에 공멸(孔蔑)이란 자가 있었는데, (그도) 복자천과 똑같이 (각각) 벼슬을 하였다. 공자께서 공멸이 벼슬하는 곳을 지나가시다가 그에게 물으시기를 '네가 벼슬을 하고부터 무엇을 얻고 무엇을 잃었느냐?' 하시니, 공멸이 말씀드리기를 '제가 벼슬하고부터 얻은 것은 없고 잃은 것은 셋이 있습니다.' 하고, 말씀드리기를 '나랏일이 마치 옷을 껴입은 듯 번잡하여 배운 것을 어찌 익히겠나이까? 이 때문에 배운 것을 밝히지 못함이 잃은 바의 하나이며, 봉록이 적어 죽을 먹습니다. 죽으로는 친척에게 충분히 미치지 못하니 친척이 더욱 소원해 짐이 잃은 바의 둘이며, 공사가 다급하여 조문이나 병문안을 못하기 때문에 친구가 더욱 소원해 짐이 잃은 바의 셋입니다.' 하였다. 공자께서 기뻐하지 않으셨다. 그리고 다시 자천을 보러 가서 말씀하시기를 '네가 벼슬을 하고부터 무엇을 얻고 무엇을 잃었느냐?' 하시니, 자천이 말씀드리기를 '제가 벼슬하고부터 잃은 것은 없고 얻은 것이 셋이 있사온데, 처음에 글을 읽었던 것을 지금 실천하여 행하니 곧 배운 것이 날로 더욱 분명해 짐이 얻은 바의 하나이며, 봉록이 비록 적어 죽을 먹지만 죽이라도 친척에게 미칠 수 있으니 이 때문에 친척이 더욱 가까이 함이 얻은 바의 둘이며, 공사가 비록 급하기는 하나 밤에라도 부지런히 조문하고 병문안하니 이 때문에 친구가 더욱 친해짐이 얻은 바의 셋입니다.' 하였다. 공자께서 자천을 일컬어 말씀하시기를 '군자로다! 이 사람은, 군자로다! 이 사람은. 노나라에 군자가 없었다면 이 어디에서 이를 취하였겠는가?' 하셨다. [宓子賤治單父 彈鳴琴 身不下堂而單父治 巫馬期亦治單父 以星出 以星入 日夜不處 以身親之 而單父亦治 巫馬期問其故於宓子賤 宓子賤曰 我之謂任人 子之謂任力 任力者固勞 任人者固佚 … 孔子弟子有孔蔑者 與宓子賤皆仕 孔子往過孔蔑 問之曰 自子之仕者 何得何亡 孔蔑曰 自吾仕者未有所得 而有所亡者三 曰 王事若襲 學焉得習 以是學不得明也 所亡者一也 奉祿少鬻 鬻不足及親戚 親戚益疏矣 所亡者二也 公事多急 不得弔死視病 是以朋友益疏矣 所亡者三也 孔子不說 而復往見子賤曰 自子之仕 何得何亡 子賤曰 自吾之仕 未有所亡而所得者三 始誦之文 今履而行之 是學日益明也 所得者一也 奉祿雖少鬻 鬻得及親戚 是以親戚益親也 所得者二也 公事雖急 夜勤弔死視病 是以朋友益親也 所得者三也 孔子謂子賤曰 君子哉 若人 君子哉 若人 魯無君子也 斯焉取斯]

4. 사賜는 그 그릇이 호瑚이며 련璉이니라

子貢問曰 賜也何如 子曰 女器也 曰 何器也 曰 瑚璉也

子貢(ᄌᆞ공)이 묻ᄌᆞ와 ᄀᆞᆯ오ᄃᆡ 賜(ᄉᆞ)ᄂᆞᆫ 엇더ᄒᆞᆫ닝잇고 子(ᄌᆞ)ㅣ ᄀᆞᆯᄋᆞ샤ᄃᆡ 너ᄂᆞᆫ 器(긔)ㅣ니라 ᄀᆞᆯ오ᄃᆡ 엇던 器(긔)ㅣ닝잇고 ᄀᆞᆯᄋᆞ샤ᄃᆡ 瑚(호)ㅣ며 璉(련)이니라

자공(子貢)이 여쭈어 말씀드리기를 "저[사(賜)]는 어떻습니까?" 하자, 선생님께서 말씀하시기를 "너는 그릇이니라." 하셨다. (자공이) 말씀드리기를 "어떤 그릇이나이까?" 하자, (공자께서) 말씀하시기를 "호(瑚)이며 련(璉)이니라." 하셨다.

【賜】 자공(子貢)의 이름. 자공은 그의 자. 고대 중국어에서는 자기 자신을 지칭할 때 흔히 자신의 이름을 썼음. [참고] 學而-10.

【也】 …은(는). …이란. …이면. 어기조사. 음절을 조정하고 어기를 고르는(말을 잠깐 멈추고 다음 내용을 환기시키는) 역할을 함.

【何如】 어떠합니까? 어떻습니까? 관용형식으로 의견이나 견해를 물음.

【女】 너. =汝. 이인칭대명사.

【器】 그릇. ⇒ 쓸모 있는 재목(材木)[인재(人材)]. [참고] 爲政-12.

주희(朱熹) - 器란 쓰임이 있는 완성된 재목이다[쓸모 있는 기성의 인재이다]. [器者 有用之成材]

【瑚璉호련】 중국 고대 종묘(宗廟) 제사에서 서직(黍稷, 찰기장과 메기장)을 담는 그릇. 옥(玉)으로 장식되었다. 이 장으로 인하여 인신(引伸)되어 국가를 편안하게 다스릴 만한 인재(人才), 곧 훌륭한 인재를 비유하게 됨.

주희(朱熹) - 夏나라에서는 호(瑚)라 하였고 商(殷)나라에서는 련(璉)이라 하였고, 周나라에서는 보궤(簠簋)라 하였으니 모두 종묘(宗廟)에서 서직(黍稷)을 담는 그릇인데 玉으로 장식하였으니, 그릇 중에서 귀하고 소중하며 화려하고 아름다운 것이다. 자공은 공자께서 자천을 군자라고 허여(인정)하심을 보았다. 이 때문에 자기를 가지고 질문함에 공자께서 이것으로 답하셨으니, 그렇다면 자공이 비록 '不器(불기)'의 경지에는 이르지 못하였으나 그 또한 그릇 중에

귀한 것일 것이다. [夏曰瑚 商曰璉 周曰簠簋 皆宗廟盛黍稷之器 而飾以玉 器之貴重而華美者也 子貢 見孔子以君子許子賤 故 以己爲問 而孔子告之以此 然則子貢 雖未至於不器 其亦器之貴者歟] [참고] 예기(禮記) 명당위(明堂位)에는 夏나라가 璉, 商나라가 瑚로 되어 있음. [형병(邢昺)]

5. 염옹冉雍은 인仁하지만 말재주는 없다 하자

或曰 雍也仁而不佞 子曰 焉用佞 禦人以口給 屢憎於人 不知其仁 焉用佞

或(혹)이 ᄀᆞᆯ오ᄃᆡ 雍(옹)은 仁(ᅀᅵᆫ)ᄒᆞ고 佞(녕)티 몯ᄒᆞ도다 子(ᄌᆞ)ㅣ ᄀᆞᆯᄋᆞ샤ᄃᆡ 엇디 佞(녕)을 ᄡᅳ리오 人(ᅀᅵᆫ)을 禦(어)호ᄃᆡ 口給(구급)으로ᄡᅥ ᄒᆞ야 ᄌᆞ조 人(ᅀᅵᆫ)에 憎(증)ᄒᆞ이ᄂᆞ니 그 仁(ᅀᅵᆫ)은 아디 몯ᄒᆞ거니와 엇디 佞(녕)을 ᄡᅳ리오

어떤 사람이 말씀드리기를 "염옹(冉雍)은 인(仁)하지만 말재주는 없습니다." 하자, 선생님께서 말씀하시기를 "말재주를 어디에다 쓰겠는가? 구변으로써 남의 말을 막아 자주 사람들에게 미움을 받게 되니, 그가 인(仁)한지는 알지 못하나 말재주를 어디에다 쓰리오?" 하셨다.

【雍】 공자의 제자. 노(魯)나라 사람으로 성은 冉(염). 이름이 雍(옹). 자는 仲弓(중궁). 공자보다 29세 아래.

【也】 …은(는). …이란. …이면. 어기조사. 음절을 조정하고 어기를 고르는(말을 잠깐 멈추고 다음 내용을 환기시키는) 역할을 함.

【而】 그런데. 그러나. 그렇지만. 오히려. 접속사. 역접관계를 나타냄.

【焉用佞】 말재주(구변이 좋은 것)를 무엇(어디)에 쓰겠는가?

焉 : 무슨. 무엇에. 어디에. 의문대명사. 사물에 대한 물음을 나타냄.

佞 : 말재주(口才). 말을 잘하다(善辯). 말재주가 좋다. 구변(口辯)이 좋다. 아첨하다. 교묘한 말로 알랑거리다.

【禦人以口給】 ① 사람(남)들을 상대(응대)함에 구변(말주변)으로써 함. 곧 구변(말주변)으로써 사람(남)들을 상대(응대)함. [鄭堯一, 신동준, 金學主] ② 사람(남)들의 말을 막되 구변(말주변)으로써 함. 곧, 구변(말주변)으로써 사람(남)들의 말을 막음. ③ 구변으로써 사람들에게 대항하다.

禦어 : 막다. 맞서다. 대항하다. 대적하다. 응대하다. 상대하다. 대하다.

주희(朱熹) - 禦는 當이니 應答과 같다. [禦 當也 猶應答也]

以 : …으로써. …을 가지고[통하여]. 전치사. 도구·수단·방법을 나타냄.

口給 : 구민(口敏). 구변(口辯). 말솜씨가 좋음. 말주변이 있음.

給 : 말 잘하다(口齒伶俐).

주희(朱熹) - 給은 변(辨)이다. [給 辨也]

【屢】 자주. 여러 차례. 누차(屢次·累次). 부사. 동작이나 행위가 항상 혹은 여러 차례 발생함을 나타냄.

【憎】 싫어하다. 미워하다. ⇒ 미움을 받다. 피동형.

주희(朱熹) - 憎은 미워함이다. [憎 惡也]

【於】 …에게. …에 의해. 전치사. 피동문에서 동작의 주체를 나타냄.

주희(朱熹) - 내 비록 중궁(仲弓)이 仁한지는 알지 못하겠으나 그의 말재주 없음은 바로 어진 것[賢]이 되므로 족히 흠이 될 것이 없다(고 말씀하신 것이다). [我雖未知仲弓之仁 然 其不佞 乃所以爲賢 不足以爲病也]

6. 칠조개漆雕開로 하여금 벼슬하라 하셨는데

第五篇 公冶長

子使漆雕開仕 對曰 吾斯之未能信 子說

子(ᄌᆞ)ㅣ 漆雕開(칠됴기)로 ᄒᆞ여곰 仕(ᄉᆞ)ᄒᆞ라 ᄒᆞ신대 對(ᄃᆡ)ᄒᆞ야 ᄀᆞᆯ오ᄃᆡ 내 이ᄅᆞᆯ 能(능)히 信(신)티 몯ᄒᆞ얀노이다 子(ᄌᆞ)ㅣ 說(열)ᄒᆞ시다

선생님께서 칠조개(漆雕開)로 하여금 벼슬하라 하셨는데 (칠조개가) 대답하여 말씀드리기를 "저 이(벼슬하는 것)를 능히 자신(自信)하지 못하겠나이다." 하자, 선생님께서 기뻐하셨다.

【漆雕開】 공자의 제자. 성은 칠조(漆雕). 자는 자약(子若). 이름이 개(開). 공자보다 11세 아래. ♣ 사기(史記) 중니제자열전(仲尼弟子列傳)에는 자가 子開(자개)로 되어 있으며, 한서예문지고증(漢書藝文志考證)에 따르면 본래의 이름은 啓(계)였는데 漢代에 景帝(경제)의 이름을 諱(휘)하느라고 '開'로 고쳤다고 함.

【使】 …에게[으로 하여금] ~하도록 하다. …에게 ~을 시키다. 사역동사.

정약용(丁若鏞) - 공자는 칠소개의 재목과 식견이 족히 관직을 맡을 수 있음을 알았기 때문에 그로 하여금 벼슬하게 한 것이다. [공자가 대사구(大司寇)가 되어 정사를 잡고 있었으므로 그 권력이 제자로 하여금 벼슬하게 할 수 있었다.] [孔子知開之材識足以任職 故使之仕 孔子爲大司寇秉政 其權能令弟子仕]

【斯】 이것[이 사람. 이 일]. 이러한. 이렇게. 여기. 지시대명사. 仕를 가리킴.

【之】 …을[를]. 구조조사. 목적어를 강조하기 위하여 동사 앞으로 도치시킬 때 그 목적어와 동사 사이에 씀.

【未能】 능히[충분히] …할 수 없다. 능히[충분히] … 못하다.

【信】 자신하다. 스스로의 굳은 믿음이 있다.

주희(朱熹) - 信은 참으로 그러함을 알아 털끝만한 의심도 없음을 이른다. [信謂眞知其如此 而無毫髮之疑也]

【說열】 = 悅. 기쁘다. 기뻐하다(悅懌). 즐거워하다.

정현(鄭玄) - 그가 道에 뜻을 둠이 깊은 것을 기뻐하신 것이다. [喜其志道深]

정호(程顥) - 칠조개가 이미 대의(大意)를 보았다. 그러므로 공자께서 기뻐하신

것이다. [漆雕開已見大意 故夫子說之]

사량좌(謝良佐) - 칠조개의 학문은 상고할 수 없다. 그러나 성인께서 그로 하여금 벼슬을 하게 하였으니, 반드시 그의 재질이 벼슬할 만하였을 것이다. 마음가짐의 은미(隱微)함에 이르러서는 털끝만큼이라도 自得하지 못한 점이 있으면 자신할 수 없다고 하는 것은 害가 되지 않는다. 이것은 聖人도 아시지 못하는 것인데, 칠조개가 스스로 안 것이다. 그 재질이 벼슬할 만한데도 그 그릇이 작은 성취에 안주하지 않았으니, 후일에 성취할 바를 어찌 헤아릴 수 있겠는가 夫子께서 이 때문에 기뻐하신 것이다. [開之學無可考 然聖人使之仕 必其材可以仕矣 至於心術之微 則一毫不自得 不害其爲未信 此聖人所不能知 而開自知之 其材可以仕 而其器不安於小成 他日所就 其可量乎 夫子所以說之也]

정약용(丁若鏞) - 그가 스스로 능력이 충분하다고 여기지 않음을 기뻐하신 것이다. [悅其不自足]

第五篇 公冶長

7. 도가 행해지지 않는지라 뗏목을 타고 바다에 부류浮流할지니

子曰 道不行 乘桴浮于海 從我者其由與 子路聞之喜 子曰 由也好勇過我 無所取材

子(ᄌᆞ)ㅣ ᄀᆞᆯᄋᆞ샤ᄃᆡ 道(도)ㅣ 行(ᄒᆡᆼ)티 몯ᄒᆞᄂᆞᆫ 디라 桴(부)를 乘(ᄉᆞᆼ)ᄒᆞ야 海(ᄒᆡ)에 浮(부)호리니 나ᄅᆞᆯ 從(죵)ᄒᆞᆯ 者(쟈)ᄂᆞᆫ 그 由(유)ᅟᅵᆫ뎌 子路(ᄌᆞ로)ㅣ 듣고 깃거ᄒᆞᆫ대 子(ᄌᆞ)ㅣ ᄀᆞᆯᄋᆞ샤ᄃᆡ 由(유)ᄂᆞᆫ 勇(용)을 好(호)홈이 내게 過(과)ᄒᆞ나 取(취)ᄒᆞ야 材(ᄌᆡ)ᄒᆞᆯ 빼 업도다

선생님께서 말씀하기를 "도(道)가 행해지지 않는지라 뗏목을 타고 바다에 부류(浮流)할지니, 아마 나를 좇을 자는 유(由)이리라." 하셨다. 자로(子路)가 그 말씀을 듣고 기뻐하니, 선생님께서 말씀하시기를 "유(由)는, 용(勇)을 좋아하는 것은 나를 능가하나 취하여 재량(裁量)하는 바가 없구나." 하셨다.

【乘桴浮于海】 뗏목을 타고 바다에 부류(浮流)하다.

桴부 : 떼. 뗏목(筏也).

마융(馬融) - 桴는 대나무를 묶어 놓은 뗏목인데, 큰 것을 벌(栰)이라 하고 작은 것을 부(桴)라 한다. [桴 編竹木 大者曰栰 小者曰桴]

于 : …에. …에서. 전치사. 동작이나 행위가 발생하는 장소를 나타냄.

浮 : (배 등을) 띄우다. (배 등을) 타고 가다. 부류(浮流, 떠서 흐름)하다. 흐름을 따라 가다. 유유히 떠다니다.

【其…與】 아마(어쩌면) …일 것이다. 아마도 …이리라.

其 : 아마(도). 어쩌면. 부사. 동작·행위 또는 어떤 상황에 대한 추측을 나타냄.

與 : …일 것이다. 어기조사. 진술문 끝에 쓰여 추측의 어기를 나타냄. 일반적으로 '其'와 같이 쓰임.

【由】 공자의 제자. 성은 중(仲). 이름이 유(由). 자가 자로(子路), 또는 계로(季路). 노(魯)나라 사람으로 공자보다 9세 아래.

【也】 …은(는). …이란. …이면. 어기조사. 음절을 조정하고 어기를 고르는(말을 잠깐 멈추고 다음 내용을 환기시키는) 역할을 함.

【過】 넘다. 뛰어넘다(超越). 앞서가다. 더 낫다. 능가하다.

【無所取材】 취하여 재량(裁量)하는 바가 없다. 사리에 맞게 헤아리는 것이 없다. 사리를 헤아려 분별하는 바가 없다.

材 : = 裁. 재량(裁量, 자기의 생각과 판단에 따라 일을 처리함. = 裁度재탁)하다. 재결(裁決, 옳고 그름을 가려 결정함. = 裁斷재단)하다.

정이(程頤) - 바다를 항해하겠다는 탄식은 천하에 어진 임금이 없음을 서글퍼하신 것이다. 자로가 의리에 용감하였으므로 그가 자신을 따라올 것이라고 하신 것이니, 이는 모두 가설해서 하신 말씀이다. 그런데 자로는 이것을 실제로 여겨 夫子께서 자기를 허여해 주심을 기뻐하였다. 그러므로 부자께서 그의 용맹을 찬미하시고, 그 사리를 헤아려 의에 맞게 하지 못함을 나무라신(꾸짖은) 것이다. [浮海之歎 傷天下之無賢君也 子路勇於義 故 謂其能從己 皆假設之言耳 子路以爲實然 而喜夫子之與己 故 夫子美其勇 而機其不能裁度事理以適於義也]

[참고]

① 材 : 材木(木材). ⇒ 취할 목재가 없다. 목재를 취할 바가 없다. 목재를 취득할 길이 없다. 뗏목을 만들 목재를 구할 곳이 없다. 뗏목의 재료로 삼을 만한 것이 없다.

정현(鄭玄) - 자로는 공자를 믿고 떠나려 하였기 때문에 용기를 좋아함이 나보다 낫다고 말한 것이다. 無所取材란 뗏목 엮을 재목을 취할 수가 없다는 말이다. 이는 자로가 은미한 말뜻을 이해하지 못하였기 때문에 이처럼 희롱한 것이다. [子路信夫子欲行 故言好勇過我也 無所取材者 無所取於桴材 以子路不解微言 故戲之耳]

② 材 : 哉(…이로다! 감탄사)와 같다. ⇒ 취할 바가(것이) 없구나! (자로 너 이외에는 아무도) 취할 바가(사람이) 없다.

정현(鄭玄) - 일설로는, 子路는 공자가 바다로 떠난다는 것을 듣고 기뻐하여 다른 일들을 돌아보지 않았으므로 공자께서 그의 용기를 찬탄하여 '지나쳐서, 내가 다시 취할 것이 없도다!' 라고 말씀하였다. 이는 오직 자기에게서 취할 뿐임을 말씀한 것이다. 옛글자에 材와 哉는 같다. [一曰 子路聞孔子欲浮海便喜 不復顧望 故孔子歎其勇曰 過 我無所取哉 言唯取於己 古字材哉同]

第五篇 公冶長

8. 맹무백孟武伯이 자로子路, 염구冉求, 공서적公西赤을 여쭈니

孟武伯問 子路仁乎 子曰 不知也 又問 子曰 由也 千乘之國 可使治其賦也 不知其仁也 求也何如 子曰 求也 千室之邑 百乘之家 可使爲之宰也 不知其仁也 赤也何如 子曰 赤也 束帶立於朝 可使與賓客言也 不知其仁也

孟武伯(ᄆᆡᆼ무ᄇᆡᆨ)이 묻ᄌᆞ오ᄃᆡ 子路(ᄌᆞ로)ᄂᆞᆫ 仁(ᅀᅵᆫ)ᄒᆞ닝잇가 子(ᄌᆞ)ㅣ ᄀᆞᆯᄋᆞ샤ᄃᆡ 아디 몯ᄒᆞ노라 또 묻ᄌᆞ온대 子(ᄌᆞ)ㅣ ᄀᆞᆯᄋᆞ샤ᄃᆡ 由(유)ᄂᆞᆫ 千乘(쳔승)ㅅ 나라ᄒᆡ 可(가)히 ᄒᆞ여곰 그 賦(부)ᄂᆞᆫ 治(티)ᄒᆞ얌즉 ᄒᆞ거니와 그 仁(ᅀᅵᆫ)은 아디 몯게라 求(구)ᄂᆞᆫ 엇더ᄒᆞ닝잇고 子(ᄌᆞ)ㅣ ᄀᆞᆯᄋᆞ샤ᄃᆡ 求(구)ᄂᆞᆫ 千室(쳔실)ㅅ 邑(읍)과 百乘(ᄇᆡᆨ승)ㅅ 家(가)애 可(가)히 ᄒᆞ여곰 宰(ᄌᆡ) 되염즉 ᄒᆞ거니와 그 仁(ᅀᅵᆫ)은 아디 몯게라 赤(젹)은 엇더ᄒᆞ닝잇고 子(ᄌᆞ)ㅣ ᄀᆞᆯᄋᆞ샤ᄃᆡ 赤(젹)은 帶(ᄃᆡ)를 束(속)ᄒᆞ야 朝(됴)애 立(립)ᄒᆞ야 可(가)히 ᄒᆞ여곰 賓客(빈ᄀᆡᆨ)으로 더브러 言(언)ᄒᆞ얌즉 ᄒᆞ거니와 그 仁(ᅀᅵᆫ)은 아디 몯게라

맹무백(孟武伯)이 여쭙기를 "자로(子路)는 인(仁)합니까?" 하니 선생님께서 말씀하시기를 "알지 못하겠소." 하셨다. 또 여쭈니, 선생님께서 말씀하시기를 "유(由)는 제후의 나라에서 군정(軍政)을 다스리게 할 만하거니와 그가 인(仁)한 줄은 모르겠소." 하셨다. "염구(冉求)는 어떠합니까?" 하니, 선생님께서 말씀하시기를 "구(求)는 천호(千戶)의 읍(邑)[큰 城邑]과 경대부(卿大夫) 집안에서 수장(首長)[邑長]이나 우두머리 가신(家臣)을 하게 할 만하거니와 그가 인(仁)한 줄은 모르겠소." 하셨다. "공서적(公西赤)은 어떠합니까?" 하니, 선생님께서 말씀하시기를 "적(赤)은 띠를 매고(관복을 입고) 조정(朝廷)에 서서 빈객(賓客)과 더불어 말을 하게 할 만하거니와 그가 인(仁)한 줄은 모르겠소." 하셨다.

【孟武伯】 노(魯)나라 대부. 맹의자(孟懿子)의 아들. 이름은 체(彘). 무(武)는 시호(諡號). 백(伯)은 항렬(行列)임.

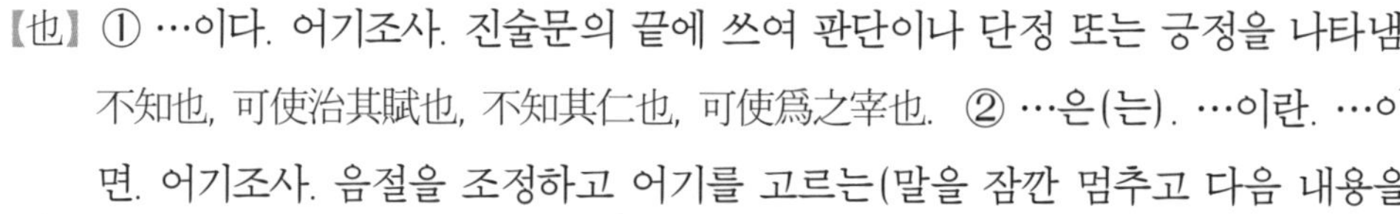

【也】 ① …이다. 어기조사. 진술문의 끝에 쓰여 판단이나 단정 또는 긍정을 나타냄. 不知也, 可使治其賦也, 不知其仁也, 可使爲之宰也. ② …은(는). …이란. …이면. 어기조사. 음절을 조정하고 어기를 고르는(말을 잠깐 멈추고 다음 내용을

환기시키는) 역할을 함. 由也, 求也, 赤也.

【千乘之國】 전차(戰車) 천대(千臺)를 가진 나라. 제후(諸侯)의 나라. 천자(天子)는 만승(萬乘), 대부(大夫)는 백승(百乘)을 가졌음.

乘 : 수레를 세는 단위. 전차 한 대. [일승(一乘)은 네 필의 말이 끈다.]

【可使】 …하게 할 수 있다. …하게 할 만하다. …을 시킬 수 있다.

可 : 가히 …할 수 있다. 가능하다. 조동사. 허가나 가능을 나타냄.

使 : …에게[으로 하여금] ~하도록 하다. …에게 ~을 시키다. 사역동사.

【其】 그. 그것. 지시대명사. 千乘之國을 가리킴.

【賦부】 군대. 군사. 병사. 여기서는 군정(軍政) 전반적인 것.

주희(朱熹) - 賦는 병(兵)이다. 옛날에는 토지의 세금으로 군사를 출병시켰으므로 兵을 일러 賦라고 하였다. [賦 兵也 古者 以田賦出兵 故 謂兵爲賦]

【何如】 어떠합니까? 어떻습니까? 관용형식으로 의견이나 견해를 물음.

【求】 공자의 제자. 성은 염(冉). 이름이 구(求). 자는 자유(子有). 노나라 사람으로 공자보다 29세 아래. 계강자(季康子)의 가신(家臣)을 지냄.

【千室之邑】 천호(千戶)의 민가(民家)가 있는 큰 성읍(城邑) (고을).

【百乘之家】 전차 백대(百臺)를 가진 나라. 경대부(卿大夫)의 가(家). 옛날에는 제후가 다스리는 지역을 國, 경대부가 다스리는 지역을 家라고 불렀음.

【宰】 읍장(邑長)과 가신(家臣)의 통칭[集註 - 宰 邑長家臣通號]. 대부(大夫) 집안 가신(家臣)의 우두머리[가재(家宰)]. 경대부(卿大夫)의 채읍(采邑)을 관장하는 우두머리[읍재(邑宰)]. 벼슬아치의 우두머리[재상(宰相)].

【赤】 공자의 제자. 노나라 사람. 성은 공서(公西). 이름이 적(赤). 자는 자화(子華). 공자보다 42세 아래.

【束帶】 띠를 묶다. 띠를 두르다. 관복(官服)을 입다.

【於】 …에서. 전치사. 동작이나 행위가 발생하는 장소(범위)를 나타냄.

【朝】 조정(朝廷). 조당(朝堂).

【賓客】 귀빈(貴賓). 천자나 제후를 만나러 온 손님. 천자나 제후의 손님을 빈(賓), 일반적인 손님을 객(客)이라 하였음. 여기서는 합하여 (타국에서 온) 외교사절(外交使節)을 뜻함.

9. 자공에게 "너와 회回는 누가 더 낫느뇨?" 하시니

子謂子貢曰 女與回也孰愈 對曰 賜也何敢望回 回也聞一以知十 賜也 聞一以知二 子曰 弗如也 吾與女弗如也

子(ᄌᆞ)ㅣ 子貢(ᄌᆞ공)ᄃᆞ려 닐어 ᄀᆞᆯᄋᆞ샤ᄃᆡ 네 回(회)로 더브러 뉘 愈(유)ᄒᆞ뇨 對(ᄃᆡ)ᄒᆞ야 ᄀᆞᆯ오ᄃᆡ 賜(ᄉᆞ)ᄂᆞᆫ 엇디 敢(감)히 回(회)를 ᄇᆞ라ᄂᆞᆼ잇고 回(회)ᄂᆞᆫ ᄒᆞ나ᄒᆞᆯ 들어 ᄡᅧ 열ᄒᆞᆯ 알고 賜(ᄉᆞ)ᄂᆞᆫ ᄒᆞ나ᄒᆞᆯ 들어 ᄡᅧ 둘ᄒᆞᆯ 아ᄂᆞᆼ이다 子(ᄌᆞ)ㅣ ᄀᆞᆯᄋᆞ샤ᄃᆡ ᄀᆞᆮ디 몯ᄒᆞ니라 내 네의 ᄀᆞᆮ디 몯호라 홈을 與(여)ᄒᆞ노라

선생님께서 자공(子貢)에게 일러 말씀하시기를 "너와 회(回)는 누가 더 낫느뇨?" 하시니, 대답하여 말씀드리기를 "제[사(賜)]가 어찌 감히 회(回)를 견주겠습니까? 회(回)는 하나를 들어서 열을 알고, 저(賜)는 하나를 들어서 둘을 아옵니다." 하였다. 선생님께서 말씀하시기를 "그만 못하노라. 나와 너는 그만 못하노라." 하셨다.

【謂】 …에게 말하다(이르다). 일러주다. 타이르다.

【子貢】 공자의 제자 단목사(端木賜). 자가 자공(子貢).

【女】 너. =汝. 이인칭대명사.

【與】 …와. 접속사. 병렬관계를 나타냄. 女與回也孰愈, 吾與女弗如也.

【回】 공자가 가장 총애했던 제자. 성은 안(顔). 이름이 회(回). 자는 자연(子淵). 노(魯)나라 사람으로 공자보다 30세 아래. 29세에 머리가 하얗게 세었고 32세에 죽었음.

【孰愈】 누가 더 나은가? 누가 더 우수한가?

孰 : 누가 …인[한]가? 의문대명사. 사람에 대한 질문을 나타냄.

愈유 : …보다 낫다(우수하다) (勝也). 뛰어나다.

【何敢望回】 어찌 감히 回와 비교를 하겠습니까? 어찌 감히 回와 견주어 보겠습니까?

何 : 어찌(하여) …하겠는가(하려는 것인가)? 부사. 강한 반문의 어기를 나타냄.

敢 : 감히. 함부로. 조동사. 동사 앞에 쓰여 어떤 일을 할 용기가 있음을 나타냄. 앞에 부정사가 오면 강한 반대의 뜻[할 용기가 없음]을 나타냄.

望 : 비교하다. 견주어 보다. 方과 통함. [예기(禮記) 표기(表記) - 以人望人]

【聞一以知十】 以聞一이 도치됨. 하나를 들은 것으로써 열을 알다. 하나를 들어서 (그것으로) 열을 알다.

以 : …으로써. …을 가지고[통하여]. 전치사. 도구·수단·방법을 나타냄.

【弗如】 = 不如. 같지 않다. …만 못하다. 뒤에 목적어 回가 생략됨.

[참고] 公冶長-28. 不如 : …하는 것이 낫다. …하는 것만 못하다. 부사. 앞에서 말한 사건이 뒤에서 말한 사건에 미치지 못함을 나타냄.

【吾與女弗如也】 나와 너는 (그와) 같지 않다. 나와 너는 (그만) 못하다.

포함(包咸) - 이미 자공이 못하다고 인정하고, 다시 나와 너는 모두 못하다고 말한 것은 아마도 자공을 위로하고자 한 때문인 듯하다. [既然子貢不如 復云吾與女俱不如者 蓋欲以慰子貢也]

[참고] ☞ 吾與女弗如也 : 나도 네가 (그와) 같지 않음을[그만 못함을] 인정하노라.

주희(朱熹) - 與는 허여(許與)[인정]함이다. [與 許也].

황간(皇侃) - 진도빈(秦道賓)의 말에 의하면 이아(爾雅)에서 與는 許라 하였다. 중니는 자공이 그만 못함을 허여(인정)한 것이다. [秦道賓曰 爾雅云 與許也 仲尼許子貢之不如也]

양백준(楊伯峻) - 동사로서, '동의하다, 찬동하다.'는 뜻이다. 여기에서는 연사(連詞, 접속사)로 보아서는 안 된다.

第五篇 公冶長

10. 사람들에게서 그 말을 듣고 그 행함을 관찰하게 되었으니

宰予晝寢 子曰 朽木不可雕也 糞土之牆不可杇也 於予與何誅 子曰 始吾於人也 聽其言而信其行 今吾於人也 聽其言而觀其行 於予與改是

宰予(ᄌᆡ여)ㅣ 晝(듀)에 寢(침)ᄒᆞ거ᄂᆞᆯ 子(ᄌᆞ)ㅣ ᄀᆞᆯᄋᆞ샤ᄃᆡ 朽(후)ᄒᆞᆫ 木(목)은 可(가)히 雕(됴)티 몯ᄒᆞᆯ 꺼시며 糞土(분토)ㅅ 牆(쟝)은 可(가)히 杇(오)티 몯ᄒᆞᆯ 꺼시니 予(여)에 엇디 誅(듀)ᄒᆞ리오 子(ᄌᆞ)ㅣ ᄀᆞᆯᄋᆞ샤ᄃᆡ 비르소 내 人(신)의게 그 言(언)을 듣고 그 行(ᄒᆡᆼ)을 信(신)ᄒᆞ다니 이제 내 人(신)의게 그 言(언)을 듣고 그 行(ᄒᆡᆼ)을 觀(관)ᄒᆞ노니 予(여)의게 이롤 改(ᄀᆡ)ᄒᆞ과라

재여(宰予)가 낮에 누워있자, 선생님께서 말씀하시기를 "썩은 나무는 가히 조각할 수 없고 거름흙의 담장은 가히 흙손질할 수 없으니, 여(予)에 대해 무엇을 책망(責望)하리오." 하셨다. 선생님께서 말씀하시기를 "처음에 나는 사람들에게서 그 말을 듣고 그 행함을 믿었으나, 이제 나는 사람들에게서 그 말을 듣고 그 행함을 관찰하게 되었으니, 여(予) 때문에 이를 고치게 되었느니라." 하셨다.

【宰予】 공자의 제자. 성은 재(宰). 이름이 여(予). 자는 자아(子我). 노나라 사람.
[참고] 八佾-21.

【晝寢】 낮에 누워있다. 명사(晝)가 부사적 용법으로 쓰임.

형병(邢昺) - 晝는 낮(日)이고 寢은 잠자다(寐)이다. [晝日寢寐也]

정약용(丁若鏞) - 아니다. 寢의 뜻을 寐(잠자다)로 보는 것은 옛 근거가 없다. 소아(小雅)에 의하면 '乃寢乃興'이라 했으니, 寢興(눕다, 일어나다) 寐寤(잠자다, 깨다)는 각기 하나의 상대를(짝을) 이룬 것이므로 이를 섞어서 말할 수 없는 것이다. '孔子 寢不言'에서 만약 寢이 잠자는 것이라면 공자 아닌 다른 사람이라도 잠자면서 말하는 사람은 없을 것이다. 희공(僖公) 2년 공양전(公羊傳)에 '寡人夜者 寢而不寐(과인은 밤중에 누워도 잠이 오지 않는다.)'라 하였으니 이는 하나의 일이 아님이 분명하지 아니한가? 금수(禽獸)가 누워있는 것도 역시 寢이라 말한다. 시경(詩經)에서 '或寢或訛(눕기도 하고 움직이기도 한다.)', 의례(儀禮)에서 '寢左寢右(왼쪽으로 눕히고 오른쪽으로 눕

힌다.)'라 하였으니 이 모두가 누워있는 것을 말함이다. 형병(邢昺)이 소(疏)에서 반드시 寐(잠자는 것)라고 한 것은 눕는 일이란 가벼운 허물이고 잠자는 일은 큰 허물이라 생각하였으므로, (宰予의) 허물을 크게 여겨 그러한 꾸짖음을 받게 된 것이라는 말이다. 그러나 피곤하면 대낮이라도 잠시 잠자는 것은 괜찮은 일이다. 만일 아무런 까닭 없이 누워있다면 더 큰 허물이다. [駁曰 非也 寢之訓寐 古無可據 小雅云 乃寢乃興 寢興寐寤 各爲一對不可混也 孔子寢不言 若寢是寐則 雖非孔子未有能言者 僖二年公羊傳云 寡人夜者寢而不寐 其非一事 不旣明乎 禽獸之臥亦得云寢 詩云 或寢或訛 儀禮云 寢左寢右 皆謂臥也 邢疏必訓之爲寐者 臥輕而寐重 故欲重其咎以受其責然 疲困至極 當晝暫眠 猶之可也 若無故偃臥 其咎彌重矣]

【朽후】 썩다. 부패하다.

【雕조】 조각하다. 새기다.

【糞土분토】 거름흙. 흙에 분뇨를 뿌려놓으면 그 흙이 썩어 거름흙이 되고 이것이 농산물의 성장에 영양분을 제공하는 옛날의 거름. 이것은 찰기가 없어 담장을 쌓는 흙으로는 사용할 수가 없음.

【杇오】 흙손(흙을 벽 등에 바를 때 쓰는 연모). 흙손질 하다. 흙손으로 다듬다. 미장(벽이나 천장, 바닥 따위에 흙이나 회, 시멘트 따위를 바름)하다.

【於予與何誅】 여(予)에 대해 어찌 책망하겠는가? 여(予)에게 무엇을 책망하겠는가?

於 : …에게. …에 대해. …을 향해. 전치사. 동작이나 행위에 관련되는 대상을 나타냄.

與 : 어기조사. 음절을 조정하고 어기를 고르는 역할을 함. 也와 같음. 문장의 중간이나 끝에 쓰여 완만한 어기를 나타내거나 잠시 쉬는 역할을 한다. 이 경우 대부분 해석하지 않지만 문맥에 따라 해석하기도 한다. [延世大學校 虛詞辭典編纂室 編, 虛詞大辭典, 成輔社, 2001. p.469]

何 : 어찌(하여) …하겠는가(하려는 것인가)? 부사. 강한 반문의 어기를 나타냄.

誅주 : 꾸짖다(責也). 책망(責望)하다.

【始吾於人也】 처음에는 내가 다른 사람에 대하여(는).

始 : 당초에(는). 처음에(는).

於 : 於予與何誅의 於와 같음.

也 : …은(는). …이란. …이면. 어기조사. 음절을 조정하고 어기를 고르는(말을 잠깐 멈추고 다음 내용을 환기시키는) 역할을 함.

【而】 …하고서(야). 이에 곧. …하고 곧. …한 후에 곧. 접속사. 순접(연관) 관계를 나타냄.

【於予與】 재여(宰予) 때문에. 재여(宰予)로 인하여. 재여(宰予)로 말미암아.

於 : …때문에. …으로 말미암아. …으로 인하여. …에(게)서. 전치사. 동작이나 행위가 발생하는 원인을 나타냄.

與 : 於予與何誅의 與와 같음.

11. 내 아직 강직剛直한 사람을 보지 못했노라

子曰 吾未見剛者 或對曰 申棖 子曰 棖也慾 焉得剛

子(ᄌᆞ)ㅣ ᄀᆞᆯᄋᆞ샤ᄃᆡ 내 剛(강)ᄒᆞᆫ 者(쟈)를 보디 몯게라 或(혹)이 對(ᄃᆡ)ᄒᆞ야 ᄀᆞᆯ오ᄃᆡ 申棖(신뎡)이닝이다 子(ᄌᆞ)ㅣ ᄀᆞᆯᄋᆞ샤ᄃᆡ 棖(뎡)은 慾(욕)ᄒᆞ거니 엇디 시러곰 剛(강)ᄒᆞ리오

선생님께서 말씀하시기를 "내 아직 강직(剛直)한 사람을 보지 못했노라." 하셨다. 어떤 이가 대답하여 말하기를 "신정(申棖)입니다." 하자, 선생님께서 말씀하시기를 "정(棖)은 탐욕(貪慾)한데 어찌 강직(剛直)할 수 있으리오." 하셨다.

【剛】 굳세고 강하다. 강직(剛直)하다. 강인(强忍)하다. 사욕이 없고 의지가 강하다.
주희(朱熹) - 굳세고 강하여 굽히지 않는다는 뜻이다. [剛 堅强不屈之意]

【申棖】 신정. 노(魯)나라 사람.
정현(鄭玄) - 申棖은 아마도 공자의 제자인 申續인 듯하다. [申棖 蓋孔子弟子申續]

【也】 …은(는). …이란. …이면. 어기조사. 음절을 조정하고 어기를 고르는(말을 잠깐 멈추고 다음 내용을 환기시키는) 역할을 함.

【慾】 = 欲. 욕심[嗜慾]이 많다. 탐욕(貪慾)을 내다. 탐욕하다.
주희(朱熹) - 기욕[嗜慾, 욕심, 기호(嗜好)와 욕망(慾望)]이 많은 것이다. [慾 多嗜慾也]

【焉得】 어찌 …할 수 있으리오. 어떻게 …할 수 있겠는가? 객관적인 사물의 가능성을 부정하는 반문의 어기를 나타내며 동사의 앞에 놓여 부사어로 쓰임. 得은 조동사로 가능성을 나타냄.

♣20090422水

第五篇 公冶長

12. 사賜가 미칠 바가 아닌 것은

子貢曰 我不欲人之加諸我也 吾亦欲無加諸人 子曰 賜也 非爾所及也

子貢(ᄌᆞ공)이 ᄀᆞᆯ오ᄃᆡ 내 人(신)이 내게 加(가)ᄒᆞ과뎌 아니ᄒᆞᄂᆞᆫ 거ᄉᆞᆯ 내 ᄯᅩᄒᆞᆫ 人(신)의게 加(가)홈이 업고져 ᄒᆞ노이다 子(ᄌᆞ)ㅣ ᄀᆞᆯᄋᆞ샤ᄃᆡ 賜(ᄉᆞ)아 네의 及(급)홀 빼 아니니라

자공(子貢)이 말씀 드리기를 "제가 남이 저에게 가(加)하는 것(행하는 것)을 원하지 않는지라, 저 또한 남에게 가함(행함)이 없도록 하고자 합니다." 하니, 선생님께서 말씀하시기를 "사(賜)야 네가 미칠 바가 아니니라." 하셨다.

【子貢】 공자의 제자 단목사(端木賜). 자가 자공(子貢).

【欲】 하고자 하다. 바라다(希望). 원하다.

【人之加諸我也】 다른 사람[남]이 나에게 무엇인가를 하는 것[행하는 것, 가하는 것].

之 : …은[는]. …이[가]. 구조조사(주격조사). 주술구조 사이에 쓰여 이를 명사구(절)로 만들어 주는 역할을 함.

加 : 하다. 행하다. 가하다. (무슨 행위를) 가하는 것.

[참고]

① 陵也. 업신여기다. 능욕(업신여겨 모욕)하다. 능욕을 가하다. [馬融, 楊伯峻, 동양고전연구회]

② (무슨 행위를) 가하는 것[朱熹, 鄭堯一, 李基東, 류종목, 李起榮]. 행하는 것[유교문화연구소]. 하는 것[南懷瑾]. 베푸는 것(施也, 행하는 것, 미치는 것)[丁若鏞].

③ 무리한 일을 해오는 것[李敏弘]. 무리한 것을 강요하는 것[金容沃]. 원치 않은 일을 강요하는 것[신동준]. 억지로 시키는 것[李澤厚]. 은혜를 입거나 도움을 받거나 어떤 선택 또는 행동을 강요받는 등 자율성을 제한받게 되는 모든 것[李洙泰].

④ 폐를 끼치다[미야자키 이치사다(宮崎市定)]. 해로운 짓을 하는 것[金學主].

諸저 : 之於(…에게 그것을). 합음사. 之는 '어떤 것', '무엇인가' 등의 뜻으로 일반적인 사실 또는 사물을 가리키는 지시대명사이고, 於는 전치사로 동작이나 행위가 발생할 때 직접 미치는 대상을 나타냄.

【也】 ① …은(는). …이란. …이면. 어기조사. 음절을 조정하고 어기를 고르는(말을 잠깐 멈추고 다음 내용을 환기시키는) 역할을 함. 人之加諸我也. ② …야! 어기조사[호격조사]. 상대를 부를 때 그의 이름 밑에 씀. = 乎. 賜也. ③ …이다. 어기조사. 진술문의 끝에 쓰여 판단이나 단정 또는 긍정을 나타냄. 非爾所及也.

【亦】 또한. 역시. 부사. 몇 개 혹은 하나의 주체가 동일하거나 상이한 동작(행위)을 하고 있음을 나타냄.

황간(皇侃) - 자공은 세상 사람들이 도리[의리]가 아닌 것으로써 나에게 업신여김을 가하는 것이 없기를 스스로 원했다. 또 말하기를 '나는 오직 남이 비리(非理)로써 나에게 가하는 것을 원하지 않고[않을뿐더러], 그리고 나 또한 남에게 비리(非理)로써 업신여기는 것을 가하지 않기를 원한다.' 고 했다. [子貢自願無世人以非理加陵之於我也 又云 我匪唯願人不以非理加於我 而我亦願不以非理加陵於人也]

【非爾所及也】 네가 미칠 바가 아니다. 네가 해낼 수 있는 일이 아니다. 네가 영향력을 미칠 수 있는 일[것]이 아니다.

[참고] 이수태(李洙泰) - 네가 이르러야 할 바가 아니다. [及을 '이르다, 다다르다, 도달하다.' 의 뜻으로 보고 '네가 도달해야 할 궁극적인 목표가 아니다.' 로 해석하고 있음.]

[참고] **我不欲人之加諸我也 吾亦欲無加諸人 : 제가 남이 저에게 가하는 것(행하는 것)을 원하지 않는 것을, 저 또한 남에게 가함(행함)이 없도록 하고자 합니다.**

주희(朱熹) - 자공이 말씀드리기를 "제가 남이 저에게 加하기를 원하지 않는 일을 저 또한 이것을 남에게 加하고 싶지 않습니다." 하였으니, 이는 인자(仁者)의 일로써 억지로(작위적으로) 힘써 하기를 기다리지 않는 것이라(경지라), 그러므로 공자께서 자공이 미칠 바가 아니라고 하신 것이다. [子貢言 我所不欲人加於我之事 我亦不欲以此加之於人 此仁者之事 不待勉强 故夫子以爲非子貢所及]

♣20090422水

第五篇 公冶長

13. 선생님의 성性과 천도天道에 대한 말씀은 알 수가 없으니

子貢曰 夫子之文章 可得而聞也 夫子之言性與天道 不可得而聞也

子貢(ᄌᆞ공)이 ᄀᆞᆯ오ᄃᆡ 夫子(부ᄌᆞ)의 文章(문쟝)은 可(가)히 시러곰 드르려니와 夫子(부ᄌᆞ)의 性(셩)과 다ᄆᆞᆺ 天道(텬도)를 닐ᄋᆞ샤ᄆᆞᆫ 可(가)히 시러곰 듣디 몯ᄒᆞᆯ 이니라

자공(子貢)이 말하기를 "저희 선생님의 문장(文章)은 가히 들어 알 수 있었고, 저희 선생님의 성(性)과 천도(天道)에 대한 말씀은 가히 들어 알 수가 없었다." 하였다.

【夫子】 그분. 저분. 그 어른. 선생님. 제3자의 존칭. 대부 이상은 흔히 부자라고 했음. 논어에서는 주로 공자를 존칭하는 말로 쓰이나 간혹 상대의 선생이나 경대부를 지칭하기도 함. 이때 夫는 사람을 가리키는 인칭대명사로 관형어임.

【文章】 예악(禮樂)과 법도(法度). 문물(文物)과 전장(典章). 문물과 제도. 문화(文化)와 법률(法律) 제도. 문화(文華).

황간(皇侃) - 文章이란 여섯 가지 문헌이다. [文章者 六籍也] ♣ 六籍 : 시(詩), 서(書) 예(禮), 악(樂), 역(易), 춘추(春秋).

주희(朱熹) - 문장(文章)은 덕(德)이 밖으로 들어난 것이니 위의(威儀, 위엄 있는 거동)와 문사(文辭, 글이나 언사言辭)가 모두 이것이다. [文章 德之見乎外者 威儀文辭皆是也]

양백준(楊伯峻) - 여기서 文章은 당연히 고대 문헌과 관계있는 학문을 가리키는 말이다. 논어에서 고찰해 볼 수 있는 것은 시(詩), 서(書), 사(史), 예(禮) 등이 있다.

【得而】 = 得以. …할 수 있다. 관용형식으로서 동사 앞에 쓰이는데 이때 得은 조동사로 가능성을 나타내며, 而는 조동사와 동사를 연결시키는 역할을 함. 간혹 得 앞에 可가 오기도 함. 夫舜惡得而禁之(무릇 순임금이 어찌 그것을 금할 수 있겠는가?) [孟子 盡心 上] 然後國之良士 亦將可得而衆也(그런 후에야 나라의 우수한 인물들도 점차 많아질 것입니다.) [墨子 尙賢 上]

[참고] 可得 : …할 수 있다. 조동사. 허가나 가능을 나타냄. 請問此五者 可得聞乎(이 다섯 가지 문제에 대하여 들을 수 있을까요?) [黃帝內經素問 脈要精微論]

【聞】 듣다. ⇒ 들어서 알다. 알다(知也). 깨우치다.

【也】 …이다. 어기조사. 진술문의 끝에 쓰여 판단이나 단정 또는 긍정을 나타냄.

【性與天道】 성(性)과 천도(天道). 본성(本性) [인성(人性)]과 하늘의 이치.

주희(朱熹) - 性은 사람이 부여받은 천리(天理)이고 天道는 천리자연(天理自然)의 본체(本體)이니 그 실상은 한 이치이다. [性者 人所受之天理 天道者 天理自然之本體 其實 一理也]

형병(邢昺) - 이 장(章)의 말은 '공자의 도(道)는 심미(深微)하기 때문에 알기 어렵다.'는 말이다. [此章言 夫子之道深微難知也]

이기영(李起榮) - 聞자를 '듣고 이해하다.' 또는 '알다'로 본다면, '性과 天道에 관한 말씀은 들어도 이해할 수 없다.'라고 해석되고, 이것이 가장 가까운 해석이라 생각된다. 이는 이인편(里仁篇) 8장의 '아침에 도(道)를 들어 깨치면 저녁에 죽어도 괜찮다[朝聞道 夕死可矣]'는 문장의 聞자와도 같은 뜻이다. 그리고 공자님이 평소에 말씀하시는 문장 속에 사람의 性에 대한 내용이 포함되어 있고, 天道의 이치가 함축되어 있는데, 다만 듣는 사람의 능력에 따라 어떤 사람은 그 내용을 알기도 하고, 어떤 사람은 그 내용을 알지 못하여 피상적인 문장만 듣게 되는 것이다. 예를 들면 '吾道一以貫之'라고 하신 공자님의 말씀을 오직 증자(曾子)만 알아듣고 즉석에서 대답하였으며, 뒤에 다른 문인들에게 설명해준 것이 이런 것이다.

주희(朱熹) - 공자의 문장(文章)은 날마다 밖으로 드러나 진실로 배우는 자들이 함께 들을 수 있으나, 성(性)과 천도(天道)에 있어서는 말씀을 적게 하시어 배우는 자들이 들을 수 없었다는 말이다. [言夫子之文章 日見乎外 固學者所共聞 至於性與天道 則夫子罕言之 而學者有不得聞者] ☞ 선생님의 문장(文章)은 가히 (많이) 들을 수 있었으나, 성(性)과 천도(天道)에 대한 말씀은 가히 (자주) 들을 수 없었다.

♣20090423木

第五篇 公冶長

14. 자로子路는 듣고서 능히 행하지 못하면 또 들을까 걱정하니

子路有聞 未之能行 唯恐有聞

子路(ᄌᆞ로)ᄂᆞᆫ 드롬이 잇고 能(능)히 行(ᄒᆡᆼ)티 몯ᄒᆞ야셔 드롬이 이실가 저허ᄒᆞ더라

자로(子路)는 (가르침을) 들은 것을 두고 아직 그것을 능히 행하지 못하면 오직 또 들을까 두려워[걱정]하더라.

【子路】 공자의 제자. 성은 중(仲). 이름은 유(由). 자가 자로(子路) 또는 계로(季路). 노나라 사람으로 공자보다 9세 아래. [참고] 爲政-17.

【聞】 들은 것. 가르침을 들은 것. (스승으로부터) 들은 교훈. 有의 목적어.

【未之能行】 아직 그것을 능히 행하지 못하다. 아직 그것(들은 것)을 능히 실천[실행]하지 못하다.

未 : 아직 …하지 않다[못하다]. 아직 …이 아니다. 부사. 동작·행위·상황 등이 아직 발생하지 않았음을 나타냄.

之 : 그. 그것. 지시대명사. 聞을 가리킴. 부정문에서 목적어인 之가 동사 앞으로 도치되었음.

【唯恐有聞】 오직 또 듣는 것을 걱정[두려워하다]하다. 오직 또 들을까봐 걱정[두려워]하다.

唯 : 단지. 다만. 오직. 오로지. 부사. 범위의 제한이나 한정(어떤 범위에 국한됨)을 나타냄.

恐 : 두려워하다. 걱정하다. 염려하다. 동사.

有 : = 又. 또. 거듭. 부사. 동작이나 행위가 반복 또는 연속적으로 발생하는 것을 나타냄.

주희(朱熹) - 전에 들은 것을 이미 미처 행하지 못하였으므로, 다시 들은 바가 있어 그것을 실행함이 충분하지 못할까 두려워한 것이다. [前所聞者 旣未及行 故恐復有所聞而行之不給也]

♣20090424金

15. 공문자孔文子는 민첩하고 배우기를 좋아하며

子貢問曰 孔文子何以謂之文也 子曰 敏而好學 不恥下問 是以謂之文也

子貢(ᄌᆞ공)이 묻ᄌᆞ와 ᄀᆞᆯ오ᄃᆡ 孔文子(공문ᄌᆞ)를 엇디 ᄡᅧ 文(문)이라 니르닝잇고 子(ᄌᆞ)ㅣ ᄀᆞᆯᄋᆞ샤ᄃᆡ 敏(민)ᄒᆞ고 學(ᄒᆞᆨ)을 好(호)ᄒᆞ며 下問(하문)을 恥(티)티 아니ᄒᆞᆫ 디라 일로ᄡᅧ 文(문)이라 니ᄅᆞ니라

자공(子貢)이 여쭈어 말씀드리기를 "공문자(孔文子), 그를 어찌하여 문(文)이라 이르게[시호(諡號)하게] 되었나이까?" 하니, 선생님께서 말씀하시기를 "민첩하고 배우기를 좋아하며 아랫사람에게 묻는 것을 부끄러워하지 않았으니 이로써 그를 문(文)이라 이르느니라." 하셨다.

【子貢】 공자의 제자 단목사(端木賜). 자가 자공(子貢).

【孔文子】 위(衛)나라 대부(大夫). 성은 공(孔). 이름은 어(圉). 시호(諡號)가 문(文). 중숙어(仲叔圉)로도 불림.

【何以】 왜. 어찌하여. 무슨 이유로. 무엇 때문에. 무슨 까닭으로. 관용형식으로 쓰이며, 전치사 '以'가 '因'의 뜻을 지닌 경우로서 이유나 원인에 대한 질문이나 반문을 나타냄. 문장 속에서 부사어로 쓰임.

【謂】 이르다. 말하다. 부르다. ⇒ 시호(諡號)하다.

【文】 최상급에 속하는 시호(諡號). 공문자(孔文子)의 시호.

[참고] 일주서 시법해(逸周書 諡法解) - 천지를 경위(經緯)하는 것, 도덕이 박후(博厚)한 것, 배움에 열심이고 묻기를 좋아하는 것, 자혜(慈惠)롭게 백성을 사랑하는 것, 백성을 어여삐 여기고 예를 존중하는 것, 백성들에게 작위를 주는 것을 文이라 한다. [經緯天地曰文 道德博厚曰文 學勤好問曰文 慈惠愛民曰文 愍民惠禮曰文 錫民爵位曰文]

【之】 그. 그 사람. 인칭대명사. 孔文子를 가리킴.

【也】 ① …한가[인가]? 어기조사. 의문문 끝에 쓰여 의문(질문)의 어기를 나타냄. 일반적으로 何, 誰, 奚, 焉 등의 의문대명사와 같이 씀. 何以謂之文也. ② …이다. 어기조사. 진술문의 끝에 쓰여 판단이나 단정 또는 긍정을 나타냄.

是以謂之文也.

【敏而好學】 (실천이나 배움에) 민첩하고 배우기를 좋아한다.

敏 : 민첩(敏捷)하다. 재빠르다. ⇒ 남보다 먼저 앞장서서 하다. 앞장서 부지런히 배우거나 실천하다. 수고를 아끼지 않고 앞장서 부지런히 일하다.

而 : 와[과]. …하고. 그리고. 접속사. 병렬관계를 나타냄.

[참고] 敏 : 영민[英(穎)敏]하다. 명민(明敏)하다. 총명(聰明)하다. 영리하다. [이때 뒤의 '而'는 역접의 뜻이 되어 '그러나'로 해석됨.] **敏而好學 ☞ 영민하나 배우기를 좋아한다.**

주희(朱熹) - 대체로 사람의 성품이 명민(明敏)한 자는 배우기를 좋아하지 않는 이가 많고, 지위가 높은 자는 아랫사람에게 묻기를 부끄러워하는 이가 많다. [凡人性敏者 多不好學 位高者 多恥下問]

♣ 일주서 시법해(逸周書 諡法解)의 '學勤好問曰文(배우기를 부지런히 하고 묻기를 좋아하는 것을 文이라 한다)'이나, 學而 14장의 '敏於事而愼於言(일을 남보다 앞서 부지런히 하고 말을 삼간다)', 里仁 24장의 '訥於言而敏於行(말을 어눌하게 하고 행함을 민첩하게 한다)', 述而 19장의 '好古敏以求之者也(옛것을 좋아하여 부지런히 힘써 그것을 구하는 사람이다)' 등으로 미루어 보아, '敏'을 '실천(行)하고 일을 처리하고, 배움을 구(求)하는 것을 민첩하게(재빨리) 하는 것', '배움을 구하기를 부지런히 힘써 하는 것'으로 해석하였음.

【下問】 아래에 있는 사람에게 묻다. 자기보다 나이가 어리고, 지위나 학식 따위가 낮은 사람에게 묻다.

【是以】 이로써. 이로 인해. 이 때문에. 이런 이유로. 따라서. 그러므로. 관용형식으로서 단문을 연결시키는 역할을 하며, 결과를 나타냄. ♣20090428火

16. 자산子產에게는 군자君子의 도道가 넷이 있으니…

子謂子産 有君子之道四焉 其行己也恭 其事上也敬 其養民也惠 其使民也義

子(ᄌᆞ)ㅣ 子産(ᄌᆞ산)을 닐ᄋᆞ샤ᄃᆡ 君子(군ᄌᆞ)의 道(도)ㅣ 네히 인ᄂᆞ니 그 己(긔)를 行(힝)홈이 恭(공)ᄒᆞ며 그 上(샹)을 事(ᄉᆞ)홈이 敬(경)ᄒᆞ며 그 民을 養(양)홈이 惠(혜)ᄒᆞ며 그 民(민)을 使(ᄉᆞ)홈이 義(의)ᄒᆞ니라

선생님께서 자산(子産)을 평하여 말씀하시기를 "(그에게는) 군자(君子)의 도(道)가 넷이 있었으니, 그 몸가짐이 공손(恭遜)하였고, 그 윗사람을 섬김이 공경(恭敬)스러웠으며, 그 백성을 기름이 은혜(恩惠)로웠으며, 그 백성을 부림이 의(義)로웠느니라." 하셨다.

【子産】 춘추시대 정(鄭)나라의 재상(宰相) [大夫]. 정치외교가. 성은 공손(公孫). 이름은 교(僑). 자가 자산(子産). 22년간 정(鄭)나라 간공(簡公), 정공(定公), 헌공(獻公), 성공(聲公)을 모시면서 나라를 부강케 했음. 진(晉)과 초(楚) 등의 대국 사이에서 능란한 외교술로 약소국 정나라의 안정을 유지한 것으로 유명함. 내정에서도 중국 최초의 성문법을 제정하여 인습적인 귀족정치를 배격하였고, 특히 미신을 배척하고 인간애를 강조하는 활동으로 공자의 사상적 선구가 되었음.

【君子】 경대부(卿大夫). 백성을 다스리는 위치에 있는 사람. 위정자(爲政者). 지위를 얻은 사회 지도층.

【焉】 …이다. 어기조사. 진술문 끝에 쓰여 종결·판단·긍정의 어기를 나타냄.

【行己】 몸소 행하는 것(자기의 행실). 몸가짐. 처신(處身).

【也】 …은(는). …이란. …이면. 어기조사. 음절을 조정하고 어기를 고르는(말을 잠깐 멈추고 다음 내용을 환기시키는) 역할을 함.

【恭】 공손(恭遜)하다. 예의 바르고 겸손(謙遜)하다. 용모와 태도가 단정하고 근엄하다. 나볏하다(몸가짐이나 행동이 반듯하고 의젓함).

【敬】 공경(恭敬, 공손히 받들어 모심)하다. 존경(尊敬)하다. 예의 있게 정성(精誠)

을 다하여 진심으로 모시다.

【養民】 백성을 기르다. 백성을 양육(養育)하다(백성을 먹이고 교육시키는 것). 세금을 거두고 이를 분배하는 데 백성들에게 유익한 방법으로 운용하는 것. 곧 국민 복지 정책을 시행하는 것.

養 : 기르다. 음식을 먹여서 기르다. 양육(養育)하다.

【惠】 은혜(恩惠)롭다. 사랑하고 이롭게 하다. 혜택(惠澤)이 가게 하다. 사랑을 베풀고 물질적 혜택을 주다. 은혜를 베풀다.

【使民】 백성을 부리다. 백성을 노역(勞役)에 동원하다.

【義】 올바르다. 의롭다. 마땅하게 하다. 도리에 맞게 하다. 사리에 합당하게 하다.

주희(朱熹) - 恭은 겸손(謙遜)함이요, 敬은 근각(謹恪, 공경하고 삼감, 삼가고 정성을 다함)함이요, 惠는 사랑하고 이롭게 하는 것이다. 使民義는 예를 들면 '도시와 지방에 따라 법도가 있고, 계급의 상하에 따라 복장이 있으며, 토지에는 봉해진 지경과 도랑이 있으며 사는 집과 마을에는 다섯 가호가 한 조(組)가 되게 하는 것'과 같은 유(類)이다. [恭 謙遜也 敬 謹恪也 惠 愛利也 使民義 如都鄙有章 上下有服 田有封洫 廬井有伍之類]

정약용(丁若鏞) - 삼가고 조심하여 받드는 것을 恭, 대하는 바를 경계하고 삼가는 것을 敬, 자비롭고 순종하여 남에게 베풀기를 좋아하는 것을 惠, 재제(裁制, 마름질하여 옷이나 물건 등을 만듦, 계획하여 배치함)함이 마땅하게 되는 것을 義라 한다. [小心供奉曰恭 所嚮警謹曰敬 慈順好施曰惠 裁制得宜曰義]

♣20090504月

17. 안평중晏平仲은 사람들과 사귀기를 잘하였으니

子曰 晏平仲 善與人交 久而敬之

子(ᄌᆞ)ㅣ ᄀᆞᆯᄋᆞ샤ᄃᆡ 晏平仲(안평듕)은 人(신)으로 더브러 交(교)홈을 善(션)히 ᄒᆞᄂᆞᆺ다 오라되 敬(경)ᄒᆞ곤여

선생님께서 말씀하시기를 "안평중(晏平仲)은 사람들과 사귀기를 잘하였다. (사귄지) 오래되어도 그들을 공경하였다." 하셨다.

【晏平仲】 제(齊)나라의 대부. 성은 안(晏). 이름은 영(嬰). 자가 중(仲). 시호가 평(平). 제나라 영공(靈公), 장공(莊公), 경공(景公)을 모신 재상(宰相). 저서로 '안자춘추(晏子春秋)'가 있음.

【善】 잘. 잘하다. …에 능하다. …에 뛰어나다. 부사. 어떤 동작이나 행위에 능함을 나타냄.

【而】 …하지만. …하면서도. 그런데. 그러나. 그렇지만. 오히려. 접속사. 역접관계를 나타냄.

【之】 그. 그 사람(들). 인칭대명사. 人을 가리킴.

【敬】 공경(恭敬)하다. 존경(尊敬)하다. 공경스럽다. 예의 있게 진심으로 성의를[정성을] 다하다.

정이(程頤) - 사람이 사귀는 것이 오래면 곧 공경하는 마음이 쇠(衰)해지니, 오래되고서도 능히 공경함은 (사귀기를) 잘하게 되는 까닭이다. [人交久則敬衰 久而能敬 所以爲善]

[참고] 황간본(皇侃本)과 고려본(高麗本)에는 而 다음에 人이 더 들어 있고[久而人敬之], 또 '위저작랑한현종묘지(魏著作郎韓顯宗墓誌)'에 '善與人交 人亦久而敬焉(사람들과 사귀는 것을 잘하였으며 사람들도 또한 오래되어도 공경하였다.)'로 적혀 있음. 이 경우 본문의 之는 晏平仲을 가리킴. ☞ **오래되어도(오래 사귈수록) 사람들이 그(안평중)를 공경하였다.** ♣20090506水

18. 장문중臧文仲, 어찌 그가 지혜롭다 하리

第五篇 公冶長

子曰 臧文仲居蔡 山節藻梲 何如其知也

子(ᄌᆞ)ㅣ ᄀᆞᆯᄋᆞ샤ᄃᆡ 臧文仲(장문듕)이 蔡(채)를 居(거)호ᄃᆡ 節(졀)애 山(산)을 ᄒᆞ며 梲(졀)애 藻(조)를 ᄒᆞ니 엇디 그 知(디)라 ᄒᆞ리오

선생님께서 말씀하시기를 "장문중(臧文仲)이 큰 거북을 집에 두고, 두공(枓栱)에 산(山) 무늬를 새기고 동자(童子)기둥에 물풀 무늬를 그렸으니, 어찌 그가 지혜롭다 하리오." 하셨다.

【臧文仲】 노나라의 대부. 성은 장손(臧孫). 이름은 신(辰). 자는 중(仲). 시호가 문(文). 장공(莊公), 민공(閔公), 희공(僖公), 문공(文公) 등 네 임금에 걸쳐 벼슬을 하였음. 공자 탄생 66년 전에 죽음.

【居】 있다. 놓아두다. 집에 두다. 보관하다. 간직하다.

주희(朱熹) - 居는 藏과 같다. [居 猶藏也]

【蔡】 큰 거북. 점을 칠 때 쓰는 큰 거북. 천자(天子)가 종묘에 간직하고 있으면서 나라에 큰 일이 있을 때 길흉(吉凶)을 점치는데 사용하였음.

【山節藻梲】 두공(枓栱)에 산 무늬를 새기고, 동자(童子) 기둥에 물풀 무늬를 그림(새김). 집이 호화롭고 사치스러워 신분에 맞지 않고 예(禮)에 어긋남을 형용한 말.

山 : 산 무늬(彰也). 임금의 의복(儀服)에 수놓던 산의 무늬. 여기서는 동사로 전용되어 '산(山) 무늬를 새기다(그리다).' 의 뜻.

節 : 두공(枓栱). 기둥위에 대는 네모반듯하거나 직사각형의 나무.

藻조 : 말[물속에서 자라는 민꽃식물의 총칭, 수초(水草, 물풀)의 이름]. 여기서는 동사로 전용되어 '물풀 무늬를 새기다(그리다).' 의 뜻.

梲절 : 동자(童子) 기둥(梁上短柱). 들보 위에 세워 상량이나 오량 따위를 받치는 짧은 기둥.

【何如】 어찌하여[왜] …한가? 어찌 …하는가[하겠는가]? 관용형식으로 이유나 원인에 대해 묻거나 반문을 나타냄. 술어나 부사어로 쓰임.

【知】 = 智. 지혜롭다. 슬기롭다. 지혜가 있다. 총명하다.

[참고] 알다. ⇒ 예(禮)를 알다.

【也】 …한가[인가]? 어기조사. 의문문 끝에 쓰여 의문(질문)의 어기를 나타냄. 일반적으로 何, 誰, 奚, 焉 등의 의문대명사와 같이 씀. ♣20090506水

19. 자문子文은 충忠이요, 진문자陳文子는 청淸이라

子張問曰 令尹子文三仕爲令尹 無喜色 三已之 無慍色 舊令尹之政必以告新令尹 何如 子曰 忠矣 曰 仁矣乎 曰 未知 焉得仁 崔子弑齊君 陳文子有馬十乘 棄而違之 至於他邦 則曰 猶吾大夫崔子也 違之之一邦 則又曰 猶吾大夫崔子也 違之 何如 子曰 淸矣 曰 仁矣乎 曰 未知 焉得仁

子張(ᄌᆞ댱)이 묻ᄌᆞ와 ᄀᆞᆯ오ᄃᆡ 令尹(령윤) 子文(ᄌᆞ문)이 세 번 仕(사)ᄒᆞ야 令尹(령윤)이 도요ᄃᆡ 喜(희)ᄒᆞᆫ 色(ᄉᆡᆨ)이 업스며 세 번 已(이)호ᄃᆡ 慍(온)ᄒᆞᆫ 色(ᄉᆡᆨ)이 업서 녯 令尹(령윤)의 政(졍)을 반ᄃᆞ시 ᄡᅧ 新令尹(신령윤)에 告(고)ᄒᆞ니 엇더ᄒᆞᄂᆞᆼ잇고 子(ᄌᆞ)ㅣ ᄀᆞᆯᄋᆞ샤ᄃᆡ 忠(튱)ᄒᆞ니라 ᄀᆞᆯ오ᄃᆡ 仁(ᅀᅵᆫ)ᄒᆞᄂᆞᆼ잇가 ᄀᆞᆯᄋᆞ샤ᄃᆡ 아디 몯게라 엇디 시러곰 仁(ᅀᅵᆫ)ᄒᆞ리오 崔子(최ᄌᆞ)ㅣ 齊君(졔군)을 弑(시)ᄒᆞ야ᄂᆞᆯ 陳文子(딘문ᄌᆞ)ㅣ 馬(마) 十乘(십승)을 두더니 棄(기)ᄒᆞ야 違(위)ᄒᆞ고 他邦(타방)애 至(지)ᄒᆞ야 곧 ᄀᆞᆯ오ᄃᆡ 우리 태우 崔子(최ᄌᆞ) ᄀᆞᆮ다 ᄒᆞ고 違(위)ᄒᆞ며 一邦(일방)애 之(지)ᄒᆞ야 곧 ᄯᅩ ᄀᆞᆯ오ᄃᆡ 우리 태우 崔子(최ᄌᆞ) ᄀᆞᆮ다 ᄒᆞ고 違(위)ᄒᆞ니 엇더ᄒᆞᄂᆞᆼ잇고 子(ᄌᆞ)ㅣ ᄀᆞᆯᄋᆞ샤ᄃᆡ 淸(쳥)ᄒᆞ니라 ᄀᆞᆯ오ᄃᆡ 仁(ᅀᅵᆫ)ᄒᆞᄂᆞᆼ잇가 ᄀᆞᆯᄋᆞ샤ᄃᆡ 아디 몯게라 엇디 시러곰 仁(ᅀᅵᆫ)ᄒᆞ리오

자장이 여쭈어 말씀드리기를 "영윤(令尹) 자문(子文)이 세 번 벼슬하여 영윤이 되었는데 기뻐하는 기색이 없었고 세 번 그만두었는데도 원망하는 기색이 없었으며, 전임(前任) 영윤의 정사(政事)를 반드시 (그것으로써) 신임(新任) 영윤에게 고(告)하였는데, (자문은) 어떠하나이까?" 하였다. 선생님께서 말씀하시기를 "충(忠)이니라." 하셨다. 여쭈어 말씀드리기를 "인(仁)하나이까?" 하니, 말씀하시기를 "알지 못하겠노라. 어찌 인(仁)하다 하리오." 하셨다. "최자(崔子)가 제나라 임금 장공(莊公)을 시해(弑害)하자 진문자(陳文子)는 말 십승(十乘)(40필)이 있음에도 버리고 그곳(제나라)을 떠나, (그리고) 다른 나라에 이르러 곧 말하기를 '우리나라 대부 최자와 같다.' 하고 그곳을 떠났으며, 또 다른 나라에 가서는 곧 또 말하기를 '우리나라 대부 최자와 같다.' 하고 그곳을 떠났는데, (진문자는) 어떠하나이까?" 선생님께서 말씀하시기를 "청(淸)이니라." 하셨다. 여쭈어 말씀드리기를 "인(仁)하나이까?" 하니, 말씀하시기를 "알지 못하겠노라. 어찌 인(仁)하다 하리오." 하셨다.

【子張】 공자의 제자 전손사(顓孫師). 자가 자장(子張).

【令尹】 초(楚)나라 관직명. 군권을 장악하는 고관으로 중원에 있는 제후국의 재상(宰相)에 상당함.

【子文】 초(楚)나라의 대부. 성은 투(鬪). 이름은 누오도(穀於菟). 자가 자문(子文). 일설에는 이름이 곡(穀), 자가 오도(於菟)라고 함. 초나라의 방언에 젖먹이는 것을 穀(누), 호랑이를 於菟(오도)라고 하는데, 자문은 태어나자마자 버려져 호랑이의 젖을 먹고 살았다 하여 穀於菟(누오도)라는 이름이 붙여졌다고 함.

【仕】 벼슬살이하다. 벼슬길에 나가다. 관직에 나아가다.

【喜, 慍】 喜 : 기뻐하다. 慍 : 원망하다.

【色】 안색(顔色). 낯빛(얼굴빛). 기색(氣色).

【三已之】 세 번 그 직을 그만두게 되었다. 세 번 그 직에서 파면되다.

已 : 그만두게 되다. 물러나게 되다. 파면되다. 해임되다. 동사.

之 : 그. 그것. 지시대명사. 令尹을 가리킴.

【以】 …을(를). 전치사. 동작이나 행위가 발생할 때, 직접 미치는 대상을 나타냄. 以 다음에 舊令尹之政을 가리키는 지시대명사 之가 생략되었음.

【何如】 어떠합니까? 어떻습니까? 관용형식으로 의견이나 견해를 물음.

【忠】 충성심(忠誠心). 정성(精誠)을 다하는 마음. 성실(誠實)한 자세로 최선(最善)을 다하는 마음. 다른 사람에 대해서, 특히 윗사람에 대해서 전심전력을 다함. 충심으로 정성을 다하다. [참고] 里仁-15.

정약용(丁若鏞) - 중심(中心)으로 사람을 섬기는 것을 忠이라 한다. [中心事人曰忠]

【矣】 …이다. 어기조사. 단정 또는 필연의 결과를 나타냄.

【矣乎】 …했다고 할 수 있습니까? …합니까? …입니까? 판단문 끝에 쓰여, 矣는 이미 그러한 것 혹은 장차 그러할 것을 나타내고, 乎는 의문을 나타냄.

【未】 = 不. …이 아니다. …하지 않다. 부사. 동작·행위·성질·상태 등에 대한 부정을 나타냄.

【焉得】 어찌 …할 수 있으리오. 어찌 …할 수 있겠는가? 객관적인 사물의 가능성을 부정하는 반문의 어기를 나타내며 동사의 앞에 놓여 부사어로 쓰임. 得은 조동사로 가능성을 나타냄.

【崔子】 제나라의 대부. 성은 최(崔). 이름은 저(杼). 제(齊)의 장공(莊公)이 아내와

간통하자 이에 격분하여 장공을 시해(弑害)하였음.

【齊君】 제나라의 임금. 곧 장공(莊公)을 가리킴.

【陳文子】 제(齊)나라 대부. 성은 진(陳). 이름은 수무(須無). 시호가 문(文).

【馬十乘】 전차 10대를 끌 수 있는 말. 말 40필. 전차 1대를 말 네 마리가 끌었으므로 이를 일컬음.

【違之】 그곳을 떠나다.

違 : 떠나다(去也). 떠나가다. 벗어나다.

之 : 그 곳. 지시대명사. 제(齊)나라를 가리킴.

【至於】 …에 이르러[이르면, 도착하면]. 전치사. 도달하는 지점을 나타냄.

【則】 = 卽. 곧. 바로. …하자마자 곧. 부사. 전후의 시간적 거리가 가까움을 나타냄.

【猶】 같다. …와 같다. 형용사.

【也】 …이다. 어기조사. 진술문의 끝에 쓰여 판단이나 단정 또는 긍정을 나타냄.

【之一邦】 어떤 나라로 가다. 어느 한 나라로 가다.

之 : 가다(往也). 동사. 至와 같이 '이르다, 도달하다'로의 해석도 가능함.

一 : 또 다른 하나의. 어느 하나의. 많은 것 가운데의 어느 하나.

【淸】 맑다. 맑고 깨끗하다. 칭결(淸潔)하다. 행실이 깨끗하다. 고결하다. 칭렴(淸廉)하다. 사념(邪念)이 없다. 탐욕(貪慾)이 없다.

정약용(丁若鏞) - 몸을 깨끗이 하여 더러움이 없는 것을 淸이라 한다. [潔身無汚曰淸]

주희(朱熹) - 내가 스승[연평(延平) 이동(李侗)]께 들으니 '이치에 합당하고 사심(私心)이 없으면 곧 仁이다.' 하셨다. 이제 이 말씀을 가지고 자문(子文)·문자(文子) 두 사람의 일을 관찰해 보면, 그 제행(制行, 법도에 맞는 행실)의 높음이 따라갈 수 없을 듯하나 그것이 모두 반드시 이치에 합당하고 참으로 사심이 없었는지는 볼 수 없다. 자장(子張)이 仁의 체(體)를 알지 못하고 어려운 일을 구차스럽게 극복하는 것을 좋아하여 끝내 작은 것을 큰 것이라 믿었으니, 부자께서 허여하지 않으심이 당연한 것이다. [愚聞之師曰 當理而無私心 則仁矣 今以是而觀二子之事 雖其制行之高 若不可及 然皆未有以見其必當於理而眞無私心也 子張 未識仁體 而悅於苟難 遂以小者 信其大者 夫子之不許也宜哉] [公冶長-7, 述而-14, 憲問-2, 微子-1 등을 보면 仁의 뜻을 알 수 있을 것이다.]

♣20090508金

20. 계문자季文子는 세 번 생각한 후에 행行하였으니

季文子三思而後行 子聞之曰 再斯可矣

季文子(계문ᄌᆞ)ㅣ 세 번 思(ᄉᆞ)ᄒᆞᆫ 後(후)에 行(ᄒᆡᆼ)ᄒᆞ더니 子(ᄌᆞ)ㅣ 드ᄅᆞ시고 ᄀᆞᆯᄋᆞ샤ᄃᆡ 再(ᄌᆡ)ㅣ 可(가)ᄒᆞ니라

계문자(季文子)가 '세 번 생각하고 난 후에 행(行)하였다.' 함에, 선생님께서 그를 들으시고 말씀하시기를 "두 번이면 되느니라." 하셨다.

【季文子】 노(魯)나라 대부. 성은 계손(季孫). 이름은 행보(行父). 시호가 문(文). 노나라 집권층 중에서도 가장 세력 있는 계손씨 가문의 3대 영주로 문공(文公), 선공(宣公), 성공(成公), 양공(襄公)의 4대 군주를 모시면서 재상을 하였음. 사기(史記)에 '그가 죽었을 때 비단 옷을 입은 첩이 없었고, 마구간에 곡식을 먹는 말이 없었으며 창고에 금과 옥 같은 패물이 없었다.'고 적고 있음.

♣ 행보(行父)의 '父'는 '아비 부'가 아니고, 남자를 부르는 칭호로, 재덕이 있는 남자를 높여 부르거나 나이 많은 남자를 올려 부르는 말, 또 각종 직업에 종사하는 남자를 통칭(通稱)하는 말(甫와 통함)로, 음은 '보'임. 지금 굴원(屈原)의 '어보사(漁父辭)'를 '어부사', 윤선도(尹善道)의 '어보사시사(漁父四時詞)'를 '어부사시사'라 하고 있는데 이는 잘못이다. 어부(漁夫)와 어보(漁父)는 다르다.

【而後】 이후에. 그런 다음에. …한 연후에. …하고 난 후에. = 以後. 단문을 연결시키며, 뒷일이 앞의 일에 이어서 발생하는 연관관계를 나타냄. 而는 조동사로 뒤에 上, 下, 往, 來, 前, 後 등을 동반하여 범위를 나타냄.

【斯】 …하면 (곧). 이렇게 되면. 그렇다면. 접속사. 앞의 문장을 이어받아 조건에 따른 결과를 나타냄.

【矣】 …이다. 어기조사. 단정 또는 필연의 결과를 나타냄. ♣20090511月

21. 영무자甯武子는 지혜롭고 우직하나니

子曰 甯武子 邦有道則知 邦無道則愚 其知可及也 其愚不可及也

子(ᄌᆞ)ㅣ 골ᄋᆞ샤ᄃᆡ 甯武子(녕무ᄌᆞ)ㅣ 邦(방)이 道(도)ㅣ 이시면 知(디)ᄒᆞ고 邦(방)이 道(도)ㅣ 업스면 愚(우)ᄒᆞ니 그 知(디)ᄂᆞᆫ 可(가)히 及(급)ᄒᆞ려니와 그 愚(우)ᄂᆞᆫ 可(가)히 及(급)디 몯ᄒᆞᆯ 이니라

선생님께서 말씀하시기를 "영무자(甯武子)는 나라에 도(道)가 있으면 곧 지혜로웠고, 나라에 도(道)가 없으면 곧 우직(愚直)하였는데, 그의 지혜로움에는 가히 미칠 수 있거니와 그의 우직(愚直)함에는 가히 미칠 수 없느니라." 하셨다.

【甯武子】 위(衛)나라의 대부. 성은 녕(甯). 이름은 유(兪). 시호가 무(武).

【邦有道, 邦無道】 나라에 도(道)가 있음은 정치가 도의(道義)에 맞고 바르게 시행되어 질서가 잡혀 나라가 안정됨을, 나라에 도(道)가 없음은 정치가 바르게 시행되지 않아 나라가 혼란함을 이름.

정약용(丁若鏞) - 有道란 나라가 다스려짐을 이르며[치평(治平)의 도(道)가 있는 것이다.], 無道란 국가가 혼란하다는 말이다. 위(衛)나라는 성공(成公) 3년(B.C. 632)부터 혼란하여 군주가 도주하였고 3년 만에 평정되었다.[僖公 28년에 난이 일어났고 僖公 30년에 국사가 안정되었다.] 이로부터 27년 동안 나라에 큰 혼란이 없었고 성공(成公)이 이때 죽은 것이다.[宣公 9년] 邦無道는 3년 사이를 가리키며, 邦有道는 일이 평정된 후를 가리킨다. [有道謂國治 有治平之道 無道謂國亂也 衛自衛成公三年國亂 君奔凡三年而定 僖二十八年難作 僖三十年事定 自是國無大難者二十七年 而成公乃卒 宣九年 邦無道指三年之間也 邦有道 指事定之後也]

【則】 …이면(하면) (곧). 그렇다면 곧. 접속사. 결과나 조건에 대한 상호 원인 등 앞뒤 문장의 전후 상황이 서로 연관됨을 나타냄.

【知】 = 智. 지혜롭다. 슬기롭다. 지혜가 있다. 총명하다.

【及】 이르다. 미치다. 뒤좇아 따르다. 도달하다. 어떤 지점, 목표나 경지에 이르다(다다르다).

【也】 …이다. 어기조사. 진술문의 끝에 쓰여 판단이나 단정 또는 긍정을 나타냄.

【愚】 어리석다. 우직(愚直)하다. 변통성이 없고 곧기만 하다. 정직하여 융통성이 없다. 고지식하다.

주희(朱熹) - 춘추 좌전(春秋 左傳)을 상고해 보면 영무자가 위(衛)나라에서 벼슬한 것은 문공(文公)과 성공(成公)의 때에 해당하는데, 문공은 도가 있었으나 영무자가 볼 만한 일이 없었으니 이는 그 지혜를 따를 수 있는 것이다. 성공은 무도하여 나라를 잃을 지경에 이르렀는데, 영무자가 그 사이에서 주선(周旋)하여 몸과 마음을 다 바쳐서 어려움과 험함을 피하지 않았으니, 모든 그 처한 바가 지혜롭고 재주 있는 사람들이 모두 깊이 피하고 즐겨하지 않은 것이었는데, 마침내 자기 몸을 보전하고 그 임금을 구제하였으니, 이는 그의 어리석음을 따를 수 없는 것이다. [按春秋傳 武子仕衛 當文公成公之時 文公有道 而武子無事可見 此其知之可及也 成公無道 至於失國 而武子周旋其間 盡心竭力 不避艱險 凡其所處 皆智巧之士所深避而不肯爲者 而能卒保其身 以濟其君 此其愚之不可及也]

정약용(丁若鏞) - 자취를 감추고 몸을 온전히 보존하는 것을 知[지혜란 해(害)를 멀리할 수 있다.], 자신을 생각지 않고 어려움을 무릅써 행하는 것을 愚라 한다.[일신을 도모하는데 잘하지 못함이다.] 甯武子는 3년간 자신을 돌보지 않은 채, 어려움을 무릅쓰고 감행하였으니 이는 나라가 無道함에 우직하였다는 것이다. 난이 평정되자 무자는 자취를 감추었고 공달(孔達)은 정사를 하다가 끝내 죽었으나[공달은 목매어 죽음.] 武子는 아무 일 없이 목숨을 보전하고 천수를 다하니 이는 나라가 有道함에 지혜로웠던 것이다. 有道에 지혜로운 것 또한 어려운 것이지만 이는 오히려 할 수 있는 일이나 無道에서 우직한 것은 충성과 사랑이 지극하지 아니하고서는 억지로 할 수 없는 것이므로 그의 우직함에는 미칠 수 없다고 말씀하신 것이다. [斂跡全身曰知 智足以遠害 忘身冒難曰愚不工於謀身 甯武子於三年之間 忘身冒難 是邦無道而愚也 事旣定 武子斂跡 孔達爲政 卒亡其身孔達縊而死 而武子 安然無事 得保首領以死 是邦有道而知也 有道而知 亦人所難 然猶可爲也 無道而愚 非忠愛至極者 不能强作 故曰 其愚不可及]

♣20090511月

22. 돌아가리라! 돌아가!

子在陳曰 歸與歸與 吾黨之小子狂簡 斐然成章 不知所以裁之

子(ᄌᆞ)ㅣ 陳(딘)에 겨샤 ᄀᆞᆯᄋᆞ샤ᄃᆡ 歸(귀)홀 띤뎌 歸(귀)홀띤뎌 우리 黨(당)앳 小子(쇼ᄌᆞ)ㅣ 狂簡(광간)ᄒᆞ야 斐然(비연)히 章(쟝)을 成(셩)ᄒᆞ고 ᄡᅥ 裁(ᄌᆡ)홀 빠를 아디 몯ᄒᆞᄂᆞ다

선생님께서 진(陳)나라에 계실 때 말씀하시기를 "돌아가리라! 돌아가! 우리 마을 젊은 제자들 뜻은 높고 원대하나 일처리는 데면데면 어설퍼, 찬연히 문장을 이루었으나 그것을 마름할 방법을 알지 못하는구나." 하셨다.

【陳】 주(周)나라 무왕(武王)이 은나라를 멸망시킨 후 순임금의 후손인 규만(嬀滿)이라는 사람을 제후로 봉(封)한 나라. 춘추시대에 지금의 하남성(河南省) 개봉(開封)의 동쪽과 안휘성(安徽省) 박현(亳縣)의 북쪽 일대 땅을 차지하고 있었음. 도읍은 완구(宛丘)로 지금의 하남성 회양현(淮陽縣)이며 진주(陳州)를 서울로 하였음. 춘추 말 초나라에 의해 멸망했음.

【與】 …이리라[하리라]! 어기조사. 감탄문 끝에 쓰여 감탄[찬탄]의 어기를 나타냄.

【黨】 고대 지방의 편제 단위로 500가구가 사는 마을. 고향 마을. 향리(鄕里).

【小子】 젊은이(들). 제자(들). 너희들. 스승이 제자를 가리키거나, 아버지가 아들을 이르는 말. 또는 자기보다 나이 어린 사람을 친근하게 부르는 말.

【狂簡】 뜻이 높고 원대(遠大)하나 처사(處事, 일처리)는 데면데면하고 어설픔. 뜻이 크나 일처리는 거침. 뜻이 커서 좋으나 실행이 미치지 못하여 소홀하고 거침.

주희(朱熹) - 狂簡은 뜻은 크나 일에는 소략(疏略, 꼼꼼하지 못하고 거침)한 것이다. [狂簡 志大而略於事也]

狂 : 호방(豪放)하다. 이상(理想), 포부 등 뜻이 높다(志極高). 뜻이 매우 높으나 행함이 뒤따르지 못하다. 뜻이 매우 높고 원대하며 진취적이나 처사(處事, 일처리)는 데면데면하고 어설픔. 이상이 높고 작은 일에는 거리낌이 없음. 또는 그런 사람. 물불을 가리지 않고 자신의 생각을 추진하는 적극적이고 열광

적인 성질을 가진 사람.

簡 : 간략하다. 간소하다. 소략(疏略)하다. 번거롭게 하지 않다. 세밀하거나 꼼꼼하지 않다. 간략하고 대범하다. 소홀하고 거칠다.

【斐然成章】 찬란(燦爛)하게 문채(文采)가 난 (아름다운) 문장(文章)을 이루다. 찬연(燦然)하게 문장을 이루다. 아름답게 문장을 이루다.

斐비 : 아름다운 모양. 문채(文采)가 있어 아름다운 모양. 곱고 빛나는 모양.

然 : 그러한 모양. 형용사 또는 부사를 만드는 접미사. 어떤 모습을 형용하는 역할을 함.

成 : 이루다. 완성하다. (일 등을) 성취하다. 성사(成事)시키다.

章 : 글. 문장.

【所以】 …하는 방법, …하는 수단. 동작이나 행위가 의거하는 방식·방법·도구 등을 나타냄. 以는 수단이나 도구를 나타냄.

【裁】 마름질하다. 재단하여 바르게 만들다. 재단하여 좋게 옷을 만들다. 재량(裁量)하다. 사리에 맞게 헤아리다.

정약용(丁若鏞) - 斐는 비단무늬 모양이고 章은 무늬를 짜서 일정한 수효를 이룬 것이니 산(山), 용(龍), 물풀(藻), 불(火) 등의 유(類)로 칠장(七章)이니 구장(九章)이니 하고 일컫는 것이 이것이다. 裁는 옷을 짓는 것(製衣)이다. 공문(孔門) 제자의 학문을 비단에 수놓은 것에 비유하면 장(章)에 채색함은 이미 이루었으나 재단하여 의복을 만드는 데는 미치지 못했다는 것이다. 그러므로 공자는 고국에 돌아가 그들을 가르쳐 덕을 성취시켜주려 한 것이다. [斐錦文貌 章織文之成數 如山龍藻火之類 稱七章九章者是也 裁製衣也 孔門諸子之學 譬之錦繡 若章采已成 特未及裁之爲衣 故孔子欲歸 而卒敎之以成其德也]

【(裁)之】 그것. 지시대명사. 斐然成章을 가리킴. ♣20090512火

23. 백이伯夷와 숙제叔齊는 구악舊惡을 생각지 않았으니

子曰 伯夷叔齊 不念舊惡 怨是用希

子(ᄌᆞ)ㅣ ᄀᆞᆯᄋᆞ샤ᄃᆡ 伯夷(ᄇᆡᆨ이)와 叔齊(슉졔)ᄂᆞᆫ 舊惡(구악)을 念(념)티 아니ᄒᆞᄂᆞᆫ 디라 怨(원)이 일로ᄡᅥ 드므니라

선생님께서 말씀하시기를 "백이(伯夷)와 숙제(叔齊)는 구악(舊惡)을 생각에 두지 아니하였는지라, 원망함이 이로 인해 거의 없었느니라." 하셨다.

【伯夷叔齊】 백이(伯夷)의 이름은 윤(允), 숙제(叔齊)의 이름은 치(致). 두 사람은 은(殷)나라 말, 고죽국(孤竹國)의 왕자들로 왕이 죽자 서로 왕위를 양보하고 주(周)나라로 왔는데 周의 무왕(武王)이 천자의 나라 은(殷)을 치려하자 무왕의 말고삐를 잡고 만류하며 불효(不孝) 불충(不忠)함을 간언하였으나 무왕이 은나라를 멸망시키고 천하를 장악하자, 불의를 저지른 주(周)의 곡식은 한 톨도 먹을 수 없다며 수양산(首陽山)으로 들어가 고사리로 연명하다 굶주려 죽었다고 함.

【念】 늘 생각하다. 염두에 두다. 마음속에 두다. 마음속에 품다.

【舊惡】 옛날의 악한 일. 과거의 원한[악연(惡緣)]. 지난날 잘못을 당한 일.

정약용(丁若鏞) - 不念舊惡은 부자·형제 사이에 지난날의 나쁜 것을 마음에 생각하지 않았다는 말이다. [不念舊惡 謂父子兄弟之間 不念舊惡也]

【怨是用希】 원망함이 이로써 드물었다. (남을) 원망함이 이로 인해 적었다(거의 없었다). [과거의 원한을 기억하지 않아서] 마음속 원망이 이 때문에 드물었다.

是用 : = 是以. 이로 인해. 이것 때문에. 그래서. 그러므로. 따라서. 관용형식으로서 단문을 연결시키는 역할을 하며, 결과를 나타냄.

希 : 드물다(罕也). 희소(稀少)하다. 적다. 거의 없다. 稀와 통함.

황간(皇侃) - 오직 백이숙제는 도량이 커 마음에 두지 않아 비록 남들이 자기를 범함이 있어도 자기가 그것을 원망하여 새겨두지 않았기 때문에 남을 원망함이 적었다는 것이다. [唯夷齊豁然忘懷 若有人犯己 己不怨錄之 所以與人怨少也]

미야자키 이치사다(宮崎市定) - 백이숙제는 옛 악연을 잊으려고 노력했다. 그래서

원망하지 않을 수 있었다.

[참고] 述而-14.

[참고] 형병(邢昺) - 옛날의 악[원한]을 마음에 두어 보복하고자 아니하였으므로 남들에게 원한을 받는 바가 적었다는 것이다. [不念舊時之惡而欲報復 故希爲人所怨恨也]

주희(朱熹) - 미워하던 사람이 잘못을 고치면 즉시 미워하는 마음을 그쳤다. 그러므로 사람들 또한 심히 그를 원망하지 않은 것이다. [其所惡之人 能改卽止 故人亦不甚怨之也]

♣20090513水

24. 누가 미생고微生高를 곧고 바르다 하였는가?

子曰 孰謂微生高直 或乞醯焉 乞諸其鄰而與之

子(ᄌᆞ)ㅣ ᄀᆞᆯᄋᆞ샤ᄃᆡ 뉘 微生高(미ᄉᆡᆼ고)를 닐오ᄃᆡ 直(딕)다 ᄒᆞᄂᆞ뇨 或(혹)이 醯(혜)를 乞(걸)ᄒᆞ여ᄂᆞᆯ 그 鄰(린)에 乞(걸)ᄒᆞ야 與(여)ᄒᆞ곤여

선생님께서 말씀하시기를 "누가 미생고(微生高)를 솔직하다 하였는가? 어떤 이가 초(醋)를 빌러(얻으러) 왔는데 그 이웃에게서 그것을 빌어다 그에게 주었다 하던데 … ." 하셨다.

【謂】 이르다. 일컫다. 말하다. …라고 하다. …라고 생각하다.

【微生高】 노(魯)나라 사람으로 성은 미생(微生). 이름은 고(高). '장자(莊子) 도척(盜跖)'의 미생고(尾生高)와 동일인인지는 확인을 못함.

【直】 곧다. 우직(愚直)하다. 솔직(率直)하다. 강직(剛直)하다.

【或】 혹자(或者). 어떤 사람(이). 누군가. 인칭대명사. 특정 대상을 가리키지 않는 것을 나타냄.

【乞걸】 빌다. 구걸하다.

【醯혜】 식초(醋也).

【焉】 = 於之. 그에게. 그 사람에게. 합음사. 於는 전치사로 동작이나 행위에 관련되는 대상을 나타내며, 之는 인칭대명사로 微生高를 가리킴.

【諸저】 之於(…에게 그것을. …로부터 그것을). 합음사(合音詞). '之'는 앞에 나온 동사의 목적어로 쓰여 앞의 醯를 가리킴. '於'는 뒤의 명사 혹은 명사성 구문과 함께 '전치사 + 목적어' 구문을 이루며 보어가 되어 동작이나 행위와 관련된 대상을 나타냄.

【其】 그. 그 사람. 인칭대명사. 微生高를 가리킴.

【而】 …하여서. 그래서. 그리하여. 접속사. 순접(연관)관계를 나타냄.

【與】 주다. 동사.

【(與)之】 그. 그 사람. 인칭대명사. 或를 가리킴.

주희(朱熹) - 微生은 성이요 高는 이름이니 魯나라 사람으로 평소에 正直하다는 이름이 있는 자였다. 醯는 식초이다. 어떤 사람이 빌러 왔을 때 그의 집에 식초가 없으므로 이웃집에서 빌어다 준 것이다. 夫子께서 이를 말씀하신 것은 뜻을 굽혀 남의 비위를 맞추고 아름다움을 빼앗아 은혜를 팔았으니 정직(正直)함이 될 수 없다고 기롱하신 것이다. [微生姓 高名 魯人 素有直名者 醯醋也 人來乞時 其家無有 故乞諸鄰家以與之 夫子言此 譏其曲意徇物 掠美市恩 不得爲直也]

정약용(丁若鏞) - 이웃에 구하러 가서 한 말은 모름지기 자기가 쓴다고 하였을 것이니, 이것이 그 곧고 바르지 못한 것이다. … 능히 곧은 것을 다하지 못하였음을 기롱한 것이지, 그를 깊이 허물한 것은 아니다. [乞鄰之詞 須云自用 是其不直也 … 譏其不能盡直 非深罪之也]

♣20090513水

25. 좌구명左丘明이 부끄럽게 여긴 것은…

第五篇 公冶長

子曰 巧言令色足恭 左丘明恥之 丘亦恥之 匿怨而友其人 左丘明恥之 丘亦恥之

子(ᄌᆞ)ㅣ ᄀᆞᆯᄋᆞ샤ᄃᆡ 言(언)을 巧(교)히 ᄒᆞ며 色(ᄉᆡᆨ)을 令(령)히 ᄒᆞ며 恭(공)을 足(주)히 홈을 左丘明(좌구명)이 恥(티)ᄒᆞ더니 丘(구)ㅣ ᄯᅩᄒᆞᆫ 恥(티)ᄒᆞ노라 怨(원)을 匿(닉)ᄒᆞ고 그 사ᄅᆞᆷ을 友(우)홈을 左丘明(좌구명)이 恥(티)ᄒᆞ더니 丘(구)ㅣ ᄯᅩᄒᆞᆫ 恥(티)ᄒᆞ노라

선생님께서 말씀하시기를 "말을 듣기 좋게 하고 얼굴빛을 보기 좋게 꾸미며 지나치게 공손히 함을 좌구명(左丘明)이 부끄럽게 여겼는데, 나(丘) 또한 그것을 부끄럽게 여기노라. 원망함을 숨기고 그 사람과 벗하는 것을 좌구명이 부끄럽게 여겼는데, 나 또한 그것을 부끄럽게 여기노라." 하셨다.

【巧言令色】 듣기 좋게 교묘히 꾸며서 하는 말과 보기 좋게 꾸며 아첨하는 얼굴빛. 남의 환심을 사려고 아첨하는 교묘한 말과 꾸민 태도. [참고] 學而-3.

【足恭주공】 지나친 공손(恭遜). 환심을 사기 위해 지나치게 공손해 하는 것.

足주 : 지나치다(過也). 과도하다.

恭 : (다른 사람에게) 공손(恭遜)히 하다. 겸손(謙遜)히 하다. 공순(恭順)히 하다.

【左丘明】 성은 좌구(左丘). 이름은 명(明). 노(魯)나라 태사(太史)로 '춘추좌씨전(春秋左氏傳)'을 쓴 사람이라는 설이 있으나 적확(的確)한 고증이 없고, 주희(朱熹)는 다만 옛날의 유명한 사람[古之聞人也]이라고만 했음. 이 글의 문맥으로 좌구명을 공자 말씀 앞에 놓고 그 말을 인용해서 공자 말씀에 무게를 둔 것으로 보아 공자 이전에 노(魯)나라에 실존했던 인물로 보는 견해가 주류임.

【恥】 부끄럽게 여기다. 형용사의 동사로의 전용.

【丘】 공자의 이름. 저는(제가). 나는(내가). 일인칭대명사. 자신을 가리킬 때 자기 이름을 씀.

【匿닉】 숨기다. 은닉(隱匿)하다. 몰래 감추다.

【友】 벗하다. 벗으로 삼다. 벗으로 사귀다. 친구로 하다. 명사의 동사로의 전용.

♣20090513水

26. 노인들을 편안히 모시고, 젊은이는 품에 안고

顔淵季路侍 子曰 盍各言爾志 子路曰 願車馬衣輕裘 與朋友共 敝之而無憾 顔淵曰 願無伐善 無施勞 子路曰 願聞子之志 子曰 老者安之 朋友信之 少者懷之

顔淵(안연)과 季路(계로)ㅣ 侍(시)ᄒᆞ얏더니 子(ᄌᆞ)ㅣ ᄀᆞᆯᄋᆞ샤ᄃᆡ 엇디 각각 네의 ᄠᅳᆮ을 니ᄅᆞ디 아니ᄒᆞ리오 子路(ᄌᆞ로)ㅣ ᄀᆞᆯ오ᄃᆡ 願(원)컨댄 車馬(거마)와 輕裘(경구)를 衣(의)홈을 朋友(붕우)로 더브러 ᄒᆞᆫ 가지로 ᄒᆞ야 敝(폐)하야도 憾(감)홈이 업고져 ᄒᆞᄂᆞᆼ이다 顔淵(안연)이 ᄀᆞᆯ오ᄃᆡ 願(원)컨댄 善(션)을 伐(벌)홈이 업ᄉᆞ며 勞(로)를 施(시)홈이 업고져 ᄒᆞᄂᆞᆼ이다 子路(ᄌᆞ로)ㅣ ᄀᆞᆯ오ᄃᆡ 願(원)컨댄 子(ᄌᆞ)의 志(지)를 듣ᄌᆞᆸ고져 ᄒᆞᄂᆞᆼ이다 子(ᄌᆞ)ㅣ ᄀᆞᆯᄋᆞ샤ᄃᆡ 老者(로쟈)를 安(안)ᄒᆞ며 朋友(붕우)를 信(신)으로 ᄒᆞ며 少者(쇼쟈)를 懷(회)홈이니라

안연(顔淵)과 계로(季路)가 (공자를) 모실 때 선생님께서 말씀하시기를 "음, 각각 너희의 뜻을 말해 보거라." 하시니, 자로(子路)가 말씀드리기를 "원(願)하온데 수레와 말과 옷과 가벼운 갖옷을 친구와 함께 쓰다 그것들이 낡고 해어져도 유감(遺憾)이 없고자 하나이다." 하고, 안연(顔淵)이 말씀드리기를 "원(願)하온데 어질고 유능함을 자랑함이 없고, 수고로운 일을 남에게 끼침이 없고자 하나이다." 하였다. 자로가 여쭈어 말씀드리기를 "원(願)하온데 선생님의 뜻을 듣잡고 싶습니다." 하니, 선생님께서 말씀하시기를 "노인들은 편안히 모시고, 벗들을 미쁘게 대하며, 젊은이들은 품에 안고자 하노라." 하셨다.

【顔淵】 공자의 제자 안회(顔回). 자가 자연(子淵). [참고] 爲政-9.

【季路】 공자의 제자 자로(子路). 성은 중(仲). 이름은 유(由). 자가 계로(季路) 또는 자로(子路). 노나라 사람으로 공자보다 9세 아래. 논어에 38회 등장. 옛 법에 50세가 되면 백(伯)·중(仲)·숙(叔)·계(季)의 항렬과 자(字)를 사용하였음. [참고] 爲政-17.

【侍】 모시다. 옆에서 모시다[시중들다]. 섬기다.

【盍합】 음…. 그럼…. 허자(虛字)임. [참고] 왜 …하지 않는가. 어찌 …하지 않는가.

합음사(合音詞). 대명사나 부사의 역할을 하는 '何'와 부사인 '不'의 역할을 겸함. 곧 '何不'의 뜻임. [鄭玄] ☞ 盍各言爾志 : 어찌 너희들의 뜻을 말하지 않느냐.

【車馬衣輕裘】 ① 수레와 말과 옷과 가벼운 갖옷(가죽옷). ② 거마(車馬, 수레)를 타고 가벼운 갖옷(가죽옷)을 입음. 車馬 앞에 '乘'자가 생략되었다고 보고 衣자를 동사 '입다'로 해석한 경우임. ③ 수레와 말과 옷과 갖옷(가죽옷). 輕자를 잘못 들어간 말[연문(衍文)]로 보아 빼고 해석하는 경우임. 이때 衣裘를 의복의 통칭(通稱)으로 보는 이도 있음.

裘구 : 가죽옷(皮服). 갖옷. 여우의 겨드랑이 털만을 모아 만든 귀한 겨울철 두루마기. 여우 20마리를 잡아야 옷 한 벌을 만든다고 함.

【共】 함께하다. 함께 쓰다(사용하다). 같이 쓰다(사용하다).

【敝폐】 해어지다(壞也). (옷 등이) 닳아 없어지다[떨어지다].

【憾】 한스럽다(恨也). 원망스럽게 생각하다. 서운한 감정. 섭섭한 마음. 유감(遺憾)으로 여기다.

【伐】 자랑하다. 자신의 공을 자랑하다. 뽐내다(誇也).

【善】 잘함. 능력이 있음. 어질고 유능함.

주희(朱熹) - 伐은 자랑함이요, 善은 능함이 있음을 이른다.[伐誇也 善謂有能]

【施勞】 수고로운 일을 남에게 시키다. 노고(勞苦)를 남에게 끼치다. 힘든 일을 남에게 미루다. [참고] 공로(功勞)를 과시(誇示)하다. 공로를 뽐내다(자랑하다). 공로를 과장(誇張)하다. 공로를 드러내다. 施 ☞ 顔淵-2.

공안국(孔安國) - 수고로운 일을 남에게 베풀지 않는다. [不以勞事置施於人]

주희(朱熹) - 施 또한 장대(張大)의 뜻이다. 勞는 功(공로)이 있음을 이르니, 周易(주역) 繫辭(계사) 상(上)에 '공로가 있어도 자랑하지 않는다.'는 것이 이것이다. 혹자는 '勞는 수고로운 일이니 수고로운 일은 자기가 하고 싶은 것이 아니므로 또한 남에게 베풀려고 하지 않는 것이다.' 하니 이 역시 통한다. [施亦張大之意 勞謂有功 易曰 勞而不伐 是也 或曰 勞勞事也 勞事非己所欲 故亦不欲施之於人 亦通]

【安之】 그를 편안하게 하다. 그를 편안하게 해주다. 편안하게 모시다. 사역동사로의 전용.

之 : 그. 그 사람. 인칭대명사. 老者를 가리킴. 강조 효과를 위하여 老者를 앞으로 내세우고 그 자리에 다시 인칭대명사를 쓴 것임. 이하 '之'도 같은 용법임.

【信】 성실하여 미쁘게 하다. 신의를 지키다. 신실하게 하다.

【懷】 사랑으로 감싸다. 따르게 어루만져 주다. 보살펴 주다. 그리워하게 하다.

[참고] 따르게 하다. 少者懷之 ⇒ 아이들이나 청년들로부터 그리운 사람으로서 흠모를 받을 만한 사람이 되고 싶다. [모로하시 데츠지(諸橋轍次)] ♣20090514木

27. 자기 허물을 보고 스스로 질책하는 이는 없느니

第五篇 公冶長

子曰 已矣乎 吾未見能見其過而內自訟者也

子(ᄌᆞ)ㅣ 골ᄋᆞ샤ᄃᆡ 말올디라 내 能(능)히 그 過(과)를 보고 內(ᄂᆡ)로 스스로 訟(송)ᄒᆞᄂᆞᆫ 者(쟈)를 보디 몯게라

선생님께서 말씀하시기를 "그만 둘지라! 나는 능히 그 허물[과실]을 보면 곧 속으로 스스로를 질책(叱責)하는 사람을 아직 보지 못하였도다!" 하셨다.

【已矣乎】 끝장이구나! 끝이란 말인가! 다 되었구나! 그만두어라! 그만두어야겠구나!
[참고] 衛靈公-12.

已 : = 止. 그치다. 끝나다. 멎다. 그만두다. 중지하다. 말다.

矣 : …이다. 어기조사. 동작이 이미 완료되었음(어떤 상황이 이미 실현되었거나 형성되었음)을 나타냄.

乎 : 아! …이도다! …이(로)구나! 어기조사. 비분·찬양·감격 등의 감탄 어기를 나타냄.

주희(朱熹) - 已矣乎는 끝내 그러한 사람을 만나보지 못할까 염려하여 탄식하신 것이다. [已矣乎者 恐其終不得見而歎之也]

【未】 아직 …하지 않다[못하다]. 아직 …이 아니다. 부사. 동작·행위·상황 등이 아직 발생하지 않았음을 나타냄.

【而】 = 則. 이에 곧. …이면[하면] 곧. 접속사. 조건에 따른 결과를 나타냄.

【內】 안으로. 속으로. 내심(內心)으로. 마음속으로. 부사.

【自】 자기 자신. 일인칭대명사. 자신을 가리킴. 부사적 성격이 강하기 때문에 목적어로 쓰일 경우 동사 앞에 놓임.

【訟】 꾸짖다. 책망(責望)하다. 질책(叱責)하다.

【也】 …이여! …이구나! …이도다! …로구나! 어기조사. 감탄문의 끝에 쓰여 비통·찬송·감탄·놀람 등의 어기를 나타냄.

♣20090514木

28. 누구도 내가 배움을 좋아함만 같지는 못할지니

子曰 十室之邑 必有忠信如丘者焉 不如丘之好學也

子(ᄌᆞ)ㅣ ᄀᆞᆯᄋᆞ샤ᄃᆡ 十室(십실)ㅅ邑(읍)에 반ᄃᆞ시 忠信(튱신)이 丘(구) ᄀᆞᄐᆞᆫ 者(쟈)ㅣ 잇거니와 丘(구)의 學(ᄒᆞᆨ)을 好(호)홈만 ᄀᆞᆮ디 몯ᄒᆞ니라

선생님께서 말씀하시기를 "열 가구 정도의 작은 마을에도 충신(忠信)함이 나(丘)와 같은 사람이 반드시 있을 것이지만 내(丘)가 배움을 좋아하는 것만 못할 것이니라." 하셨다.

【焉】 이곳에. 於是. 합음사. 於는 전치사로 동작이나 행위가 일어나는 장소(범위)를 나타내며, 是는 지시대명사로 十室之邑을 가리킴.

【如】 …와 같다. 형용사.

【不如】 …함 만 못하다. …만 같지 못하다. …하는 게 차라리 낫다. 부사. 앞에서 말한 사건이 뒤에서 말한 사건에 미치지 못함을 나타냄. [참고] 學而-15, 公冶長-9.

우 열 비 교	
A 不如[不若] B A는 B만 못하다[A는 B와 같지 않다].	不如[不若, 未若, 弗如] …만 못하다[…과 같지 않다].
知之者不如好之者 아는 자는 좋아하는 자만 못하다.	無友不如己者 자기만 못한 사람과 벗하지 말라.
A + 형용사 + 개사(於, 于, 乎) + B A는 B보다 더 …하다.	
苛政猛於虎 가혹한 정치는 호랑이보다 무섭다.	

【(丘)之(好學)】 …은[는]. …이[가]. 구조조사(주격조사). 주술구조 사이에 쓰여 이를 명사구(절)로 만들어 주는 역할을 함.

【也】 …이다. 어기조사. 진술문의 끝에 쓰여 판단이나 단정 또는 긍정을 나타냄.

♣20090514木

中庸

중용
(넘치거나
부족함도,
지나치거나
미치지 못함도
없는 항상
일정함을
유지하여
변함이 없는
상태.
또는 그 경지.)
[雍也-27]

第六篇

雍也 옹야

文質彬彬 然後君子

바탕과 무늬가 적정하게 잘 조화된 연후에야 군자답다 할 것이니 [雍也-16]

1. 옹雍은 임금을 할 만하니

子曰 雍也 可使南面
仲弓問子桑伯子 子曰 可也簡 仲弓曰 居敬而行簡 以臨其民 不亦可乎 居簡而行簡 無乃大簡乎 子曰 雍之言然

子(ᄌᆞ)ㅣ ᄀᆞᆯᄋᆞ샤ᄃᆡ 雍(옹)은 可(가)히 ᄒᆡ여곰 南面(남면)ᄒᆞ얌즉 ᄒᆞ두다
仲弓(듕궁)이 子桑伯子(ᄌᆞ상ᄇᆡᆨᄌᆞ)를 묻ᄌᆞ온대 子(ᄌᆞ)ㅣ ᄀᆞᆯᄋᆞ샤ᄃᆡ 可(가)홈이 簡(간)이니라 仲弓(듕궁)이 ᄀᆞᆯ오ᄃᆡ 敬(경)애 居(거)ᄒᆞ고 簡(간)을 行(ᄒᆡᇰ)ᄒᆞ야 ᄡᅧ 그 ᄇᆡᆨ셩을 臨(림)ᄒᆞ면 ᄯᅩᄒᆞᆫ 可(가)티 아니ᄒᆞ닝잇가 簡(간)애 居(거)ᄒᆞ고 簡(간)을 行(ᄒᆡᇰ)ᄒᆞ면 아니 너무 簡(간)ᄒᆞ닝잇가 子(ᄌᆞ)ㅣ ᄀᆞᆯᄋᆞ샤ᄃᆡ 雍(옹)의 말이 그러ᄒᆞ다

선생님께서 말씀하시기를 "옹(雍)은 임금을 할 만하다." 하셨다.

중궁(仲弓)이 자상백자(子桑伯子)를 여쭈니 선생님께서 말씀하시기를 "괜찮다. 간략(簡略)함은." 하셨다. 중궁(仲弓)이 말씀드리기를 "평소에 경건(敬虔)하게 하고 시행(施行)은 간략하게 함으로써 그 백성을 다스린다면 또한 좋지 않겠습니까? 평소에도 간략하게 하고 (일의) 시행도 간략하게 한다면, 이는 바로 너무 간략(簡略)한 것이 아니겠습니까?" 하니, 선생님께서 말씀하시기를 "옹(雍)의 말이 옳으니라." 하셨다.

【雍】 공자의 제자. 노(魯)나라 사람으로 성은 염(冉). 이름이 옹(雍). 자는 중궁(仲弓). 공자보다 29세 아래.

【也】 ① …은(는). …이란. …이면. 어기조사. 음절을 조정하고 어기를 고르는(말을 잠깐 멈추고 다음 내용을 환기시키는) 역할을 함. 雍也. ② …이다. 어기조사. 진술문의 끝에 쓰여 판단이나 단정 또는 긍정을 나타냄. 可也.

【可使】 …하게 할 수 있다. …하게 할 만하다. …을 시킬 수 있다.

可 : 가히 …할 수 있다. 가능하다. 조동사. 허가나 가능을 나타냄.

使 : …에게[으로 하여금] ~하도록 하다. …에게 ~을 시키다. 사역동사.

【南面】 남쪽으로 향하다. 남쪽으로 향하여 앉아 있다. ⇒ 임금 자리에 앉다. 임금이 되다. 조정에서 임금은 남면(南面)하고 신하는 북면(北面)하므로 인하여 '임금이 되다.'는 뜻이 됨.

주희(朱熹) - 南面은 君主가 정사를 다스리는 자리이다. [南面者 人君聽治之位]

【子桑伯子】 신원 미상. 노나라 사람으로 추정.

【可】 괜찮다. 그런대로 좋다[되다]. 쓸[할] 만하다. 겨우 괜찮은 정도에 달한 것이지 썩 좋은 것은 아니라는 뜻이 내포됨.

【簡】 간략함. 간소함. 소략(疏略)함. 번거롭게 하지 않음. 세밀하거나 꼼꼼하지 않음. 간략하고 대범함. 소홀하고 거침.

【居】 평소(平素). 평상시(平常時). 평상시 처하여 있음.

【敬】 지극히 삼가다. 신중히 하다. 경건(敬虔)하게 하다. 공경하는 마음으로 깊이 삼가고 조심하는 태도가 있게 하다. 예의 바르고 신중(愼重)히 하다. 삼가고 정성(精誠)을 다하여 처리하다.

【以臨其民】 그러한 것(태도)으로써 그(자기의) 백성을 다스리다. 以 다음에 居敬而行簡을 가리키는 지시대명사사 之가 생략되었음.

以 : …으로써. …을 가지고[통하여]. 전치사. 도구·수단·방법을 나타냄.

臨 : 임하다. 윗사람이 아랫사람을 대하다. ⇒ 다스리다. 통치하다.

【而】 와[과]. …하고. 그리고. 접속사. 병렬관계를 나타냄.

【不亦可乎】 이 또한(역시) 좋지[괜찮지] 않겠습니까?

亦 : 또한. 역시. 대단히. 매우. 참으로. 조사.

乎 : …인가[입니까]? …이겠는가? 어기조사. 의문문 끝에 쓰여 반문의 어기를 나타냄. 일반적으로 대명사 何, 孰이나 접속사 況 혹은 부사 庸, 寧, 豈, 不, 非 등과 호응함.] [참고] 不亦…乎. [學而-1]

【無乃…乎】 바로 …이 아니겠는가? 반문형 의문문을 이루어 긍정을 강조하는 효과를 냄.

乃 : 이에. 곧. 바로 …이다. 앞의 말을 이어받아 연결시킴.

乎 : …인가? …한가? 어기조사. 문장 끝에 놓여 의문(반문)을 나타냄.

[참고] 無乃 : 아마도. 너무. …이 아닌가? 그럴 리가 없다. 부사. 동작이나 행위에 대한 추측을 나타냄. 부사어로 쓰임. 乎 : 어기조사. 추측의 어기를 나타냄.

[延世大學校 虛詞辭典編纂室 編, 虛詞大辭典, 成輔社, 2001.]

【大태】 太와 통용. 너무. 지나치게. 심하게.

【然】 그렇다. 그러하다. 옳다. 맞다. ♣20090514木

2. 안회顏回 이후 배우기를 좋아하는 이 아직 듣지 못했다

哀公問 弟子孰爲好學 孔子對曰 有顏回者好學 不遷怒 不貳過 不幸短命死矣 今也則亡 未聞好學者也

哀公(ᄋᆡ공)이 묻ᄌᆞ오ᄃᆡ 弟子(뎨ᄌᆞ)ㅣ 뉘 學(ᄒᆞᆨ)을 됴히 너기ᄂᆞ닝잇고 孔子(공ᄌᆞ)ㅣ 對(ᄃᆡ)ᄒᆞ야 ᄀᆞᆯᄋᆞ샤ᄃᆡ 顏回(안회)라 ᄒᆞ리 學(ᄒᆞᆨ)을 됴히 너겨 怒(노)를 遷(쳔)티 아니ᄒᆞ며 過(과)를 貳(ᅀᅵ)티 아니ᄒᆞ더니 幸(ᄒᆡᆼ)티 몯ᄒᆞ야 命(명)이 短(단)ᄒᆞ야 죽은 디라 이제ᄂᆞᆫ 업스니 學(ᄒᆞᆨ)을 됴히 너기ᄂᆞᆫ 이를 듣디 몯게이다.

애공(哀公)이 묻기를 "제자 누가 배우기를 좋아하는가?" 하니, 공자께서 대답하여 말씀하시기를 "안회(顏回)라는 이가 있어 배우기를 좋아해 분노(忿怒)를 옮기지 않고 잘못을 두 번 다시 하지 않았는데, 불행히 명(命)이 짧아 죽은지라 이제는 곧 없으니, 배우기를 좋아하는 이를 아직 듣지 못했습니다." 하셨다.

【哀公】 노(魯)나라 임금(B.C. 494~468 재위). 성은 희(姬). 이름은 장(蔣). 시호가 애공(哀公). 정공(定公)의 아들.

【孰】 누가 …인[한]가? 의문대명사. 사람에 대한 질문을 나타냄.

【爲】 …이다. 동사. 是의 용법과 같음.

【好學】 ① 배우기를 좋아하다. ② 학문(學文)을 좋아하다.

【顏回】 공자의 제자로 노나라 사람. 성은 안(顏). 이름은 회(回). 자는 자연(子淵). [참고] 爲政-9.

【不遷怒】 분노(忿怒)를 옮기지 않음. 자기의 노여움을 남에게 옮기지 않다. 분하고 화나는 것을 다른 사람에게 옮기지 않다. 남에게 분(화)풀이하지 않다.

遷 : 옮기다(移也).

怒 : 노여움. 분노. 화냄. 성냄.

【不貳過】 잘못을 두 번 다시 하지 않음.

貳 : 둘. 두 번 하다. 재차(再次) 하다. 되풀이하다. 다시 하다(復也). [集註]

過 : 허물(이 있다). 잘못(을 하다). 과오(를 범하다).

【矣】 …이다. 어기조사. 단정 또는 필연의 결과를 나타냄.

【也】 ① …은(는). …이란. …이면. 어기조사. 음절을 조정하고 어기를 고르는(말을 잠깐 멈추고 다음 내용을 환기시키는) 역할을 함. 今也則亡. ② …이다. 어기조사. 진술문의 끝에 쓰여 판단이나 단정 또는 긍정을 나타냄. 好學者也.

【則】 곧. 부사. 동작·행위·성질·상태 등에 대한 강조를 나타냄.

【亡무】 = 無. 없다.

정이(程頤) - 안자(顏子)의 화냄은 상대방에 있었고, 자신에게 있지 않았으므로 옮기지 않은 것이다. 선(善)하지 않은 것이 있으면 일찍이 알지 못한 적이 없고, 알면 일찍이 다시 행한 적이 없으셨으니, 잘못을 다시 하지 않은 것이다. [顏子之怒 在物不在己 故不遷 有不善 未嘗不知 知之 未嘗復行 不貳過也]

기뻐하고 화냄이 (자신의 감정에 있지 않고 상대방의 행한) 일에 있다면, 곧 이것은 도리 상 마땅히 기뻐하고 화내야 할 경우인 것이요, 혈기(血氣)에 있지 않다면 옮기지 않는 것이다. 예를 들면 순(舜) 임금이 사흉(四凶)을 처벌할 때에 화낼 만한 것이 저들에게 있었으니, 자신이 무슨 상관이 있었겠는가? 마치 거울이 물건을 비춤에, 모습의 아름다움과 추함이 저쪽에 달려 있는 것과 같아서 사물에 따라 대응할 따름이니, 어찌 화를 옮김이 있겠는가? [喜怒在事 則理之當喜怒者也 不在血氣 則不遷 若舜之誅四凶也 可怒在彼 己何與焉 如鑑之照物 姸媸在彼 隨物應之而已 何遷之有]

안자(顏子)의 지위[경지]와 같으면 어찌 선(善)하지 않음이 있겠는가. 이른바 선(善)하지 않다는 것은 다만 약간의 잘못이 있는 것이니, 잠시라도 잘못이 있으면 곧 알았고, 알기만 하면 곧 다시는 싹터 나오지 않게 한 것이다. [如顏子地位 豈有不善 所謂不善 只是微有差失 纔差失 便能知之 纔知之 便更不萌作]

♣20090514木

3. 군자君子는 곤궁한 사람을 구제하는 것이지...

子華使於齊 冉子爲其母請粟 子曰 與之釜 請益 曰 與之庾 冉子與之粟五秉 子曰 赤之適齊也 乘肥馬 衣輕裘 吾聞之也 君子周急 不繼富

原思爲之宰 與之粟九百 辭 子曰 毋 以與爾鄰里鄉黨乎

子華(ᄌᆞ화)ㅣ 齊(제)예 브리이더니 冉子(셤ᄌᆞ)ㅣ 그 어미를 爲(위)ᄒᆞ야 粟(속)을 請(청)ᄒᆞᆫ대 子(ᄌᆞ)ㅣ ᄀᆞᆯᄋᆞ샤ᄃᆡ 釜(부)를 주라 더홈을 請(청)ᄒᆞᆫ대 ᄀᆞᆯᄋᆞ샤ᄃᆡ 庾(유)를 주라 ᄒᆞ야시ᄂᆞᆯ 冉子(셤ᄌᆞ)ㅣ 粟(속) 다ᄉᆞᆺ 秉(병)을 준대 子(ᄌᆞ)ㅣ ᄀᆞᆯᄋᆞ샤ᄃᆡ 赤(젹)의 齊(제)예 갈제 肥馬(비마)ᄅᆞᆯ ᄐᆞ며 輕裘(경구)ᄅᆞᆯ 닙으니 나ᄂᆞᆫ 들오니 君子(군ᄌᆞ)ᄂᆞᆫ 急(급)ᄒᆞᆫ 이를 周(쥬)ᄒᆞ고 富(부)ᄒᆞᆫ 이ᄅᆞᆯ 繼(계)티 아니ᄒᆞᆫ다 호라

原思(원ᄉᆞ)ㅣ 宰(ᄌᆡ)되엿더니 粟(속) 九百(구ᄇᆡᆨ)을 주어시ᄂᆞᆯ ᄉᆞ양ᄒᆞᆫ대 子(ᄌᆞ)ㅣ ᄀᆞᆯᄋᆞ샤ᄃᆡ 말아 ᄡᅧ 네의 鄰(린)이며 里(리)며 鄉(향)이며 黨(당)을 줄 띤뎌

자화(子華)가 제(齊)나라에 사신(使臣)으로 갔었는데 염자(冉子)가 그의 어머니를 위하여 양식(糧食)을 청(請)하니, 선생님께서 말씀하시기를 "부(釜)[한가마니]를 주라." 하셨다. 더 주기를 청하니, 말씀하시기를 "유(庾)[두 가마니 반]를 주라." 하셨는데 염자(冉子)가 곡식 다섯 병(秉)[백이십오 가마니]을 주자, 선생님께서 말씀하시기를 "적(赤)[子華]이 제(齊)나라에 갈 때 살찐 말이 끄는 수레를 탔고, 가벼운 갖옷(가죽옷)을 입었다. 내 들으니 군자는 곤궁(困窮)한 사람을 구제하는 것이지 부유한 사람에게는 보태주지 않는다 하였다." 하셨다.

원사(原思)가 가재(家宰)가 됨에 곡식 구백(九百)을 주었는데 사양하니 선생님께서 말씀하시기를 "(사양하지) 마라. 그것을 너희 마을에 주라[마을 사람들에게 나눠주라]." 하셨다.

【子華】 공자의 제자. 노(魯)나라 사람. 성은 공서(公西). 이름이 적(赤). 자가 자화(子華). 공자보다 42세 아래. [참고] 公冶長-8.

【使시】 사신(使臣)으로 가다. 사신으로 보내다. 동사.

【冉子】 공자의 제자 염구(冉求). 노(魯)나라 사람으로 성이 염(冉). 이름은 구(求). 자는 자유(子有). 공자보다 29세 아래. 계강자(季康子)의 가신(家臣)이었음.

여기서는 자화가 제나라에 공자의 심부름을 간 것이 아니고 계강자의 사신으로 갔으며, 염유(冉有)는 계강자의 가신이지만 공자의 제자이므로 공자께 여쭙는 것으로 보는 설을 따랐음.

【爲其母請粟】 그(子華)의 어머니를 위하여 양식(糧食)을 요청하였다.

爲 : …을 위하여. …을 하기 위해서. 전치사. 동작이나 행위가 발생하는 목적을 나타냄.

其 : 그. 그 사람. 인칭대명사. 子華를 가리킴.

請 : 요청(要請)하다. 요구(要求)하다.

粟 : 조(오곡五穀의 하나). 겉곡식(찧지 않은 곡식). 인신(引伸)하여 '곡식'을 가리킴. 식량(양식糧食)의 총칭.

【與】 주다. 동사.

【釜부】 용량의 단위. 6斗 4升(여섯 말 넉 되).

【庾유】 열여섯 말(16斗). 일설에는 두 말 넉 되(2斗 4升)라고 함.

[참고] 공자께서 '與之釜'와 같이 '與之庾'라 하셨으므로 庾를 더 주라는 것보다 庾를 주라는 의미로 봄이 자연스러울 것 같아 16斗 설을 따랐음.

【秉】 용량의 단위. 곡식 16곡(斛)이 1병(秉). 1곡은 10두(斗)임. 따라서 五秉은 80곡 곧 800두임.

[참고] 여기서는 곡식의 양이 중요한 논점이 아니므로 대략적인 양만 알아 비교할 수 있도록 편의상 임의로 釜(6斗 4升)를 한 가마니로 하여 庾(16斗)는 두 가마니 반(16÷6.4=2.5), 五秉은 125가마니(800÷6.4=125)로 하였음.

【赤之適齊也】 적(赤, 子華)이 제(齊)나라에 갈 때에는.

之 : …이[가] ~할 때에(는). 구조조사(주격조사). 시간을 나타내는 부사절을 만듦.

適 : 가다. 떠나가다.

也 : …은(는). …이란. …이면. 어기조사. 음절을 조정하고 어기를 고르는(말을 잠깐 멈추고 다음 내용을 환기시키는) 역할을 함.

【乘肥馬】 살진 말이 끄는 수레를 타다. [당시는 직접 말을 타지는 않았다고 함.]

【衣輕裘】 가벼운 갖옷(가죽옷)을 입다.

衣 : (옷을) 입다. 동사. 裘 : 가죽옷(皮服). 갖옷.

【周急】 곤경에 빠진 사람을 구제하다. 궁핍한 사람들을 구제하다(도와주다).

周 : 구제하다. 구휼하다. 도와주다. 베풀어 주다. 賙와 통함.

急 : 급한 것. 위급한 것. 재난. 곤궁한 것. 궁핍한 것. 가난한 사람. 다급한 처지에 놓인 사람.

주희(朱熹) - 急은 곤궁함이다. 周는 부족한 이를 도와주는 것이요. 繼는 여유가 있는 이를 계속 대주는 것이다. [急 窮迫也 周者 補不足 繼者 續有餘]

【繼富】 부유한 사람에게 보태주다. 부자에게 보태주다.

繼 : 더하다(增益). 보태주다. 불려 나가다.

【原思】 공자의 제자로 노(魯)나라 사람. 송(宋)나라 사람이라고도 함. 성은 원(原). 이름은 헌(憲). 자는 자사(子思). 공자보다 36세 아래. 공자가 노(魯)나라에서 사구(司寇)라는 벼슬을 할 때 원사를 가재(家宰)로 삼았다 함[포함(包咸)]. 이 말대로 하면 공자가 사구 벼슬을 할 때가 52세이므로 자사는 이때 나이 16세가 되며 가신(家臣)을 하기에는 너무 어린 나이이므로 26세 연하로 보아야 한다는 설도 있음.

【宰】 대부(大夫) 집안 가신(家臣)의 우두머리[가재(家宰)]. [참고] 公冶長-8.

【粟九百】 곡식 구백.

주희(朱熹) - 九百은 그 양을 말하지 않았으니 상고할 수 없다. [九百 不言其量 不可考]

【辭】 사양(辭讓)하다. 사양하고 받지 않다. 사절하다. 거절하다.

【毋】 …하지 마라. …해서는 안 된다. 부사. 勿의 뜻으로 동작이나 행위에 대한 금지·훈계·충고 등을 나타냄.

【以】 …을(를). 전치사. 동작이나 행위가 발생할 때, 직접 파급되거나 목적이 되는 대상을 나타냄. 다음에 목적어로서 粟九百을 가리키는 지시대명사(之)가 생략되었음.

【隣里鄕黨】 자기 고장 마을. 주(周)나라 때 행정 구획의 단위들.

隣 - 5가(家). 里 - 5린(隣)(25家). 黨 - 20리(里)(500家). 鄕 - 25당(黨)(12,500家). [鄭玄]

【乎】 어기조사. 명령문의 끝에 쓰여 명령의 어기를 나타냄. ♣20090515金

4. 얼룩소의 새끼라도 붉고 뿔도 반듯하니

子謂仲弓曰 犁牛之子 騂且角 雖欲勿用 山川其舍諸

子(ᄌᆞ)ㅣ 仲弓(듕궁)을 닐어 ᄀᆞᆯᄋᆞ샤ᄃᆡ 犁牛(리우)의 子(ᄌᆞ)ㅣ 騂(셩)ᄒᆞ고 ᄯᅩ 角(각)ᄒᆞ면 비록 ᄡᅳ디 말고쟈 ᄒᆞ나 山川(산쳔)은 그 ᄇᆞ리랴

선생님께서 중궁(仲弓)을 평하여 말씀하시기를 "얼룩소의 새끼라도 붉고 또 뿔도 반듯하면, 비록 (제물로) 쓰지 않으려 할지라도 산천의 신이 어찌 그것을 버리시겠는가?" 하셨다.

【仲弓】 공자의 제자 염옹(冉雍). 자가 중궁(仲弓). [참고] 公冶長-5, 雍也-1.

【犁牛】 얼룩소. 노란 털과 검은 털이 섞인 얼룩소. 제사에 사용하는 희생(犧牲)은 털빛이 순일(純一)해야 하기 때문에 얼룩소는 희생으로 쓰지 못하고 밭을 가는 데 주로 이용되었다 함.

犁(犂) : 얼룩얼룩하다.

【騂성】 붉다(赤色). 털빛이 붉다.

【且】 또. 게다가. 뿐만 아니라. 접속사. 체증(遞增)[점층]관계를 나타냄.

【角】 뿔이 나다. 뿔이 반듯하다(길면서 곧다). 뿔이 딱 맞게 자라다. 동사(형용사)로의 전용.

하안(何晏) - 犁는 여러 무늬가 섞인 것이다. 騂은 붉은 색이다. 角이란 뿔이 둥글고 단정하여 희생에 알맞은 것이다. 비록 낳아 준 것이 여러 무늬가 섞여 있기 때문에 쓰지 않고자 하나, 山川의 신이 어찌 그것을 버리시고자 하겠는가? 아버지가 비록 선(善)하지 않더라도 아들의 아름다움을 해치지 않을 것임을 말한 것이다. [犁 雜文 騂 赤也 角者 角周正中犧牲 雖欲以其所生犁而不用 山川寧肯舍之乎 言父雖不善 不害於子之美]

【雖】 비록 …일[할]지라도. 접속사. 양보관계를 나타냄.

【勿】 = 不. …이 아니다. …하지 않다. 부사. 동작이나 행위에 대한 부정을 나타냄.

【山川】 산천. 산천의 신(神). 제사를 받는 존재를 가리킴.

【其】 어찌 …하리오. 어찌 …하겠는가? 豈와 같음. 부사. 강한 반문의 어기를 나타내며 의문대명사의 역할을 함.

【舍】 버리다(放棄). 내버리다. 내버려두다. 捨와 통용.

【諸 저】 之乎(그것을 …하겠는가?). 합음사(合音詞). 之는 지시대명사로 '犁牛之子'를 가리키고, 乎는 어기조사로 의문 또는 반문의 어기를 나타냄.

공자가어(孔子家語) - 염옹(冉雍)은 자가 중궁(仲弓)이니 백우(伯牛)의 종족(宗族)이다. 불초(不肖)한 아버지에게서 태어났으나 덕행으로써 명성이 드러났다. ♣ 사기(史記) 중니제자열전(仲尼弟子列傳)에도 같은 말이 나왔으며 그 아버지가 행실이 미천(微賤)하다고 하였음.

주희(朱熹) - 중궁(仲弓)은 아버지가 미천하고 행실이 악(惡)하였으므로 공자께서 이로써 비유하셨으니, 아버지의 악함이 그 자식의 선함을 버릴 수 없으니, 중궁과 같은 어진 인물은 스스로 마땅히 세상에 쓰여 져야 한다고 말씀하신 것이다. [仲弓父賤而行惡 故夫子以此譬之 言父之惡 不能廢其子之善 如仲弓之賢 自當見用於世也]

왕충(王充) 논형(論衡) - 어미 소가 얼룩이라도 송아지가 붉으면 희생으로 쓰는데 아무 해가 없고, 선조가 혼탁하더라도 후손이 청렴하면 훌륭한 인물임에는 아무 지장이 없다. 곤(鯀)은 악인이었으나 우임금은 성인이었으며, 고수(瞽瞍)는 완악(頑惡)하였으나 순임금은 신성(神聖)이었으며, 염백우(冉伯牛)는 병석에 누워 있었으나 중궁(仲弓)은 깨끗하고 온전하였으며, 안로(顔路)는 용렬하고 완고하였으나 안회(顔回)는 걸출하여 무리에서 뛰어났으며, 공자와 묵자의 선조는 우매하였으나 공자와 묵자는 성현이었다. [母犁犢騂 無害犧牲 祖濁裔淸 不妨奇人 鯀惡禹聖 叟頑舜神 伯牛寢疾 仲弓潔全 顔路庸固 回傑超倫 孔墨祖愚 丘翟聖賢]

양백준(楊伯峻) - 고대에는 제사 드리는 희생물로 쟁기질하는 소를 사용하지 않았으며, 또한 그 새끼도 희생으로는 적합하지 않다고 생각했다. 공자의 뜻은 쟁기질하는 소가 낳은 새끼가 만약 희생물로 조건이 충분하다면, 산천의 신은 반드시 이러한 제사를 받을 것이라는 것이다. 그렇다면 중궁 같은 이런 인재가 왜 그의 부친이 천하기 때문에 버림을 받아야 되는가?

정약용(丁若鏞) - 이우(犂牛, 犂 = 犁)는 검은 소이다. [사기 삭은(史記 索隱)에 이르기를 '犂

는 검은 것이다.' 하였다.] 주례(周禮) 목인(牧人)에 이르기를 '음사(陰祀)에는 유생(黝牲, 검은 색의 희생)[黝는 黑色이다.]을 쓴다.' 고 하였다. 음사란 지신(地神)의 제사이니, 사직(社稷)·오사(五祀)·오악(五嶽)이 그것이다.[周禮 大宗伯에 나온다.] 양사(陽祀)에는 비록 붉은 희생을 쓰더라도 [陽祀란 天神의 제사이다.] 천지(天地)를 제사하는 소는 또 뿔이 누에고치나 밤만큼 나온 것이라야 하니,[禮記 王制에 보인다.] 붉고 또 뿔이 있으면 지신과 천신의 제사에는 모두 사용할 수 없다.[宗廟의 제사에 쓰이는 희생의 소는 뿔이 握이 되어야 한다 하였으니, 握은 길이가 네 손가락 정도의 조그마한 것을 말한다. 뿔이 이미 크게 자랐으면 宗廟의 제사에는 또한 쓸 수 없다.] 그러나 주례(周禮) 목인(牧人)에 '무릇 외제(外祭)의 훼사(毁事)에는 털이 얼룩 빛인 소를 써도 된다.' 고 하였다. 훼사란 기현(庪縣, 山神祭)의 벽고(副辜, 각을 뜨다, 희생을 몇 부분으로 나눠 가르다)이며,[희생을 잘라서 제사에 쓰는 것] 그 차례가 혈제(血祭, 산 짐승의 피를 바치는 제사) 다음이니, 곧 산림천택(山林川澤)의 제사이다.[鄭玄이 이르기를 '外祭는 王이 통과하는 산천에 지내는 祭를 말한다.' 고 하였다.] 검은 소의 새끼가 붉고 또 뿔이 있으면 지신을 제사하고 천신을 제사하는 데 모두 쓸 수 없지만, 그러나 산천의 제사에까지 또한 마땅히 이를 버려야 하겠는가? 중궁은 어진 아버지의 아들이다. 당시 사람들이 '중궁의 어짊이 그 아버지보다 못하여 쓸모가 없다.' 고 평하였는데, 이에 공자는 '그의 어짊이 아버지보다 못하다면 비록 크게 쓰일 수는 없더라도 어찌 다만 한 등급 낮추어서 쓸 수 없겠는가?' 라 말한 듯하다. 무릇 붉은 것을 희생으로 하는 것은 얻기 쉬우나 검은 것은 얻기 어렵기 때문에 검은 소로써 어진 아버지에 비유한 것이다. [犂牛 黑牛也 史記索隱云 犂 黑也 周禮牧人云 陰祀用黝牲 黝 黑也 陰祀者 地示之祭 社稷五祀五嶽 是也 大宗伯 陽祀雖用騂牲 陽祀者 天神之祭 祭天地之牛 又用繭栗 見 王制 騂且角則祭地祭天 俱無用矣 宗廟之牛 角握 握者 四指也 角已成則宗廟之祭 亦不可用 然周禮牧人云 凡外祭毁事 用尨*可也 毁事者 庪縣副辜 毁牲而用之 秩亞於血祭 則山林川澤之祭也 鄭云 外祭 謂王所過山川 犁牛之子騂且角 則祭地祭天 俱不可用 然至於山川之祭 亦當棄之乎 仲弓賢父之子 時人謂仲弓之賢 不如其父 無所用 孔子若曰 賢不如父 則雖不堪大用 獨不得降一等而用之乎 凡牲騂者易得 犂者難得 故以犁牛喩賢父] * 尨(방)者 雜也(尨이란 여러 가지 무늬가 섞인 것이다).

[참고] 본편 1장에서 공자는 중궁을 일컬어 '雍(仲弓)은 임금을 할 만하다.' 고 하였음.

♣20090520水

5. 회回는 석 달 동안 인仁을 떠남이 없으니

子曰 回也 其心三月不違仁 其餘則日月至焉而已矣

子(ᄌᆞ)ㅣ ᄀᆞᆯᄋᆞ샤ᄃᆡ 回(회)ᄂᆞᆫ 그 ᄆᆞᄋᆞᆷ이 석ᄃᆞᆯ을 仁(신)에 어글웃디 아니ᄒᆞ고 그 나ᄆᆞᆫ이ᄂᆞᆫ 날이며 ᄃᆞᆯ로 니를 ᄯᆞᄅᆞᆷ이니라

선생님께서 말씀하시기를 "회(回)는 그 마음이 석 달 동안 인(仁)을 떠남이 없으며 그 이후에도 곧 날마다 달마다 인(仁)에 이르러 있을 따름이구나." 하셨다.

【回】 공자의 제자 안회(顔回).

【也】 …은(는). …이란. …이면. 어기조사. 음절을 조정하고 어기를 고르는(말을 잠깐 멈추고 다음 내용을 환기시키는) 역할을 함.

【違】 떠나다(去也). 떠나가다. 벗어나다.

【其餘則日月至焉而已矣】 그 이후에도 곧 날로 달로 인(仁)에 이를 따름이다. 그 이후에도 날마다 달마다 인(仁)에 이르러 있을 따름이다.

其 : 그. 그것. 지시대명사. 三月을 가리킴.

餘 : 뒤. 이후(以後). [大漢韓辭典編纂室 編, 教學大漢韓辭典, (株)教學社, 2005. p.3695]

則 : 곧. 부사. 동작·행위·성질·상태 등에 대한 강조를 나타냄.

日月 : 날로 달로. 날마다 달마다. 매일이나 매달.

至 : (수준이나 경지에) 이르다[미치다]. 도달하다.

焉 : 그것에. 거기에. 於是. 합음사. 於는 전치사로 동작이나 행위에 관련되는 대상을 나타내며, 是는 지시대명사로 仁을 가리킴.

而已矣 : …일 뿐이다. …할 따름이다. '而已'는 제한의 어기를 나타내고, '矣'는 긍정의 어기를 나타내는데 이 둘이 연용되어 제한의 어기를 강조함.

[참고]

① 그 남은(다른) 제자들은 하루에 한 번이나 한 달에 한 번 이를 따름이다. [朱熹, 김영일, 李起榮, 南懷瑾, 儒教文化硏究所, 신동준, 金學主]

② 그 남은(다른) 제자들은 하루나 혹은 한 달 동안 이를 따름이다. [丁若鏞, 류종목, 리쩌허우(李澤厚), 李基東, 李洙泰]

③ 그 남은(다른) 제자들은 날로 달로 이르러 갈 따름이다. [鄭堯一]

④ 그 이외의 덕(德)도 하루나 한 달 만이면 이르렀다. [미야자키 이치사다(宮崎市定)]

⑤ 석 달이 지나도 날이면 날마다 달이면 달마다 仁한 채로 흘러갈 뿐이다. [金容沃]

하안(何晏) - 나머지 사람들이 잠시 仁에 이르는 때가 있지만, 오직 顔回만은 때에 따라 변하지 않음을 말한 것이다. [餘人暫有至仁時 惟回移時而不變]

정약용(丁若鏞) - 其餘는 여러 제자들을 가리키는 것이며, 日月至란 仁에서 떠나지 않는 것이 혹 한 달에 이르는 것을 끌어오기도 하고, 혹 며칠에 이르는 것을 끌어오기도 하는 것을 말한다. [其餘 謂諸弟子 日月至 謂不違仁 或引至一月 或引至數日也] ♣ 引至란 '동안' 이란 말임.

주희(朱熹) - 日月至焉은 혹 하루에 한 번 인에 이르고, 혹 한 달에 한 번 인에 이르러서, 그 경지에 나아가나 오래하지 못하는 것이다. [日月至焉者 或日一至焉 或月一至焉 能造其域而不能久也]

모기령(毛奇齡) - 日月至 석 자는 마땅히 하루 동안 이르고 한 달 동안 이르는 것으로 해석해야지, 하루에 한 번 이르고 한 달에 한 번 이르는 것이라고 해서는 안 된다. '一' 자를 전도(顚倒) 시키면[一日을 日一로 뒤집어 놓는다는 말.] 그 뜻이 서로 엄청나게 차이가 난다. [日月至三字 當是一日至一月至 不當曰日一至月一至也 一字顚倒 相去萬里]

♣20090521木

6. 중유, 단목사, 염구 셋 모두 정사에 종사할 수 있으니

季康子問 仲由可使從政也與 子曰 由也果 於從政乎何有 曰 賜也可使從政也與 曰 賜也達 於從政乎何有 曰 求也可使從政也與 曰 求也藝 於從政乎何有

季康子(계강ᄌᆞ)ㅣ 묻ᄌᆞ오ᄃᆡ 仲由(듕유)ᄂᆞᆫ 可(가)히 ᄒᆡ여곰 政(졍)을 從(죵)ᄒᆞ얌즉 ᄒᆞᆫ닝잇가 子(ᄌᆞ)ㅣ ᄀᆞᆯᄋᆞ샤ᄃᆡ 由(유)ᄂᆞᆫ 果(과)ᄒᆞ니 政(졍)을 從(죵)홈애 므스거시 이시리오 ᄀᆞᆯ오ᄃᆡ 賜(ᄉᆞ)ᄂᆞᆫ 可(가)히 ᄒᆡ여곰 政(졍)을 從(죵)ᄒᆞ얌즉 ᄒᆞᆫ닝잇가 ᄀᆞᆯᄋᆞ샤ᄃᆡ 賜(ᄉᆞ)ᄂᆞᆫ 達(달)ᄒᆞ니 政(졍)을 從(죵)홈애 므스거시 이시리오 ᄀᆞᆯ오ᄃᆡ 求(구)ᄂᆞᆫ 可(가)히 ᄒᆡ여곰 政(졍)을 從(죵)ᄒᆞ얌즉 ᄒᆞᆫ닝잇가 ᄀᆞᆯᄋᆞ샤ᄃᆡ 求(구)ᄂᆞᆫ 藝(예)ᄒᆞ니 政(졍)을 從(죵)홈애 므스거시 이시리오

계강자(季康子)가 묻기를 "중유(仲由)는 가히 정사(政事)에 종사하게 할 수 있겠습니까?" 하니 선생님께서 말씀하시기를 "유(由)는 과단성이 있으니, 정사에 종사(從事)함에 무슨 어려움이 있으리오." 하시고, 말하기를 "사(賜)는 가히 정사에 종사하게 할 수 있겠습니까?" 하니 말씀하시기를 "사(賜)는 통달함이 있으니, 정사에 종사(從事)함에 무슨 어려움이 있으리오." 하시고, 말하기를 "구(求)는 가히 정사에 종사하게 할 수 있겠습니까?" 하니 말씀하시기를 "구(求)는 재주가 있으니, 정사에 종사(從事)함에 무슨 어려움이 있으리오." 하셨다.

【季康子】 노(魯)나라 대부. 계손씨(季孫氏). 이름은 비(肥). 시호가 강(康). 노나라 세도가인 삼환씨(三桓氏) 중의 한 집안사람.

【仲由】 공자의 제자. 성은 중(仲). 이름은 유(由). 자는 자로(子路) 또는 계로(季路). 노나라 사람으로 공자보다 9세 아래.

【可使】 …하게 할 수 있다. …하게 할 만하다. …을 시킬 수 있다.

可 : 가히 …할 수 있다. 가능하다. 조동사. 허가나 가능을 나타냄.

使 : …에게[으로 하여금] ~하도록 하다. …에게 ~을 시키다. 사역동사.

【從政】 정사(政事)를 좇다. 정사(政事)에 종사(從事)하다. 정치(政治)에 종사하다. 정치에 참여하다.

從 : 종사(從事)하다. 일삼아 하다. 참여(參與)하다. 관여(關與)하다.

【也與】 …입니까? …인가? 어기조사. 옳고 그름을 판단하는 문장이나 선택적 의문문 끝에 쓰여 의문의 어기를 나타냄.

【也】 …은(는). …이란. …이면. 어기조사. 음절을 조정하고 어기를 고르는(말을 잠깐 멈추고 다음 내용을 환기시키는) 역할을 함.

【果】 과감(果敢)하다. 결단성(決斷性)이 있다. 과단성(果斷性)이 있다. 해내려 하다. ⇒ 결단하여 반드시 해내다. 끝까지 견지(堅持)하고 관철시키다.

【於】 …에. …에 대해(서). 전치사. 동작이나 행위에 관련되는 대상을 나타냄.

【乎】 어기조사. 也, 也者 등과 같이 음절을 조정하고 어기를 고르는 역할을 함. 쉼표 역할을 함.

【何有】 무엇이 있겠는가? 무엇이 더 필요하겠는가? 무슨 관계가 있겠는가? 무슨 문제나 어려움이 있겠는가?(何難之有) 곧 어려울 것이 없다(아무런 문제도 없다)는 뜻. 관용형식으로서 술어로 쓰여 반문을 나타냄.

【賜】 공자의 제자 단목사(端木賜). 자는 자공(子貢). [참고] 學而-10.

【達】 통달(通達)하다. 달관(達觀)하다. 꿰뚫다. 사통팔달(四通八達)하다. 사물의 이치에 통하다(通事理). 사물의 이치를 깨달아 막힘없이 환히 꿰뚫어 알다.

【求】 공자의 제자 염구(冉求). 자는 자유(子有).

【藝】 재주가 있다. 재능(才能)이 있다. 재주가 많다. 동사로 전용됨.

♣20090525月

7. 계씨가 민자건을 비읍費邑의 읍재로 삼으려 함에

季氏使閔子騫爲費宰 閔子騫曰 善爲我辭焉 如有復我者 則吾必在汶上矣

季氏(계시)ㅣ 閔子騫(민ᄌᆞ건)으로 ᄒᆡ여곰 費(비)ㅅ宰(ᄌᆡ)를 ᄒᆞ인대 閔子騫(민ᄌᆞ건)이 ᄀᆞᆯ오ᄃᆡ 善(션)히 나ᄅᆞᆯ 爲(위)ᄒᆞ야 辭(ᄉᆞ)ᄒᆞ라 만일에 내게 다시 홈이 이실 띤댄 곧 내 반ᄃᆞ시 汶(문)ㅅ 上(샹)애 이쇼리라

계씨(季氏)가 민자건(閔子騫)으로 비읍(費邑)의 읍재(邑宰)를 삼으려 함에, 민자건이 말하기를 "나를 위하여 이 일을 잘 사양(辭讓)해주십시오. 만일 다시 나를 부르러 온다면 곧 나는 틀림없이 문수(汶水) 위에 있을 것이오." 하였다.

【季氏】 노나라의 세도가인 한 집안[대부]. 계손씨(季孫氏). 여기서는 季康子를 가리킴.

【閔子騫】 공자의 제자. 성은 민(閔). 이름은 손(損). 자가 자건(子騫). 魯나라 사람으로 공자보다 15세 아래.

【使…爲~】 …로 하여금 ~하게 하다. …을(를) ~하게 시키다. …로 하여금 ~으로 삼다.

使 : …에게[으로 하여금] ~하도록 하다. …에게 ~을 시키다. 사역동사.

爲 : …하게 하다. …하도록 하다. 쓰다. 삼다(인연을 맺어 자기와 관계있는 사람으로 만들다). 시키다.

【費】 비읍(費邑). 계씨의 식읍(食邑). 지금의 산동성(山東省) 비현(費縣) 서북쪽 20리에 옛 성이 있음.

【宰】 경대부(卿大夫)의 채읍(采邑)을 관장하는 우두머리[읍재(邑宰)]. [참고] 公冶長-8.

공안국(孔安國) - 季氏가 신하답지 않자 그 邑宰가 반란을 일으켰다. 閔子騫이 어질다는 말을 들었으므로 그를 등용하고자 하였다. [季氏不臣 而其邑宰畔 聞閔子騫賢 故欲用之]

【善爲我辭焉】 나를 위하여 이 일을 잘 사양해 달라. 저를 위하여 이 일에 대해 사양의 말을 잘 해주십시오.

善 : 잘. 좋게. 부사. 요구나 부탁의 어기를 나타냄.

爲 : …을 위하여. …을 하기 위해서. 전치사. 동작이나 행위가 발생하는 목적을 나타냄.

辭 : 사양(辭讓)하다. 사절하다. ⇒ 사양의 말을 해 달라.

焉 : 이에 대하여. 於是. 합음사. 於는 전치사로 동작이나 행위에 관련되는 대상을 나타내며, 是는 지시대명사로 使閔子騫爲費宰를 가리킴.

【如有復我者】 만약 나에게 다시 오는 사람이 있다면. ⇒ 만일 나에게 다시 오면. 만일 다시 나를 부르러 온다면.

如 : = 若. 만약[만일, 가령] …한다면. 접속사. 가설(가정)이나 조건을 나타냄.

復부 : 다시. 다시 오다.

[참고] ① 만약 나에게 (그 일을) 다시 하라 함이 있으면. ② 만약 나에게 돌려보내는 자 있으면. ③ 만약 내게 돌아옴이 있으면. 만약 내게 돌아와서 또 고한다면.

[復 : 돌아올복]

정약용(丁若鏞) - 復(복)이란 왕래하면서 서로 고한다는 뜻이다. [復者 往來相告之義也]

【則吾必在汶上矣】 곧 나는 틀림없이 문수(汶水) 위에 있을 것이다. ⇒ 곧 나는 틀림없이 (魯나라를 떠나) 齊나라에 있을 것이다.

則 : …이면(하면) (곧). 그렇다면 곧. 접속사. 결과나 조건에 대한 상호 원인 등 앞뒤 문장의 전후 상황이 서로 연관됨을 나타냄.

必 : 반드시[필시] …일 것이다. 반드시 …이다. 술어 앞에 쓰여, 사실을 서술한 것에 대한 확신에 찬 추측을 나타냄.

汶 : 문수(汶水). 노(魯)나라와 제(齊)나라의 국경에 있는 강 이름. 대문하(大汶河).

上 : 강(江) 위쪽. 일반적으로 강의 북쪽을 가리킴. 여기서 汶上은 제(齊)나라를 가리킴.

矣 : …하게 되다. …일[할] 것이다. …하게 될 것이다. 어기조사. 상황의 변화나 새로운 상황의 출현(어떤 사건이 발전·변화하는 과정이나 그것이 장차 발생하려 함)을 나타냄. 간혹 미래나 어떤 조건 하에서의 결과가 긍정적임을 나타냄.

주희(朱熹) - 汶은 물 이름이니, 제(齊)나라 남쪽과 노(魯)나라 북쪽의 경계에 있다. 민자(閔子)가 계씨(季氏)에게 신하 노릇을 하고 싶지 아니하여 심부름 온 사람으로 하여금 자기를 위하여 잘 말하게 한 것이다. 만일 다시 와서 자신을 부른다면 마땅히 (노나라를 떠나) 제나라로 가겠다고 말한 것이다. [汶 水名 在齊南魯北竟上 閔子不欲臣季氏 寧使者善爲己辭 言若再來召我 則當去之齊]

♣20090525月

第六篇 雍也

8. 백우伯牛를 병문안 하여 남창南窓에서 손을 잡으시고

伯牛有疾 子問之 自牖執其手曰 亡之 命矣夫 斯人也 而有斯疾也 斯人也 而有斯疾也

伯牛(ᄇᆡᆨ우)ㅣ 疾(질)이 잇거늘 子(ᄌᆞ)ㅣ 무ᄅᆞ실 ᄉᆡ 牖(유)로브터 그 손을 잡아 ᄀᆞᆯᄋᆞ샤ᄃᆡ 업스리러니 命(명)이라 이 사ᄅᆞᆷ이 이 疾(질)을 둘셔 이 사ᄅᆞᆷ이 이 疾(질)을 둘셔

백우(伯牛)가 병이 들자 선생님께서 그를 병문안하여 창문에서 그의 손을 잡고서 말씀하시기를 "이 사람을 잃다니, 운명이로구나! 이런 사람인데 그런데 이런 병에 걸리다니! 이런 사람인데 그런데 이런 병에 걸리다니!" 하셨다.

【伯牛】 공자의 제자. 성은 염(冉). 이름은 경(耕) 자가 백우(伯牛). 魯나라 사람으로 공자보다 7년 아래.

【有疾】 병이 있다. 병이 들다. 병을 가지고 있다. 병에 걸리다.

【問】 문병(問病)하다. 병문안(病問安)하다.

【自】 …(으)로부터. …에서. 전치사. 동작이나 행위가 발생하는 장소·기점·방위 등을 나타냄.

【牖유】 창. 창문. 남쪽으로 난 창.

주희(朱熹) - 牖는 남쪽 창이다. 예기(禮記)에 '병자가 북쪽 창 아래에 있다가 임금이 그를 보려 하면 곧 남쪽 창 아래로 옮겨 임금으로 하여금 남면하여 자기를 볼 수 있도록 한다.' 고 되어 있다. 당시 백우(伯牛)의 집에서는 이 예(禮)로써 공자를 높이니, 공자는 감히 감당할 수가 없어 그 방에 들어가지 않고 창에서 그의 손을 잡았다. [牖 南牖也 禮 病者居北牖下 君視之 則遷於南牖下 使君得以南面視己 時伯牛家以此禮尊孔子 孔子不敢當 故不入其室 而自牖執其手] [의례(儀禮) 사상례(士喪禮)에는 北牖下가 北墉下로 되어 있음.] ♣ 墉 : 벽.

【亡之】 그(이) 사람을 잃다. 이 사람을 잃게 되다니. [宮崎市定, 李起榮]

亡망 : 잃다(喪失).

之 : 그 사람. 이 사람. 인칭대명사. 伯牛를 가리킴. '그것' 이라는 뜻으로 많이

쓰이지만 대화하는 위치와 상황에 따라 '이것'의 의미로도 쓰임.

공안국(孔安國) - 亡은 '잃다'는 뜻이다. 병이 심하므로 그의 손을 잡고 '잃었다.'라고 말한 것이다. [亡 喪也 疾甚 故持其手曰喪之]

정약용(丁若鏞) - 亡之는 失之(잃다)라는 말과 같다. 이는 장차 나의 어진 벗을 잃게 되었다는 말이다. [亡之猶言失之 謂將失吾賢友也]

[참고]

① 亡무 : = 無. 없다. ☞ 亡之(무지) : **이럴 리가 없다. 이럴 수가 없다. 이런 일이 있을 수가 없다.** 곧, 백우같이 덕(德)이 있는 사람이 이런 병에 걸릴 이유가 없다는 뜻임. [朱熹, 김영일, 金學主, 신동준, 李洙泰, 李基東, 南懷瑾]

주희(朱熹) - 이 사람이 이런 병에 걸릴 리가 없는데 지금 마침내 이런 병에 걸렸으니, 이는 곧 하늘이 명한 것이라고 말씀하신 것이다. 그렇다면 그가 병을 조심하지 않아서 병에 걸린 것이 아님을 또한 알 수 있다. [言此人 不應有此疾 而今乃有之 是乃天之所命也 然則非其不能謹疾而有以致之 亦可見矣]

② 亡망 : 죽다. 죽이다. ☞ 亡之(망지) : **이 사람을 죽이는구나. (하늘 또는 병이) 이 사람을 죽이는구나.**

③ 亡망 : 죽다. 죽게 되다. ☞ 亡之(망지) : **죽는 것은. 죽게 되는 구나. 소생하기 어렵겠구나.**

양백준(楊伯峻) - 여기서 之는 대명사가 아니며, 亡(망, 사망의 뜻)의 목적어도 아니다. 왜냐하면 亡자가 여기서 목적어를 가질 수 없기 때문인데, 단지 음절을 맞추기 위해 썼다. 고대에는 종종 목적어처럼 보이지만 실제로는 목적어가 아닌 이러한 '之'자가 많이 사용되었다.

【命矣夫】 운명(運命)이로구나! 천명(天命)이로구나!

矣夫 : …이구나[하구나]! …이로다! 관용형식으로서, 어기조사인 矣와 夫가 연용됨. 감탄의 어기를 나타냄과 아울러 추측의 의미를 겸함.

【斯】 이것[이 사람. 이 일]. 이. 이러한. 이렇게. 여기. 지시대명사.

【斯人也】 이런 사람이다. 이렇게 훌륭한 사람이다.

也 : …이다. 어기조사. 진술문의 끝에 쓰여 판단이나 단정 또는 긍정을 나타냄.

【而有斯疾也】 그런데 이런 병이 들었구나! 그런데 이런 (몹쓸) 병에 걸렸구나!

而 : 그런데. 오히려. 그러나. 그렇지만. 접속사. 역접관계를 나타냄.

也 : …이여! …이구나! …이도다! …로구나! 어기조사. 감탄문의 끝에 쓰여 비통·찬송·감탄·놀람 등의 어기를 나타냄.

♣20090526火

第六篇 雍也

9. 그 즐거움을 고치지 아니하니 어질도다! 안회顔回여!

子曰 賢哉回也 一簞食 一瓢飮 在陋巷 人不堪其憂 回也不改其樂 賢哉回也

子(ᄌᆞ)ㅣ ᄀᆞᆯᄋᆞ샤ᄃᆡ 賢(현)ᄒᆞ다 回(회)ㅣ여 ᄒᆞᆫ 簞(단)앳 食(ᄉᆞ)와 ᄒᆞᆫ 瓢(표)앳 飮(음)으로 陋巷(루항)애 이심을 사ᄅᆞᆷ이 그 시름을 이긔디 몯ᄒᆞ거늘 回(회)ㅣ 그 樂(락)을 改(ᄀᆡ)티 아니ᄒᆞ니 賢(현)ᄒᆞ다 回(회)ㅣ여

선생님께서 말씀하시기를 "어질도다! 회(回)는. 한 소쿠리의 밥과 한 표주박의 마실 것으로 누추한 곳에 (살고) 있음을, 사람들은 그 괴로움을 감당하지 못하는데 회(回)는 그 즐거움을 고치지 아니하니, 어질도다! 회(回)는." 하셨다.

【賢】 어질다. 현명(賢明)하다. 덕행이 뛰어나고 재능이 많다.

【哉】 …이로다! …이구나! …이도다! …하구나! …로구나! …이여! 어기조사. 찬양·비통·분노·경악·감개 등의 감탄의 어기를 나타냄.

【回】 공자의 제자. 안회(顔回).

【也】 …은(는). …이란. …이면. 어기조사. 음절을 조정하고 어기를 고르는(말을 잠깐 멈추고 다음 내용을 환기시키는) 역할을 함.

【簞】 밥 바구니(소쿠리). 대나무로 엮어 만든 둥근 밥그릇. 네모난 것은 '笥(사)'.

【食사】 밥(飯也). 곡식을 익힌 주식.

【瓢】 표주박. 조롱박 따위를 반으로 쪼개어 만든 작은 바가지.

【飮】 물·차 등의 마실 것. 음료.

【陋巷】 누추한 곳. 누추한 집.

巷 : 집(宅也). [大漢韓辭典編纂室 編, 敎學大漢韓辭典, (株)敎學社, 2005. p.964]

[참고] ① 누추(陋醜)한 골목이나 거리. 빈천(貧賤)한 사람들이 사는 협소(狹小)한 골목. [巷 : 골목. 거리.] ② 빈천(貧賤)한 사람들이 사는 동네(마을). 빈촌(貧村). [巷 : 동리. 마을.]

【其】 그. 그것. 지시대명사. 앞의 '一簞食 一瓢飮 在陋巷'을 가리킴.

【堪】 견디다. 버티다. 감당하다.

【憂】 괴로움(阨也). 고통. 고생. ♣20090527水

10. 염구冉求는 스스로 금을 그어 놓고 있구나

冉求曰 非不說子之道 力不足也 子曰 力不足者 中道而廢 今女畫

冉求(염구)ㅣ 골오ᄃᆡ 子(ᄌᆞ)의 道(도)를 說(열)티 아니홈이 아니언마ᄂᆞᆫ 힘이 足(족)디 몯호이다 子(ᄌᆞ)ㅣ 골ᄋᆞ샤ᄃᆡ 힘이 足(족)디 몯ᄒᆞᆫ 者(쟈)ᄂᆞᆫ 道(도)애 中(듕)ᄒᆞ야 廢(폐)ᄒᆞᄂᆞ니 이제 너ᄂᆞᆫ 畫(획)홈이로다

염구(冉求)가 말씀 드리기를 "선생님의 도(道)를 좋아하지 아니하는 것은 아닙니다만 힘이 부족합니다." 하니, 선생님께서 말씀하시기를 "힘이 부족한 자는 도중(途中)에 지쳐 쓰러지나니, 지금 너는 (스스로) 금을 그어 놓고 있구나." 하셨다.

【冉求】 공자의 제자. 성은 염(冉). 이름이 구(求). 자는 자유(子有). 노나라 사람으로 공자보다 29세 아래.

【說열】 좋아하다(好也). 존경하다(敬重).

【道】 ① 공자의 도(道). 非不說子之道. ② 길. 도로. 中道而廢.

【也】 …이다. 어기조사. 진술문의 끝에 쓰여 판단이나 단정 또는 긍정을 나타냄.

【而】 …하여서. 그리하여. 접속사. 순접(연관)관계를 나타냄.

정약용(丁若鏞) - 中道는 중행(中行, 途中)이란 뜻이다.[주역(周易) 복괘(復卦)에 '中行에서 홀로 돌아오다.'라 하였다.] [中道 中行也 復卦云 中行獨復]

【廢폐】 지쳐서 쓰러지다.

정약용(鄭若鏞) - 廢는 기울어 무너진(쓰러진) 것이다.(說文에 집이 쓰러진 것을 廢라 하였다.) … 廢자의 글자 됨됨은 '广'부에 쓰니 이는 원래 집이 무너진 것을 뜻한다. 정씨[鄭玄]는 항시 廢자를 그만두는 것으로 해석하니 어찌 잘못된 말이 아니겠는가. 단 표기(表記)와 중용(中庸)의 中道而廢는 모두 道를 향하여 앞으로 나아가다가 죽는다는 비유이며, 論語의 中道而廢는 기력이 나약한 자가 쓰러지는 것을 비유한 것이니, 그 말에 대소(차이)가 있다. [廢傾頹也 說文云 屋傾曰廢 … 廢之爲字从广 本是屋宇傾頹之名 鄭氏每以罷止爲言 豈不謬哉 但表記 中庸 皆以中道而廢 喩人之嚮道而死 論語以中道而廢 喩力弱者之頹仆 其言有大小也]

[참고] 정현(鄭玄) - 廢는 힘이 다하고 지쳐서 다시 행할 수 없으면 그만두는 것을 이른다. [廢 喩力極罷頓 不能復行則止也]

【女】 너. = 汝. 이인칭대명사.

【畫획】 선을 긋다. 금을 긋다. 구획하다. 한계를 긋다. 스스로 한정(限定)하다. 그치다. 스스로 한계를 긋고 멈춰 서 있는 것.

주희(朱熹) - 力不足이라는 것은 나아가려고 해도 능히 할 수 없는 것이요 畫(획)이라는 것은 능히 나아갈 수 있는데도 하고자 하지 않는 것이니, 畫(획)이라 이르신 것은 마치 땅에 금을 그어 놓고 스스로 한계 짓는 것과 같은 것이다. [力不足者 欲進而不能 畫者 能進而不欲 謂之畫者 如畫地以自限也]

정약용(丁若鏞) - 畫은 선을 그어 한계를 짓는 것이다. 염구는 재능이 많은데도 먼저 힘이 부족하다고 말한 것은 스스로 그 한계를 그은 것이다. [畫者 劃之爲線以爲限界也 冉子多藝 而先言力不足 是自畫也] ♣20090527水

11. 자하子夏야! 군자君子다운 학자가 되라

子謂子夏曰 女爲君子儒 無爲小人儒

子(ᄌᆞ)ㅣ 子夏(ᄌᆞ하)ᄃᆞ려 닐어 ᄀᆞᆯᄋᆞ샤ᄃᆡ 네 君子(군ᄌᆞ)ㅅ 儒(유)ㅣ 되고 小人(쇼인)ㅅ 儒(유)ㅣ 되디 말라

선생님께서 자하(子夏)에게 일러 말씀하시기를 "너는 군자(君子)다운 학자가 되고 소인(小人) 같은 학자는 되지 마라." 하셨다.

【子夏】 공자의 제자 복상(卜商). 자가 자하(子夏).

【女】 너. =汝. 이인칭대명사.

【儒】 학자(學者). 선비. (道를) 배우는 사람의 통칭.

【爲】 되다.

【無】 = 毋. …하지 마라. …해서는 안 된다. 부사. 동작이나 행위에 대한 금지 및 충고를 나타냄.

공안국(孔安國) - 군자가 유(儒)가 되면 장차 그 도(道)를 밝히려 할 것이며, 소인이 유(儒)가 되면 곧 그 이름을 자랑하려고 할 것이다. [君子爲儒 將以明其道 小人爲儒 則矜其名]

정이(程頤) - 군자의 학자는 자신을 위하고 소인의 학자는 남을 위한다. [君子儒爲己 小人儒 爲人] [참고] 憲問-25.

정약용(丁若鏞) - 儒者는 道를 배우는 사람이니, 그 익히는 바의 대상이 시(詩)·서(書)·예(禮)·악(樂)·전장(典章)·법도(法度)이다. 그러나 그 익힘에 그 마음이 도를 위하면 군자의 儒이고, 그 마음이 명예를 위하면 소인의 儒이다. [儒者 學道之人 所習者詩書禮樂典章法度 然其習之也 其心爲道則君子儒也 其心爲名則小人儒也]

♣20090527水

第六篇 雍也

12. 자유子游가 무성의 읍재가 되어 담대멸명을 말하니

子游爲武城宰 子曰 女得人焉爾乎 曰 有澹臺滅明者 行不由徑 非公事未嘗至於偃之室也

子游(ᄌᆞ유)ㅣ 武城(무셩)ㅅ 宰(ᄌᆡ) 되엿더니 子(ᄌᆞ)ㅣ ᄀᆞᄅᆞ샤ᄃᆡ 네 사ᄅᆞᆷ을 어더ᄂᆞᆫ다 ᄀᆞᆯ오ᄃᆡ 澹臺滅明(담ᄃᆡ멸명)이라 ᄒᆞᆯ 이 이시니 行(ᄒᆡᆼ)홈애 徑(경)을 말미암디 아니ᄒᆞ며 公事(공ᄉᆞ)ㅣ 아니어든 일쯕 偃(언)의 室(실)에 니르디 아니ᄒᆞᄂᆞ닝이다

자유(子游)가 무성(武城)의 읍재(邑宰)가 되었는데, 선생님께서 말씀하시기를 "너는 그곳에서 인재(人材)를 얻었느냐?" 하시니, 말씀드리기를 "담대멸명(澹臺滅明)이라는 자가 있는데, 행(行)함에 지름길로 말미암지 않으며 공(公)적인 일이 아니면 일찍이 저(偃)의 집무실에 이른(온) 적이 없습니다." 하였다.

【子游】 공자의 제자. 성은 언(言). 이름은 언(偃). 자가 자유(子游). 오(吳)나라 사람으로 공자보다 45세 아래.

【武城】 노(魯)나라의 지명. 산동성(山東省) 비현(費縣)의 南西쪽 기수(沂水) 유역에 옛 성이 있음.

【宰】 경대부(卿大夫)의 채읍(采邑)을 관장하는 우두머리[읍재(邑宰)]. [참고] 公冶長-8.

【女得人焉爾乎】 너는 그곳에서 사람[인재(人材)]을 얻었느냐?

女 : 너. =汝. 이인칭대명사.

人 : 사람. 인재(人材). 훌륭한 인물.

焉 : 그곳에서. 거기에서. 於之. 합음사. 於는 전치사로 동작이나 행위가 일어나는 장소(범위)를 나타내며, 之는 지시대명사로 武城를 가리킴.

爾 : 어기조사. 호흡을 늦춤으로써 억양이나 어기를 부드럽게 들리도록 도와주는 역할을 함.

乎 : …인가? …한가? 어기조사. 문장 끝에 쓰여 의문(질문)을 나타내며 시비(是非) 판단의 어기를 도움.

[참고] 통행본에는 '爾'로 쓰고 있으나, 당(唐) 석경(石經), 송(宋) 석경(石經),

황간(皇侃)의 의소(義疏) 등에는 '耳'로 썼음. 이때의 '耳'는 어기조사로 의문의 어기를 나타내거나 어세를 돕는 역할을 함.

[참고] ① 焉爾乎 : '焉爾'는 제한의 어기를 나타내며, '乎'는 의문의 어기를 나타내는데, 중점은 '乎'에 있다. '…인가'로 해석한다. 용례가 드물다. [延世大學校 虛詞辭典編纂室 編, 虛詞大辭典, 成輔社, 2001. p.453] ② 焉 : = 於. …에서. 전치사. 동작이나 행위가 발생한 장소를 나타냄. 爾 : = 此. 이곳, 그곳. 지시대명사. 전치사의 목적어로 쓰임. 乎 : …인가? …한가? 어기조사. 의문문에서 의문의 어기를 나타냄. [김영일, 류종목, 李起桀]

【澹臺滅明】 魯나라 武城 사람. 성은 담대(澹臺). 이름은 멸명(滅明). 자는 자우(子羽). 공자보다 39세 아래. 사기(史記) 등에서 공자의 제자로 언급하고 있으나 여기의 글로 보아 이 이후에 공자의 제자가 된 것으로 추정하는 이도 있음.

【行不由徑】 행함에 지름길로 말미암지 않는다. (매사를) 행함에 지름길로 하지 않는다. 일을 할 때 지름길의 방법을 도모(圖謀)하지 않는다. 어떤 일을 할 때 목적만을 이루기 위해 정당하지 않는 방법으로 하지 않는다.

行 : 행하다. 행동하다. 어떤 일을 하다. 실천하다.

由 : 말미암다. 행하다. 이행하다. 꾀하다. 도모하다.

徑 : 지름길. 목적을 이루기 위한 정당하지 않은 길.

[참고] 대부분 '길을 갈 때 지름길로 가지 않는다.'로 해석하고 있으나 의미는 위와 통함. [由 : 지나다. 경유하다.]

【未嘗至於偃之室也】 일찍이 저의 방[집무실]에 이른[온] 적이 없다.

未嘗 : 일찍이 …한 적이 없다. 아직까지 …한 일이 없다. 부사. 동작이나 행위 또는 어떤 상황이 발생한 적이 없음을 나타냄.

至 : (장소에) 이르다. 도착하다. 오다.

於 : …에. 전치사. 동작이나 행위가 일어나는 장소(범위)를 나타냄.

偃 : 子游의 이름. 선생님 앞에서 자기 자신을 가리킬 때 본인의 이름을 말했음.

室 : 집(宅舍). 방(堂後之正室, 내실). 여기서는 정당(政堂), 곧 집무실(執務室)을 가리킴.

也 : …이다. 어기조사. 진술문의 끝에 쓰여 판단이나 단정 또는 긍정을 나타냄.

♣20090528木

13. 맹지반孟之反은 공功을 자랑하지 않으니...

子曰 孟之反不伐 奔而殿 將入門 策其馬曰 非敢後也 馬不進也

子(ᄌᆞ)ㅣ ᄀᆞᆯᄋᆞ샤ᄃᆡ 孟之反(ᄆᆡᆼ지반)은 伐(벌)티 아니ᄒᆞᄂᆞᆺ다 奔(분)홈애 殿(뎐)ᄒᆞ야 將(쟝)ᄎᆞᆺ 門(문)의 들ᄉᆡ 그 ᄆᆞᆯ을 策(칙)ᄒᆞ야 ᄀᆞᆯ오ᄃᆡ 敢(감)히 後(후)ᄒᆞᆫ 줄이 아니라 ᄆᆞᆯ이 나ᅀᅡ가디 안이 홈이라 ᄒᆞ니라

선생님께서 말씀하시기를 "맹지반(孟之反)은 공(功)을 자랑하지 않으니, 싸움에 패(敗)하여 후퇴할 때 후미(後尾)에서 적을 막더니 곧 성문(城門)으로 들어오려 함에 그의 말을 채찍하며 말하기를 '감히 후미에 있고자 함이 아니고 말이 나아가지 아니하였도다.' 하였느니라." 하셨다.

【孟之反】 魯나라 대부. 성은 맹(孟). 이름은 측(側) [集註] 또는 지측(之側) [春秋左氏傳]. 자가 지반(之反).

【伐】 자랑하다. 자신의 공을 자랑하다.

주희(朱熹) - 伐은 공로를 자랑함이다. [伐 誇功也]

【奔而殿】 패주(敗走)하면서 군(軍) 후미(後尾)에 있다. 전쟁에서 패하여 달아나면서 군 후미에서 적(敵)을 막다.

奔 : 달아나다. 패주(敗走)하다. 싸움에 패하여 후퇴하다. 전쟁에서 패배하여 도망가다.

而 : …하면서. 그러면서. 접속사. 순접(연관)관계를 나타냄.

殿 : 후군(後軍, 행군 때 가장 뒤에 서는 군대). 후군이 되다. 군대 후미(後尾)에 있다(후미에서 적을 막다). 후군으로 적을 막다. 군 후방을 지키다.

【將】 장차[막, 곧] …하려 하다. 부사. 술어 앞에 쓰여 동작이나 행위가 곧(가까운 미래에) 발생하려 함을 나타냄.

【敢】 감히. 함부로. 조동사. 동사 앞에 쓰여 어떤 일을 할 용기가 있음을 나타냄. 앞에 부정사가 오면 강한 반대의 뜻[할 용기가 없음]을 나타냄.

【後】 뒤에 있다[남다]. 뒤에 처지다. 뒤떨어지다. 후미에 있다.

주희(朱熹) - 싸움에 패해 돌아올 때 후미에 있는 것을 공으로 삼는데, 맹지반은

패주하면서 후미에서 적을 막았으므로, 이 말로써 스스로 그의 공을 가린 것이다. [戰敗而還(선) 以後爲功 反奔而殿 故以此言 自揜其功也] [참고] 춘추좌전(春秋左傳) 애공(哀公) 11年.

♣20090528木

14. 지금 세상에서는 축타의 아첨과 조朝의 미모라야

子曰 不有祝鮀之佞而有宋朝之美 難乎免於今之世矣

子(ᄌᆞ)ㅣ 갈ᄋᆞ샤ᄃᆡ 祝鮀(츅타)의 佞(녕)을 두며 宋朝(송됴)의 美(미)를 두디 아니면 이젯 世(셰)예 免(면)홈이 어려우니라

선생님께서 말씀하시기를 "축타(祝鮀)의 아첨함이 있고 또한 송나라 조(朝)의 미모(美貌)가 있지 아니하면, 어렵겠구나! 지금 세상에서 면(免)하기가." 하셨다.

【不有祝鮀之佞而有宋朝之美】 축타(祝鮀)의 아첨함이 있고 또한 송나라 조(朝)의 미모(美貌)가 있음이 아니면. 축타(祝鮀)의 말재주가 있을 뿐만 아니라 송나라 조(朝)의 미색(美色)까지 있지 아니하면.

祝鮀 : 위(衛)나라 대부. 이름이 타(鮀). 자는 자어(子魚). 종묘에서 제사를 지낼 때 축문을 읽는 축관(祝官)의 관직에 있었기 때문에 축타(祝鮀)라고 부르게 되었음.

춘추좌전(春秋左傳) - 유(劉)나라 문공(文公)이 소릉(召陵)에서 초(楚)나라 정벌을 위한 대회맹(大會盟)을 열었는데 지위를 채(蔡)나라보다 위(衛)나라를 낮게 두려 하자 축타(祝鮀)가 강변(强辯)하여 채나라가 상위에 서게 되었다함.

佞 : 말재주(口才). 말을 잘하다(善辯). 말재주가 좋다. 구변(口辯)이 좋다. 아첨하다. 교묘한 말로 알랑거리다.

而 : 게다가. 또한. 뿐만 아니라. 접속사. 점층 관계를 나타냄. [延世大學校 虛詞辭典編纂室 編, 虛詞大辭典, 成輔社, 2001. p.607]

宋朝 : 송(宋)나라의 공자(公子). 이름이 조(朝). 미남(美男)으로 위(衛)나라 양공(襄公)의 부인인 선강(宣姜)과 정을 통하였을 뿐만 아니라 그 아들 영공(靈公)의 부인인 남자(南子)와도 정을 통했다고 함.

美 : 아름다움. 미모(美貌). 미색(美色).

정약용(丁若鏞) - 공안국(孔安國)이 말하기를 '마땅히 축타와 같이 말을 잘해야 하는데 도리어 송조처럼 아름다운 얼굴을 갖는다면 요즘 세상에 해를 면하기가 어렵다.' 했으나, 반박하여 말하노니 '아니다.', 진실로 이러한 뜻이라면 공자

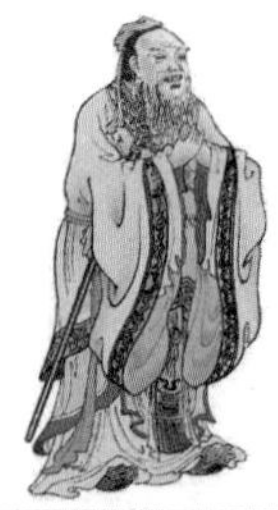

의 말은 축타의 구급(口給, 말솜씨가 좋음)을 사모하고 송조가 억울하게 재앙을 당하게 되었다는 점을 슬퍼하는 말이니, 어찌 이치에 합당하겠는가? 경문에서 而有 두 글자는 혹 연문(衍文)인 것 같다. 이 때문에 천착한 것이 여기까지 이른 것이다. 그러나 而有는 或有라는 말이다. 공자께서는 대개 '요즘 사람이 만일 축타의 능변 또는 송조의 미색을 지니지 못한다면 재앙을 면하기 어렵다.' 고 한 것이니, 또한 무엇을 의심하겠는가? [孔曰 當如祝鮀之佞 而反如宋朝之美 難免於今之世害 駁曰非也 苟如是也 孔子之言爲慕祝鮀之口給 而哀宋朝之枉罹也 豈當於理乎 經文而有二字 或似衍文 故穿鑿至此 然而有者或有也 孔子蓋云 今人若不能素有祝鮀之佞 或有宋朝之美 則難免殃咎也 又何疑焉]

[참고] '不' 이 앞 문장만 한정 ☞ **不有祝鮀之佞 而有宋朝之美 : 축타와 같은 말재주를 가지고 있지 않고, 송조와 같은 미색만 가지고 있다면.**

공안국(孔安國) - 祝鮀는 衛나라 大夫 子魚인데, 당시 사람이 그를 귀하게 여겼다. 宋朝는 宋나라의 미인으로 음란한 일을 잘하였다. 마땅히 祝鮀의 말재주와 같아야 하는데 오히려 宋朝의 미모와 같다면 지금 세상의 해를 면하기 어렵다는 말이다. [祝鮀, 衛大夫子魚也 時世貴之 宋朝 宋之美人而善淫 言當如祝鮀之佞 而反如宋朝之美 難乎免於今之世害也]

이기영(李起榮) - 구변 좋은 축타 같은 사람과 미모의 송조 같은 사람이 없으면 오늘날의 난세를 면하기 어렵다는 해석은 주희(朱熹)의 주(註)에 의한 것인데 의미상으로 보면 교언(巧言)과 영색(令色)을 싫어하시는 공자님이 당시의 난세를 사는 방법은 이런 좋지 못한 사람만 살 수 있다는 해학적인 표현 같아 이해가 되지만, 문맥상으로 보면 축타의 말재주는 不有이고, 송조의 아름다움은 有이니 而가 역접관계의 접속사이다. 그리고 헌문편(憲問篇) 20장에서 '위령공(衛靈公)이 무도(無道)하였으나 망하지 않은 것은 중숙어(仲叔圉), 축타(祝鮀), 왕손가(王孫賈) 등의 현명한 신하 때문이다.' 라는 공자님의 말씀이 있었으니, 축타를 나쁘게 보시지는 않은 것이며, 이에 비하여 송조는 위령공의 부인 남자(南子)와 정을 통하여 그 덕에 대부(大夫)가 되었으므로 이 때문에 위(衛)의 무도함이 더욱 커진 것이므로 위령공 시대 같은 무도한 세상에서 축타가 없고 송조만 있었다면 환난을 면하기가 어려웠을 것이라는 말씀으로 보는 것이 타당하다고 본다.

【乎】 아! …이도다! …이(로)구나! 어기조사. 비분·찬양·감격 등의 감탄 어기를 나타냄. [참고] 문장의 중간에 쓰여 어기를 부드럽게 해주는 것으로 볼 수도 있음.

【免】 면하다. 모면하다. 화(禍)를 면하다. 죄를 면하다. 형벌을 피하다.

【於】 …에서. 전치사. 동작이나 행위가 일어나는 장소(범위)를 나타냄.

【矣】 …이다. 어기조사. 단정 또는 필연의 결과를 나타냄.

주희(朱熹) - 이미 쇠미한 세상에서는 아첨을 좋아하고 미색을 좋아하여 이것이 아니면 환난(患難)을 면하기 어려움을 말씀한 것이니, 대저 세상을 서글퍼하신 것이다. [言衰世好諛悅色 非此難免 蓋傷之也] ♣20090529金

15. 어찌하여 이 도道를 말미암지 아니하는가?

子曰 誰能出不由戶 何莫由斯道也

子(ᄌᆞ)ㅣ ᄀᆞᆯᄋᆞ샤ᄃᆡ 뉘 能(능)히 出(츌)홈애 戶(호)를 由(유)티 아니리오마ᄂᆞᆫ 엇디 이 道(도)를 由(유)티 아니ᄒᆞᄂᆞᆫ고

선생님께서 말씀하시기를 "누군들 능히 출입함에 문호(門戶)을 지나지 않으리오마는, 어찌하여 이 도(道)를 말미암지[따르지] 아니하는가?" 하셨다.

【誰能出不由戶】 누가 능히 출입함에 문호(門戶)를 말미암지 않겠는가? 누군들 능히 출입할 때 문호(門戶)로 지나가지 않겠는가? 누가 문을 통하지 않고 나갈 수 있겠는가?

誰 : 누구. 어떤 사람. 의문대명사. 사람에 대한 질문을 나타냄.
出 : 나가다. 나오다. 출입(出入)하다. 밖에 나가다. 외출(外出)하다.
由 : 지나가다. 거치다. 경유하다. 통하다.
戶 : 지게문. 문. 문호(門戶).

【何莫由斯道也】 어찌하여 이 도(道)를 말미암지[본으로 하지] 않는가? 어찌하여 이 길을 따르지 않는가?

何 : 어찌하여[왜] …한가? 의문대명사. 어떤 일의 이유나 원인에 대해 물음.
莫 : 아무(것)도 …한 사람(것)이 없다. 아무도 …하지 않다. 지시대명사.
由 : 말미암다. 본으로 하다. 좇다. 따르다.
也 : …한가[인가]? 어기조사. 의문문 끝에 쓰여 의문(질문)의 어기를 나타냄. 일반적으로 何, 誰, 奚, 焉 등의 의문대명사와 같이 씀. ♣20090601月

16. 바탕과 무늬가 빈빈彬彬한 연후에야 군자답다 하리

子曰 質勝文則野 文勝質則史 文質彬彬 然後君子

子(ᄌᆞ)ㅣ ᄀᆞᆯᄋᆞ샤ᄃᆡ 質(질)이 文(문)을 勝(승)ᄒᆞ면 野(야)ㅣ오 文(문)이 質(질)을 勝(승)ᄒᆞ면 史(ᄉᆞ)ㅣ니 文(문)과 質(질)이 彬彬(빈빈)ᄒᆞᆫ 後(후)에 君子(군ᄌᆞ)ㅣ니라

선생님께서 말씀하시기를 "바탕이 무늬보다 더 좋으면 곧 거칠고 촌스러우며, 무늬가 바탕보다 더 좋으면 겉모습만 화사하게 보이니, 바탕과 무늬가 적정하게 잘 조화된 연후에야 군자답다 할 것이니라." 하셨다.

【質】 바탕. 본바탕. 사물의 본질. 기본[근본].

정약용(丁若鏞) - 質은 덕행(德行)으로써 근본을 삼는다는 말이다. [質 謂本之以德行]

【勝】 능가하다. 뛰어나다. …보다 더 낫다. …보다 더 좋다.

【文】 겉꾸밈. 무늬. 문채(文彩). 형식적인 면. ⇔ 質.

정약용(丁若鏞) - 文은 예악(禮樂)으로써 꾸미는 것을 말한다. [文 謂飾之以禮樂]

[참고] 文之以禮樂.

【則】 …이면(하면) (곧). 그렇다면 곧. 접속사. 결과나 조건에 대한 상호 원인 등 앞뒤 문장의 전후 상황이 서로 연관됨을 나타냄.

【野】 촌스럽고 거칠다. 거칠고 세련되지 못하다. 천박하고 경솔하다. 야만적이다. 야성(野性)적이고 질박(質朴)한 상태. 꾸밈이 없는 상태.

포함(包咸) - 野는 野人이니 촌스럽고 투박함을 말한다. [野如野人 言鄙略也]

【史】 사관(史官)의 문장처럼 외관만 화려하고 형식적이다. 지나치게 꾸미다. 겉치레만하다. 형식적이다. 겉모양만 번지르르한 상태.

【彬彬빈빈】 무늬(외관)와 바탕(내용)이 갖추어져 잘 조화를 이루는 모양. 두 가지가 적절히 섞여서 조화와 균형을 이룬 모양.

주희(朱熹) - 彬彬은 반반(班班, 내용과 형식이 조화를 이루어 성한 모양)과 같다. 물건이 서로 섞여 고루 어우러져 적당한 모양이다. [彬彬 猶班班 物相雜而適均之貌]

【然後】 …한 후에야[뒤에야, 다음에야]. 비로소. 접속사. 뒷일의 발생이 앞일을 전제로 함을 나타냄.

【君子】 군자답다. 명사의 형용사로의 전용.

17. 사람이 살아가는 이치는 올곧음이니…

子曰 人之生也直 罔之生也幸而免

子(즈)ㅣ 골ᄋᆞ샤ᄃᆡ 사ᄅᆞᆷ의 生(ᄉᆡᆼ)이 直(딕)ᄒᆞᆫ 거시니 罔(망)의 生(ᄉᆡᆼ)홈은 힝혀 免(면)ᄒᆞ얀ᄂᆞ니라

선생님께서 말씀하시기를 "사람이 살아가는 이치는 올곧음이니, 올곧지 않게 살아감은 요행히 화(禍)를 면(免)한 것이니라." 하셨다.

【人之生也直】 사람의 삶은 곧은 것이다. 사람의 살아가는 이치는 올곧음이다. ⇒ 사람이 살아갈 때는 올곧게 사는 것이다.

之 : …하는[한]. …의. 조사. 관형어와 중심어 사이에 쓰여 중심어를 수식하거나 국한하는 관계를 나타냄. 앞의 말에 형용성(形容性)을 띠게 함.

生 : 삶. 살아가는 이치.

也 : …은(는). …이란. 음절을 조정하고 어기를 고르는 어기조사. 말을 잠깐 멈추고 다음 내용을 환기시키는 역할을 함.

直 : 곧고 바르다. 올곧다. 정직(正直)하다.

[참고] 之 : …은[는]. …이[가]. 구조조사(주격조사). 주술구조 사이에 쓰여 이를 명사구(절)로 만들어 주는 역할을 함. ☞ **사람이 살아가는 것은 곧음(정직)이다. 사람이 살아가는 것은 곧음으로 한다.**

【罔之生也幸而免】 올곧지 않은 삶은 요행(僥倖)이 화를 면한 것이다. 올곧지 않게 살아가는 것은 요행히 화를 면한[피한] 것이다.

罔 : 곧지 않음(不直). 바르지 않음. 정직하지 않음. 또는 그런 사람.

정약용(丁若鏞) - 罔은 欺(기, 속이다)이고, 誣(무, 사실을 굽혀 말하다)이다. [孟子에 이르기를 '그 道가 아닌 것으로써 속이기는 어렵다.' 고 하였다.] [罔 欺也 誣也 孟子云 難罔以非其道]

幸而 : 요행(僥倖)히. 운이 좋게.

幸 : 요행. 운이 좋다. 다행하다.

而 : 부사형 접미사. 부사구를 만드는 역할을 함. 영어의 '…ly' 와 같음.

免 : 면하다. 모면하다. 화(禍)를 면하다. 죄를 면하다. 형벌을 피하다.

정호(程顥) - 살아가는 이치는 본래 곧음이다. 罔은 곧지 않은 것인데 그러면서도 또한 살아있는 것은 요행이 면한 것일 뿐이다. [生理本直 罔不直也 而亦生者幸而免耳]

정약용(丁若鏞) - 중용에 '군자는 평이(平易)함에 처하여 천명(天命)을 기다리고, 소인은 위험한 것을 행하여 요행을 바란다.' 라고 했는데, 평이함에 처한다는 것이 直(곧은 것)이고, 위험한 것을 행한다는 것이 罔(속이는 것)이다. [中庸曰 君子居易以俟命 小人行險以徼幸 居易者直也 行險者罔也]

♣20090601月

第六篇 雍也

18. 좋아하는 자는 즐거하는 자만 못하니...

子曰 知之者不如好之者 好之者不如樂之者

子(ᄌᆞ)ㅣ ᄀᆞᆯᄋᆞ샤ᄃᆡ 아ᄂᆞᆫ 이 됴히 너기ᄂᆞᆫ 이만 ᄀᆞᆮ디 몯ᄒᆞ고 됴히 너기ᄂᆞᆫ 이 즐겨ᄒᆞᄂᆞᆫ 이만 ᄀᆞᆮ디 몯ᄒᆞ니라

선생님께서 말씀하시기를 "(道를) 아는 자는 좋아하는 자만 같지 못하고, 좋아하는 자는 즐거워하는[즐기는] 자만 같지 못하느니라." 하셨다.

【之】 그. 그것. 지시대명사. 일반적인 사실·사물·사람을 가리킴. [참고] 논어에서는 공자의 기본 사상인 '道'나 '仁' 등을 가리키기(의미하기)도 함.]

【不如】 …함 만 못하다. …만 같지 못하다. …하는 게 차라리 낫다. 부사. 앞에서 말한 사건이 뒤에서 말한 사건에 미치지 못함을 나타냄.

【樂】 즐겁다. 즐거워하다. ⇒ 즐기다.

장식(張栻) - 오곡(五穀)에 비유하면, 아는 자는 그것이 먹을 수 있음을 아는 자이고, 좋아하는 자는 먹고서 좋아하는 자이고, 즐거워하는 자는 좋아하여 배불리 먹은 자이다. 알기만 하고 좋아하지 못하면 이는 앎이 지극하지 못한 것이요, 좋아하기만 하고 즐거워함에 미치지 못한다면 이는 좋아함이 지극하지 못한 것이다. 이는 옛날 학자(學者)들이 스스로 힘써 쉬지 않았던 이유일 것이다. [譬之五穀 知者는 知其可食者也 好者 食而嗜之者也 樂者 嗜之而飽者也 知而不能好 則是知之未至也 好之而未及於樂 則是好之未至也 此古之學者所以自强而不息者與]

정약용(丁若鏞) - 知란 남에게 듣고 좋음을 아는 것이며, 好는 실행하여 그 맛을 좋아하는 것이며, 樂이란 스스로 얻어서 가득함을 누리는 것이다. [知者聞而識其善也 好者行而悅其味也 樂者得而享其充也]

♣20090601月

19. 중인中人 이상에게는 위(上)를 말할 수 있으나

子曰 中人以上 可以語上也 中人以下 不可以語上也

子(ᄌᆞ)ㅣ 굴ᄋᆞ샤ᄃᆡ 中人(듕신)으로ᄡᅥ 우흔 可(가)히 ᄡᅥ 우흘 니ᄅᆞ려니와 中人(듕신)으로 ᄡᅥ 아래ᄂᆞᆫ 可(가)히 ᄡᅥ 우흘 니ᄅᆞ디 몯홀 꺼시니라

선생님께서 말씀하시기를 "중인(中人) 이상에게는 가히 위를 말할 수 있을 것이나, 중인(中人) 이하에게는 가히 위를 말할 수 없을 것이니라." 하셨다.

【中人】 중등(中等)인 사람. 학문이나 자질, 능력 등이 중급(中級)인 사람.

【以上】 …으로써 그 위. 어떤 기준보다 그 위. ⇔ 以下.

【可以語上也】 가히 위를 말할 수 있다. 가히 높은 도리를 말해 줄 수 있다.

可以 : 가히[능히] …할 수 있다. …해도 좋다. 조동사. 조건의 허가를 나타냄.

語 : 말하다(告也). 일러주다. 언급하다. 동사.

上 : 위. 상급 수준의 학문. 높은 경지의 학문. 높고 깊은 학문이나 도리.

也 : …이다. 어기조사. 진술문의 끝에 쓰여 판단이나 단정 또는 긍정을 나타냄.

장식(張栻) - 성인(聖人)의 道는 정(精, 정밀)한 세계와 조(粗, 거침, 대강)한 세계가 비록 두 길로 나뉘는 것은 아니지만, 단지 그 가르침을 베풀 때에는 반드시 그 재량(才量)에 따라 독실하게 하는 것이다. 중등(中等) 이하(以下)의 자질(資質)을 가진 자에게 갑자기 너무 높은 것을 말해 주면 그 말이 제대로 먹혀들지 않을 뿐만 아니라, 또한 장차 망령된 뜻으로 등급(等級)을 뛰어넘어 자기 몸에 절실하지 못한 폐단이 있어서 또한 하등(下等)에 그치고 말뿐이다. 그러므로 그 미칠 수 있는 바에 나아가 말해주어야 하니, 이것이 바로 묻기를 절실하게 하고 가까운 것부터 생각하도록 하여 점차 고원(高遠)한 경지로 나아가게 하는 까닭이다. [聖人之道 精粗雖無二致 但其施教 則必因其材而篤焉 蓋中人以下之質 驟而語之太高 非惟不能以入 且將妄意躐等 而有不切於身之弊 亦終於下而已矣 故就其所及而語之 是乃所以使之切問近思 而漸進於高遠也]

♣20090603水

第六篇 雍也

20. 번지樊遲가 지知와 인仁에 대해 여쭈니...

樊遲問知 子曰 務民之義 敬鬼神而遠之 可謂知矣 問仁 曰 仁者先難而後獲 可謂仁矣

樊遲(번디)ㅣ 知(디)를 묻ᄌᆞ온대 子(ᄌᆞ)ㅣ ᄀᆞᆯᄋᆞ샤ᄃᆡ 民(민)의 義(의)를 힘ᄡᅳ고 鬼神(귀신)을 공경코 멀리ᄒᆞ면 可(가)히 知(디)라 닐올 ᄯᅵ니라 仁(신)을 묻ᄌᆞ온대 ᄀᆞᆯᄋᆞ샤ᄃᆡ 仁(신)ᄒᆞᆫ 者(쟈)ㅣ 難(난)을 몬져ᄒᆞ고 獲(획)홈을 後(후)ᄒᆞ면 可(가)히 仁(신)이라 니롤 ᄯᅵ니라

번지(樊遲)가 지[知(智)]에 대해 여쭈니 선생님께서 말씀하시기를 "사람의 도리를 힘써 하고 귀신(鬼神)을 공경하되 멀리하면 가히 지(知)라 말할 수 있느니라." 하셨다. 인(仁)에 대해 여쭈니, 말씀하시기를 "인(仁)을 행하는 사람이 어려운 것을 먼저 하고 이득(利得)을 얻는 일을 나중에 하면 가히 인(仁)이라 말할 수 있느니라." 하셨다.

【樊遲】 공자의 제자. 성은 번(樊). 이름은 수(須). 자가 자지(子遲). 제(齊)나라 사람으로 공자보다 36세 아래.

【務民之義】 사람의 도리를 힘써 하다. 사람으로서 옳은 길을 힘써 가다. 사람의 마땅한 도리를 힘써 하다.

務 : 힘쓰다. 온 힘을 다하다. 전심전력으로 힘써 하다. 힘써 이루다.

民 : 사람의 통칭. 사람(人也). 사람들.

之 : …의. 조사. 관형어와 중심어 사이에 쓰여 종속관계를 나타냄.

義 : 올바름. 의리. 의로움. 사리에 합당한 행위. 옳은 길. 마땅히 지켜야 할 도리.

【鬼神】 조상(祖上)의 영혼(靈魂)과 산천(山川)의 신(神). 天神과 地祇[地神]와 人鬼의 통칭(通稱).

【而】 ① …하되. 그러나. 그렇지만. 접속사. 역접관계를 나타냄. 敬鬼神而遠之.
② 와[과]. …하고. 그리고. 접속사. 병렬관계를 나타냄. 先難而後獲.

【(遠)之】 그것. 지시대명사. 앞의 鬼神을 가리킴.

포함(包咸) - 귀신을 공경하되 친압하지는 않는다. [敬鬼神而不黷也]

【可】 가히 …할 수 있다. 가능하다. 조동사. 허가나 가능을 나타냄.

【矣】 …이다. 어기조사. 단정 또는 필연의 결과를 나타냄.

【仁者】 인(仁)을 행(行)하는 사람.

[참고] 者를 음절을 조정하고 어기를 고르는 어기조사로 보아 '인(仁)은, 인(仁)이란, 인(仁)이라는 것은' 으로 해석하는 이도 있음.

【先難而後獲】 어려운 것을 먼저하고 얻는 것을 뒤에 한다. 어려운 일은 남보다 먼저하고 이득을 취하는 일은 남보다 뒤에 한다.

先 : 먼저 하다. 앞서 하다.

後 : 뒤에 하다. 뒤로 하다. 뒤로 돌리다. 동사.

獲획 : 얻음(得也). 얻는 것. 이득을 얻음. 이득이 되는 일. 이득을 취하는 일.

[참고] 顔淵-21. 先事後得 非崇德與

정약용(丁若鏞) - 難이란 어렵고 고된 것이요, 獲이란 소득이 되어 이로운 것이다. 어렵고 고된 일은 남보다 앞서서 하고, 소득이 되어 이로운 일은 남보다 뒤에 하면 이는 서(恕)이다. 힘써서 恕를 행하면 인(仁)을 구함이 이보다 더 가까운 것이 없다. [難者 艱苦也 獲者 得利也 艱苦之事先於人 得利之事後於人 則恕也 强恕而行 求仁莫近焉]

주희(朱熹) - 인도(人道)의 마땅히 해야 할 바에 오로지 힘을 쓰고, 귀신(鬼神)의 알 수 없는 것에 혹(惑)하지 않는 것은 지자(智者)의 일이요, 일의 어려운 것을 먼저 하고 그 효과의 얻음을 뒤에 함은 인자(仁者)의 마음이니, 이것은 반드시 번지(樊遲)의 결함에 따라 말해 주신 것일 것이다. [專用力於人道之所宜 而不惑於鬼神之不可知 知者之事也 先其事之所難 而後其效之所得 仁者之心也 此 必因樊遲之失而告之]

♣20090604木

第六篇 雍也

21. 지자知者는 물을, 인자仁者는 산을 좋아하나니

子曰 知者樂水 仁者樂山 知者動 仁者靜 知者樂 仁者壽

子(ᄌᆞ)ㅣ ᄀᆞᆯᄋᆞ샤ᄃᆡ 知(디)ᄒᆞᆫ 者(쟈)ᄂᆞᆫ 水(슈)를 됴히 너기고 仁(신)ᄒᆞᆫ 者(쟈)ᄂᆞᆫ 山(산)을 됴히 너기ᄂᆞ니 知(디)ᄒᆞᆫ 者(쟈)ᄂᆞᆫ 動(동)ᄒᆞ고 仁(신)ᄒᆞᆫ 者(쟈)ᄂᆞᆫ 靜(졍)ᄒᆞ며 知(디)ᄒᆞᆫ 者(쟈)ᄂᆞᆫ 樂(락)ᄒᆞ고 仁(신)ᄒᆞᆫ 者(쟈)ᄂᆞᆫ 壽(슈)ᄒᆞᄂᆞ니라

선생님께서 말씀하시기를 "지(智)한 사람은 물을 좋아하고 인(仁)한 사람은 산을 좋아하나니, 지(智)한 사람은 동적(動的)이고 인(仁)한 사람은 정적(靜的)이며, 지(智)한 사람은 즐겁게 살고 인(仁)한 사람은 오래 사느니라." 하셨다.

【知】 = 智. 지혜롭다. 슬기롭다. 지혜가 있다. 총명하다.

【樂水요수, 樂山요산】 물을 좋아하다, 산(山)을 좋아하다.

樂요 : 좋아하다.

[참고] 남회근(南懷瑾)은 구독을 '知者樂 水 仁者樂 山'으로 하고, 樂을 '즐거울 락'으로 봄. ☞ **知者樂 水 仁者樂 山 : 지혜로운 사람의 즐거움은 물과 같고, 인자한 사람의 즐거움은 산과 같다.**

주희(朱熹)- 지자(知者)는 사리(事理)에 통달(通達)하여 두루 유통(流通)하고 막힘이 없어서 물과 비슷한 점이 있으므로 물을 좋아하고, 인자(仁者)는 의리(義理)에 편안함을 느끼며 중후(重厚)하여 옮기지 않아서 산(山)과 비슷한 점이 있으므로 산(山)을 좋아하는 것이다. 동(動)과 정(靜)은 체(體)로 말한 것이요, 낙(樂)과 수(壽)는 효과(效果)로 말한 것이다. 동(動)하여 맺히지[막히지] 않으므로 즐거워하는 것이요, 정(靜)하여 일정함이 있으므로 장수(長壽)하게 되는 것이다. [知者 達於事理而周流無滯 有似於水 故樂水 仁者는 安於義理而厚重不遷 有似於山 故樂山 動靜 以體言 樂(락)壽 以效言也 動而不括 故樂 靜而有常 故壽]

♣20090605金

22. 노나라가 일변一變하면 선왕先王의 도에 이를 것이니

子曰 齊一變 至於魯 魯一變 至於道

子(ᄌᆞ)ㅣ ᄀᆞᆯᄋᆞ샤ᄃᆡ 齊(졔)ㅣ ᄒᆞᆫ 번 變(변)ᄒᆞ면 魯(로)애 니르고 魯(로)ㅣ ᄒᆞᆫ 번 變(변)ᄒᆞ면 道(도)애 니를 ᄯᅵ니라

선생님께서 말씀하시기를 "제(齊)나라가 한 번 변하면 노(魯)나라에 이를 것이며, 노나라가 한 번 변하면 선왕(先王)의 도(道)에 이를 것이니라." 하셨다.

【齊】 제(齊)나라. 주(周)나라 제후국(諸侯國). 강태공(姜太公) 여망(呂望)을 제후로 봉하였음. 지금의 산동성 일대.

【一】 한 번. 두 가지 일이 발생 시간상 앞뒤 긴밀한 관계가 있음을 나타냄.

【變】 변하다. 변혁(變革)하다. 개혁(改革)하다.

【於】 …에. …로. 전치사. 동작이나 행위가 일어나는 장소(범위)를 나타냄. 여기서는 종점을 나타냄. [참고] 至於. [八佾-24, 雍也-12]

【魯】 노(魯)나라. 주(周)나라 제후국(諸侯國). 주(周)나라 무왕(武王)의 동생 주공단(周公旦)을 제후로 봉하였음.

【道】 선왕(先王)의 도(道). 곧. 선왕의 도가 행해지는 이상(理想)의 국가.

주희(朱熹) - 공자시대에 제(齊)나라의 풍속(風俗)은 공리(功利)를 급선무로 하고 과장과 속임을 좋아했으니 바로 패도(覇道) 정치의 남은 습속(習俗)이요, 노(魯)나라는 예교(禮敎)를 중히 여기고 신의(信義)를 숭상하여 아직도 선왕(先王)의 유풍(遺風)이 남아 있었다. 다만 어진 사람이 죽고 훌륭한 정치가 그쳐 폐지됨과 실추됨이 없지 않았다. 道는 선왕(先王)의 도이다. 두 나라의 정치는 풍속에 아름다움과 나쁨의 차이가 있으므로 변혁하여 선왕의 도로 감에 어려움과 쉬움의 차이가 있음을 말씀한 것이다. [孔子之時 齊俗急功利 喜夸詐 乃覇政之餘習 魯則重禮敎 崇信義 猶有先王之遺風焉 旦人亡政息 不能無廢墜耳 道則先王之道也 言二國之政 俗有美惡 故其變而之道 有難易] ♣20090608月

23. 고觚는 고觚다워야 고觚이니

子曰 觚不觚 觚哉 觚哉

子(ᄌᆞ)ㅣ ᄀᆞᆯᄋᆞ샤ᄃᆡ 觚(고)ㅣ 觚(고)티 아니면 觚(고)ㅣ랴 觚(고)ㅣ랴

선생님께서 말씀하시기를 "고(觚)가[술잔] 고(觚)답지 않으니, 고(觚)[술잔]이겠는가? 고(觚)[술잔]이겠는가?" 하셨다.

【觚고】 술잔. 아가리는 나팔 모양이며 허리 부분이 가늘고 배와 권족(圈足) 사이에 모가 있는, 의식 때 쓰는 술잔. [참고] 처음 觚는 개체로서의 觚이고 두 번째 觚는 원래의 형태를 가진 이상적인 觚로, 처음 觚는 명사이고, 두 번째 觚는 형용사로의 전용으로 '觚답다'로 해석함.

정약용(丁若鏞) - 위의 觚자는 술그릇이고, 아래의 觚자는 팔각으로 모가 난 것이다. 술그릇으로서 觚가 觚란 명칭을 얻을 수 있는 것은 팔각이 있기 때문이다. 만약 팔각으로 된 부분을 깎아 둥글게 만들고 이를 觚라 한다면, 이름(名)과 실상(實)이 서로 걸맞지 않는다. [上觚 酒器也 下觚 八棱也 酒觚之得觚名 以其有八棱也 若削棱爲圜 猶名爲觚 則名實不相副矣]

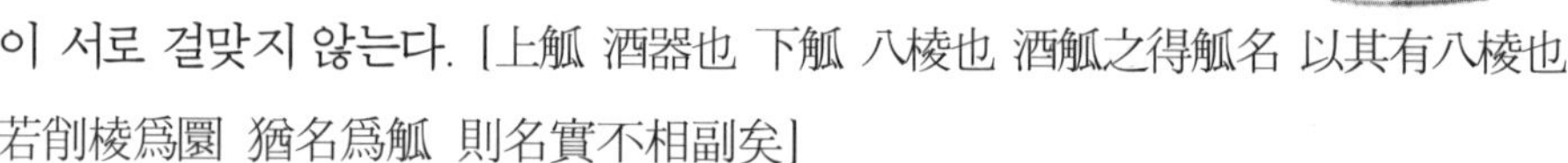

주희(朱熹) - 觚는 모난 것이니 혹자는 술그릇이라 하고 혹자는 목간(木簡)이라 한다. [觚 棱也 或曰 酒器 或曰 木簡]

【哉】 …이겠는가? …인가? …이랴? 어기조사. 반문의 어기를 나타냄.

정이(程頤) - 술잔으로서 그 형태와 정도를 잃으면 곧 술잔이 아니다. 하나의 그릇을 들어서 천하의 물건 모두가 그렇지 않음이 없음을 밝힌 것이다. 그러므로 임금으로서 그 임금의 도리를 잃으면 임금이 아닌 것이 되고 신하로서 신하의 직분을 잃으면 빈자리가 되는 것이다. [觚而失其形制 則非觚也 擧一器 而天下之物 莫不皆然 故 君而失其君之道 則爲不君 臣而失其臣之職 則爲虛位]

[참고] 顔淵-11. 진실로 임금이 임금답지 않고 신하가 신하답지 않고 아버지가 아버지답지 않고 아들이 아들답지 않다면 비록 곡식이 있다고 한들 내가 그것을 먹을 수 있겠습니까? [信如君不君 臣不臣 父不父 子不子 雖有粟 吾得而食諸]

♣20090608月

24. 군자君子는 잠시는 속일 수 있어도

宰我問曰 仁者 雖告之曰 井有仁焉 其從之也 子曰 何爲其然也 君子可逝也 不可陷也 可欺也 不可罔也

宰我(ᄌᆡ아)ㅣ 묻ᄌᆞ와 ᄀᆞᆯ오ᄃᆡ 仁者(ᅀᅵᆫ쟈)ᄂᆞᆫ 비록 告(고)ᄒᆞ야 ᄀᆞᆯ오ᄃᆡ 井(졍)에 사ᄅᆞᆷ이 잇다 ᄒᆞ야도 그 從(죵)ᄒᆞ리로송이다 子(ᄌᆞ)ㅣ ᄀᆞᆯᄋᆞ샤ᄃᆡ 엇디 그 그러ᄒᆞ리오 君子(군ᄌᆞ)ᄂᆞᆫ 可(가)히 가게 ᄒᆞᆯ 띠언뎡 可(가)히 ᄲᅡ디게 몯ᄒᆞ며 可(가)히 欺(긔)ᄒᆞᆯ 띠언뎡 可(가)히 罔(망)티 몯ᄒᆞᆯ 꺼시니라

재아(宰我)가 여쭈어 말씀드리기를 "인(仁)한 사람은 가령 그에게 일러주어 말하기를 '우물에 인(仁)이 있소.'라고 한다면 그(仁者)는 그것(仁)을 좇아가야(좇아 우물로 들어가야) 합니까?" 하니, 선생님께서 말씀하시기를 "어찌 그렇게까지 해야겠느냐. 군자(君子)는(를) 가게 할 수 있으나 빠지게는 할 수 없으니 잠시 속일 수는 있으나 사리를 분간 못하게 속일 수는 없느니라." 하셨다.

【宰我】 공자의 제자 재여(宰予). 자는 자아(子我). [참고] 公冶長-10.

【雖告之曰】 만약 (누군가가) 그에게 알리어 말하기를 …한다면. 가령 그에게 알려 주어 말하기를 …이면. 만약 그에게 고(告)하여 말하기를 …한다면.

雖 : 가령 …한다면. 만약(일) …한다면. 접속사. 가설·가정의 뜻을 나타냄.

告 : 고하다. 알리다. 말하다(말씀드리다).

之 : 그. 그 사람. 인칭대명사. 仁者를 가리킴.

【井有仁焉】 우물에 인(仁)이 있다. 우물 안에 인(仁)이 있다.

焉 : …이다. 어기조사. 진술문 끝에 쓰여 종결·판단·긍정의 어기를 나타냄.

[참고]

① 우물에 사람이 있다(빠졌다). [仁 = 人] [주희(朱熹), 丁若鏞, 김영일, 리쩌허우(李澤厚), 미야자키 이치사다(宮崎市定), 金容沃]

② 우물에 인자(仁者[인인(仁人)])가 있다(빠졌다). [仁 = 仁者] [신동준, 金學主]

③ 시정(市井, 시장이 있고 우물이 있는 너절한 거리)에 仁者(德者)가 있다. [井 = 市井, 仁 = 仁者] [李起榮, 李基東]

④ 우물에 인(仁)이 있다. [南懷瑾, 류종목, 李洙泰]

【其從之也】 그는 그것을 좇아갑니까? 仁者는 (우물에 있는) 仁을 좇아가야 합니까? 인자는 인을 좇아 우물로 들어가야 합니까?

其 : 그. 그 사람. 인칭대명사. 仁者를 가리킴.

從 : 좇다. 따르다. 택하여 따르다. 좇아가다. 추종하다.

之 : 그. 그것. 지시대명사. 仁을 가리킴.

【也】 ① …인가? 어기조사. 의문문 끝에 쓰여 옳고 그름의 어기를 나타냄. 其從之也. ② …이겠는가? 어기조사. 의문문 끝에 쓰여 반문의 어기를 나타냄. 乎의 용법과 같음. 何爲其然也. ③ …이다. 어기조사. 진술문의 끝에 쓰여 판단이나 단정 또는 긍정을 나타냄. 可逝也, 不可陷也, 可欺也, 不可罔也.

【何爲其然也】 어찌 그리하겠는가? 어찌 그렇게 하겠는가? 어찌 그렇게까지 하겠는가?

何 : 어찌(하여) …하겠는가(하려는 것인가)? 부사. 강한 반문의 어기를 나타냄.

爲 : 하다. 행하다. 실천하다. 동사.

其 : 그. 그렇게. 어기조사. 음절을 조정하고 어세를 강하게 함.

然 : 그러한. 그렇게. 이처럼. 대명사로 술어나 부사어로 쓰임. 가까운 성질·상황·성태 등을 대신 나타냄.

【可】 가히 …할 수 있다. 가능하다. 조동사. 허가나 가능을 나타냄.

【逝서】 가도록 하다. (사실 확인을 위해) 가까이 가게 하다.

【陷함】 빠지다. 우물에 빠지다.

【欺기】 잠시 속다. 잠시 속이다. 그럴 듯해서 잠시 속다. 그럴듯한 방법으로 잠시 속이다.

【罔】 사리 분별없이 완전히 속다(속이다). 사리 분별없이 완전히 현혹되다(현혹시키다). 속여서 진상(眞相)을 감추다.

♣ 우물은 인(仁)이 있기에 상식적으로 부적합한 장소임. '우물에 仁이 있다' 고 하는 말은 인자(仁者)를 속이는 말로, 君子(仁者)는 잠시 속아 사실 확인을 위해 우물에 가까이 가볼 수 있으나 결코 거기에 현혹되어 빠지지는 않으니 군자를 잠시 속일 수는 있지만 진상(眞相)까지 모를 정도로 사리 분간 못하게 속일 수는 없다는 말임.

♣20090609火

25. 문文을 널리 배우고 그것을 예禮로써 잡도리한다면

子曰 君子博學於文 約之以禮 亦可以弗畔矣夫

子(ᄌᆞ)ㅣ 골ᄋᆞ샤ᄃᆡ 君子(군ᄌᆞ)ㅣ 文(문)에 너비 學(ᄒᆞㄱ) ᄒᆞ고 約(약)호ᄃᆡ 禮(례)로ᄡᅥ ᄒᆞ면 ᄯᅩ 可(가)히 ᄡᅥ 畔(반)티 아니ᄒᆞ린뎌

선생님께서 말씀하시기를 "군자가 문(文)을 널리 배우고 예(禮)로써 그것을 잡도리 한다면 역시 가히 도(道)를 어기지 않을 수 있을 것이로다!" 하셨다.

【博學】 널리 배우다. 광범위하게 배우다. 학문(學文)을 풍부하게 하다. 배운 것이 많고 학식이 넓다. 다방면에 걸쳐 두루 알다.

【於】 …을. 전치사. 동작이나 행위에 직접 미치는 대상을 나타냄.

【文】 학문(學文). 경전(經典). 문헌(文獻)상의 지식. 옛 서적을 통하여 배우는 역사·문학·정치 등. 육경(六經, 詩·書·禮·樂·易·春秋)을 비롯한 과거의 전적(典籍)이 담겨 있는 문물.

【約之以禮】 예(禮)로써 그것을 요약하다. 예로써 그것(文을 널리 배운 것)을 집약(集約[요약(要約)])하다. 예로써 널리 배운 文을 잡도리하다.

約 : 간략하게 하다. 요약(要約)하다. 집약(集約)하다. 다잡다. 잡도리하다. [잡도리 : 잘못되지 않도록 엄하게 단속하는 일.] [참고] 里仁-23.

之 : 그. 그것. 지시대명사. 文 또는 博學於文을 가리킴.

以 : …(으)로(써). …을(에) 따라. …을 사용하여. …에 근거하여. 전치사. 동작이나 행위가 발생할 때 사물이나 어떤 준칙(기준이나 근거)에 의거하는 것을 나타내며 간혹 강조를 위해 뒤의 목적어와 도치되기도 함.

禮 : 어떤 덕목(德目)에 극단적인 방향으로 치닫는 욕망을 조절하는 자제력(自制力). 어떤 극단적인 것을 과부족(過不足)이 없는 중용(中庸)의 길로 조절하는 행동규범. 도가 지나치지 않고 사리에 맞게 적절히 조절된 절도 있는 행동양식.

[참고] 之를 君子를 가리키는 것으로 보고, 約을 요약하다[集註], 속박하여 작게 하다[丁若鏞], 절제하다[류종목], 적절하게 조절하다[김영일], 몸가짐을 단속하다[金學主, 南懷瑾], 제약하다 등으로 해석하는 이도 있음. ☞ **約之以禮 : 예로써 자기**

자신을 절제 단속하다. [참고] 子罕-10. 博我以文 約我以禮

【亦可以弗畔矣夫】 역시(또한) (道를) 벗어나지 않을 수 있을 것이로다! 역시 도(道)를 어기지 않을 수 있을 것이로다! 역시 도에 어긋남이 없을 것이로다! 역시 정도(正道)에서 벗어나지 않을 수 있을 것이로다!

亦 : 곧. 즉. 부사. 동작이나 행위가 일정한 조건이나 정황에서 갖추어져 저절로 그러함을 강조함. [···하면 곧 ~한다.]

可以 : 가히[능히] ···할 수 있다. ···해도 좋다. 조동사. 조건의 허가를 나타냄.

弗 : = 不. 아니다. 부정부사. 목적어가 생략된 타동사나 전치사, 그리고 부사어 수식을 받지 않는 형용사 술어 앞에 쓰여 不보다 더 강한 부정의 어기를 나타냄.

畔반 : 어그러지다. 위배되다(背也). 어긋나다. 道 또는 정도(正道)를 위배하다[어기다, 벗어나다].

矣夫 : ···이구나[하구나]! ···이로다! 관용형식으로서, 어기조사인 矣와 夫가 연용됨. 감탄의 어기를 나타냄과 아울러 추측의 의미를 겸함.

주희(朱熹) - 군자(君子)는 배움에 있어 널리 하고자 하므로 문(文)에 대하여 고찰하지 않음이 없고, 지킴을 요약하고자 하므로 그 행동을 반드시 예(禮)로써 하는 것이니, 이와 같이 하면 도(道)에 위반되지 않을 것이다. [君子 學欲其博 故於文無不考 守欲其要 故其動必以禮 如此則可以不背於道矣]

정호(程顥) - 널리 문(文)을 배우고 예(禮)로 요약하지 않으면, 반드시 한만(汗漫, 산만하여 기준이 없음)함에 이를 것이다. 널리 배우고 또 능히 예(禮)를 지켜 법도[規矩]를 따르면 또한 도(道)에 위반되지 않을 것이다. [博學於文而不約之以禮 必至於汗漫 博學矣 又能守禮而由於規矩 則亦可以不畔道矣]

김용옥(金容沃) - 공자는 동아시아 문명권에 있어서는 학문의 방법론을 제시한 최초의 사상가라고 할 수 있다. 그의 학문방법에는 항상 변증법적 대립과 지양의 관계항목들이 있다. 여기서도 박(博)과 약(約)은 변증법적 길항관계에 있다. 박은 넓히는 방향이고 약은 집중시키는 방향이다. 그러니까 문(文)은 넓은 휴머니티의 교양을 의미하는데 반하여 예(禮)는 어떤 넓은 교양을 집약시키는 핵심적 주제의식·문제의식을 말하는 것이다. ♣20090610水

26. 내 만일 부정不正하였다면 하늘이 나를 저버리시리라!

子見南子 子路不說 夫子矢之曰 予所否者 天厭之 天厭之

子(ᄌᆞ)ㅣ 南子(남ᄌᆞ)를 보신대 子路(ᄌᆞ로)ㅣ 깃거티 아니ᄒᆞ거늘 夫子(부ᄌᆞ)ㅣ 矢(시)ᄒᆞ야 ᄀᆞᆯᄋᆞ샤ᄃᆡ 내 否(부)ᄒᆞᆫ 밴댄 하ᄂᆞᆯ히 厭(염)ᄒᆞ시리라 하ᄂᆞᆯ히 厭(염)ᄒᆞ시리라

선생님께서 남자(南子)를 만나니 자로(子路)가 좋아하지 아니하는 지라 저희 선생님께서 맹세하여 말씀하시기를 "내 만일 부정(不正)하였다면 하늘이 나를 저버리시리라! 하늘이 나를 저버리시리라!" 하셨다.

【南子】 위(衛)나라 영공(靈公)의 부인. 음란한 여인으로 송조(宋朝)와도 정을 통한 여인. [참고] 雍也-14, 述而-14, 先進-12.

【子路】 공자의 제자 중유(仲由). 자가 자로(子路). [참고] 爲政-17.

【說열】 좋아하다. 존경하다(敬重).

【夫子】 그분. 저분. 그 어른. 선생님. 제3자의 존칭. 대부 이상은 흔히 부자라고 했음. 논어에서는 주로 공자를 존칭하는 말로 쓰이나 간혹 상대의 선생이나 경대부를 지칭하기도 함. 이때 夫는 사람을 가리키는 인칭대명사로 관형어임.

【矢之曰】 맹세하여 말하다.

矢 : 맹세하다(誓也). 出矢言(맹세하는 말을 내놓다.) [尙書 盤庚]

之 : 지시대명사. 일반적인 사실·사물·사람을 가리킴. 해석하지 않음.

【予所否者】 내가 만약 (不正)하였다면. 내가 만약 잘못된 짓을 하였다면.

予 : 나. 내가. 일인칭대명사.

所 : 만약. 만일. 접속사. 대부분 맹세하는 말 중에 쓰이며 가정 또는 조건을 나타냄.

否 : 부정(不正, 올바르지 아니하거나 옳지 못함)하다. 잘못하다. 잘못된 짓을 하다.

주희(朱熹) - 否는 예(禮)에 합당하지 않고 도리(道理)를 따르지 않음을 이른다. [否 謂不合於禮 不由其道也]

者 : …이면. …하면. …한다면. 어기조사. 가설(가정)이나 조건의 어기를 나타냄.

【天厭之】 하늘이 나를 저버리시리라! 하늘이 나를 싫어하시리라! 하늘이 나를 미워

하시리라!

厭염 : 싫어하다. 미워하다. 포기하다. 버리다. 저버리다[등지거나 배반하다].

주희(朱熹) - 厭은 버리고 끊는 것이다. [厭 棄絶也]

之 : 이 사람을. 인칭대명사. 일인칭을 나타냄. 곧 공자를 가리킴.

정약용(丁若鏞) - 공자가 처음으로 위(衛)나라에 간 것은 정공(定公) 13년[B.C. 497]이고,[강목 전편(綱目 前編)에 보인다.] 이듬해 가을에 괴외(蒯聵)가 남자(南子)를 죽이려고 꾀하다가 일이 실패하여 송(宋)나라로 달아나고 남자의 음란하였던 죄가 이때 비로소 드러났는데, 무슨 면목으로 공자를 만나고자 원하였겠는가? 노(魯) 애공(哀公) 2년[B.C. 493]에 공자가 다시 위나라에 가고 이해에 위(衛) 영공(靈公)이 죽었다. 공자는 예의상 마땅히 들어가 조문해야 했고, 따라서 남자를 만나고 거기에서 반드시 군주를 옹립하는 의논에 참여하여 그 일을 들었던 것이다. 사기(史記)에도 또한 이때 남자를 만나고 (자로에게) 맹세하는 말이 있었다고 하니, 조문 때문에 만난 것이 또 분명하다. [孔子之始適衛 在定十三年 見 前編 厥明年秋 蒯聵謀殺南子 事敗奔宋 南子之淫罪始彰 何面目願見孔子 魯 哀公二年 孔子在適衛 是年靈公卒 孔子禮當入弔 因見南子 必其立君之議 有所與聞也 史記亦以爲是時見南子有矢語 則因弔以見 又明矣]

주희(朱熹) - 성인(聖人)은 도(道)가 크고 덕(德)이 완전하여 가(可)한 것도 없고 불가(不可)한 것도 없으니, 악한 사람을 만나볼 적에 진실로 생각하기를, '나에게 있어 만나볼 만한 예(禮)가 있다면 저 사람의 악행이 나와 무슨 상관이 있겠는가?' 라고 여기신다. 그러나 이것을 어찌 자로(子路)가 능히 헤아릴 수 있는 것이겠는가. 그러므로 거듭 말씀하고 맹세하신 것이니, 그[자로]가 우선 이 말을 믿고 깊이 생각하여 터득하게 하고자 하신 것이다. [聖人 道大德全 無可不可 其見惡人 固謂在我有可見之禮 則彼之不善 我何與焉 然此豈子路所能測哉 故重言以誓之 欲其姑信此而深思以得之也] ♣20090610水

27. 중용中庸의 덕德 됨됨은 아마 지극至極하리로다!

子曰 中庸之爲德也 其至矣乎 民鮮久矣

子(ᄌᆞ)ㅣ 골ᄋᆞ샤ᄃᆡ 中庸(듕용)의 德(덕)이로옴이 그 至(지)ᄒᆞᆫ뎌 民(민)이 鮮(션)컨디 오라니라

선생님께서 말씀하시기를 "중용(中庸)의 덕(德) 됨됨은 아마 지극(至極)하리로다! (그런데) 사람들이 오래 머무는 경우가 드물게 되었구나." 하셨다.

[참고] **子曰 中庸 其至矣乎 民鮮能久矣** [中庸 三章]

【中庸】 넘치거나 부족함도, 지나치거나 미치지 못함도 없는 항상 일정함을 유지하여 변함이 없는 상태. 또는 그 경지. 공자의 최고 도덕 표준.

주희(朱熹) - 中은 지나치거나 미치지 못함이 없는 것의 명칭이요 庸은 평상(平常)이다. [中者 無過不及之名也 庸 平常也]

정이(程頤) - 치우치지 않음을 中이라 하고 변치 않음을 庸이라 하니 中은 천하의 바른 道이고 庸은 천하의 정해진 이치(理)이다. [不偏之謂中 不易之謂庸 中者 天下之正道 庸者 天下之定理]

【之】 …은[는]. …이[가]. 구조조사(주격조사). 주술구조 사이에 쓰여 이를 명사구(절)로 만들어 주는 역할을 함.

【爲德也】 德이 됨은. ⇒ 德의 됨됨은. 德 됨됨은.

爲 : 되다. 됨됨이. 동사의 명사로의 전용.

也 : …은(는). …이란. …이면. 어기조사. 음절을 조정하고 어기를 고르는(말을 잠깐 멈추고 다음 내용을 환기시키는) 역할을 함.

【其】 아마(도). 어쩌면. 부사. 동작이나 행위 또는 어떤 상황에 대한 추측을 나타냄.

【至】 지극(至極)하다.

【矣乎】 감탄문의 끝에 쓰여 矣는 이미 그러함을 나타내고 乎는 감탄을 나타냄. 其와 함께 쓰이는 경우 추측의 어기를 내포함.

【民鮮久矣】 (그 中庸에) 사람들이 오래 머무는 경우가 드물게 되다. (그 中庸을) 사람들이 오래 견지하는 경우가 드물게 되다.

民 : 사람의 통칭. 사람(人也). 사람들.

鮮 : 적다(少也). 드물다. 흔하지 않다. 거의 없다.

久 : 오래 머물다(滯留).

矣 : …하게 되다. …일[할] 것이다. …하게 될 것이다. 어기조사. 상황의 변화나 새로운 상황의 출현(어떤 사건이 발전·변화하는 과정이나 그것이 장차 발생하려 함)을 나타냄. 간혹 미래나 어떤 조건 하에서의 결과가 긍정적임을 나타냄.

중용(中庸) - 공자께서 말씀하셨다. "사람들이 모두 말하기를 '나는 지혜롭다.' 하는데, 고확(罟擭, 그물과 덫)과 함정(陷穽, 허방다리, 짐승을 잡고자 땅을 파서 위장한 구덩이)의 가운데로 몰아넣어도 피할 줄을 알지 못하며, 사람들이 모두 말하기를 '나는 지혜롭다.' 하는데, 중용(中庸)을 택(擇)하여 한 달도 지키지 못한다." [子曰 人皆曰予知 驅而納諸罟擭陷穽之中而莫之知辟也 人皆曰予知 擇乎中庸而不能期月守也]

[참고] 民鮮 久矣 : 사람들이 (이 德을 소유한 이가) 적은 지 오래이다.

하안(何晏) - 세상이 혼란하여 선왕의 道가 없어지자, 백성들이 이 道를 능히 행할 수 있는 자가 드문지 오래되었으니, 지금만 그러한 것이 아니다. [世亂先王之道廢 民鮮能行此道久矣 非適今]

주희(朱熹) - 鮮은 적음이니 사람들이 이 德을 소유한 이가 적은 지 지금 이미 오래되었음을 말한 것이다. [鮮 少也 言民少此德 今已久矣]

♣20090611木

28. 가히 인仁의 방법이라 말할 수 있는 것은

子貢曰 如有博施於民 而能濟衆 何如 可謂仁乎 子曰 何事於仁 必也聖乎 堯舜其猶病諸 夫仁者 己欲立而立人 其欲達而達人 能近取譬可謂仁之方也已

子貢(ᄌᆞ공)이 ᄀᆞᆯ오ᄃᆡ 만일에 民(민)의게 施(시)홈을 너비ᄒᆞ고 能(능)히 濟(졔)홈이 衆(즁)ᄒᆞᆫ딘 엇더ᄒᆞ닝잇고 可(가)히 仁(신)이라 니ᄅᆞ링잇가 子(ᄌᆞ)ㅣ ᄀᆞᆯᄋᆞ샤ᄃᆡ 엇디 仁(신)에 事(ᄉᆞ)ᄒᆞ리오 반ᄃᆞ시 聖(셩)인뎌 堯舜(요슌)도 그 오히려 病(병)도이 너기시니라 仁(신)ᄒᆞᆫ 者(쟈)ᄂᆞᆫ 몸이 立(립)고져 홈애 사ᄅᆞᆷ을 立(립)게 ᄒᆞ며 몽미 達(달)코져 홈애 사ᄅᆞᆷ을 達(달)케 ᄒᆞᄂᆞ니라 能(능)히 갓가온 ᄃᆡ 取(취)ᄒᆞ야 譬(비)ᄒᆞ면 可(가)히 仁(신)의 方(방)이라 니ᄅᆞᆯ 띠니라

자공(子貢)이 말씀드리기를 "만일 백성에게 널리 베풀고 능히 많은 사람을 구제할 수가 있다면, 어떠합니까? 가히 인(仁)하다 말할 수 있겠습니까?" 하니, 선생님께서 말씀하시기를 "어찌 인(仁)에 일삼을 바이리오. 반드시 성인(聖人)일 것이야! 아마 요·순 임금님마저도 오히려 어려워하셨을 것이리라. 무릇 인(仁)한 사람은 자기가 서고자 하면 남을 서게 하고 자기가 현달(顯達)하고자 하면 남을 현달(顯達)하게 하노니, 능히 가까운 데서 취하여 깨달을 수 있으면 가히 인(仁)의 방법이라 말할 수 있느니라." 하셨다.

【子貢】 공자의 제자 단목사(端木賜). 자가 자공(子貢).
【如】 = 若. 만약[만일, 가령] …한다면. 접속사. 가설(가정)이나 조건을 나타냄.
【博施】 널리 베풀다. 널리 은혜를 베풀다. 널리 미치게 은혜를 베풀다.
博 : 널리. 널리 미치게(普也). 광범위하게.
주희(朱熹) - 博은 넓음이다. [博 廣也]
施 : 은혜를 베풀다. 은덕을 베풀어 주다.
【於】 ① …에게. 전치사. 동작이나 행위에 관련되는 대상을 나타냄. 博施於民.
② …을. 전치사. 동작이나 행위에 직접 미치는 대상을 나타냄. 何事於仁.
【能】 능히[충분히] …할 수 있다. 조동사. 어떤 일을 할 능력이 있거나 조건이

됨을 나타냄. 뒤에 오는 '能近取譬'의 能도 이와 같은 용법임.

【濟衆】 대중(大衆)을 구제하다. 민중(民衆)을 구제하다. 많은 사람을 구제하다.

濟 : 구제하다. 어려운 처지에 있는 사람을 도와주다. 난관을 넘길 수 있도록 하다.

【何如】 어떠합니까? 어떻습니까? 관용형식으로 의견이나 견해를 물음.

【(可謂仁)乎】 …인가? …한가? 어기조사. 문장 끝에 쓰여 의문(질문)을 나타내며 시비(是非)판단의 어기를 도움.

정약용(丁若鏞) - 베푸는 바가 이미 넓으면 그 혜택이 미치는 것이 박(薄)하기 쉬우므로 많은 대중을 구제할 수 없으니, 이것을 겸하기는 어려운 것이다. [所施旣博 則其及易薄 無以濟衆 兼者難也]

【何事於仁】 어찌 인(仁)에만 일삼을 바이겠는가. 어찌 仁을 일삼는 데서 그치겠는가. 어찌 仁에만 그치는 일이겠는가.

何 : 어찌(하여) …하겠는가(하려는 것인가)? 부사. 강한 반문의 어기를 나타냄.

事 : 일삼다(從事). ⇒ …에 그치다. …에 한정하다. …일 뿐이다. [延世大學校 四書辭典編纂室 編, 四書集解辭典, 成輔社, 2003. p.361]

【必也聖乎】 (굳이 말하자면) 틀림없이 성인(聖人)일 것이다.

必 : 반드시. 틀림없이. 꼭. 부사. 사람이나 사물에 대한 결연한 의지나 확신을 나타냄.

也 : …은(는). …이란. …이면. 어기조사. 음절을 조정하고 어기를 고르는(말을 잠깐 멈추고 다음 내용을 환기시키는) 역할을 함.

[참고] 必也 ☞ 八佾-7, 述而-10, 顔淵-13, 子路-3, 21, 子張-17.

聖 : 성인(聖人)(智德出類). [참고] 述而-25.

乎 : …이다. …하리라! …일 것이다! 어기조사. 단정이나 강조의 어기를 나타냄.

【堯】 요 임금. 고대 중국의 성왕(聖王). 성은 이기(伊祁). 도당씨(陶唐氏)라고도 함. 이름은 방훈(放勳). 희화(羲和) 등에 명하여 농사짓는 데 필요한 역법(曆法)을 만들었다고 함.[1년을 366일로 정하고 4년에 한 번씩 윤달을 둔 것이 이때 만들어졌다고 함.] 중국 역사상 가장 이상적인 정치를 하여 태평성세를 누리게 한 전설적인 임금.

【舜】 순 임금. 중국 고대의 성왕(聖王). 성은 요(姚). 유우씨(有虞氏)라고도 함. 이름은 중화(重華). 요(堯)로부터 선양(禪讓)을 받아 48년간 재위(在位)하였

으며, 그도 또한 자기 아들 상균(商均)에게 제위(帝位)를 전하지 않고, 우(禹)에게 선양하였음. 특히 순(舜)은 효성이 뛰어나 후세의 귀감이 된 성인임. 사기(史記)에 의하면, 순의 아버지는 장님이었고 계모와 이복동생과 같이 살았는데 계모의 핍박으로 죽을 고비를 당하면서도 효행의 도를 다해 요 임금이 이를 알고 두 딸을 주어 등용하였다 함.

【其】 아마(도). 어쩌면. 부사. 동작이나 행위 또는 어떤 상황에 대한 추측을 나타냄.

【猶】 오히려. …마저도. …까지도. …조차. …마저도 오히려. 부사. 동작·상태·상황의 정도가 심화되는 것을 나타냄.

【病】 병으로 여기다. 근심하다(憂也). 걱정하다. 괴로워하다. 고민하다. 부심(腐心)하다. 어려워하다(難也). 어렵게 여기다. 힘들어 하다. 疾, 患, 憂 등과 같음.

[참고] 정약용(丁若鏞) - 病은 患(근심하다)과 같다. [病猶患也]

공안국(孔安國) - 군주가 널리 은혜를 베풀고 환난에서 백성들을 구제하는 일은, 堯舜 같은 지극한 성인도 오히려 이것이 어렵다고 걱정했다. [君能廣施恩惠濟民於患難 堯舜至聖 猶病其難也]

주희(朱熹) - '이는 어찌 仁에만 그치겠는가? 반드시 성인(聖人)이라야 능할 것이다. 그렇다면 비록 요순(堯舜) 같은 성인이라도 그 마음에 오히려 이에 대해 부족하게 여기는 바가 있을 것이다.' 라고 말씀한 것이다. [言此何止於仁 必也聖人能之乎 則雖堯舜之聖 其心猶有所不足於此也]

【諸 저】 之乎(그것을 …할 것이다, 그것에 대하여 …할 것이다). 합음사(合音詞). '之'는 앞의 博施와 濟衆을 가리키고, '乎'는 추측의 어기를 나타냄.

【夫】 도대체. 대체. 대체로. 무릇. 어기조사(발어사). 문장의 첫머리에 쓰여 이야기를 이끌어 내기 위하여 듣는 이의 주의를 환기시키는 역할을 함.

【己欲立而立人】 자기가 서고자 하면 남을 서게 한다.

己 : 자기 자신. ⇔ 人 : 남. 다른 사람. 나와 대조되는 개념.

立 : 서다. 만인 앞에 우러러 보이는 존재로 우뚝 서다. 입신(立身)하다(세상에서 떳떳한 자리를 차지하고 지위를 확고하게 세우다).

而 : …하면 곧. …이면 곧. = 則. 접속사. 조건에 따른 결과를 나타냄. 士妾 有子而爲之緦 無子則已(사의 첩은 아들이 있으면 그녀를 위하여 석 달 동안 복을 입고 아들이 없으면 복을 입지 않는다.) [禮記 喪服小記]

【達】 현달(顯達, 벼슬·명성·덕망이 높아서 이름이 세상에 드러남)하다. 현달시키다.

입신출세하다[시키다].

【近】 가까이에서. 가까운 곳에서. 가까운데서.

【譬비】 비유하다(喩也). 다른 비슷한 현상이나 사물을 빌려 설명하다. 하나의 사실을 통하여 다른 사실을 미루어 알다. 비유로 인하여 알다. ⇒ 깨닫다.

【之】 …하는[한]. …의. 조사. 관형어와 중심어 사이에 쓰여 중심어를 수식하거나 국한하는 관계를 나타냄. 앞의 말에 형용성(形容性)을 띠게 함.

【方】 방법(方法). (인을 실천하는) 방법.

【也已】 …이다. 어기조사. 긍정(단정)적인 어기를 나타냄.

주희(朱熹) - 가까이 자신에게서 취하여 자기가 하고자 하는 것을 가지고 타인(他人)에게 비유하여 그가 하고자 하는 것도 나와 같음을 안 다음, 자기가 하고자 하는 바를 미루어 남에게 미친다면 이는 서(恕)의 일로써 인(仁)을 행하는 방법이다. 여기에 힘쓴다면 인욕(人慾)의 사사로움을 이겨내어 천리(天理)의 공정(公正)함을 온전히 할 수 있을 것이다. [近取諸身 以己所欲 譬之他人 知其所欲亦猶是也 然後推其所欲 以及於人 則恕之事而仁之術也 於此勉焉 則有以勝其人欲之私 而全其天理之公矣] ♣20090612金, 20090615月

第七篇

述而 술이

游於藝

예(藝)에 노닐지니 [述而-6]

1. 전술傳述하기만 하고 창작創作하지는 않으며

子曰 述而不作 信而好古 竊比於我老彭

子(ᄌᆞ)ㅣ 갈ᄋᆞ샤ᄃᆡ 述(슐)ᄒᆞ고 作(작)디 아니ᄒᆞ며 信(신)ᄒᆞ고 녜를 됴히 너김을 그윽이 우리 老彭(로퓡)의게 比(비)ᄒᆞ노라

선생님께서 말씀하시기를 "전술(傳述)은 하였지만 창작(創作)하지는 않았으며 옛것을 믿고 좋아함을 속으로 우리 노팽(老彭)에 견주노라." 하셨다.

【述而不作】 전술(傳述)하였다. 그러나 창작(創作)하지는 않았다. (옛것을) 전술은 하였지만 창작하지는 않았다.

述 : 전(傳)하다. 전술(傳述)하다. 배워서 잇다[전하다]. 전인(前人)의 학설을 전해 받아 밝히다. 선왕(先王)의 도(道)를 진술(陳述)하여 후세(後世)에 전수(傳授)하다. 주희(朱熹) - 述은 옛 것을 전할 뿐이다. [述 傳舊而已]

作 : 짓다. 지어내다. 작품을 쓰다. 찬술(撰述)하다. 창작(創作)하다. 창제(創製)하다.

【而】 ① 그러나. 그렇지만. …하지만. 접속사. 역접관계를 나타냄. 述而不作. ② 와[과]. …하고. 그리고. 접속사. 병렬관계를 나타냄. 信而好古.

【信而好古】 옛것을 믿고 좋아하다. 선인들의 학문과 사상을 신뢰하고 그 문화를 애호한다. [集註, 류종목, 金學主, 동양고전연구회, 李基東, 리쩌허우(李澤厚), 南懷瑾, 李起榮, 김영일, 鄭堯一, 金容沃]

信 : 믿다. 신뢰(信賴)하다. 의심하지 않다.

古 : 옛것. 선인들의 학문과 사상. 선왕(先王)의 도(道).

[참고] ① ㉠ 믿고(서) 옛것을 좋아하다. [박종연, 李洙泰] ㉡ 신실한 자세로 옛것을 좋아하다. [신동준] ㉢ 충분히 자신감을 가지고 전통 속에서 변하지 않는 좋은 것을 발견한다. [미야자키 이치사다(宮崎市定)] ㉣ 신념을 가지고 옛것을 좋아하였다. [朴星奎] ② 옛 것을 신험하였고, 좋아하였다. [김용옥(金容沃), 信 : 신험(信驗)한다. 즉 고(古)를 신빙성 있는 자료들을 통하여 검증한다.]

【竊절】 모르게. 몰래. 속으로. 마음속으로. 부사.

【比於我老彭】 우리의 노팽(老彭)에게 견주다. 우리 노팽과 비교하다. [集註, 류종목,

楊伯峻, 동양고전연구회, 미야자키 이치사다(宮崎市定), 李基東, 李起榮, 김영일, 鄭堯一]

比 : 비교하다. 견주다.

於 : …에게. …와[과]. 전치사. 동작이나 행위에 관련되는 대상을 나타냄.

我 : 우리(의). 친근함을 나타내는 역할을 함.

老彭노팽 : 殷(商)나라의 어진 대부(大夫) 老彭. [包咸, 朱熹]

포함(包咸) - 老彭은 殷의 어진 대부로, 옛 일에 대해 서술하기를 좋아하였다. 내가 老彭과 같을 것이라는 말은 옛 것을 받들어 서술할 뿐임을 뜻한다. [老彭 殷賢大夫 好述古事 我若老彭 但述之耳]

[참고] ① 노담(老聃, 老子)과 팽조(彭祖). [鄭玄] ② 팽조(彭祖).

정약용(丁若鏞) - 공자는 은(殷)나라 사람이므로[예기(禮記) 단궁(檀弓) 편에 보인다.] 우리 노팽(老彭)이라고 말한 것이다. [孔子 殷人 見 檀弓 故曰我老彭]

[참고] ① 나를 노팽에 견주다(비기다). 나를 노팽과 비교하다. [金學主, 李洙泰, 南懷瑾, 金容沃] ② 어떤 사람들이 나를 노팽과 비교하는구나. [리쩌허우(李澤厚)]

주희(朱熹) - 공자(孔子)는 시(詩)·서(書)를 산삭(刪削)하고, 예악(禮樂)을 정리하였으며, 주역(周易)을 찬술(贊述)[부연]하고, 춘추(春秋)를 편수(編修)하여, 모두 선왕(先王)의 옛것을 전술(傳述)하였지 일찍이 창작(創作)한 것이 있지 않았다. 그러므로 스스로 말씀하시기를 이와 같이 한 것이다. 이는 창작(創作)하는 성인(聖人)을 당하지 못했을[자처하지 않았을] 뿐만 아니라, 감히 드러내놓고 옛 현인(賢人)에게도 스스로 붙이지 못한 것이니, 그 덕(德)이 더욱 높아질수록 마음이 더욱 겸손해져서, 자신도 그 말씀이 겸손한 것임을 알지 못하신 것이다. 그러나 당시에 창작(創作)은 대략 갖추어졌으니, 공자(孔子)는 여러 성인(聖人)을 집대성(集大成)하여 절충(折衷)하셨다. 그러하니 공자(孔子)가 하신 일은 비록 전술(傳述)에 불과하였으나 그 공(功)은 창작(創作)보다 곱절이나 된다. 이 또한 알지 않으면 안 된다. [孔子刪詩書 定禮樂 贊周易 修春秋 皆傳先王之舊 而未嘗有所作也 故其自言如此 蓋不惟不敢當作者之聖 而亦不敢顯然自附於古之賢人 蓋其德愈盛而心愈下 不自知其辭之謙也 然當是時 作者略備 夫子蓋集群聖之大成而折衷之 其事雖述 而功則倍於作矣 此又不可不知也]

♣20090616火

2. 묵묵히 마음에 새기고 배움에 싫증내지 않으며

子曰 默而識之 學而不厭 誨人不倦 何有於我哉

子(ᄌᆞ)ㅣ ᄀᆞᆯᄋᆞ샤ᄃᆡ 默(믁)ᄒᆞ야 識(지)ᄒᆞ며 學(ᄒᆞᆨ)ᄒᆞ야 厭(염)티 아니ᄒᆞ며 사ᄅᆞᆷ ᄀᆞᄅᆞ침을 게을이 아니홈이 므서시 내게 인ᄂᆞ뇨

선생님께서 말씀하시기를 "묵묵히 마음에 새기고 배움에 싫증내지 않으며 남을 가르침에 게을리 하지 않으니, (이것 외에) 나에게 무엇이 있겠는가?" 하셨다.

【默而】 묵묵히. 말없이 잠잠한 모양. 부사구.

默 : 묵묵하다. 말없이 잠잠하다. 묵좌(默坐)하다. 침묵(沈默)하다.

而 : 부사형 접미사. 부사구를 만드는 역할을 함. 영어의 '…ly'와 같음.

【識지】 기억하다. 외우다. 마음에 새기다. 의식 속에 잘 갈무리해두다. ⇒ 깨달아 알다.

[참고] 김용옥(金容沃) - 인식(認識)하다.[음은 '식'] 사물의 인식인 동시에 문제의 발견이다.

【之】 그것. 그 동안 보고 듣고 배운 것. 지시대명사. 일반적인 사실·사물·사람을 가리킴. [참고] 논어에서는 공자의 기본 사상인 '道'나 '仁' 등을 가리키기(의미하기)도 함.]

【學而】 배우면서. 배움에 임하여. 배움에.

而 : …에(는). …함에 있어서는. …일 때는. 어기조사. 잠시 멈춰 어기를 고르거나 상황이 진행되고 있음을 나타냄.

【厭염】 싫증나다. 싫증을 내다. 물리다.

【誨회】 가르치다. 깨우쳐주다. 잘못을 일깨워 주다.

【倦】 게을리 하다. 나태하다. 게으름을 피우다.

【何有於我哉】 나에게 무엇이 있겠는가? ⇒ 이렇게 하는 것 외에 나에게 무엇이 있겠는가? 단지 이렇게 할 뿐이다.

何有 : 어디[어찌] …이[가] 있겠는가? 무엇이 있겠는가? 사물에 대해 부정하는 반문을 나타냄. 三種同體 以療血爲主 餘療雖小有異同 用之不爲嫌 何有木蝱而不啖血(세

종류는 형체가 같고 혈 치료를 위주로 하며 기타 나머지 치료에는 비록 작은 차이가 있지만 그것을 사용함에는 의혹됨이 없으니, 어찌 목맹(木蝱)이 피를 빨아먹지 않음이 있겠는가?) [唐新修本草]

於 : …에게. 전치사. 동작이나 행위에 관련되는 대상을 나타냄.

哉 : …이겠는가? …인가? …이랴? 어기조사. 반문의 어기를 나타냄.

주희(朱熹) - 何有於我는 '어느 것이 나에게 있겠는가?' 라는 말이다. 세 가지의 일은 성인(聖人)의 지극한 일이 아닌데도 오히려 자처하지 않았으니, 겸손하고 또 겸손한 말씀이다. [何有於我 言何者能有於我也 三者는 已非聖人之極至 而猶不敢當 則謙而又謙之辭也] ⇒ 이 가운데 어느 것이 내게 있겠는가? [楊伯峻, 류종목, 신동준, 丁天求]

정약용(丁若鏞) - 何有於我란 '내 대체로 이런 것을 할 수 있을 뿐인데, 어찌 족히 내게 있느니 없느니 하겠는가?' 라는 말이다. [何有於我 言我粗能爲此 何足有無於我哉]

양백준(楊伯峻) - 何有는 고대 상용어로, 쓰이는 경우에 따라 의미가 달라진다. 시경(詩經) 패풍(邶風) 곡풍(谷風)에 '무엇이 있고 없는가? 부지런히 힘써 그것을 구할 뿐이다.[何有何亡 黽免求之]' 의 何有는 곧 '무엇이 있는가?' 의 뜻이다. 나는 이 뜻을 따랐다. 어떤 사람들은 논어에서의 何有는 모두 '어렵지 않다는 뜻[不難之辭]' 이라고 하는데, 그렇다면 이 문장은 '이 일들이 나에게 무슨 어려움이 있는가?' 로 번역해야 할 것이다. 이렇게 번역하는 것은 공자의 겸허한 말투가 아니다. 述而 27장과 33장의 태도와 같다.

남회근(南懷瑾) - 무엇이 나에게 있겠는가? 곧 이것 외에 더 없다. ⇒ 이것들(앞의 세 가지) 외에 무엇이 나에게 있겠는가? [李基東, 리쩌허우(李澤厚), 李洙泰]

[참고] 정현(鄭玄) - 다른 사람에게는 이 행실이 없는데, 나에게 홀로 이 행실이 있다. [無是行於人 我獨有之]

[참고] 何有 : 무슨 어려움이 있겠는가? 무슨 관계가 있겠는가? 무슨 문제가 있겠는가? 관용형식으로서 문장 속에서 술어로 쓰이며 반문을 나타냄. [何 : 무슨. 무엇. 의문대명사.] [참고] 里仁-13, 雍也-6. 王如好貨 與百姓同之 於王何有(왕께서 재물을 좋아하는 것과 같이 백성들과 함께 하신다면 왕 노릇을 하기에 무슨 어려움이 있겠습니까?) [孟子 梁惠王 下] ☞ **何有於我哉 : (이렇게 하는 것이) 나에게 무슨 어려움이 있겠는가?**

[동양고전연구회, 宮崎市定, 金學主 李起榮, 金容沃] ♣20090617水

3. 나의 근심거리는

子曰 德之不修 學之不講 聞義不能徙 不善不能改 是吾憂也

子(ᄌᆞ)ㅣ ᄀᆞᆯᄋᆞ샤ᄃᆡ 德(덕)의 修(슈)티 몯홈과 學(ᄒᆞᆨ)의 講(강)티 몯홈과 義(의)를 듣고 能(능)히 徙(ᄉᆞ)티 몯ᄒᆞ며 善(션)티 몯ᄒᆞᆫ 거슬 能(능)히 고티디 몯홈이 이 내의 시름이니라

선생님께서 말씀하시기를 "덕(德)이 닦아지지 않고, 학문(學文)이 강해(講解)되지 않으며, 의(義)[도리]를 들어 알고도 능히 실천에 옮기지 않고, 선(善)하지 못한 것을 능히 고치지 않는 것, 이것이 바로 나의 근심거리니라." 하셨다.

【之】 …은[는]. …이[가]. 구조조사(주격조사). 주술구조 사이에 쓰여 이를 명사구(절)로 만들어 주는 역할을 함.

[참고] 之를 목적어를 강조하기 위하여 동사 앞으로 도치시킬 때 그 목적어와 동사 사이에 쓰는 구조조사로 볼 수도 있음. 이때는 德이 목적어로 不修德이 되어 '덕을 닦지 않음'으로 해석됨.

【講】 강해(講解)하다. 강구(講究)하다. 연구하다. 궁구하다.

【聞】 듣다. 알다, 들어 알다. 깨닫다. [참고] 里仁-8.

【義】 올바름. 의리. 의로움. 사리에 합당한 행위. 옳은 길. 마땅히 지켜야 할 도리.

【能】 곧. 능히. 부사. 동작이나 행위가 일정한 조건을 갖춘 후에야 비로소 발생함을 나타냄. 不能 : 곧 …하지 않다. 능히 …하지 않다.

【徙사】 옮기다. 옮겨가다. 옮아가다. 실천에 옮기다. 실천하다.

[참고] 정수덕(程樹德) 논어집석(論語集釋) - 천문본 논어교감기(天文本 論語校勘記) 당본(唐本), 진번본(津藩本), 정평본(正平本)에서는 從(종)자로 되어 있음.

【善】 착하다. 마음이 곱고 어질다. 선량하다.

【是】 이것. 지시대명사. 德之不修 ~ 不善不能改를 가리킴.

【憂】 근심(愁也). 걱정. 시름.

【也】 …이다. 어기조사. 진술문의 끝에 쓰여 판단이나 단정 또는 긍정을 나타냄.

♣20090617水

4. 공자께서 댁에 편히 계실 때에는

子之燕居 申申如也 夭夭如也

子(ᄌᆞ)의 燕居(연거)ᄒᆞ심애 申申(신신)ᄐᆞᆺ ᄒᆞ시며 夭夭(요요)ᄐᆞᆺ ᄒᆞ더시다

선생님께서 댁에 편히 계실 때에는 여유롭고 느긋하시며 화색이 돌고 온화하시었다.

【之】 …이[가] ~할 때에(는). 구조 조사(주격조사). 시간을 나타내는 부사절을 만듦.

【燕居】 집에 편안히 거처하다. 평소 집에서 기거하다. 집에 한가히 계시다. 공무를 보지 않고 집에서 편안히 쉬다. 한가히 지내다.

燕 : 편히 쉬다. 편안하게 쉬다.

居 : 살다. (집에서) 지내다. 거처(居處)하다. 거주(居住)하다. 일상생활을 하다.

주희(朱熹) - 燕居는 한가하여 일이 없는 때이다. [燕居 閒暇無事之時]

【申申如】 여유롭고 느긋한. 마음이 편안하여 여유로운 모습의.

如 : 형용사 또는 부사의 접미사로 쓰여 상태를 나타냄. 영어의 '-able, -ful, -ly' 등에 해당됨.

황간(皇侃) - 마음이 평화로운 것이다. [心和也]

주희(朱熹) - 용모가 펴진 것이다. [其容舒也]

정약용(丁若鏞) - 말씨가 자애롭고 자상한 것이다. [言語之慈詳也]

양백준(楊伯峻) - 삼가는 모양이다.

【也】 …이다. 어기조사. 진술문의 끝에 쓰여 판단이나 단정 또는 긍정을 나타냄.

【夭夭如】 화색이 돌고 온화한. 화기가 넘치는. 화색이 좋고 즐거운 기색의.

황간(皇侃) - 용모가 펴진 것이다. [貌舒也]

주희(朱熹) - 얼굴빛이 즐거운 낯으로 부드러운 것이다. [其色愉也]

정약용(丁若鏞) - 안색이 온화하게 피어나는 것이다. [顏色之和舒也]

♣20090618木

5. 심하도다! 내 노쇠함이여!

子曰 甚矣 吾衰也 久矣 吾不復夢見周公

子(ᄌᆞ)ㅣ ᄀᆞᆯᄋᆞ샤ᄃᆡ 甚(심)ᄒᆞ다 내 衰(쇠)홈이여 오라다 내 다시 ᄭᅮᆷ에 周公(쥬공)을 보디 몯ᄒᆞ리로다

선생님께서 말씀하시기를 "심하도다! 내 노쇠함이여! 오래되었도다! 내 다시 주공(周公)을 꿈에 뵙지 못함이여!" 하셨다.

【甚】 심하다. 정도를 벗어나다. 과도하다. 정도에 지나치다.

【矣, 也】 …이여! …이구나! …이도다! …로구나! 어기조사. 감탄문 끝에 쓰여 비통·찬송·감탄·놀람 등의 어기를 나타냄.

【周公】 노(魯)나라의 시조. 성은 희(姬). 이름은 단(旦). 시호는 원(元) 또는 문(文). 주(周)나라 시조인 문왕(文王)의 아들이며 무왕(武王)의 동생. 무왕을 도와 주(紂)를 토벌하였으며 무왕이 죽자 조카인 성왕(成王)을 잘 보필하여 주(周)나라의 예악(禮樂)과 문물제도(文物制度)를 수립하는 등 나라의 기틀을 마련하는데 공헌하였음.

공안국(孔安國) - 공자가 노쇠하여 다시는 꿈에 周公을 볼 수 없다는 것은, 한창 때에는 꿈에 周公을 보고 그의 도를 행하고자 하였음을 밝힌 것이다. [孔子衰老不復夢見周公 明盛時夢見周公 欲行其道也]

주희(朱熹) - 공자가 젊었을 때에는 주공(周公)의 도(道)를 행하려는 뜻을 두었기 때문에 꿈속에서 혹 주공을 뵈었었는데, 늙어서 道를 행할 수 없음에 이르러서는 다시 이러한 마음이 없어져 꿈속에서도 다시 주공을 뵙지 못하였다. 그러므로 이로 인하여 자신의 쇠함이 심함을 못내 자탄(自歎)하신 것이다. [孔子盛時志欲行周公之道 故夢寐之間 如或見之 至其老而不能行也 則無復是心而亦無復是夢矣 故因此而自歎其衰之甚也]

♣20090618木

6. 도道·덕德·인仁·예藝

子曰 志於道 據於德 依於仁 游於藝

子(ᄌᆞ)ㅣ ᄀᆞᆯᄋᆞ샤ᄃᆡ 道(도)애 志(지)ᄒᆞ며 德(덕)에 據(거)ᄒᆞ며 仁(신)에 依(의)ᄒᆞ며 藝(예)에 游(유)홀 띠니라 [光海君 四年本]

선생님께서 말씀하시기를 "도(道)에 뜻을 두고 덕(德)에 의거하고 인(仁)에 의지하며 예(藝)에 노닐지니라." 하셨다.

【志】 뜻을 갖다. 뜻을 두다. 지향(志向)하다. 소망을 가지다.

하안(何晏) - 志는 향하다(그리워하다)는 뜻이다. [志 慕也]

주희(朱熹) - 志는 마음이 지향해 가는 것을 일컫는다. [志者 心之所之之謂]

【於】 …에. …에 대해. 전치사. 동작이나 행위에 관련되는 대상을 나타냄.

【道】 인간이 지켜야 할 도리(道理)로서 일상생활을 하는 사이에 마땅히 행하여야 하는 원칙.

주희(朱熹) - 道는 곧 인륜(人倫)의 일상생활 사이에 마땅히 행하여야 할 것이 이것이다. [道 則人倫日用之間所當行者 是也]

정약용(丁若鏞) - 여기에서 저기까지 이르는 길을 道라 한다. [自此至彼曰道]

【據】 의거(依據)하다. 근거(根據)하다. 굳게 지키다.

하안(何晏) - 據는 잡는다는 뜻이다. [據 杖也]

주희(朱熹) - 據는 잡아 지킨다는 뜻이다. [據者 執守之意]

정약용(丁若鏞) - 보전(保全)하고 지키어 동요(動搖)가 없는 것을 據라 한다. [持守勿動曰據]

【德】 덕. 도덕성. ㉠ 도덕적·윤리적 이상을 실현해 나가는 인격적 능력. 도덕적·윤리적 선(善)에 대한 의지(意志)의 항상적(恒常的) 지향성(志向性) 및 선(善)을 실현하는 항상적 능력. ㉡ 공정하고 남을 넓게 이해하고 받아들이는 마음이나 행동.

주희(朱熹) - 德은 곧 도(道)를 행하여 마음에 얻는 것이다. [德 則行道而有得於心者也]

정약용(丁若鏞) - 마음이 정직한 것을 德이라 한다. [心之正直曰德]

【依】 의지한다. 항상 떠나지 않는다. 의거하다. 근거로 하다.

하안(何晏) - 依는 기대다는 뜻이다. [依 倚也]

주희(朱熹) - 依는 떠나지 않음을 일컫는다. [依者 不違之謂]

정약용(丁若鏞) - 몸에 옷이 붙는 것처럼 밀착된 것을 依라 한다. [如衣帖身曰依]

【仁】 사욕이 없는 완전무결한 덕성(德性)으로 사랑을 실현하기 위한 원리. 공자의 도덕 표준.

주희(朱熹) - 仁은 곧 사욕(私慾)이 모두 없어져 마음의 덕(心德)이 온전한 것이다. [仁 則私慾盡去而心德之全也]

정약용(丁若鏞) - 仁은 사람들에게 향하는 사랑이다. [仁者 嚮人之愛也]

【游】 노닌다. 즐긴다. 즐기며 하다. 즐기며 익힌다. 즐기며 익숙하게 한다.

주희(朱熹) - 游는 사물을 완상(玩賞)하여 성정(性情)에 알맞게 함을 일컫는다. [游者 玩物適情之謂]

정약용(丁若鏞) - 물고기가 물속에서 헤엄치는 것처럼 잠기는 것을 游라 한다. [如魚泳水曰游]

【藝】 육예(六藝). ☞ ① 예(禮, 예의범절 ⇒ 철학적·정치적·교육적·사회적인 모든 문화) ② 악(樂, 음악 ⇒ 예능) ③ 사(射, 활쏘기 ⇒ 군사, 체육) ④ 어(御, 마차 몰기 ⇒ 技能) ⑤ 서(書, 글씨 그림 ⇒ 문학, 역사) ⑥ 수(數, 수학 과학)

주희(朱熹) - 藝는 곧 예(禮)·악(樂)의 문(文)과 사(射)·어(御)·서(書)·수(數)의 법(法)이다. [藝 則禮樂之文 射御書數之法] ♣20090618木

7. 내 일찍이 가르치지 아니한 적이 없느니라

子曰 自行束脩以上 吾未嘗無誨焉

子(ᄌᆞ)ㅣ 골ᄋᆞ샤ᄃᆡ 束脩(속슈) 行(ᄒᆡᆼ)ᄒᆞᆫ 이로브터ᄡᅥ 우흔 내 일쯕 ᄀᆞᄅᆞ침이 업디 아니호라 [光海君 四年本]

선생님께서 말씀하시기를 "속수(束脩)의 예(禮)를 행한 자부터 그 이상은 내 일찍이 가르치지 아니한 적이 없느니라." 하셨다.

【自行束脩以上】 속수(束脩)의 예(禮)를 행한 자부터 그 이상은.

自 : …(으로)부터. …이(가). 전치사. 동작 행위의 주동자를 나타냄. 여기서 행위의 주동자는 속수(束脩)를 행하는 자임.

束脩 : 육포(肉脯) 열 개를 묶은 예물(禮物). 束은 묶음으로 된 사물을 세는 단위로 포(脯) 열 조각을 한 묶음으로 이르는 말이며, 脩는 말린 고기 즉 육포(肉脯)를 일컫는 것으로, 옛날에는 사람을 처음 찾아가 상견례(相見禮)를 할 때 옥(玉), 염소, 기러기, 꿩, 육포(脩) 등을 예물로 가져갔다고 하는데 이 중에서 육포는 가장 등급이 낮은 예물이었다고 함.

주희(朱熹) - 脩는 포(脯)이니 10개를 속(束)이라 한다. 옛날에 서로 만나볼 적에는 반드시 폐백(幣帛)을 바쳐 예의(禮儀)로 삼았는데, 한 속(束)의 포(脯)는 지극히 적은 것이다. 사람이 태어날 적에 똑같이 이 성리(性理)를 갖추었다. 그러므로 성인(聖人)은 사람에 대하여 선(善)에 들기를 바라지 않음이 없으나, 다만 찾아와서 배울 줄을 모르면 가서 가르쳐 주는 예(禮)는 없다. 그러므로 만일 예(禮)를 갖추고 찾아오면 가르쳐 주지 않음이 없었던 것이다. [脩 脯也 十脡爲速 古者相見 必執贄以爲禮 束脩 其至薄者 蓋人之有生 同具此理 故聖人之於人 無不欲其入於善 但不知來學 則無往敎之禮 故苟以禮來 則無不有以敎之也]

[참고]

리쩌허우(李澤厚) - 束脩를 束帶脩飾(허리띠를 두르고 장식을 한다)의 뜻으로 보고, 나이 15세에 이르러 성년의 예를 치름으로써 세상에 나아가는 것을 말하는 것으로 해석함. ♣ 정현(鄭玄) - 束脩는 나이 15세 이상을 말한다. [束脩 謂年十五

以上也] ☞ **束脩 : 열다섯 살 이상에 대해서는.**

남회근(南懷瑾) - 束脩를 '스스로 다잡아 수양한다.' (檢束修治 혹은 嚴束精修)의 뜻으로 봄. ☞ **束脩 : 자기를 반성하고 검토 단속하면서 보다 나은 배움으로 나아가고자 하는 사람이라면.**

【未嘗】 일찍이 …한 적이 없다. 아직까지 …한 일이 없다. 부사. 동작이나 행위 혹은 어떤 상황이 발생한 적이 없음을 나타냄.

【無】 = 不. 아니다. 않다.

【誨】 가르치다. 깨우치다. 가르쳐 주다. 깨우쳐주다. 잘못을 일깨워 주다.

【焉】 그에게(들을). 그 사람에게(들을). 於之. 합음사. 於는 전치사로 동작이나 행위에 직접 미치는 대상을 나타내며, 之는 지시대명사로 自行束脩以上을 가리킴.

♣20090619金

8. 알려고 애쓰지 않고 표현하려 애쓰지 않으면

子曰 不憤不啓 不悱不發 擧一隅不以三隅反 則不復也

子(ᄌᆞ)ㅣ ᄀᆞᆯᄋᆞ샤ᄃᆡ 憤(분)티 아니커든 啓(계)티 아니ᄒᆞ며 悱(비)티 아니커든 發(발)티 아니호ᄃᆡ 一隅(일우)를 擧(거)홈애 三隅(삼우)로ᄡᅥ 反(반)티 몯ᄒᆞ거든 곧 다시 아니ᄒᆞᄂᆞ니라 [光海君 四年本]

선생님께서 말씀하시기를 "알려고 애쓰지 않으면 일깨워 주지 않고, 표현하려 애쓰지 않으면 틔워주지 않으며, 네모의 한 모서리를 들어 보일 때 세 모서리로 반응해 오지 않으면 곧 다시 하지 않느니라." 하셨다.

【憤】 알려고 노력하다. 알려고 애쓰다. 번민하다(心鬱). 답답하게 여기다. 마음속으로 이해하고자 하나 잘되지 않아 알려고 노력하는 모양.

주희(朱熹) - 마음에 통하기를 구하나 아직 얻지 못하였음을 뜻한다. [心求通而未得之意]

정약용(丁若鏞) - 마음속으로 (막힌 것에) 성내는 것이다. [心之怒(其錮塞)也]

【啓】 계도(啓導)하다. 깨우쳐 알게 하다. 가르쳐 주다.

주희(朱熹) - 그 뜻을 열어 줌을 말함. [謂開其意]

정약용(丁若鏞) - 막힘을 열어주는 것이다. [開其塞也]

【悱비】 말로 표현하려고 애쓰다. 말로 표현하고자 하나 제대로 되지 않아 애태우는 모습.

주희(朱熹) - 입으로 말하려고 하나 능하지 못하여 애태우는 모습. [口欲言而未能之貌]

정약용(丁若鏞) - (가려져) 마음이 슬픈 것이다. [心之悲(其蒙蔽)也]

【發】 열어주다. 밝혀주다. 계발(啓發)하다. 깨우쳐 열어주다. 열어 표현하게 하다.

주희(朱熹) - 그 말문을 열어줌을 말한다. [謂達其辭]

정약용(丁若鏞) - 가려진 바를 헤쳐 주는 것이다. [撥其蒙也]

【擧】 들다. 들어 올리다. 들어 보여주다.

【隅】 모서리. 네모꼴의 한 모서리[모퉁이].

【以】 …으로써. …을 가지고[통하여]. 전치사. 도구·수단·방법을 나타냄.

【反】 반응하다. 유추(類推)하다. 미루어 생각하다.

주희(朱熹) - 되돌려서 서로 증거한다는 뜻이다. [還以相證之義]

정약용(丁若鏞) - 돌아옴과 같다. [猶還之也]

【則】 …이면(하면) (곧). 그렇다면 곧. 접속사. 결과나 조건에 대한 상호 원인 등 앞뒤 문장의 전후 상황이 서로 연관됨을 나타냄.

【復부】 다시 하다. 다시 또 하다. 반복하다. 다시 말해주다. 다시 알려주다.

주희(朱熹), 정약용(丁若鏞) - 다시 말해주는 것이다. [再告也]

정약용(丁若鏞) - 배우는 이가 스스로 그의 막힘에 대해 분노하면 스승이 그를 열어주고, 스스로 그의 몽매함에 대해 슬퍼하면 스승이 그를 계발해주는 것이 사람을 가르치는 법이다. 그러나 그 자질이 본래 노둔하고 낮아서 미루어 통할 수 없는 사람은, 비록 자신의 막힘에 분노하고 자신의 몽매함에 슬퍼한다 하더라도 또한 다시 말해줄 필요는 없다. 순(舜) 임금이 동쪽으로 순수(巡狩)한 예(禮)를 듣고서 남·서·북으로 순수하는 예(禮)도 또한 이와 같은 예(例)에 해당함을 알지 못하는 것과 자식에게 바라는 바로써 부모를 섬겨야 함을 듣고서 형제·군신·붕우에서도 또한 이와 같은 것에 해당되는 것임을 알지 못하는 것은, 이것이 한 모서리를 들어주었는데 세 모서리로써 반응하지 않는 것이다. [學者 自怒其錮塞則師啓之 自悲其蒙蔽則師發之 教人之法也 然其姿質本魯下 不能推通者 雖憤悱 亦不必再告也 聞舜東巡之禮 不知南西北亦當一例 聞所求乎子以事父 不知兄弟君臣朋友亦當一例 是舉一隅 不以三隅反也]

【也】 …이다. 어기조사. 진술문의 끝에 쓰여 판단이나 단정 또는 긍정을 나타냄.

♣20090620土

9. 상喪을 입은 사람의 곁에서는

子食於有喪者之側 未嘗飽也 子於是日哭 則不歌

子(ᄌᆞ)ㅣ 喪(상)인ᄂᆞᆫ 者(쟈)의 겨틔셔 食(식)ᄒᆞ심애 일쯕 飽(포)티 아니터시다
子(ᄌᆞ)ㅣ 이 날애 哭(곡)ᄒᆞ시면 歌(가)티 아니ᄒᆞ더시다

선생님께서 상(喪)을 입은 사람의 곁에서 음식을 잡수심에 일찍이 배불리 드신 적이 없으셨다.

선생님께서 이 날에 곡을 하시면 노래를 부르지 않으셨다.

【於】 ① …에서. 전치사. 동작이나 행위가 일어나는 장소(범위)를 나타냄. 於有喪者之側. ② …에. 전치사. 동작이나 행위가 일어나는 시간을 나타냄. 於是日.

【有喪者】 상(喪)이 있는 사람. 상(喪)을 당한(입은) 사람.

【未嘗】 일찍이 …한 적이 없다. 아직까지 …한 일이 없다 부사. 동작이나 행위 혹은 어떤 상황이 발생한 적이 없음을 나타냄.

【也】 …이다. 어기조사. 진술문의 끝에 쓰여 판단이나 단정 또는 긍정을 나타냄.

【是日】 이 날. 어느 날. 문상하여 곡을 한 어느 날.

是 : 이(것). 어느 (것). 지시대명사. 막연한 것을 가리킴.

【則】 …이면(하면) (곧). 그렇다면 곧. 접속사. 결과나 조건에 대한 상호 원인 등 앞뒤 문장의 전후 상황이 서로 연관됨을 나타냄. ♣20090622月

10. 쓰이면 곧 행하고 버려지면 곧 감추니

子謂顔淵曰 用之則行 舍之則藏 惟我與爾有是夫
子路曰 子行三軍則誰與 子曰 暴虎馮河 死而無悔者 吾不與也 必也 臨事而懼 好謀而成者也

子(ᄌᆞ)ㅣ 顔淵(안연)ᄃᆞ려 닐러 ᄀᆞᆯᄋᆞ샤ᄃᆡ 用(용)ᄒᆞ면 行(ᄒᆡᆼ)ᄒᆞ고 舍(샤)ᄒᆞ면 藏(장)홈을 오직 나와 다ᄆᆞᆺ 네 이를 둔ᄂᆞᆫ뎌
子路(ᄌᆞ로)ㅣ ᄀᆞᆯ오ᄃᆡ 子(ᄌᆞ)ㅣ 三軍(삼군)을 行(ᄒᆡᆼ)ᄒᆞ시면 누를 더브러 ᄒᆞ시리잇고 子(ᄌᆞ)ㅣ ᄀᆞᆯᄋᆞ샤ᄃᆡ 虎(호)를 暴(포)ᄒᆞ며 河(하)를 馮(빙)ᄒᆞ야 죽어도 뉘웃츰이 업ᄂᆞᆫ 者(쟈)를 내 더브러 아니호리니 반ᄃᆞ시 일에 臨(림)ᄒᆞ야 저허ᄒᆞ며 謀(모)홈을 됴히 너기고 成(셩)ᄒᆞᄂᆞᆫ 者(쟈)ㅣ니라

선생님께서 안연(顔淵)에게 일러 말씀하시기를 "쓰이면 곧 행하고 버려지면 곧 감추니 오직 나와 너에게 이것이 있을 것이로다!" 하셨다.
자로(子路)가 말씀드리기를 "선생님께서 삼군(三軍)을 통솔(統率)하신다면 누구와 함께 하시겠습니까?" 하니, 선생님께서 말씀하시기를 "맨손으로 호랑이를 잡고 걸어서 강을 건너면서 죽어도 후회(後悔)함이 없다 하는 사람과는 내 함께하지 않을 것이니라. (함께한다면) 반드시 꼭 일에 임하여 삼가고 두려워하여 신중(愼重)히 하고, 잘 도모(圖謀)하여서 성사(成事)시키는 사람일 것이니라." 하셨다.

【顔淵】 공자의 제자 안회(顔回). 자가 자연(子淵). [참고] 爲政-9.
【用之則行】 쓰이면 곧 행한다. 써주면 곧 뜻을 실천함. 자신이 쓰일 때는 나아가서 도(道)를 행함.
用 : 쓰이다. 뜻을 써주다. 알아서 써주다. 등용(登用) [기용(起用)] 되다.
之 : 그. 그것. 지시대명사. 일반적인 사실·사물·사람을 가리킴. 여기서는 자신을 가리키는 것으로 볼 수 있음. [참고] 논어에서는 공자의 기본 사상인 '道'나 '仁' 등을 가리키기(의미하기)도 함.]
則 : …이면(하면) (곧). 그렇다면 곧. 접속사. 결과나 조건에 대한 상호 원인 등 앞뒤 문장의 전후 상황이 서로 연관됨을 나타냄.

行 : 행하다. 나아가 도(道)를 행하다. 실천하다.

【舍】 버리다. 버려지다. 쓰이지 않다(不用). 등용되지 않다. 捨와 통용.

【藏】 도(道)를 간직함. (주장을) 감추다. 가슴에 품어 두다. 숨다. 숨어 지내다. 은둔(隱遁)하다.

【惟我與爾有是夫】 오직 나와 너에게 이 점이 있을 것이로다! 오직 나와 너만이 이것을 할 수 있을 것이로다!

惟 : 獨也. 오직. 다만. 유독. …만이. 부사. 범위의 제한이나 한정을 나타냄.

是 : 이것. 이 점. 지시대명사. 用之則行 舍之則藏을 가리킴.

夫 : …로다! …이구나! 어기조사. 감탄문의 끝에 쓰여 감개·칭송·비애 등의 어기를 나타냄.

【子路】 공자의 제자 중유(仲由). 자가 자로(子路). [참고] 爲政-17.

【子行三軍】 선생님께서 삼군(三軍)을 거느리고 나아가다. 선생님께서 삼군을 통솔하다.

行 : 거느리고 나아가다. 통솔(統率)하다. 지휘하다.

三軍 : 일군(一軍)이 12,500명으로 삼군은 37,500명의 대군(大軍). 周나라의 제도에 따르면 제후 가운데 대국은 三軍을 가질 수 있고, 그 다음의 나라는 二軍, 작은 나라는 一軍을 가질 수 있는데 천자는 六軍을 거느린다 함. 춘추시대에 三軍은 군대의 통칭으로 쓰였음.

【誰與】 누구와 함께 합니까? 누구와 함께 하겠습니까? 목적어(誰)가 (의문) 대명사이므로 동사(與)와 도치됨.

誰 : 누구. 어떤 사람. 의문대명사. 사람에 대한 질문을 나타냄.

與 : 함께 하다. 동반하다. 어울리다. 교제하다. 사귀다. 동사.

공안국(孔安國) - 자로는 공자가 유독 안연만을 찬미하는 것을 보고 자기에게는 용기가 있으니 부자가 삼군의 장수가 되면 오직 자기와 함께 해야 한다고 생각하였으므로 이렇게 물은 것이다. [子路見孔子獨美顔淵 以爲己勇 至於夫子爲三軍將 亦當唯與己俱 故發此問]

【暴虎馮河】 맨손으로 호랑이를 잡고 걸어서 강[황하]을 건너다. [참고] 시경(詩經) 소아(小雅) 소민(小旻)

暴포 : 맨손으로 잡다(徒搏). 맨손으로 치다.

小旻	높은 하늘
謀夫孔多	꾀하는 사람이 너무 많아서
是用不集	꾀하는 일 잘 되지 않고
如彼築室于道謀	집을 짓는데 길손과 의논하는 것과 같구나
不敢暴虎	감히 맨손으로 호랑이를 잡을 수 없고
不敢憑河	감히 걸어서 황하를 건널 수 없다네
人知其一	사람들은 그 하나만 알고
莫知其他	그나머지는 알지 못하네
戰戰兢兢	두려워하고 조심하기를
如臨深淵	깊은 못에 임하듯 하며
如履薄氷	살얼음판을 밟고 가듯해야 하네

憑빙 : 맨발로 건너다(徒涉). 걸어서 건너다. (배가 없이) 맨몸으로 건너다.

【死而無悔】 죽더라도 뉘우침이 없다. 죽더라도 후회함이 없다. 죽는다 하더라도 후회함이 없다 하다.

而 : 그런데. 그러나. 그렇지만. 오히려. …하더라도. 접속사. 역접관계를 나타냄.

悔 : 뉘우치다. 후회(後悔)하다.

【也】 …이다. 어기조사. 진술문의 끝에 쓰여 판단이나 단정 또는 긍정을 나타냄. 吾不與也, 好謀而成者也.

【必也】 만약 …이 있다면 틀림없이 …일 것이다. 꼭[굳이] …한다면 반드시[틀림없이] …할 것이다. 그렇다면 반드시. 굳이 말하자면. = 必是. 必은 부사로 사람이나 사물에 대한 행위의 필요성·결연한 의지·확신 등을 나타내며, 也는 어기조사로 음절을 조정하고 어기를 고르는 역할을 함. [참고] 雍也-28.

【臨】 임하다. 만나다. 당하다. 직면하다. 당면하다. 어떤 사태나 일에 직접 부닥치다.

【懼】 두려워하고 신중히 하다.

주희(朱熹) - 그 일을 신중히 함을 말한다. [懼 謂敬其事]

【好謀而成者】 잘 계책(計策)을 세워서 이루어 내다. 잘 도모(圖謀)하여서 성사(成事) 시키다.

好 : 잘. 차분하게 잘. 좋게. 훌륭하게. 부사. 어떤 동작이나 행위가 평화롭게 잘 진행됨을 나타냄.

謀 : 꾀하다. 일을 도모(圖謀)하다. 계책(計策) [계획]을 세우다. 추구하다.

而 : …하여서. 그리하여. 접속사. 순접(연관)관계를 나타냄.

成 : 이루다. 해내다. (일 등을) 성취하다. 성사(成事) 시키다. ♣20090622月

11. 내 좋아하는 바를 좇으리라

子曰 富而可求也 雖執鞭之士 吾亦爲之 如不可求 從吾所好

子(ᄌᆞ)ㅣ ᄀᆞᆯᄋᆞ샤ᄃᆡ 富(부)를 可(가)히 求(구)ᄒᆞᆯ 꺼신댄 비록 채를 잡ᄂᆞᆫ 士(ᄉᆞ)ㅣ라도 내 또ᄒᆞᆫ ᄒᆞ려니와 만일에 可(가)히 求(구)티 몯ᄒᆞᆯ 꺼신댄 내의 됴히 너기ᄂᆞᆫ 바롤 조초리라

선생님께서 말씀하시기를 "부(富)가 만일 구(求)할 수 있는 것이라면 비록 채찍을 잡는 비천한 사람이라도 내 역시 되겠으나 만일 구(求)할 수 없는 것이라면 내 좋아하는 바를 좇으리라." 하셨다.

【富而可求也】 부(富)가 만약 구(求)할 수 있는 것이라면.

而 : = 如. 만일(만약) …이면(…하면). 접속사. 가설(가정)이나 조건을 나타냄.

求 : 구하다. 추구하다. 정당하게 구하다. 합법적으로 구하다.

也 : …은(는). …이란. …이면. 어기조사. 음절을 조정하고 어기를 고르는(말을 잠깐 멈추고 다음 내용을 환기시키는) 역할을 함.

【雖】 비록 …일[할] 지라도. 접속사. 양보관계를 나타냄.

【執鞭之士】 채찍을 잡는 사람. ① 천자(天子)나 제후(諸侯)가 행차할 때 채찍을 들고 사람을 비키도록 하는 역할을 하는 사람. ② 시장(市場)에서 채찍을 들고 문을 지키는 사람(시장 문지기). ③ 마부(馬夫).

주례(周禮) 추관(秋官) - 조랑씨(條狼氏)는 채찍을 잡고 달려가 행인을 벽제(辟除, 물리쳐 길을 엶)하는 것을 관장하는데, 왕이 출입할 때에는 8인이 길 양쪽에 늘어서 이 일을 맡고, 공(公)에게는 6인, 후백(侯伯)에게는 4인, 자남(子男)에게는 2인이 이 일을 맡는다. [條狼氏 掌執鞭以趨辟 王出入則八人夾道 公則六人 侯伯則四人 子男則二人]

주희(朱熹) - 執鞭은 천한 사람의 일이다. [執鞭 賤者之事]

【亦】 또한. 역시. 부사. 몇 개 혹은 하나의 주체가 동일하거나 상이한 동작(행위)을 하고 있음을 나타냄.

【爲之】 그것(사람)도 되다. 그런 사람도 되겠다.

爲 : 되다.

之 : 그. 그 사람. 그런 사람. 인칭대명사. 執鞭之士를 가리킴.

[참고] 執鞭之士를 '채찍을 잡는 사람이 하는 천한 일'로 확대 해석[士를 '일(事)'이라는 뜻으로 해석]하여 '그런 일을 하겠다.'로 해석할 수 있음.

【如】= 若. 만약[만일, 가령] …한다면. 접속사. 가설(가정)이나 조건을 나타냄.

주희(朱熹) - 假設하여 말씀하시기를 '富를 만일 구해서 될 수 있다면 내 몸소 천한 일을 해서 구하더라도 사양하지 않겠으나 천명(天命)에 달려있어 구한다고 될 수 있는 것이 아니라면 의리(義理)에 편안히 할 뿐이니, 어찌 반드시 한갓 욕(辱)만 취하겠는가?'라고 하신 것이다. [設言富若可求 則雖身爲賤役以求之 亦所不辭 然有命焉 非求之可得也 則安於義理而已矣 何必徒取辱哉]

정약용(丁若鏞) - 이 말은 '만약 벼슬할 만한 세상을 만난다면 비록 비관말직(卑官末職)이라도 내 마땅히 벼슬하겠지만, 만약 벼슬을 해서는 안 되는 세상을 만난다면 비록 나를 삼공(三公)으로서 부르더라도 도(道)를 닦으면서 스스로 즐기는 것만 같지 못하다.'고 하는 것과 같은 말이다. [其言若曰 若當可仕之世 則雖卑官末職 吾當仕焉 若當不可仕之世 則雖召我以三公 不如修道而自樂也]

♣20090623火

12. 공자께서 삼가 조심하시는 바는

子之所愼 齊戰疾

子(ᄌᆞ)의 삼가시는 바는 齊(직)와 戰(젼)과 疾(질)이러시다

선생님께서 삼가 조심하시는 바는 재계(齋戒)와 전쟁(戰爭)과 질병(疾病)이셨다.

【之】 …은[는]. …이[가]. 구조조사(주격조사). 주술구조 사이에 쓰여 이를 명사구(절)로 만들어 주는 역할을 함.

【所】 …하는 바. …하는 것. …한. 특수지시대명사. 주어와 술어 사이에 쓰여 주술구조를 명사구로 만들어 줌. 앞에 구조조사 '之'를 함께 쓰는 경우가 많음.

【愼】 삼가다. 조심하다. 근신(謹愼)하다. 신중(愼重)히 하다. 신중하게 여기다. 신중히 다루다. 예를 다하여 신중히 거행하다.

【齊재】 齋와 통함. 재계(齋戒). 제사를 지내기 전에 몸과 마음을 깨끗이 하고(정결하게 하고) 부정한 것을 멀리하는 일.

주희(朱熹) - 齊(재)란 말은 가지런히 한다는 것이다. 장차 제사지내려 하면서 가지런하지 못한 사려(思慮)를 가지런히 하여 신명(神明)과 교류(交流)하는 것이니, 정성이 지극하고 지극하지 못함과 귀신(鬼神)이 흠향하고 흠향하지 않음이 다 여기에서 판가름 난다. 전쟁(戰爭)은 여러 사람의 사생(死生)과 국가의 존망(存亡)이 달려있고, 질병(疾病)은 또 내 몸이 사느냐 죽느냐 보존되느냐 없어지느냐가 달려 있는 것이니 모두 삼가지(조심하지) 않을 수 없다. [齊(재)之爲言齊(제)也 將祭而齊其思慮之不齊者 以交於神明也 誠之至與不至 神之享與不享 皆決於此 戰則重之死生 國之存亡 繫焉 疾又吾身之所以死生存亡者 皆不可以不謹也]

♣20090623火

13. 소韶 음악을 들으시고

子在齊聞韶 三月不知肉味 曰 不圖爲樂之至於斯也

子(ᄌᆞ)ㅣ 齊(졔)예 겨샤 韶(쇼)를 드르시고 學(혹)ᄒᆞ신 석 ᄃᆞᆯ을 肉味(슉미)를 아디 몯ᄒᆞ샤 ᄀᆞᆯᄋᆞ샤ᄃᆡ 樂(악)을 홈이 이예 니를 줄을 圖(도)티 아니호라

선생님께서 제(齊)나라에 계실 때 소(韶) 음악을 들으시고 석 달 동안 고기 맛을 모르시더니, 말씀하시기를 "음악을 하는 것이 이런 경지에 이를 줄을 생각하지 못했도다!" 하셨다.

【韶】 순(舜) 임금 시대의 음악.

【不圖爲樂之至於斯也】 음악을 하는 것이 이런 경지에 이를 줄을 생각지 못했도다!

圖 : 생각하다. 생각이 미치다. 헤아리다. 예상하다.

爲樂 : 음악을 하다. 음악을 연주하는 것, 감상하는 것, 배우는 것, 작곡하는 것 등을 포괄적으로 지칭함. [참고] 述而-33의 爲.

[참고] 주희(朱熹) - 순임금이 음악을 만든(지은) 것. [舜之作樂]

之 : …은[는]. …이[가]. 구조조사(주격조사). 주술구조 사이에 쓰여 이를 명사구(절)로 만들어 주는 역할을 함.

至於斯 : 이에 이르다. 이런 정도에 이르다. 이런 경지에 이르다.

至 : (수준이나 경지에) 이르다[미치다]. 도달하다.

[참고] 주희(朱熹) - 이처럼 아름다움에 이르다. [至於如此之美]

也 : …이여! …이구나! …이도다! …로구나! 어기조사. 감탄문 끝에 쓰여 비통·찬송·감탄·놀람 등의 어기를 나타냄.

[참고] 사기(史記)의 공자세가(孔子世家)에는 '學之三月'로 되어 있음.

왕숙(王肅) - 爲는 만들다는 뜻이다. 韶樂을 만든 것이 여기에까지 이르게 될 줄을 생각지 못했다. 此는 齊나라를 말한다. [爲 作也 不圖作韶樂至於此 此 齊]

주희(朱熹) - 순임금이 음악을 만든 것이 이처럼 아름다움에 이를 줄을 뜻하지(생각하지) 못했도다. [不意舜之作樂 至於如此之美] ♣20090624水

14. 인仁을 구하여 인仁을 얻으셨는데

冉有曰 夫子爲衛君乎 子貢曰 諾 吾將問之 入曰 伯夷叔齊 何人也 曰 古之賢人也 怨乎 曰 求仁而得仁 又何怨 出曰 夫子不爲也

冉有(셤유)ㅣ 골오ᄃᆡ 夫子(부ᄌᆞ)ㅣ 衛君(위군)을 爲(위)ᄒᆞ시랴 子貢(ᄌᆞ공)이 골오ᄃᆡ 諾(락)다 내 장ᄎᆞᆺ 믓ᄌᆞ오리라 들어가 골오ᄃᆡ 伯夷(ᄇᆡᆨ이)와 叔齊(슉제)ᄂᆞᆫ 엇던 사ᄅᆞᆷ이니잇고 골ᄋᆞ샤ᄃᆡ 녯 賢人(현신)이니라 골오ᄃᆡ 怨(원)ᄒᆞ더잇가 골ᄋᆞ샤ᄃᆡ 仁(신)을 求(구)ᄒᆞ야 仁(신)을 得(득)ᄒᆞ야니 ᄯᅩ 엇디 怨(원)ᄒᆞ리오 나와 골오ᄃᆡ 夫子(부ᄌᆞ)ㅣ 爲(위)티 아니ᄒᆞ시리러라

염유(冉有)가 말하기를 "저희 선생님께서는 위군(衛君)을 도우실까?" 하니, 자공(子貢)이 말하기를 "그래요, 제가 곧 여쭤보지요." 하고, 들어가 말씀드리기를 "백이(伯夷)와 숙제(叔齊)는 어떤 분들입니까?" 하니, 말씀하시기를 "옛 현인(賢人)들이시다." 하셨다. 말씀드리기를 "(그 분들은) 후회(後悔)하셨을까요?" 하니, 말씀하시기를 "인(仁)을 구하여 인(仁)을 얻으셨는데 또 무슨 후회리오." 하셨다. 나와서 말하기를 "저희 선생님께서는 (衛君을) 도우지 아니하실 것입니다." 하였다.

【冉有】 공자의 제자 염구(冉求).

【爲】 위하다. 위해 일하다. 돕다. 조력하다. [鄭玄, 朱熹 - 爲 猶助也]

[참고] 정약용(丁若鏞) - 夫子爲衛君이란 만약 공자가 괴첩(蒯輒)의 처지에 놓였다면 장차 왕위에 올라 위나라 임금을 할 것인지를 말한 것이다. [夫子爲衛君 謂若使夫子處蒯輒之地 將亦立爲爲君乎] [爲 : 하다.]

【衛君】 위(衛)나라의 임금 출공(出公). 출공의 이름은 첩(輒). 영공(靈公)의 손자이며 괴외(蒯聵)의 아들. [참고] 先進-12.

[참고] 괴외(蒯聵)가 품행이 나쁜 남자(南子) (靈公의 妾)를 죽이려 하다가 실패하여 B.C. 496년 송(宋)나라로 도망갔다가 다시 진(晉)나라에 망명하였다. B.C. 493년 靈公이 죽자 輒이 즉위하였는데 그의 아버지 蒯聵가 상속권을 주장하며 晉의 후원을 얻어 衛로 돌아오려 하였으나 輒(出公)이 군대를 동원하여 저지하였다. B.C. 489년 出公 4년에 공자가 楚에서 衛로 갔으므로 이 문답은 이때의 일로 생각된다. 당시의 여론은 輒을 지지하자는 쪽과 蒯聵를 맞아들이자는 쪽으로 양분되어 있었을 것으로 추측되며 道德君子인 공자가 어느 쪽을 지지할 것인지에 관심이 집중되었을 것이다.

당시 공자는 63세였다. 그 후의 경과를 보충 설명하면, B.C. 480년 蒯聵가 위로 돌아와 즉위하여 장공(莊公)이 되고 出公은 魯나라로 망명하였지만 그 후 B.C. 478년에 다시 莊公이 쫓겨나고 그 이듬해 輒이 齊에서 돌아와 즉위하게 된다. 부자간의 심각한 왕위 쟁탈전이었다. [李基東]

【乎】 …인가? …한가? 어기조사. 문장 끝에 쓰여 의문(질문)을 나타내며 시비(是非) 판단의 어기를 도움.

【子貢】 공자의 제자 단목사(端木賜). 자가 자공(子貢).

【諾】 예. 그래요[그렇습니다]. 긍정적으로 대답하는 말.

【吾將問之】 제가 장차 그것을 여쭤보겠습니다.

將 : 장차[앞으로] …하려고 하다. 조동사. 앞으로 어떤 일을 하려는 의지를 나타냄.

之 : 그것. 지시대명사. 앞의 夫子爲衛君을 가리킴.

【伯夷叔齊】 백이(伯夷)와 숙제(叔齊). 고죽국(孤竹國)의 두 왕자로 서로 왕위를 사양하여 주(周)나라로 망명하였고, 그 뒤 주(周) 무왕(武王)이 은(殷)나라를 정벌하자 불의를 저지른 주의 곡식은 먹을 수 없다며 수양산에 들어가 굶주려 죽었음. 위의 輒과 蒯聵와는 대조가 됨.

【何】 무슨. 어떤. 어느. 의문대명사. 관형어로 쓰여 사람이나 사물을 수식함.

【也】 ① …한가[인가]? 어기조사. 의문문의 끝에 쓰여 의문(질문)의 어기를 나타냄. 일반적으로 何, 誰, 奚, 焉 등의 의문대명사와 같이 씀. 何人也. ② …이다. 어기조사. 진술문의 끝에 쓰여 판단이나 단정 또는 긍정을 나타냄. 古之賢人也, 夫子不爲也.

【怨】 원망하다. 남을 탓하다. 후회(後悔)하다. [朱熹 - 怨 猶悔也]

【而】 …하여서. 그리하여. 이에. 접속사. 순접(연관)관계를 나타냄.

주희(朱熹) - 백이(伯夷)는 아버지의 유명(遺命)을 존중하였고 숙제(叔齊)는 천륜(天倫)을 중시하였으니, 나라를 사양한 것은 다 천리(天理)의 바름에 합하고 인심(人心)의 편안함에 나아가기를 구한 것이다. 이미 각자 그 뜻을 얻고서는 그 나라를 버리기를 헌신짝처럼 여겼으니 어찌 후회(後悔)함이 있었겠는가? 위첩(衛輒)이 나라를 점거하고 아버지를 막아서 행여 나라를 잃을까 두려워한 것으로 말하면, 한 자리에 놓고 거론할 수 없음이 분명하다. [蓋伯夷以父命爲尊 叔齊以天倫爲重 其遜國也 皆求所以合乎天理之正而卽乎人心之安 旣而各得其志焉 則視棄其國 猶敝蹝爾 何怨之有 若衛輒之據國拒父而唯恐失之 其不可同年而語 明矣]

♣20090624水

15. 거친 밥을 먹고 물을 마시며 팔뚝을 베개로 삼아도

子曰 飯疏食飲水 曲肱而枕之 樂亦在其中矣 不義而富且貴 於我如浮雲

子(ᄌᆞ)ㅣ ᄀᆞᆯᄋᆞ샤ᄃᆡ 疏食(소ᄉᆞ)를 飯(반)ᄒᆞ며 水(슈)를 飮(음)ᄒᆞ고 肱(궁)을 曲(곡)ᄒᆞ야 枕(침)ᄒᆞ야도 樂(락)이 ᄯᅩᄒᆞᆫ 그 가온대 인ᄂᆞ니 義(의)아니오 富(부)코 ᄯᅩ 貴(귀)홈은 내게 浮雲(부운) ᄀᆞᄐᆞ니라.

선생님께서 말씀하시기를 "거친 밥을 먹고 물을 마시며 팔뚝을 괴어 베개로 삼아도 즐거움 또한 그 가운데 있나니, 의(義)롭지 아니하고서 부자(富者)가 되고 또 귀(貴)히 되는 것은 나에게 뜬구름 같도다!" 하셨다.

【飯】 먹다. 밥을 먹다. 동사.

【疏食소사】 거친 밥. 추반(麤飯).

【曲肱】 팔을 구부리다. 팔을 굽히다. 팔뚝을 베다.

肱굉 : 팔. 팔뚝. 팔꿈치에서 손목에 이르는 부분.

【枕】 베개로 삼다. 베개로 하다. 베개로 삼아 베다. 명사의 동사로의 전용.

【而】 …하여서[하고서]. 그리하여. 접속사. 순접(연관)관계를 나타냄.

【富】 부(富)를 얻다. 부자(富者)가 되다. 재산이 많다. 명사의 동사로의 전용.

【且】 또. 게다가. 뿐만 아니라. 접속사. 체증(遞增)[점층]관계를 나타냄.

【貴】 귀(貴)히 되다. 고귀(高貴)하게 되다. 고귀한 사람이 되다. 명사의 동사로의 전용.

【於】 …에게(는). 전치사. 동작이나 행위에 관련되는 대상을 나타냄.

【如】 …과 같다. 형용사.

【浮雲】 뜬구름. 아무 관계가 없거나 관심을 두지 않는 대상의 비유. 소용없음. 부질없음. 덧없음. (나와) 상관없음.

【矣】 …이구나! …이도다! …로구나! 어기조사. 감탄문의 끝에 쓰여 비통·찬송·감탄·놀람 등의 어기를 나타냄.

♣20090625木

16. 오십에 역易을 배운다면

子曰 加我數年 五十以學易 可以無大過矣

子(ᄌᆞ)ㅣ ᄀᆞᆯᄋᆞ샤ᄃᆡ 나를 두어 ᄒᆡ를 假(가)ᄒᆞ야 ᄆᆞᄎᆞᆷ내 ᄡᅧ 易(역)을 學(혹)ᄒᆞ면 可(가)히 ᄡᅧ 큰 허믈이 업스리라

선생님께서 말씀하시기를 "나에게 몇 년을 더하여(살게 하여) 오십에 역(易)을 배운다면 큰 허물이 없을 것이리라." 하셨다.

【加】 더하다. 보태주다. ⇒ 더 먹게 하다. 더 살게 하다.

【以】 …하여서. 以는 순접의 접속사 而와 같다. [심재동, 알기 쉬운 한문해석법. 인간사랑, 2010. p.413] ☞ **오십이 되어서, 역(易)을 배우면.** [참고] 만약 …한다면. 접속사. 조건 또는 가정을 나타냄. ☞ **오십에 만약 역(易)을 배운다면.**

【學易】 역(易)을 배우다. 역을 학습하다. 역을 공부하여 깨우치다.

【可以】 가히[능히] …할 수 있다. 조동사. 조건의 허가를 나타냄.

【過】 허물(이 있다). 잘못(을 하다). 과오(를 범하다).

【矣】 …일 것이다. …이다. 어기조사. 진술문의 끝에 쓰여 긍정의 어기를 나타냄.

유면지(劉勉之) - 다른 本의 論語에 加는 假로 되어 있고 五十은 卒(졸)로 되어 있는데 아마도 加와 假는 음이 서로 비슷해서 잘못 읽은 것이고, 卒과 五十은 글자가 서로 비슷해서 잘못 나눈 것인 듯하다. ☞ **假我數年 卒以學易 可以無大過矣 : (하늘이) 나에게 몇 년의 수명을 빌려주어 마침내 주역(周易)을 배우게 한다면 큰 허물이 없을 것이다.**

경전석문(經典釋文) - 노론(魯論)에서는 易을 亦으로 읽는다. ☞ **五十以學 易(亦)可以無大過矣 : 오십까지 배움을 계속할 수 있다면 또한 큰 허물이 없을 것이다.**

정약용(丁若鏞) - 加는 당연히 假자로 써야 할 것이다. 五十은 오자(誤字)가 아니며, 五十學易이라는 말은 옛날부터 전하는 유문(遺文)이다. ☞ **假我數年 五十以學易 可以無大過矣 : (하늘이) 나에게 몇 년의 수명을 빌려주어 오십에 주역(周易)을 배울 수 있다면 큰 허물이 없을 것이다.**

♣20090625木

第七篇 述而

17. 바른말로 하신 바는 시경詩經과 서경書經

子所雅言 詩書 執禮皆雅言也

子(ᄌᆞ)의 샹해 言(언)ᄒᆞ시는 바는 詩(시)와 書(셔)와 자받는 禮(례)ㅣ 다 샹해 言(언)이러시다

선생님께서 바른말로 하신 바는 시경(詩經)과 서경(書經)이며, 예(禮)를 집행(執行)하실 때에도 모두 바른말로 하시었다.

【所】 …하는 바. …한 것. …한. 특수지시대명사. 동사 혹은 '동사+목적어'로 된 절이나 구와 함께 쓰여 명사성 구조를 이룸. 곧 주어와 술어 사이에 쓰여 주술구조를 명사구로 만들어 줌. 주어·술어·목적어·한정어로 쓰이며, 앞에 구조조사 '之'를 함께 쓰는 경우가 많음.

【雅言】 바른말(正言). 고아(高雅)한 말. 주(周)나라의 표준어.

공안국(孔安國) - 雅言은 바른 말이다. [雅言 正言也] [鄭玄, 毛奇齡, 程伊川, 劉寶楠 등]

양백준(楊伯峻) - 당시 중국에서 통행되던 언어이다. 춘추시대에는 각 나라의 언어가 통일될 수 없었다는 것은 상상할 수 있을 뿐 아니라, 古書 중에서도 그 증거를 찾을 수 있다. 당시에 비교적 통행되었던 언어가 곧 雅言이다.

【詩】 시경(詩經). 중국 최고(最古)의 시집으로, 주(周)나라 초부터 춘추 시대까지의 시(詩) 311편을 수록함. 공자(孔子)가 편찬하였다고 하나 확실하지 않음.

【書】 서경(書經). 상서(尙書). 중국의 요순(堯舜) 때부터 주(周)나라 때까지의 정사(政事)에 관한 문서를 수집하여 공자(孔子)가 편찬한 역사서(歷史書).

【執】 처리하다. 시행하다. 집행(執行)하다.

【皆】 모두. 다. 부사.

【也】 …이다. 어기조사. 진술문의 끝에서 판단이나 단정 또는 긍정을 나타냄.

[참고] '子所雅言 詩書執禮 皆雅言也'로 구두(句讀)함. ☞ 공자께서 바른말을[표준어를] 사용하신 때는 시경(詩經)과 서경(書經)을 읽고 예(禮)를 집행할 때였으니, 이 모두 당시 바른말을[표준어를] 사용하시었다.

[참고] 子所雅言 詩書執禮 皆雅言也 : 공자께서 평소 늘 말씀하신 것은 시(詩)와 서(書)와

예(禮)를 지키는 것이었으니, 이 모두가 평소에 항상 하시는 말씀이었다.

주희(朱熹) - 雅는 평소(항상, 늘)이다. 執은 지킴이다. 詩로서 성정(性情)을 다스리고 書로써 정사(政事)를 말하고 禮로써 절문(節文, 예에 관한 규정, 법도에 맞게 예의를 정함)을 삼가니 모두 일상생활의 실제에 절실하다. 그러므로 항상 이것을 말씀하신 것이다. 禮에만 유독 執(지킨다)이라고 말씀한 것은 사람들이 잡아서 지켜야 함을 가지고 말씀한 것이요. 비단 외우고 말할 뿐만이 아니기 때문이다. [雅 常也 執 守也 詩以理情性 書理道政事 禮以謹節文 皆切於日用之實 故 常言之 禮獨言執者 以人所執守而言 非徒誦說而已也]

정약용(丁若鏞) - 사기(史記) 장이전(張耳傳)에 이르기를 '장이는 평소에 여러 곳을 주유하다.' 라 하였고, 무제본기(武帝本紀)에 이르기를 '무제는 평소에 유술을 숭상하다.' 라 하였으며, 남사(南史) 진무제기(陳武帝紀)에 이르기를 '무제는 평소 검소한 것을 숭상하다.' 라 하였고, 위지(魏志) 사마랑전(司馬朗傳)에 이르기를 '사마랑은 평소 인륜과 전적을 좋아하다.' 라 하였으며, 남사(南史) 양간문제기(梁簡文帝紀)에 이르기를 '간문제는 평소 시 짓기를 좋아하다.' 라 하였고, 후한서(後漢書) 두후기(竇后紀, 竇后 : 後漢 章帝의 妃)에 이르기를 '보고서는 항상 아름답다고 여기다.' 라 하였으니, 雅란 '평소(素)' 또는 '항상(常)' 의 뜻이다. [史記張耳傳云 張耳雅游 武帝本紀云 上雅尙儒術 南史陳武帝紀云 帝雅尙儉素 魏志司馬朗傳云 朗雅好人倫典籍 南史梁簡文帝紀云 帝雅好賦詩 後漢書竇后紀云 及見雅以爲美 雅也者 素也 常也]

♣20090626金

18. 발분發憤하면 먹는 것도 잊고, 즐거움으로 근심도 잊으며

葉公問孔子於子路 子路不對 子曰 女奚不曰 其爲人也 發憤忘食 樂以忘憂 不知老之將至云爾

葉公(셥공)이 孔子(공ᄌᆞ)를 子路(ᄌᆞ로)의게 무러늘 子路(ᄌᆞ로)ㅣ 對(ᄃᆡ)티 아니ᄒᆞᆫ대 子(ᄌᆞ)ㅣ ᄀᆞᆯᄋᆞ샤ᄃᆡ 네 엇디 ᄀᆞᆯ오ᄃᆡ 그 사ᄅᆞᆷ이로옴이 憤(분)을 發(발)ᄒᆞ야 食(식)을 니즈며 樂(락)ᄒᆞ야 ᄡᅧ 시름을 니저 늘금의 쟝ᄎᆞᆺ 니르롬을 아디 몯ᄒᆞᆫ다 아니ᄒᆞ뇨

섭공(葉公)이 자로(子路)에게 공자에 대해 물었으나 자로가 대답하지 아니하였다. 선생님께서 말씀하시기를 "네 어찌하여 '그 사람됨이 발분(發憤)하면 먹는 것도 잊어버리고, 즐거움으로 근심도 잊으며, 늙음이 장차 이르는지도 알지 못한다.'라고 이렇게 말하지 않았느뇨?" 하셨다.

【葉公 섭공】 초(楚)나라에 속하였던 고을[지금의 하남성(河南省) 섭현(葉縣) 남쪽 지역]의 수장(首長). 성은 심(沈). 이름은 제량(諸梁). 자는 자고(子高).

【子路】 공자의 제자 중유(仲由). 자가 자로(子路). [참고] 爲政-17.

【奚】 어찌하여. 어째서. 왜. 의문대명사. 어떤 일에 대한 원인이나 이유를 물음. 전치사의 목적어·관형어·부사어 등으로 쓰임.

【其爲人也】 그의 사람됨이.

其 : 그. 그 사람. 인칭대명사. 孔子를 가리킴.

爲 : 되다. 됨됨이. 동사의 명사로의 전용.

也 : …은(는). …이란. …이면. 어기조사. 음절을 조정하고 어기를 고르는(말을 잠깐 멈추고 다음 내용을 환기시키는) 역할을 함.

【發憤】 학문을 배움에 알려고 애쓰다. (알지 못하면) 알려고 애쓰다. 열심히 공부하다.

發 : 발하다. 내보내다. 일으키다.

憤 : 알려고 노력하다. 알려고 애쓰다. 번민하다(心鬱). 답답하게 여기다. 마음속으로 이해하고자 하나 잘되지 않아 알려고 노력하는 모양.

【樂以】 즐거움으로(써). (깨달으면) 즐거움으로 인하여. 즐거움 때문에.

以 : … 때문에. …으로 인하여. 전치사. 동작이나 행위가 발생한 원인을 나타냄.

여기서는 목적어(樂)와 도치됨.

【老之將至】 늙음이 장차 이르다. 늙음이 곧 닥쳐오다(다가오다).

之 : …은[는]. …이[가]. 구조조사(주격조사). 주술구조 사이에 쓰여 이를 명사구(절)로 만들어 주는 역할을 함.

將 : 장차[막, 곧] …하려 하다. 부사. 술어 앞에 쓰여 동작이나 행위가 곧(가까운 미래에) 발생하려 함을 나타냄.

【云爾】 이러이러하다. … 등등의 말. …이다. 생략한 말을 대신 가리키며 대개 대화 혹은 인용문에서 쓰임. 상황·성질·상태 등을 나타내는 지시대명사 云[이와 같이(如此). 이렇게]과 종결의 어기를 나타내는 어기조사 爾로 이루어짐.

[참고] 云爾는 원래 '이러할 뿐이다.' 라는 뜻으로 문장 끝에 붙어서 앞에서 한 말을 총괄하면서 다시 한 번 자신의 말을 강조하는 효과를 냈지만, 한대(漢代) 이후에는 '이러하다.' 라는 뜻이 많이 약화되어 그냥 단정적인 어기를 표시하는 어기조사[…이다.]로 쓰이게 되었다. [류종목]

주희(朱熹) - 진리를 터득하지 못하면 분발하여 먹는 것도 잊고, 이미 터득하면 즐거워하여 근심을 잊는다. 이 두 가지를 가지고 힘써 날마다 부지런히 하여 연수(年數)가 부족함도 알지 못하니, 이는 다만 학문(學問)을 좋아함이 독실함을 스스로 말씀했을 뿐이다. 그러나 깊이 음미(吟味)해보면, 그 전체가 지극하여 순수(純粹)함이 또한 그치지 않는 묘(妙)가 성인(聖人)이 아니면 미칠 수 없는 것을 볼 수 있다. 무릇 공자께서 스스로 말씀하신 것이 대체로 이와 같으니, 배우는 자들이 마땅히 생각을 다해야 한다. [未得則發憤而忘食 已得則樂之而忘憂 以是二者 俛焉日有孶孶 而不知年數之不足 但自言其好學之篤爾 然深味之 則見其全體至極 純亦不已之妙 有非聖人 不能及者 蓋凡夫子之自言 類如此 學者宜致思焉]

♣20090629月

19. 옛것을 좋아하여 부지런히 힘써 구求하는 사람

子曰 我非生而知之者 好古 敏以求之者也

子(ᄌᆞ)ㅣ ᄀᆞᆯᄋᆞ샤ᄃᆡ 내 生(ᄉᆡᆼ)ᄒᆞ야 아ᄂᆞᆫ 者(쟈)ㅣ 아니라 녜를 됴히 너겨 敏(민)히 ᄡᅧ 求(구)ᄒᆞᄂᆞᆫ 者(쟈)ㅣ로라

선생님께서 말씀하시기를 "나는 태어나자마자 곧 알고 있는 사람이 아니라, 옛것을 좋아하여 부지런히 힘써 그것(옛것)을 구(求)하는 사람이노라." 하셨다.

【而】 …하여서. 그래서. 그리하여. …하고서(야). 곧. 이에. …하니 곧. …하자마자 [한 후에] 곧. 접속사. 순접(연관)관계를 나타냄.

【(知)之】 그. 그것. 지시대명사. 일반적인 사실·사물·사람을 가리킴. [참고] 논어에서는 공자의 기본 사상인 '道'나 '仁' 등을 가리키기(의미하기)도 함.]

【敏以】 힘씀으로써(힘써서). 애써서. 노력함으로써. 부지런히 힘써. 부지런히 노력하여. 앞장서 부지런히 배우거나 실천함으로써.

以 : …으로써. …을 가지고. …을 통하여. 전치사. 도구·수단·방법을 나타냄. 以敏이 도치됨.

주희(朱熹) - 敏은 빠름이니, 급급(汲汲)히 함을 말한다. [敏 速也 謂汲汲也]

【求之】 그것을 구하다. 그것을 탐구하다. 옛것을 알도록 추구하다.

之 : 그. 그것. 지시대명사. 古를 가리킴.

【也】 …이다. 어기조사. 진술문의 끝에 쓰여 판단이나 단정 또는 긍정을 나타냄.

정현(鄭玄) - 이것을 말씀하신 것은 사람들에게 배움을 권고하기 위함이다. [言此者 勸人學]

[참고] 季氏-9. ♣20090630火

20. 공자께서 말씀하지 아니 하시는 것

子 不語怪力亂神

子(ᄌᆞ)ㅣ 怪와 力(력)과 亂(란)과 神(신)을 니ᄅᆞ디 아니ᄒᆞ더시다.

선생님께서는 괴이(怪異)한 일, 용력(勇力)을 쓰는 일, 도(道)를 어지럽히는 일, 그리고 귀신(鬼神)에 관한 일은 말씀하지 아니 하시었다.

【語】 말하다. 언급하다. ⇒ 가르치다. 규범으로 제시하다.

【怪】 기이(奇異)한 일. 괴이(怪異)한 일. 비합리적인 것. 초능력의 세계.

【力】 용력(勇力)을 쓰는 일. 힘으로 하는 일. 물리적인 힘을 쓰는 일. 무력(武力). 폭력(暴力). 초월적 마력(魔力).

【亂】 패란(悖亂)의 일. 어지러운 일. 문란(紊亂)한 일. 반란을 일으키는 일. 변란(變亂). 난동행위(亂動行爲). 도(道)를 어지럽히는 일. 혼란(混亂). 음란(淫亂).

[참고] 패란(悖亂) : ① 정의에 어그러지고 정도를 어지럽힘. ② 모반(謀叛)을 일으킴. ③ 혼란함.

【神】 귀신(鬼神)에 관한 일. 무속신앙(巫俗信仰). 주술(呪術)적 행위.

사량좌(謝良佐) - 성인(聖人)은 떳떳한 일을 말씀하고 괴이한 일을 말씀하지 않으며, 덕(德)을 말씀하고 힘을 말씀하지 않으며, 다스려짐을 말씀하고 패란(悖亂)의 일을 말씀하지 않으며, 인간(人間)의 일을 말씀하고 귀신의 일을 말씀하지 않는다. [聖人 語常而不語怪 語德而不語力 語治而不語亂 語人而不語神]

[참고] 김용옥(金容沃)

語(말함)	상(常) common Sense	덕(德) Ordinary Virtues	치(治) Order	인(人) Humanity
不語(말하지 않음)	괴(怪) Grotesqueness	력(力) Extrordinary Power	난(亂) Disorder	신(神) Supernatural Beings

♣20090630火

21. 세 사람이 함께 길을 가면 거기에는 반드시 스승이 있나니

子曰 三人行 必有我師焉 擇其善者而從之 其不善者而改之

子(ᄌᆞ)ㅣ ᄀᆞᆯᄋᆞ샤ᄃᆡ 세 사ᄅᆞᆷ이 行(ᄒᆡᆼ)홈애 반ᄃᆞ시 내 스승이 인ᄂᆞ니 그 어딘 者(쟈)를 ᄀᆞᆯᄒᆡ여 좃고 그 어디디 아닌 者(쟈)를 고틸 띠니라

선생님께서 말씀하시기를 "세 사람이 (함께) 길을 가면 거기에는 반드시 내 스승이 있나니, 그 좋은 점을 가리어 (내가) 그것을 좇고 그 좋지 않은 점을 가리어 (나의) 그것을 고칠지니라." 하셨다.

【行】 걷다. 다니다. 걸어 다니다. 길을 가다.

【焉】 그 중에. 그 안에. 그곳에(는). 거기에(는). 於是. 합음사. 於는 전치사로 동작이나 행위가 일어나는 장소(범위)를 나타내며, 是는 지시대명사로 三人行을 가리킴.

【擇】 가리다. 고르다. 골라내다. 선택하다.

【其善者】 그의 좋은 것. 그의 좋은 점. 그의 장점. 그의 훌륭한 점.

其 : 그. 그것. 지시대명사. 三人을 가리킴. 일차적으로는 三人을 가리키지만 궁극적으로는 三人이 가진 좋고 나쁜 여러 가지 점들을 가리킴.

善 : 좋은 점. 훌륭한 점. 뛰어난 점. 장점.

者 : …한 것. …한 점. 특수지시대명사. 동사·형용사 혹은 각종 구와 결합하여 그 말의 수식을 받아 명사구를 이루며, 사람이나 사물을 나타냄.

【而】 …하여서. 그리하여. 이에. 접속사. 순접(연관)관계를 나타냄.

【之】 그. 그것. 지시대명사. 其善者, 其不善者를 가리킴.

[참고] 주희(朱熹) - 세 사람이 함께 길을 가면 그 중의 하나는 나 자신이니, 저 두 사람 가운데 한 사람은 선(善)하고 한 사람은 악(惡)하다면, 나는 그 선(善)한 사람의 선행(善行)을 따르고, 그 악(惡)한 사람의 악행(惡行)을 경계 삼아 고쳐야 한다. 이것은 이 두 사람이 모두 나의 스승이 되는 것이다. [三人同行 其一 我也 彼二人者一善一惡 則我從其善而改其惡焉 是二人者皆我師也] [善者 : 착한 사람, 不善者 : 악(惡)한 사람]

정약용(丁若鏞) - 세 사람이 우연히 동행할 때 어떻게 매양 어김없이 반드시 한 사람은 착하고 한 사람은 악하겠는가? [三人偶然同行 豈必一善一惡 每不差忒] ♣20090630火

22. 하늘이 덕德을 나에게 부여하셨는데

子曰 天生德於予 桓魋其如予何

子(ᄌᆞ)ㅣ ᄀᆞᆯᄋᆞ샤ᄃᆡ 하ᄂᆞᆯ히 德(덕)을 내게 生(ᄉᆡᆼ)ᄒᆞ시니 桓魋(환퇴)ㅣ 그 내게 엇디리오

선생님께서 말씀하시기를 "하늘이 덕(德)을 나에게 부여(賦與)하셨는데 환퇴(桓魋)가 장차 나를 어찌하겠는가?" 하셨다.

【生】 낳다. 출생하다. 태어나다. 생기다. …을 내다. ⇒ 생명을 부여(賦與)하다. ⇒ 부여(賦與)하다. 주다. 날 때부터 부여하다(부여받다).

포함(包咸) - 天生德이란 나에게 성인의 성품을 주었음을 말한다. [天生德者 謂授我以聖性]

【桓魋】 송나라의 군사 책임자. 성은 상(向). 이름이 퇴(魋). 관직은 사마(司馬). 송나라 환공(桓公)의 후손이기 때문에 환퇴(桓魋)라고도 불렀다 함.

【其】 곧. 막. 장차. 부사. 술어 앞에 쓰여 동작·행위·상황 등이 곧 발생하려 함을 나타냄.

【如…何】 …을 어떻게 하겠는가? …을 무엇 하겠는가? 어찌 …하겠는가? 일의 처리를 묻는 관용구. 의문이나 반문을 나타냄.

주희(朱熹) - (이는) 반드시 하늘의 뜻을 어기고 자신을 해칠 수 없음을 말씀한 것이다. [言必不能違天害己]

[참고] 사기(史記) 공자세가(孔子世家) - 공자가 조(曺)나라를 떠나 송(宋)나라에 갔을 때 제자들과 큰 나무 밑에서 예(禮)를 학습(學習)하고 있는데 송나라의 사마(司馬) 환퇴(桓魋)가 공자를 죽이려고 그 나무를 뽑았으므로 공자가 그곳을 떠났다. 제자들이 말씀드리기를 '할 수 있으면 빨리 가시지요!' 하자 공자께서 말씀하시기를 '하늘이 나에게 덕을 주셨으니 환퇴 따위가 나를 어찌하겠는가?' 하셨다. [孔子去曺適宋 與弟子習禮大樹下 宋司馬桓魋欲殺孔子 拔其樹 孔子去 弟子曰 可以速矣 孔子曰 天生德於予 桓魋其如予何]

♣20090630火

23. 나는 행行하고서 너희들과 함께하지 아니함이 없는 사람

第七篇 述而

子曰 二三子以我爲隱乎 吾無隱乎爾 吾無行而不與二三子者 是丘也

子(ᄌᆞ)ㅣ 골ᄋᆞ샤ᄃᆡ 二三子(ᄉᆞ삼ᄌᆞ)ᄂᆞᆫ 날로ᄡᅥ 隱(은)ᄒᆞᆫ다 ᄒᆞᄂᆞ냐 내 네게 隱(은)홈이 업소라 내 行(ᄒᆡᆼ)ᄒᆞ고 二三子(ᄉᆞ삼ᄌᆞ)에 與(여)티 아니홈이 업ᄉᆞᆫ 者(쟈)ㅣ 이 丘(구)ㅣ니라

선생님께서 말씀하시기를 "너희들은 내가 숨기고 있다고 생각하느냐? 내 숨기고 있는 것이 없노라! 나는 행(行)하고서 너희들과 함께하지 아니함이 없는 사람이니라, 이런 사람이 바로 구(丘)이니라." 하셨다.

【二三子】 너희들. 여러분. 그대들. 자네들. 본래의 의미는 '두세 아이' 라는 뜻으로 공자가 문하의 제자들을 부를 때 사용하였음.

【以我爲隱乎】 내가 숨기고 있다고 여기는가[생각하는가, 간주하는가]?

以 … 爲 ~ : …으로써 ~을 삼다[여기다]. …을 ~으로 삼다[여기다]. …을 ~(이)라고 여기다[간주하다, 생각하다]. …이(가) ~하다고 여기다[간주하다, 생각하다]. 以는 전치사. 爲는 동사.

隱 : 숨기고 말하지 않다. 진상을 감추다. 속을 숨기다. 아껴서 말하지 아니하다. 숨겨두고 다 가르쳐 주지 않다. 속이다.

乎 : …인가? …한가? 어기조사. 문장 끝에 쓰여 의문(질문)을 나타내며 시비(是非) 판단의 어기를 도움.

【乎爾】 …이노라. …이로다. 문장의 끝에 쓰여 단정을 나타냄과 아울러 감탄의 뜻을 완곡하게 나타냄. [참고] 주희(朱熹) - 乎를 '…에(게)' 라는 뜻의 전치사로, 爾를 '너희' 라는 뜻의 인칭대명사로 보아 '너희에게' 로 해석함.

【而】 …하여서. 그리하여. 접속사. 순접(연관) 관계를 나타냄.

【與】 함께 하다. 동반하다. 어울리다. 동사. [包咸]

[참고] 주희(朱熹) - 與는 보여줌과 같다. [與 猶示也]

【是】 이 사람[이것]. 지시대명사. 吾無行而不與二三子者를 가리킴.

【丘】 공자의 이름. 저는(제가). 나는(내가). 일인칭대명사. 자신을 가리킬 때 자기 이름을 씀.

♣20090701水

24. 공자께서는 문文행行충忠신信 네 가지를 가르치셨으니

子以四教 文行忠信

子(ᄌᆞ)ㅣ 네흐로써 ᄀᆞᄅᆞ치시니 文(문)과 行(ᄒᆡᆼ)과 忠(튱)과 信(신)이니라

선생님께서는 네 가지로써 가르치셨으니, 학문(學文)[경전(經典)], 덕행(德行), 충성(忠誠), 신의(信義)이었다.

【以四教】 네 가지로써 가르치다. 네 가지를 가지고 가르치다. 네 가지를 가르치다.

以 : …(으)로(써). …을(에) 따라. …을 사용하여. …에 근거하여. 전치사. 동작이나 행위가 발생할 때 사물이나 어떤 준칙(기준이나 근거)에 의거하는 것을 나타내며 간혹 강조를 위해 뒤의 목적어와 도치되기도 함.

【文】 학문(學文). 경전(經典). 문헌(文獻)상의 지식. 옛 서적을 통하여 배우는 역사·문학·정치 등. 육경(六經, 詩·書·禮·樂·易·春秋)을 비롯한 과거의 전적(典籍)이 담겨 있는 문물.

【行】 덕행(德行). 덕(德)을 실천(實踐)하는 것. 예(禮)를 실행하는 것.

【忠】 충성심(忠誠心). 정성(精誠)을 다하는 마음. 성실(誠實)한 자세로 최선(最善)을 다하는 마음. 다른 사람에 대해서, 특히 윗사람에 대해서 전심전력을 다함. 충심으로 정성을 다하다. [참고] 里仁-15.

【信】 사람으로서의 도리를 잘 지켜 서로에게 믿음을 주는 것. 언행일치(言行一致). 신의(信義). 신실(信實). 신용(信用).

형병(邢昺) - 文은 선왕(先王)들의 유문(遺文)을 일컫고 行은 덕행(德行)을 일컫는데 마음에 있는 것이 德이고 시행(施行)하는 것이 行이다. 마음속에 숨기는 것이 없는 것을 忠, 사람의 말이 속이지 않는 것을 信이라 일컫는다. [文謂先王之遺文 行謂德行 在心爲德 施之爲行 中心無隱謂之忠 人言不欺謂之信]

정약용(丁若鏞) - 文行은 外, 忠信은 內이다. 집에 들어가 효도하고 나와서 공경하는 것이 行이다. 사람을 향하여 정성을 다하는 것을 忠이라 하고, 사람과 더불어 함에 등지지[배반하지] 않음을 信이라 한다. [文行外也 忠信內也 入則孝出則悌行也 嚮人以誠曰忠 與人無偝曰信]

♣20090701水

25. 군자君子·항심恒心이 있는 자라도 만나 볼 수 있다면

子曰 聖人 吾不得而見之矣 得見君子者 斯可矣
子曰 善人 吾不得而見之矣 得見有恒者 斯可矣 亡而爲有 虛而爲盈 約而爲泰 難乎有恒矣

子(ᄌᆞ)ㅣ 골ᄋᆞ샤ᄃᆡ 聖人(셩인)을 내 어더보디 몯ᄒᆞ거든 君子(군ᄌᆞ)를 어더보면 이 可(가)ᄒᆞ니라
子(ᄌᆞ)ㅣ 골ᄋᆞ샤ᄃᆡ 善人(션신)을 내 어더보디 몯ᄒᆞ거든 恒(ᄒᆞᆼ) 인ᄂᆞᆫ 者(쟈)를 어더보면 이 可(가)ᄒᆞ니라 亡(무)호ᄃᆡ 有(유)호라 ᄒᆞ며 虛(허)호ᄃᆡ 盈(영)호라 ᄒᆞ며 約(약)호ᄃᆡ 泰(태)호라 ᄒᆞ면 恒(ᄒᆞᆼ) 이심이 어려우니라

선생님께서 말씀하시기를 "성인(聖人)을 내 만나 볼 수 없거든, 군자다운 사람이라도 만나 볼 수 있다면 이것이라도 좋겠다." 하셨다.

선생님께서 말씀하시기를 "선인(善人)을 내 만나 볼 수 없거든, 항심(恒心)이 있는 사람이라도 만나 볼 수 있다면 이것이라도 좋겠다. 없으면서도 있다 하고 비어 있으면서도 차 있다 하고 작으면서도 크다 한다면, 어렵도다! 항심(恒心)이 있기가." 하셨다.

【聖人】 지혜와 덕성이 뛰어나 세인(世人)의 모범이 되어 모든 면에서 숭상 받을 만한 사람. 성인은 자신의 노력도 필요하겠지만 처음부터 훌륭한 자질을 타고난 사람이다. 하늘이 낸 사람이라고 볼 수 있다. 유교(儒敎)에서는 요(堯), 순(舜), 우(禹), 탕(湯), 문왕(文王), 무왕(武王), 공자(孔子) 등을 가리킨다. [동아 새국어사전, 1990. p.1337]

주희(朱熹) - 성인은 신명(神明)하여 헤아릴 수 없는 이의 칭호이다. [聖人 神明不測之號]

【得而】 = 得以. …할 수 있다. 관용형식으로서 동사 앞에 쓰이는데 이때 得은 조동사로 가능성을 나타내며, 而는 조동사와 동사를 연결시키는 역할을 함. 간혹 得 앞에 可가 오기도 함.

【之】 그. 그 사람. 인칭대명사. 聖人, 善人을 가리킴. 강조하기 위하여 목적어인 聖人[善人]을 앞으로 하고 그 자리에 之로 대신하였음.

【矣】 어기조사. 잠시 말을 멈추게 하는 느낌[짧은 휴지(休止)]을 주고 문장이 끝나지 않았음을 나타내며 다음 말을 일으키는 역할을 함.

【得】 …할 수 있다. = 能. 조동사. 동사나 짧은 구 앞에 쓰여 동작이나 행위에 대한 가능성을 나타냄.

【君子者】 군자다운 사람. 君子는 명사인데 뒤의 者(사람)를 수식함으로 형용사로 전용된 것임. ⇒ 君子 : 군자답다.

주희(朱熹) - 군자는 才와 德이 출중(出衆)한 이의 이름이다. [君子 才德出衆之名]

【斯可矣】 이 정도면 되겠다. 이 정도면 좋겠다. 이것이라도 좋겠다.

斯 : 이것. 지시대명사. 앞의 得見君子者[得見有恒者]를 가리킴. [참고] …하면(곧). 접속사. ☞ 得見君子者 斯可矣 : 군자다운 사람이라도 만나보면 곧 좋겠다.

矣 : …일 것이다. …이다. 어기조사. 진술문의 끝에 쓰여 긍정의 어기를 나타냄.

【善人】 덕(德)을 이루어 행실에 악(惡)함이 없어 사람을 잘 다스리거나 정치를 잘하는 사람.

주희(朱熹) - 선인이란 인(仁)에 뜻을 두어 악한 일을 하지 않는 사람이다. [善人者志於仁而無惡]

【有恒者】 겉과 속이 언제나 변하지 않는 한결같은 마음을 가진 사람. 지조(志操)가 있는 사람. 표리부동(表裏不同)하지 않는 사람. 언제나 한결같이 착한 마음을 가진 사람. 언제나 선하고 올바르게 살려고 마음 쓰는 사람. 인편단심(一片丹心)의 지조를 지키는 사람.

주희(朱熹) - 恒은 항상 하고 오래하는 뜻이다. 장자(張子)가 말하기를 有恒者는 그 마음이 둘이 아닌 것이다. [恒 常久之意 張子曰 有恒者 不二其心]

【亡而爲有】 없으면서도 있다고 하다. ⇒ 없으면서 있는 척하다.

亡무 : = 無. 없다. 而 : 그러나. 그렇지만. 오히려. 접속사. 역접관계를 나타냄.

爲 : …(이라고) 하다. …한 것처럼 하다. …한[인] 체[척]하다. 僞와 같음.

【約】 적다(少也). 작다. ⇔ 【泰】 많다. 크다(猶太也).

[참고] ① 約 : 빈궁하다. 가난하다. ⇔ 泰 : 넉넉하다. 풍부하다. ② 約 : 구속받다. ⇔ 泰 : 편안하다. ③ 約 : 검약(儉約)하다. ⇔ 泰 : 사치(奢侈)하다. 겉치레 하다.

【乎】 아! …이도다! …이(로)구나! 어기조사. 비분·찬양·감격 등의 감탄 어기를 나타냄.

♣20090702木

26. 낚시는 하시되 그물질은 아니하시었으며

子釣而不綱 弋不射宿

子(ᄌᆞ)ᄂᆞᆫ 釣(됴)ᄒᆞ시고 綱(강)티 아니ᄒᆞ시며 弋(익)ᄒᆞ샤ᄃᆡ 宿(슉)을 射(셕)디 아니ᄒᆞ더시다

선생님께서는 낚시는 하시었으나 그물질은 아니하시었으며, 주살질은 하시되 둥지에 깃든 새는 맞히지 아니하시었다.

【釣】 낚시. 낚시질하다. 낚시로 물고기를 잡다.

【而】 그러나. 그렇지만. 오히려. 접속사. 역접관계를 나타냄.

【綱】 그물을 버티는 밧줄. 큰 그물(大網). 그물질하다. 그물로 물고기를 잡다.

주희(朱熹) - 굵은 노끈으로 그물을 연결하여 흐르는 물을 가로질러 물고기를 잡는 것이다. [綱 以大繩屬(촉)網 絶流而漁者也]

공안국(孔安國) - 綱이란 큰 그물로 흐르는 물길에 가로질러 놓고, 그 그물에 낚시를 메달아 놓은 것이다. [綱者 爲大綱以橫絶流 以繳繫鉤 羅屬著綱]

황간(皇侃) - 綱이란 것은 큰 그물을 만들어서 넓은 강물을 가로질러 막아 놓고 여기에 많은 낚시를 벌려 달아 고기를 잡는 것이다. [綱者作大綱 橫遮於廣水而羅列多鉤著之 以取魚也]

정약용(丁若鏞) - 綱은 당연히 '網(그물)'字의 잘못이다. 형(形)의 잘못이다. [자형(字形)이 비슷하기 때문에 잘못 쓴 것이다.] [綱者當是網字之譌 形誤也]

【弋익】 주살(오늬에 줄을 매어 쏘는 화살) [오늬 : 화살의 머리를 활시위에 끼도록 에어 낸 부분]. 주살질하다. 주살로 새를 잡다.

주희(朱熹) - 생사(生絲)를 화살에 매어서 쏘는 것이다. [弋 以生絲繫矢而射也]

【射석】 맞히다. 쏘아서 적중시키다. 맞혀서 잡다.

【宿】 자다. 묵다. 숙조(宿鳥). 잠자는 새. ⇒ 깃들은 새. 둥지에 깃든 새.

공안국(孔安國) - 宿은 잠자는 새다. [宿 宿鳥] [주희(朱熹)]

형병(邢昺) - 밤에 둥지에 깃든 새는 쏘지 않았다. [不夜射栖鳥也] [동양고전연구회]

♣20090702木

27. 나는 알지 못하면서 지어내는 것이 없었느니라

子曰 蓋有不知而作之者 我無是也 多聞 擇其善者而從之 多見而識之 知之次也

子(ᄌᆞ)ㅣ ᄀᆞᆯᄋᆞ샤ᄃᆡ 아디 몯ᄒᆞ고 作(작)ᄒᆞᆯ 이 인ᄂᆞ냐 내 이 업소라 해 들어 그 善(션)을 擇(ᄐᆡᆨ)ᄒᆞ야 졷ᄌᆞ며 해 보와 識(지)홈이 知(디)의 次(ᄎᆞ)ㅣ 니라

선생님께서 말씀하시기를 "아마 알지 못하면서 지어내는 사람들이 있는 모양인데, 나는 그런 것들이 없었느니라. 많이 들어서 그 좋은 점을 가리어 그것을 좇고, 많이 보아서 그것을 마음에 새기는 것이 아는 것의 차례이니라." 하셨다.

【蓋有不知而作之者】 무릇[아마] 알지 못하면서 창작하는 사람이 있을 것 같다. 아마도 알지 못하면서 지어내는 사람들이 있는 모양이다.

蓋 : 아마도. 혹시나. 아마도 …할[일] 것이다. 아마 …할 것 같다. 부사. 동작·행위·사람·사물의 상황·성질 등에 대한 추측을 나타냄.

而 : …하여서[하고서]. 그리하여. 접속사. 순접(연관)관계를 나타냄.

作 : 짓다. 지어내다. 작품을 쓰다. 찬술(撰述)하다. 창작(創作)하다. 창제(創製)하다.

之 : 그. 그것. 지시대명사. 일반적인 사실·사물·사람을 가리킴. [참고] 논어에서는 공자의 기본 사상인 '道'나 '仁' 등을 가리키기(의미하기)도 함.]

[참고] 作 : 행동하다. 행하다. 실천하다. 실행하다 ⇒ 알지 못하면서 행하는 사람이 있다. [成百曉, 李起榮, 신동준, 윤재근, 미야자키 이치사다(宮崎市定)]

【是】 이것. 이런 것. 지시대명사. 앞의 不知而作之를 가리킴.

【擇其善者而從之】 그 좋은[훌륭한] 점을 가려서 그것을 좇다. [참고] 述而-21.

擇 : 가리다. 고르다. 골라내다. 선택하다.

其 : 그 중의. 그 중에서. 지시대명사. 多聞을 가리킴.

善者 : 좋은 점. 훌륭한 점. 뛰어난 점. 장점.

從 : 좇다. 따르다. 택하여 따르다. 좇아가다. 추종하다.

之 : 그것. 지시대명사. 앞의 善者를 가리킴.

【識之】 그것을 기억하다. 그것을 외우다.

識지 : 기억하다. 기록하다. 마음에 새기다. 외우다. 알다.

之 : 그것. 지시대명사. 앞의 多見를 가리킴.

【知之次也】 앎의 차례이다. 아는 것의 순서(順序) [차서(次序)] 이다.

之 : …하는[한]. …의. 조사. 관형어와 중심어 사이에 쓰여 중심어를 수식하거나 국한하는 관계를 나타냄. 앞의 말에 형용성(形容性)을 띠게 함.

次 : 차례. 순서.

也 : …이다. 어기조사. 진술문의 끝에 쓰여 판단이나 단정 또는 긍정을 나타냄.

리쩌허우(李澤厚) - 앎의 차례이자 과정이다.

신동준 - 지식을 얻는 순서이다.

김용옥(金容沃) - 앎의 올바른 차서(次序)일 것이다.

[참고] 次 : 버금. 둘째. 그 다음. ☞ **知之次也 : 앎의 다음이다. 아는 것의 다음이 된다. 아는 자의 다음은 될 것이다.** [朱熹]

공안국(孔安國) - 이와 같은 자는 태어나면서부터 아는 사람의 다음이다. [如此者次於天生知之] [참고] 述而-19.

정약용(丁若鏞) - 두 가지(多聞 擇其善者而從之 多見而識之)는 비록 알고 창작하는 자보다는 못하지만 아마도 그 다음은 될 것이며, 가장 하등인 것은 알지 못하고 창작하는 것이다. [二者雖不如知而作之者 抑其次也 最下者 不知而作之]

미야자키 이치사다(宮崎市定) - 不知而作은 아마 고어(古語)의 인용일 것이다. 시경(詩經) 대아(大雅) 상십(桑什)에 '予豈不知而作(내 어찌 모르고서 하리오.)' 이라는 구절이 있다. 識之知之도 아마 고어의 인용일 것이다. 이와 똑같은 구절은 지금 찾을 수 없지만 시경(詩經) 대아(大雅) 황의(皇矣)에 '不識不知順帝之則(부지불식간에 상제의 법을 따른다.)' 이라는 구절이 있어 동의어인 識과 之가 중복 사용되었던 것을 보여주고 있다. 次也라는 이자일구(二字一句)의 용법은 季氏 9장에 보인다. 보통 이 부분을 識之에서 끊고 그 뒤 知之次也를 사자일구(四字一句)로 이어서 읽는데 이는 자연스럽지 않다. ['多見而識之 知之次也' 를 '多見而識之知之 次也' 로 구두(句讀). 이때 識은 음을 '식' 으로 읽고, 뜻은 '알다. 깨닫다.' 로 해석함. ⇒ 많이 보아서 깨닫고 앎은 그 다음이다. ⇒ 그 다음의 방법은 자신의 눈으로 많이 보고 다니며 마음으로 이것이라고 깨닫는 것이다.]

[참고] 述而-1,19, 季氏-9. ♣20090704土

28. 정결淨潔히 하여 써 나아오면 그 정결함을 함께하는 것이지

互鄕難與言 童子見 門人惑 子曰 與其進也 不與其退也 唯何甚 人潔己以進 與其潔也 不保其往也

互鄕(호향)은 더브러 말홈이 어렵더니 童子(동ᄌᆞ)ㅣ 뵈ᄋᆞ와늘 門人(문인)이 惑(혹)ᄒᆞᆫ대 子(ᄌᆞ)ㅣ 갈ᄋᆞ샤ᄃᆡ 사ᄅᆞᆷ이 己(긔)를 潔(결)ᄒᆞ야 ᄡᅧ 進(진)ᄒᆞ거든 그 潔(결)을 與(여)ᄒᆞ고 그 往(왕)을 保(보)티 몯ᄒᆞ며 그 進(진)홈을 與(여)ᄒᆞ고 그 退(퇴)를 與(여)홈이 아니니 엇디 甚(심)히 ᄒᆞ리오

호향(互鄕) 사람들은 함께 대화하기가 어려운 사람들인데 (그) 동자(童子)가 (공자님을) 찾아와 뵙자 제자들이 의아하게 생각함에, 선생님께서 말씀하시기를 "그 찾아오는 이 함께하고, 그 물러가는 이 함께하지 않는다지 않느냐. 이 무엇이 심하다는 것이냐? 사람들이 자기를 정결(淨潔)히 하여 써 나아오면 그 정결함을 함께하는 것이지, 그 지난 일에 얽매이는 것이 아니니라." 하셨다.

[참고] 주희(朱熹) - 이 장은 착간(錯簡)이 있는 듯하니 人潔로부터 往也까지의 열 네 글자는 마땅히 與其進也의 앞에 있어야 한다. [疑此章有錯簡 人潔至往也 十四字 當在與其進也之前] ☞ 互鄕難與言 童子見 門人惑 子曰 人潔己以進 與其潔也 不保其往也 與其進也 不與其退也 唯何甚 : 호향(互鄕) 사람과는 더불어 말하기가 어려웠는데, 호향의 동자가 찾아와 공자를 뵈니, 문인(門人)들이 의혹(疑惑)하였다. 공자께서 말씀하시기를 "사람이 몸을 깨끗이 하고서 찾아오거든 그 몸을 깨끗이 한 것을 허여할 뿐이요 지난날의 잘잘못을 보장할 수는 없으며, 그 찾아옴을 허여할 뿐이요 물러간 뒤에는 잘못하는 것을 허여하는 것은 아니다. 어찌 심하게 할 것이 있겠는가?" 하셨다.

정약용(丁若鏞) - 이 장에 착간(錯簡)이 있음을 찾아볼 수 없다. [李卓吾는 이르기를 '뒤의 열네 자는 전도되지 않았으며, 그 문법이 더욱 고풍스럽다.'] [此章未見其有錯簡 李卓吾云 後十四字 不倒轉 文法更古]

【互鄕】 마을 이름. 위치 불분명. ⇒ 호향 사람들(互鄕人).

【難與言】 함께 말하기가 어렵다. ⇒ 상호간 대화하기가 어렵다.

與 : …와[과]. …와 함께. …와 더불어. 전치사. 동작이나 행위에 대한 동반자임을

나타냄. 뒤에 인칭대명사 之(互鄕)가 생략되었음.

주희(朱熹) - 그 고을 사람들이 불선(不善)에 습관 되어 함께 선(善)을 말하기가 어려웠다. [其人 習於不善 難與言善]

【見현】 (웃어른을) 뵙다. 찾아뵙다. 알현(謁見)하다. 뵈러 오다. 뒤에 목적어가 생략되었음. (공자를) 찾아뵙다.

【門人】 제자(들). 문하생(門下生). 공자의 제자들.

【惑】 의심하다. 수상하게 여기다. 의아스럽게 생각하다. 의심을 품다.

【與其進也】 그 찾아오는 이를 받아들이다. 그 찾아오는 이와 함께하다.

與 : ① 허락하다. 허여(許與, 마음으로 허락하고 인정하여 칭찬함)하다. 칭찬하다. 인정하다. 받아들이다. 동의하다. ② 함께하다. ③ 도와주다.

주희(朱熹) - 與는 허여함이다. [與 許也]

其 : 그. 그 사람. 인칭대명사. 일반적인 사람을 가리킴.

進 : 나아오다. 나아와서 뵙다. 찾아와 만나려 하다.

[참고] 나아가다. 진보(進步)하다. 향상(向上)하다. ⇔ 退 : 퇴보(退步)하다.

也 : …이다. 어기조사. 진술문의 끝에 쓰여 판단이나 단정 또는 긍정을 나타냄. 이하 也도 모두 같음.

【退】 물러가다. 가다. 원래 있던 곳으로 돌아가다. 퇴근[퇴청]하다.

정약용(丁若鏞) - '與其進 不與其退'는 예부터 전해오는 말이다. 與는 허락함이다. 무릇 사람을 접대하는 법은 찾아오면 그들을 맞이하고 떠나가면 저지(만류)하는 것이다. 이는 그들의 나아옴을 허락하고 물러감을 허락하지 않는 것이다. 이 말을 인용하여 찾아오는 사람을 막을 수 없음을 밝힌 것이다. [與其進 不與其退 蓋古語 與許也 凡接人之法 來則迎之 去則止之 是許其進 不許其退也 引此語以明來者之不可拒]

【唯何甚】 대체 무엇이 심하냐?[심한가?] (내가 이렇게 하는 것이 무엇이 심하냐?)

唯 : 구(句) 앞에 쓰여 어기를 강화시키는 작용을 한다. [金元中 編著, 虛辭大辭典, 현암사, 2007. p.653]. 조사로 문장의 맨 앞에 쓰이며 이 경우 해석하지 않는다. [延世大學校 虛詞辭典編纂室 編, 虛詞大辭典, 成輔社, 2001. p.556] ⇒ 문장의 첫머리에서 이야기를 이끌어 내고 듣는 이의 주의를 환기시키는 역할을 하는 어기조사(발어사)로 보아 '이', '대저', '대체', '도대체' 정도로 해석할 수 있음.

何 : 무엇[어느 것]이 …한가[인가]? 누구[무엇, 어디]인가? 누구를[무엇을] …한가? 의문대명사. 주어나 술어, 목적어로 쓰여 사람이나 사물, 장소에 대해 물음. 목적어로 쓰일 때는 일반적으로 도치되어 동사나 전치사 앞에 옴.

[참고] ① 何 : 어찌 …하겠는가? 부사. 강한 반문의 어기를 나타냄. ☞ 어찌 심하게 대하겠는가?(이러할진대 내가 어찌 심하게 대하겠는가?)

② 何 : 어찌하여[왜] …한가? 의문대명사. 어떤 일의 이유나 원인에 대해 물음. ☞ 어찌하여 그리 심하게 대하느냐?(너희들은 어찌하여 그렇게 심하게 하는가?)

【人潔己以進】 사람들이 몸을[자기를] 깨끗이 하고 그리고 써 나아오면.

潔 : 깨끗하게 하다. 몸을 닦다. 정결(淨潔)히 하다. 마음을 깨끗이 하다.

주희(朱熹) - 닦아 다스리다. [潔 修治也]

以 : = 而. 그리고. 그래서. 그리하여. …하여서. 접속사. 순접관계를 나타냄.

【與其潔也】 ① 그 깨끗함을 인정하다. ② 그 깨끗함을 함께하다. ③ 그 깨끗함을 도와주다. 깨끗하도록 도와주다.

【保】 ① 보전하다. 마음속에 계속 갖고 있다. 얽매이다. ② 보증하다. 감싸다.

【往】 과거. 과거의. 지난 일. 가버린 것. 이전의 일. 돌아간 뒤의 행위. [鄭玄]

주희(朱熹) - 往은 지난날이다. [往 前日也]

정약용(丁若鏞) - 保는 固守를 말하며, 往은 지난날의 악행(惡行)을 일컫는다. [保守也 往謂前日之惡行也]

김용옥(金容沃) - 나에게서 떠난 이후를 보장하지 않는다.

주희(朱熹) - 사람이 자신을 가다듬어 깨끗이 하고 찾아오면, 다만 그가 스스로 가다듬어 깨끗이 한 것을 허여할 뿐이요, 지난날의 선악(善惡)을 보장할 수는 없는 것이며, 다만 그 찾아와 뵙는 것을 허여할 뿐이요, 물러간 뒤에 다시 불선(不善)을 하는 것을 허여 하는 것은 아님을 말한다. 이는 지난날의 잘잘못을 추론(追論)하지 않고, 장래[미래]의 악행을 미리 예측하지 않으며, 이러한 마음을 갖고 찾아오면 그대로 받아들일 뿐인 것이다. [言人潔己而來 但許其能自潔耳 固不能保其前日所爲之善惡也 但許其進而來見耳非許其旣退而爲不善也 蓋不追其旣往 不逆其將來 以是心至 斯受之耳]

정이(程頤) - 성인(聖人)이 남을 대함에 있어 도량의 넓음이 이와 같으시다. [聖人待物之洪 如此]

♣20090706月

29. 내가 인仁하고자 하면 이에 곧 인仁이 이르느니

子曰 仁遠乎哉 我欲仁 斯仁至矣

子(ᄌᆞ)ㅣ ᄀᆞᆯᄋᆞ샤ᄃᆡ 仁(신)이 머냐 내 仁(신)코쟈 ᄒᆞ면 이에 仁(신)이 니르ᄂᆞ니라

선생님께서 말씀하시기를 "인(仁)이 멀리 있는 것이겠는가? 내가 인(仁)하고자 하면 이에 곧 인(仁)이 이르느니라." 하셨다.

【乎哉】 …인가? …이겠는가? 어기조사. 반문의 어기를 나타냄. 의문을 나타내는 어기조사인 '乎'와 반문 및 감탄을 나타내는 어기조사인 '哉'로 이루어졌는데 중점은 '哉'에 있음.

【斯】 …하면 (곧). 이렇게 되면. 그렇다면. 접속사. 앞의 문장을 이어받아 조건에 따른 결과를 나타냄.

【至】 (수준이나 경지에) 이르다[미치다]. 도달하다.

【矣】 …이다. 어기조사. 단정 또는 필연의 결과를 나타냄.

정약용(丁若鏞) - 仁이란 사람에게 향하는 사랑이다. 인륜에 처하여 그 분수를 극진히 하는 것을 인이라 한다. [仁者嚮人之愛也 處人倫盡其分謂之仁].

주희(朱熹) - 仁은 마음의 덕(德)이니 밖에 있는 것이 아니로되 놓아두고 구(求)하지 않으므로 멀다고 여기는 자가 있는 것이다. 돌이켜 구(求)한다면 여기에 바로 있으니 어찌 멀겠는가. [仁者 心之德 非在外也 放而不求 故 有以爲遠者 反而求之 則卽此而在矣 夫豈遠哉]

정이(程頤) - 인을 행하는 것은 자신에게 달려 있다. 하고자 하면 이르니 어찌 멂이 있겠는가. [爲仁由己 欲之則至 何遠之有] ♣20090701水

30. 허물이 있으면 사람들이 반드시 알게 해주나니

陳司敗問 昭公知禮乎 孔子曰 知禮 孔子退 揖巫馬期而進之曰 吾聞君子不黨 君子亦黨乎 君取於吳 爲同姓 謂之吳孟子 君而知禮 孰不知禮 巫馬期以告 子曰 丘也幸 苟有過 人必知之

陳(딘)ㅅ 司敗(ᄉᆞ패)ㅣ 묻ᄌᆞ오ᄃᆡ 昭公(쇼공)이 禮(례)를 아ᄅᆞ시더니잇가 孔子(공ᄌᆞ)ㅣ ᄀᆞᆯᄋᆞ샤ᄃᆡ 禮(례)를 아ᄅᆞ시더니라 孔子(공ᄌᆞ)ㅣ 退(퇴)ᄒᆞ야시ᄂᆞᆯ 巫馬期(무마긔)를 揖(읍)ᄒᆞ야 나오와 ᄀᆞᆯ오ᄃᆡ 나ᄂᆞᆫ 들오니 君子(군ᄌᆞ)ᄂᆞᆫ 黨(당)티 아니ᄒᆞᆫ다 호니 君子(군ᄌᆞ)도 ᄯᅩᄒᆞᆫ 黨(당)ᄒᆞᄂᆞ냐 君(군)이 吳(오)애 取(취)ᄒᆞ니 同姓(동셩)인 디라 닐오ᄃᆡ 吳孟子(오ᄆᆡᆼᄌᆞ)ㅣ라 ᄒᆞ니 君(군)이오 禮(례)를 알면 뉘 禮(례)를 아디 몯ᄒᆞ리오 巫馬期(무마긔)ㅣ ᄡᅧ 告(고)ᄒᆞᆫ대 子(ᄌᆞ)ㅣ ᄀᆞᆯᄋᆞ샤ᄃᆡ 丘(구)ㅣ 幸(ᄒᆡᆼ)이로다 진실로 허믈이 잇거든 사ᄅᆞᆷ이 반ᄃᆞ시 알고녀

진(陳)나라 사패(司敗)가 여쭙기를 "소공(昭公)은 예(禮)를 아십니까?" 하니, 공자께서 말씀하시기를 "예를 아십니다." 하셨다. 공자께서 물러나가시자 무마기(巫馬期)에게 읍(揖)하고서 그를 다가오게 하여 말하기를 "내 듣기에는 군자(君子)는 편을 들지 않는다는데 군자도 또한 편을 듭니까? 임금(소공)이 오(吳)나라에서 아내를 맞이하였는데 성(姓)이 같은지라 그녀를 일컫기를 오맹자(吳孟子)라 하였거늘 (이런) 임금(소공)이 예를 안다면 누가 예를 알지 못하겠는가?" 하니라. 무마기가 (이를) 써 (공자께) 고(告)하니, 선생님께서 말씀하시기를 "구(丘)는 행복하구나. 진실로 만약 (내게) 허물이 있으면 사람들이 반드시 그것을 알게 해주나니." 하셨다.

【陳】 진(陳)나라. 지금의 하남성(河南省)에 있었던 작은 나라.

【司敗】 진나라 벼슬 이름. 법의 집행을 담당한 관리로 사법장관(司法長官)에 해당함. 다른 나라에서는 사구(司寇)라 했음.

[참고] 陳司敗는 齊나라 大夫로 성이 陳, 이름이 司敗라는 설도 있으나 알 수 없음.

【昭公】 노나라 임금. 이름은 주(稠) [현재 음은 조]. B.C. 541~510 재위.

【乎】 …인가? …한가? 어기조사. 문장 끝에 쓰여 의문(질문)을 나타내며 시비(是非) 판단의 어기를 도움.

【揖】 읍하다. 예를 갖추어 인사하다. (두 손을 모으고 공손하게) 인사하다. 상대방에게 공경의 뜻을 나타내는 예(禮)의 하나로서 포개어 잡은 두 손을 가슴 앞으로 들고 허리를 앞으로 공손히 구부렸다가 펴면서 손을 내리는 인사.

【巫馬期】 공자의 제자. 성은 무마(巫馬). 이름은 시(施). 자가 자기(子期). 노나라 사람으로 공자보다 30세 아래.

정약용(丁若鏞) - 무마(巫馬)는 관명(官名)인데, 그 관직을 대대로 역임하였으므로 드디어 이것으로써 씨(氏)를 삼았다. [주례(周禮) 하관(夏官)에 보면 巫馬는 병든 말을 치료하는 직책이다.] 期는 마땅히 旗가 되어야 하니, 소리의 잘못에서 온 것이다. [巫馬 官名 世其官 遂以爲氏 周禮 夏官 巫馬 養疾馬 期當作旗 聲誤也]

【而】 …하여서[하고서]. 그리하여. 접속사. 순접(연관)관계를 나타냄.

【進之】 그를 나아오게 하다. 그를 다가오게 하다.

進 : 나아가다. ⇒ 나오게 하다. 다가오게 하다. [피동(사역) 형]

之 : 그. 그 사람. 인칭대명사. 앞의 巫馬期를 가리킴.

【黨】 어느 한 쪽에 치우치다. 편들다. 편파적으로 행동하다. 작당(作黨)하다. 편당(偏黨)을 짓다. 파당(派黨)[파벌(派閥)]을 짓다. 치우친 생각으로 끼리끼리 모이다.

공안국(孔安國) - 서로 도와 비행(非行)을 숨겨주는 것을 말한다. [相助匿非曰黨] [朱熹]

【君】 인군(人君). 임금. 앞의 昭公을 가리킴.

【取】 장가들다. 아내를 맞이하다. 娶와 같다.

【於】 …에서. 전치사. 동작이나 행위가 일어나는 장소(범위)를 나타냄.

【吳】 오나라. 주(周)나라의 선조인 태왕(太王)의 아들 태백(太伯)이 세운 나라. 주나라 무왕의 동생 주공이 세운 노나라와 같은 성인 희(姬)씨임.

【爲】 …이다. 동사. 是의 용법과 같음.

【吳孟子】 노나라 소공의 부인. 임금 부인의 호칭은 출신국의 이름 뒤에 본인의 성씨를 덧붙여 쓰게 되었는데 당시의 예법에 동성끼리의 혼인을 금하고 있었기 때문에 소공이 동성임을 감추기 위해 이렇게 호칭을 붙였음. 孟子는 장녀라는 뜻임.

공안국(孔安國) - 魯와 吳는 모두 姬姓이다. 禮에 따르면 같은 성은 혼인하지 못하는

데, 군주가 吳나라 여인에게 장가들었으니 마땅히 吳姬라 불러야 하는데, 숨기고 孟子라 불렀다. [魯吳俱姬姓 禮 同姓不昏 而君取之吳女 當稱吳姬 諱曰孟子]

【(君)而(知禮)】 = 如. 만일(만약) …이면(…하면). 접속사. 가설(가정)이나 조건을 나타냄.

【孰】 누가 …인[한]가? 의문대명사. 사람에 대한 질문을 나타냄. 반문의 어기가 내포됨.

【以告】 (그것을) (공자께) 고하다. 알리다. 말하다(말씀드리다). 직접 목적어와 간접 목적어가 생략됨.

以 : …을(를). 전치사. 동작이나 행위가 발생할 때, 직접 파급되거나 목적이 되는 대상을 나타냄.

【丘】 공자의 이름. 저는(제가). 나는(내가). 일인칭대명사. 자신을 가리킬 때 자기 이름을 씀.

【也】 …은(는). …이란. …이면. 어기조사. 음절을 조정하고 어기를 고르는(말을 잠깐 멈추고 다음 내용을 환기시키는) 역할을 함.

【幸】 다행이다. 다행하다. 행복하다. 운이 좋다.

【苟】 (진실로) 만약[가령] …이라면. 접속사. 가정이나 조건을 나타냄. 본래의 뜻인 '진실로' 의 의미도 내포하고 있음.

【知】 알다. ⇒ 알게 하다. 알게 해주다. [피동(사역) 형]

공안국(孔安國) - 나라의 잘못을 숨겨주는 것은 예이다. 성인은 도가 넓으므로 이를 받아서 자신의 허물로 여기셨다. [諱國惡 禮也 聖人道弘 故受以爲過]

♣20090707火

31. 노래가 좋으면 반드시 다시 부르게 하시고 화답和答하시니

子與人歌而善 必使反之 而後和之

子(ᄌᆞ)ㅣ 사ᄅᆞᆷ으로 더브러 歌(가)ᄒᆞ심애 善(션)ᄒᆞ거든 반ᄃᆞ시 ᄒᆞ여곰 反(반)ᄒᆞ라 하시고 後(후)에 和(화)ᄒᆞ더시다

선생님께서 다른 사람과 더불어 노래를 부르심에 만일 (그 노래가) 좋으면 반드시 (그로) 하여금 그것을[노래를] 다시 부르게 하시고 그런 다음에 그것에 화답(和答)하시었다.

[참고] **공자께서 남과 함께 노래를 부르실 때 만일 그 사람이 노래를 잘 부르면 반드시 그 사람에게 노래를 다시 부르게 하시고 그런 연후에 그 노래를 따라 부르셨다.**

【與人歌】 다른 사람과 함께 노래를 부르다.

與 : …와[과]. …와 함께. …와 더불어. 전치사. 동작이나 행위에 대한 동반자임을 나타냄.

[참고] 與 : 함께 하다. 동반하다. 동사. [里仁-10] ☞ **다른 사람이 노래를 부르는 자리에 함께하다.**

【而善】 만일 (그 노래가) 좋으면[훌륭하면].

而 : = 如. 만일(만약) …이면(…하면). 접속사. 가설(가정)이나 조건을 나타냄.

善 : 좋다. 훌륭하다. 아주 좋아서 나무랄 것이 없다.

[참고] 善 : 잘하다. ☞ **만일 (그 사람이 노래를) 잘하면.**

【必使反之】 ⇒ 必使(人)反之. 반드시 (그 사람으로 하여금) 그것(노래)을 다시하게 하다. 반드시 노래를 반복하게 하다.

使 : …에게[으로 하여금] ~하도록 하다. …에게 ~을 시키다. 사역동사.

反 : 다시하다. 반복(反復)하다.

之 : 그것. 지시대명사. 앞의 歌를 가리킴.

주희(朱熹) - 反은 반복하는 것이다. 반드시 노래를 반복하여 부르게 한 것은 그 상세함을 알아 그 좋은 점을 취하려는 것이다. [反 復也 必使復歌者 欲得其詳而取其善也]

【而後和之】 그런 다음에 그것에 화답(和答)하다.

而後 : = 以後. 이후에. 그런 다음에. …한 연후에. …하고 난 후에. 단문을 연결시키며, 뒷일이 앞의 일에 이어서 발생하는 연관관계를 나타냄. 而는 조동사로 뒤에 上, 下, 往, 來, 前, 後 등을 동반하여 범위를 나타냄.

和 : 화답(和答)하다. 시가(詩歌)로써 응하다.

[참고] ① 응하여 소리를 내다. 소리를 따르다. 따라 부르다. ② 차운(次韻)하다. 남의 운(韻)을 따서 시가(詩歌)를 짓다.

하안(何晏) - 좋은 것을 즐기므로 거듭 노래하게 한 후 스스로 이에 화답한 것이다. [樂其善 故使重歌而自和之] [참고] 형병(邢昺) - 反은 중(重, 거듭하다)와 같다. [反 猶重也]

주희(朱熹) - 以後和之는 그 상세함을 얻음이 기뻐서 그 좋은 점과 같이 한 것이다. [而後和之者 喜得其詳而與其善也]

남회근(南懷瑾) - 和는 원래의 곡조와 내용에 따라 가사를 새로 한 편 짓는 것이다.

之 : 그것. 지시대명사. 앞의 歌를 가리킴. ♣20090708水

第七篇 述而

32. 군자君子의 도道를 몸소 실천하는 경지는 내 아직

子曰 文 莫吾猶人也 躬行君子 則吾未之有得

子(ᄌᆞ)ㅣ 골ᄋᆞ샤ᄃᆡ 文(문)은 아니 내 사름 ᄀᆞᄐᆞ냐 君子(군ᄌᆞ)를 몸소 行(ᄒᆡᆼ)홈은 곧 내 得(득)홈이 잇디 몯호라

선생님께서 말씀하시기를 "학문(學文)은 내 남과 같지 않겠는가마는 군자(君子)의 도(道)를 몸소 실천하는 경지로 말하면 곧 내 아직 이르지 아니하였노라." 하셨다.

【文】 학문(學文). 경전(經典). 문헌(文獻)상의 지식. 옛 서적을 통하여 배우는 역사·문학·정치 등. 육경(六經, 詩·書·禮·樂·易·春秋)을 비롯한 과거의 전적(典籍)이 담겨 있는 문물.

【莫】 …이 아니다. 無 또는 不과 같음. ⇒ 莫猶 : 같지 않다[못하다].

【也】 …이겠는가? 어기조사. 의문문 끝에 쓰여 반문의 어기를 나타냄. 乎의 용법과 같음. ⇒ 莫~也 : ~이 아니겠는가? 관용적 용법. '不~乎'와 같음.

[참고] 莫 : 아마도. 대략. 추측을 나타내는 부사. 也 : 단정을 나타내는 어기조사.

☞ **莫吾猶人也 : 아마도 나는 다른 사람들과 같을 것이다.**

【躬行】 몸소 행하다. 몸소 실천하다. 몸소 옳은 일을 실천하는 것.

躬 : 몸소. 스스로. 직접. 친히. 부사. 동작이나 행위가 자신에 의해 진행됨을 나타냄.

【君子】 군자의 도(道). 군자의 덕(德). 군자의 경지.

【則】 …은[는] 곧. …로 말하면[말할 것 같으면] 곧. …으로는 곧. …할 때는[경우에는] …하여서는 곧. 접속사. 두 가지 또는 여러 가지 사실의 대비(대응)관계나 병렬관계를 나타내며 강조의 어감을 가짐.

【未之有得】 아직 그것을[그런 경지를] 얻음이 있지 않다. 아직 그것을 얻지 못했다. 아직 그런 경지에 이르지 아니하였다. 未有得之의 도치.

未 : 아직 …하지 않다[못하다]. 아직 …이 아니다. 부사. 동작·행위·상황 등이 아직 발생하지 않았음을 나타냄.

之 : 그것. 지시대명사. 躬行君子를 가리킴.

得 : 얻다. 터득하다. 경지에 이르다.

♣20090708水

33. 제자들이 능히 배울 수 없는 것

子曰 若聖與仁 則吾豈敢 抑爲之不厭 誨人不倦 則可謂云爾已矣 公西華曰 正唯弟子不能學也

子(ᄌᆞ)ㅣ ᄀᆞᆯᄋᆞ샤ᄃᆡ 만일 聖(셩)과 다뭇 仁(신)은 내 엇디 敢(감)ᄒᆞ리오 爲(위)홈을 厭(염)티 아니ᄒᆞ며 사ᄅᆞᆷ ᄀᆞᄅᆞ침을 게을리 아니홈은 곧 可(가)히 니ᄅᆞᆯ ᄯᆞᄅᆞᆷ이니라 公西華(공셔화)ㅣ ᄀᆞᆯ오ᄃᆡ 正(졍)히 弟子(뎨ᄌᆞ)ㅣ 能(능)히 學(ᄒᆞᆨ)디 몯홈이로소이다

선생님께서 말씀하시기를 "성인(聖人)과 인자(仁者)로 말할 것 같으면, 곧 내 어찌 감히 (자처)하겠는가? 그렇지만 그분들의 도(道)를 행함[배움]에 싫증내지 않고 사람들을 가르침에 게을리 하지 않는 것으로 말하자면 곧 가히 그와 같을 뿐이라 일컬을 수 있을 것이니라." 하시니, 공서화(公西華)가 말씀드리기를 "바로 이 점을 (저희) 제자들이 능히 배울 수 없는 것입니다." 하였다.

【若】 …에 대해서는. …으로[을, 를] 말하자면[말할 것 같으면]. …의 경우는. …에 이르러서는. 접속사. 사건(話題화제)의 전환이나 대비를 나타냄. 故學數有終 若其義 則不可須臾舍也(그러므로 학문이 끝날 때는 있지만, 그 의의로 말하자면 잠시라도 정지할 수 없다.) [荀子 勸學]

【聖與仁】 聖과 仁. 성인(聖人)과 인자(仁者). 聖과 仁에 관한 일. 성인의 경지와 어짊의 단계.

주희(朱熹) - 聖은 大人으로 化한 것이요 仁은 마음의 德이 온전하고 사람의 道가 갖추어진 것이다. [聖者大而化之 仁 則心德之全而人道之備也]

【則】 …은[는] 곧. …로 말하면[말할 것 같으면] 곧. …으로는 곧. …할 때는[경우에는] …하여서는 곧. 접속사. 두 가지 또는 여러 가지 사실의 대비(대응)관계나 병렬관계를 나타내며 강조의 어감을 가짐.

【豈敢】 어찌 감히 하겠는가? 어찌 함부로 하겠는가? ⇒ 어찌 감히 자처하겠는가? 상황이 허락하지 않음을 나타냄.

豈 : 어찌 …하겠는가? 어떻게. 부사. 강한 반문의 어기를 나타냄.

敢 : 감히. 감히 하다. 감행하다. 감당하다. 감히 되다. 감히 자처하다.

[참고]

① 어찌 감히 할 수 있겠는가? 어찌 감히 할 수 있다고 하겠는가? 어찌 감히 그렇다고 말할 수 있겠는가? 어찌 감히 자처하겠는가? [李基東, 신동준, 미야자키 이치사다(宮崎市定), 윤재근, 成百曉, 유교문화연구소, 金容沃, 李起榮]

② 어찌 감히 바라겠는가? [김영일, 鄭堯一]

③ 어찌 감히 될 수 있겠는가? 어찌 감히 이를 수 있겠는가? [류종목, 南懷瑾, 李洙泰, 金學主]

④ 어찌 감당할 수 있겠는가? [李起榮, 리쩌허우(李澤厚), 동양고전연구회, 楊伯峻]

【抑】 그러나. 그렇지만. 단지. …이지만. 접속사. 역접관계 또는 전환을 나타냄. 즉 앞뒤 문장의 의미가 상반됨을 나타냄.

【爲】 하다. ⇒ 노력하다. 배우다. 공부하다. 연구하다. 추구하다.

【之】 그것. 지시대명사. 앞의 聖與仁을 가리킴. 성인과 인자의 도(道) 곧 성인과 인자가 하신 일을 가리킴.

정약용(丁若鏞) - 爲之란 배우는 것이니, 배워서 장차 聖을 이루는 것이다. [爲之者 學也 學將以成聖也]

주희(朱熹) - 爲之는 인성(仁聖)의 도(道)를 하는 것[행하는 것]을 말한다. [爲之 謂爲仁聖之道]

【厭】 싫증나다. 싫증을 내다. 물리다.

【誨】 가르치다. 깨우치다. 가르쳐 주다. 깨우쳐주다. 잘못을 일깨워 주다.

【倦】 게을리 하다. 나태하다. 게으름을 피우다.

정약용(丁若鏞) - 誨人이란 가르치는 것이니, 가르쳐서 仁을 넓히는 것이다. [誨人者 敎也 敎所以廣仁也]

맹자(孟子) - 배우는 것을 싫어하지 않은 것이 知이며, 가르치는 것을 게을리 하지 않은 것이 仁이다. [學不厭 知也 敎不倦 仁也]

【云爾】 이러할 뿐이다. 이와 같을 뿐이다. 어기조사. 상황·성질·상태 등을 나타내는 지시대명사 云과 단정 및 한계를 나타내는 어기사 爾로 이루어짐.

【已矣】 …이다. …할 것이다. 이미 발생하였거나 어떤 새로운 상황이 발생할 가능성이 있음을 나타냄.

【公西華】 공자의 제자. 노나라 사람. 성은 공서(公西). 이름은 적(赤). 자는 자화(子華). 공자보다 42세 아래. [참고] 公冶長-8.

【正唯弟子不能學也】 바로 이 점을 저희 제자들이 능히 배울 수 없는 것입니다.

正 : 마침. 바로. 정말로. 참으로. 부사. 두 상황이 잘 들어맞는 것을 나타냄.

唯 : 구(句) 앞에 쓰여 어기를 강화시키는 작용을 한다. [金元中 編著, 虛辭大辭典, 현암사, 2007. p.653]. 조사로 문장의 맨 앞에 쓰이며 이 경우 해석하지 않는다. [延世大學校 虛詞辭典編纂室 編, 虛詞大辭典, 成輔社, 2001. p.556] ⇒ 문장의 첫머리에서 이야기를 이끌어 내고 듣는 이의 주의를 환기시키는 역할을 하는 어기조사로 보아 '이', '대저', '대체', '도대체' 정도로 해석할 수 있음. 여기서는 '이 점을' 으로 해석하였음.

不能 : 능히[충분히] …할 수 없다.

學 : 배우다. 본받다.

也 : …이다. 어기조사. 진술문에 쓰여 판단이나 단정 또는 긍정을 나타냄.

[참고] 正唯 …也 : 이것이 바로 …이다. ☞ **正唯弟子不能學也 : 이것이 바로 저희 제자들이 배울 수 없는 점입니다.**

마융(馬融) - 바로 말하신 바와 같은 것도 제자들이 오히려 배울 수 없는 것인데, 하물며 仁과 聖은 어떠하겠는가? [正如所言 弟子猶不能學 況仁聖乎]

정약용(丁若鏞) - 다만 이 두 가지 일은 바로 이것이 제자들로서는 배우고 싶은 바이지만 능히 할 수 없는 것이다. [只此二事 正唯弟子所願學而不能者]

♣20090709木

34. 병이 위중하심에 자로子路가 기도드리기를 청하니

子疾病 子路請禱 子曰 有諸 子路對曰 有之 誄曰 禱爾于上下神祇 子曰 丘之禱久矣

子(ᄌᆞ)ㅣ 疾(질)이 病(병)ᄒᆞ시거늘 子路(ᄌᆞ로)ㅣ 禱(도)홈을 請(청)ᄒᆞᆫ대 子(ᄌᆞ)ㅣ ᄀᆞᆯᄋᆞ샤ᄃᆡ 인ᄂᆞ냐 子路(ᄌᆞ로)ㅣ 對(대)ᄒᆞ야 ᄀᆞᆯ오ᄃᆡ 인ᄂᆞ니 誄(뢰)예 ᄀᆞᆯ오ᄃᆡ 너를 上下(샹하)ㅅ 神祇(신기)예 비다 ᄒᆞ도소이다 子(ᄌᆞ)ㅣ ᄀᆞᆯᄋᆞ샤ᄃᆡ 丘(구)의 禱(도)홈이 오라니라

선생님께서 병이 위중(危重)하심에 자로(子路)가 기도(祈禱)드리기를 청(請)하니 선생님께서 말씀하시기를 "그러한 일이 [예(禮)에] 있느냐?" 하시니 자로 대답하여 말씀드리기를 "그런 일이 있습니다. 뇌문(誄文)에 '너를 (위하여) 천지(天地)의 신기(神祇)께 비옵니다.'라고 하였습니다." 하니, 선생님께서 말씀하시기를 "구(丘)가 (그런) 기도를 드린 지 오래되었느니라." 하셨다.

【疾病】 병이 위중해지다.

疾 : 병(환).

病 : 위독[위중]하다.

포함(包咸) - 질병이 심한 것을 病이라 한다. [疾甚曰病]

정현(鄭玄) - 病이란 병의 상태가 더욱 나빠진 것을 말한다. [病謂疾益困也]

[이상은 논어집해(論語集解) 子罕-11의 注에서 가져왔음.] [참고] 타자이 준(太宰純) - 논어집해(論語集解)에 보면 자한(子罕)편에서 비로소 病자를 해석하여 '질환이 심한 것'이라고 하였고, 이 장에서는 病자에 대한 해석이 없으니 연문(衍文)임이 분명하다. [集解於子罕篇 始釋病曰疾甚 此章病字無解 衍文明矣]

【子路】 공자의 제자 중유(仲由). 자가 자로(子路). [참고] 爲政-17.

【有諸】 그런 일이 [예(禮)에] 있느냐? 그런 일이 [선례(先例)에] 있느냐?

諸저 : 之乎(그것이 …한가?). 합음사(合音詞). 之는 그것 즉 기도의 선례(先例)을 의미하기도 하고 예(禮)에 기록된 기도에 관한 내용을 의미하기도 함. 乎는 어기조사로 의문 또는 반문의 어기를 나타냄.

【誄뢰】 제문(祭文). 조문(弔文). 기도문(祈禱文). 죽은 이를 애도하여 그의 행실을

기록한 글. [주희(朱熹) - 誄者 哀死而述其行之辭]

【爾】 너. 그대. 너희(들). 당신. 이인칭대명사.

【于】 …에. …에게. = 於, 乎. 전치사. 동작이나 행위가 발생할 때 관련되는 대상을 나타냄.

【神祇】 천지(天地)의 신.

神 : 하늘(天)의 신.

祇 : 땅[토지](地)의 신.

【丘之禱久矣】 구(丘)가 기도한 것이 오래되었다. 구가 기도한 지는 오래되었다.

丘 : 공자의 이름. 저는(제가). 나는(내가). 일인칭대명사. 자신을 가리킬 때 자기 이름을 씀.

之 : …은[는]. …이[가]. 구조조사(주격조사). 주술구조 사이에 쓰여 이를 명사구(절)로 만들어 주는 역할을 함.

矣 : …하게 되다. …일[할] 것이다. …하게 될 것이다. 어기조사. 상황의 변화나 새로운 상황의 출현(어떤 사건이 발전·변화하는 과정이나 그것이 장차 발생하려 함)을 나타냄. 간혹 미래나 어떤 조건 하에서의 결과가 긍정적임을 나타냄.

공안국(孔安國) - 공자의 평소 행실이 神明에 합치되므로, 내가 기도한 지 오래되었다고 말씀한 것이다. [孔子素行合於神明 故曰丘之禱久矣] ♣20090709木

第七篇 述而

35. 겸손하지 않기보다는 차라리 고루하리라

子曰 奢則不孫 儉則固 與其不孫也 寧固

子(ᄌᆞ)ㅣ ᄀᆞᄅᆞ샤ᄃᆡ 奢(샤)ᄒᆞ면 孫(손)티 아니ᄒᆞ고 儉(검)ᄒᆞ면 固(고)ᄒᆞᄂᆞ니 다ᄆᆞᆺ 그 孫(손)티 아니호ᄆᆞ론 출히 固(고)홀 디니라 [栗谷本]

선생님께서 말씀하시기를 "사치(奢侈)하면 곧 겸손(謙遜)하지 않게 되고 검약(儉約)하면 곧 고루(固陋)하게 되나니 겸손하지 않은 것보다는 차라리 고루한 것이 더 나으니라." 하셨다.

【奢】 사치(奢侈)하다.

【則】 …이면(하면) (곧). 그렇다면 곧. 접속사. 결과나 조건에 대한 상호 원인 등 앞뒤 문장의 전후 상황이 서로 연관됨을 나타냄.

【孫】 = 遜. 겸손(謙遜)하다. 공손(恭遜)하다. [형병(邢昺) - 孫 順也]

【儉】 검소(儉素)하다. 검약(儉約)하다. 절제(節制)하다.

【固】 고루(固陋)하다(낡은 습관에 젖어 고집이 세고 융통성이 없다). 비루(鄙陋)하다. [형병(邢昺) - 固 陋也]

【與其…寧~】 …하는 것보다[것에 비하여] 차라리[오히려] ~하는 것이 더 낫다. …하느니 차라리 ~하겠다.

與其 : 접속사. 두 상황 중 한 가지를 선택하는 것을 나타냄. 일반적으로 뒤 단문은 선택을 나타내는 접속사 寧이나 관형어인 孰若, 豈若, 不如 등과 같이 쓰이며, 與其 뒷부분은 포기해야할 상황임을 나타냄.

寧 : 차라리 …하는 것이 낫다. 접속사. 득실을 따져 본 후에 선택해야 함을 나타냄.

【也】 …은(는). …이란. …이면. 어기조사. 음절을 조정하고 어기를 고르는(말을 잠깐 멈추고 다음 내용을 환기시키는) 역할을 함.

공안국(孔安國) - 모두 잘못된 것이지만[그 중도(中道)를 잃은 것이지만], 사치는 검소함만 못하다. 사치하면 윗사람을 범하며, 검소하면 예에 미치지 못한다. [俱失之 奢不如儉 奢則僭上 儉不及禮]

♣20090709木

36. 군자君子 그래그래 소인小人 조마조마

子曰 君子坦蕩蕩 小人長戚戚

子(ᄌᆞ)ㅣ ᄀᆞᄅᆞ샤ᄃᆡ 君子(군ᄌᆞ)ᄂᆞᆫ 坦(탄)ᄒᆞ야 蕩蕩(탕탕)ᄒᆞ고 小人(쇼인)은 댱샹 戚戚(쳑쳑)ᄒᆞᄂᆞ니라 [栗谷本]

선생님 말씀이 "군자(君子)는 그래그래, 소인(小人)은 조마조마."

[참고] 공자께서 말씀하시기를 "군자(君子)는 마음이 넓고 너그러워 평온하며, 소인(小人)은 늘 근심걱정하고 두려워하느니라." 하셨다.

【坦蕩蕩】 마음이 넓고 너그러워 평온하다.

坦 : 평탄(平坦)하다. 너그럽다. 마음이 동요가 없고 평온하다.

[참고] 坦蕩 : 마음이 너그럽고 넓은 모양

蕩탕 : 넓다. 평탄하다. 蕩蕩 : 마음이 넓고 너그러운 모양.

정현(鄭玄) - 坦蕩蕩은 너그럽고 넓은 모양이다. [坦蕩蕩 寬廣貌]

【長】 항상. 늘. 부사.

【戚戚】 걱정과 두려움이 많은 모양. 걱정과 두려움이 많아 초조한 모양. 근심에 차 있는 모양.

戚척 : 근심하다. 두려워하다.

정현(鄭玄) - 長戚戚은 근심과 두려움이 많은 것이다. [長戚戚 多憂懼]

♣20090709木

37. 공손恭遜하시되 편안便安한 분

子 溫而厲 威而不猛 恭而安

子(ᄌᆞ)ᄂᆞᆫ 溫(온)호ᄃᆡ 厲(려)ᄒᆞ시며 威(위)호ᄃᆡ 猛(ᄆᆡᇰ)티 아니ᄒᆞ시며 恭(공)호ᄃᆡ 安(안)ᄒᆞ더시다 [光海君 四年本]

선생님께서는 온화(溫和)하시되 엄숙(嚴肅)하시며 위엄(威嚴)이 있으시되 사납지 않으시며 공손(恭遜)하시되 편안(便安)한 분이셨다.

【溫】 따뜻하다. 온화(溫和)하다. 온유(溫柔)하다.

【而】 그러나. 그렇지만. …하되. 접속사. 역접관계를 나타냄.

【厲려】 엄(嚴)하다. 엄격하다. 위엄이 있다. 엄숙(嚴肅)하다. 준엄(峻嚴)하다. 명확하고 엄정하다. [주희(朱熹) - 厲 嚴肅也]

【威】 위엄(威嚴)이 있다.

【猛】 사납다. 사납고 세차다.

정약용(丁若鏞) - 猛은 지한(鷙悍, 사납고 세차다)이다. [猛 鷙悍也]

【恭】 공손(恭遜)하다. 예의 바르고 겸손(謙遜)하다. 용모와 태도가 단정하고 근엄하다. 나볏하다(몸가짐이나 행동이 반듯하고 의젓함).

【安】 편안(便安)하게 해주다. 대하기에 편안하다. 편안하게 대해주다.

[참고]

① (대하기에) 편안하다. 편안하게 대해주다. [김영일, 류종목, 李起榮], 편안하게 하다. [윤재근]

② 편안(便安)하다. [金學主, 成百曉, 리쩌허우(李澤厚), 유교문화연구소, 李基東, 李洙泰, 미야자키 이치사다(宮崎市定)], 평안하다. [신동준, 동양고전연구회]

③ 침착하다. [南懷瑾], 차분하다. [鄭堯一], 자연스럽다. [金容沃]

[참고] 子張-9.

♣20090710金

第八篇

泰伯 태백

至德

지극한 덕(德)

(을 가진 인물)

[泰伯-1,20]

1. 태백泰伯은 지극한 덕德을 가지신 분

子曰 泰伯 其可謂至德也已矣 三以天下讓 民無得而稱焉

子(ᄌᆞ)ㅣ ᄀᆞᆯᄋᆞ샤ᄃᆡ 泰伯(태ᄇᆡᆨ)은 그 可(가)히 지극ᄒᆞᆫ 德(덕)이라 니ᄅᆞᆯᄯᆞᄅᆞᆷ이로다 세 번 天下(텬하)로ᄡᅥ 讓(양)호ᄃᆡ 民(민)이 시러곰 稱(칭)홈이 업고녀 [光海君 四年本]

선생님께서 말씀하시기를 "태백(泰伯)은 아마 가히 지극한 덕(德)을 가지신 분이라고 말할 수 있을 것이리라! 세 번 천하를 사양(辭讓)하셨으나 백성들은 그것을 칭송(稱頌)할 수가 없었느니라." 하셨다.

【泰伯】 周나라 선조인 태왕(大王) 고공단보(古公亶父)의 장남.

【其】 아마(도). 어쩌면. 부사. 동작이나 행위 또는 어떤 상황에 대한 추측을 나타냄.

【至德】 지극한 덕. ⇒ 지극한 덕을 가진 인물.

【也已矣】 …이다. …이로다. …이구나. 어기조사. 긍정적 단정이나 감탄의 어기를 나타냄. 여기서는 앞의 추측을 나타내는 其자와 함께 쓰여 추측에 대한 단정적인 어기와 아울러 감탄의 어기까지 나타냄. ⇒ …일 것이리라!

[참고] 也는 긍정적인 단정을, 已는 감탄의 어기를 나타내며, 矣는 이미 그리하거나 장차 그러함을 나타냄.

【以】 …을(를). 전치사. 동작이나 행위가 발생할 때, 직접 파급되거나 목적이 되는 대상을 나타냄.

【得而】 = 得以. …할 수 있다. 관용형식으로서 동사 앞에 쓰이는데 이때 得은 조동사로 가능성을 나타내며, 而는 조동사와 동사를 연결시키는 역할을 함. 간혹 得 앞에 可가 오기도 함.

【稱】 일컬어지다. 칭찬(稱讚)하다. 칭송(稱頌)하다.

【焉】 그것을. 於是. 합음사(合音詞). 於는 전치사로 동작이나 행위에 관련되는 대상을 나타내며, 是는 지시대명사로 三以天下讓을 가리킴.

주희(朱熹) - 태백(泰伯)은 주(周)나라 태왕(太王)의 장자(長子)이다. 至德은 덕이 지극하여 다시 더할 수 없음을 이른다. 세 번 사양함은 굳이 사양함을 이른다.

칭송할 수가 없게 하였다함은 은미하여 자취를 볼 수 없는 것이다. 太王은 세 아들이 있었는데 장자는 泰伯이고 그 다음은 중옹(仲雍)이고 다음은 계력(季歷)이다. 太王의 때에 상(商)나라의 道(정치)가 점차 쇠약해지고 周나라는 날로 강대해졌으며 또 季歷이 아들 창(昌)을 낳았는데 성덕(聖德)이 있었다. 이에 太王은 이로 인하여 商나라를 칠 생각이 있었는데 泰伯이 따르지 않으니 太王은 마침내 왕위를 季歷에게 전하여 昌에게 미치게 하고자 하였다. 泰伯은 이것을 알고 곧 仲雍과 함께 형만(荊蠻)으로 도망하였다. 太王은 마침내 季歷에게 나라를 물려주어 昌에게 이르러 天下를 셋으로 나눔에 3분의 2를 소유하시니 이가 바로 文王이요 文王이 죽고 아들 發이 즉위하여 마침내 商나라를 이기고 천하를 소유하시니 이가 바로 武王이다. [泰伯 周大王之長子 至德 謂德之至極 無以復加者也 三讓 謂固遜也 無得而稱 其遜隱微 無迹可見也 蓋大王三子 長 泰伯 次 仲雍 次 季歷 大王之時 商道浸衰 而周日强大 季歷 又生子昌 有聖德 大王 因有翦商之志 而泰伯不從 大王 遂欲傳位季歷 以及昌 泰伯知之 卽與仲雍 逃之荊蠻 於是 大王 乃立季歷 傳國至昌 而三分天下 有其二 是爲文王 文王崩 子發立 遂克商而有天下 是爲武王]

♣20090713月

2. 공손恭遜·신중愼重·용감勇敢·강직剛直함도 예禮가 없으면

子曰 恭而無禮 則勞 愼而無禮 則葸 勇而無禮 則亂 直而無禮 則絞 君子篤於親 則民興於仁 故舊不遺 則民不偸

子(ᄌᆞ)ㅣ ᄀᆞᆯᄋᆞ샤ᄃᆡ 恭(공)ᄒᆞ고 禮(례)ㅣ 업스면 勞(로)ᄒᆞ고 愼(신)ᄒᆞ고 禮(례)ㅣ 업스면 葸(싀)ᄒᆞ고 勇(용)하고 禮(례)ㅣ 업스면 亂(란)ᄒᆞ고 直(딕)하고 禮(례)ㅣ 업스면 絞(교)ᄒᆞᄂᆞ니라

君子(군ᄌᆞ)ㅣ 親(친)애 篤(독)ᄒᆞ면 民(민)이 仁(ᅀᅵᆫ)애 興(흥)ᄒᆞ고 故舊(고구)를 遺(유)티 아니ᄒᆞ면 民(민)이 偸(투)티 아니ᄒᆞᄂᆞ니라

선생님께서 말씀하시기를 "공손(恭遜)하되 예(禮)가 없으면 곧 수고롭게 되고, 신중(愼重)하되 예가 없으면 곧 소심(小心)하게 되고 용감(勇敢)하되 예가 없으면 곧 난폭하게 되고 강직(剛直)하되 예가 없으면 곧 박절(迫切)하게 되느니라. 군자(君子)[위정자(爲政者)]가 친족(親族)에게 돈독(敦篤)하게 하면 곧 백성들이 인(仁)의 기풍(氣風)을 일으키고, 옛 친구를 버리지 아니하면 곧 백성이 각박(刻薄)해지지 않느니라." 하셨다.

【恭】 공손(恭遜)하다. 예의 바르고 겸손(謙遜)하다. 용모와 태도가 단정하고 근엄하다. 나볏하다(몸가짐이나 행동이 반듯하고 의젓함).

【而】 그런데. 그러나. 그렇지만. …하되. 접속사. 역접관계를 나타냄.

【禮】 보통 예의범절, 질서의식, 윤리규범 등을 뜻하는 말로 사용되지만 여기서는 어떤 덕목(德目)에 극단적인 방향으로 치닫는 욕망을 조절하는 '자제력(自制力)'의 뜻으로 사용되었다고 볼 수 있음. 곧 어떤 극단적인 것을 과부족(過不足)이 없는 중용(中庸)의 길로 조절하는 행동규범. 도가 지나치지 않고 사리에 맞게 적절히 조절된 절도 있는 행동양식.

【則】 …이면(하면) (곧). 그렇다면 곧. 접속사. 결과나 조건에 대한 상호 원인 등 앞뒤 문장의 전후 상황이 서로 연관됨을 나타냄.

【勞】 수고롭게 되다. 괴롭고 힘들게 되다. 헛수고하게 되다. 피곤하게 되다.

【愼】 삼가다. 신중(愼重)하다.

【葸시】 두려워하다. ⇒ 소심(小心)하다.

주희(朱熹) - 葸는 두려워하는 모양이다. [葸 畏懼貌]

정약용(丁若鏞) - 葸는 기뻐하지 않는 모습이다. [葸 不怡貌]

【勇】 용감(勇敢)하다. 용기가 있다.

【亂】 포악하고 무도하다. 난폭(亂暴)하다.

【直】 곧다. 우직(愚直)하다. 솔직(率直)하다. 강직(剛直)하다.

【絞】 엄격하고 야박함. 박절(迫切, 인정이 없고 야박하여 쌀쌀함)함. 급절(急切, 매우 조급함)함. 갑갑[답답]함. 융통성이 없이 엄격함. 편협함. 날카롭게 남의 잘못을 찔러 마음을 아프게 함.

주희(朱熹) - 매우 조급한 것이다. [絞 急切也] 絞는 새끼처럼 두 갈래로 꼬아서 졸라 딴딴하게 하는 것과 같으니, 모두 너그럽지 못한 것이다. [絞如繩兩頭絞得緊 都不寬舒]

【君子】 경대부(卿大夫). 백성을 다스리는 위치에 있는 사람. 위정자(爲政者). 지위를 얻은 사회 지도층.

주희(朱熹) - 君子는 위에 있는 사람을 이른다. [君子 謂在上之人也]

【篤】 두텁다. 돈독(敦篤)하다. 독실(篤實)하다. 신실(信實)하다. 충실(忠實)하다. 믿음성[인정] 있고 후덕(厚德)하게 하다.

【於】 ① …에게. …에 대해. 전치사. 동작이나 행위에 관련되는 대상을 나타냄. 篤於親 ② …을. 전치사. 동작이나 행위에 직접 미치는 대상을 나타냄. 興於仁.

【親】 가까운 사람. 친한 사람. 친척(親戚). 친족(親族). 동족(同族)이나 혼인관계가 있는 사람.

【興於仁】 인(仁)을 일으킨다. 인(仁)한 기풍을 일으킨다.

興 : 일으키다. 성하게 하다. 진작시키다. 기풍 등을 일으키다.

【故舊】 오랫동안 함께 일한 사람. 옛 친구. 선왕의 옛 신하.

정약용(丁若鏞) - 선왕의 옛 신하를 말한다. [故舊謂先君之舊臣也]

남회근(南懷瑾) - 전통.

【遺】 버리다. 잊다.

【偸】 각박(刻薄)하다. 야박(野薄, 야멸치고 인정이 없음)하다. 후하지 아니함.

주희(朱熹) - 偸는 야박함이다. [偸 薄也]

포함(包咸) - 군주가 친척들에게 두터이 대하고 옛 친구들을 잊지 않는다면, 행동이 아름다워서 곧 백성들이 모두 여기에 감화되어 어질고 두터운 행동이 일어나서 경박(輕薄)하지 않을 것이다. [君能厚於親屬 不遺忘其故舊 行之美者也 則民皆化之 起爲仁厚之行 不偸薄也]

장재(張載) - 사람의 도리에 먼저 해야 할 것과 뒤에 해야 할 것을 알면 공손해도 수고롭지 않고, 삼가도 두렵지 않고, 용맹스러워도 난리를 일으키지 않고, 곧아도 급하지 않아, 백성들이 교화(敎化)되어 덕(德)이 후해질 것이다. [人道知所先後 則恭不勞 愼不葸 勇不亂 直不絞 民化而德厚矣]

[참고] 微子-10. ♣20090713月

3. 내 발을 살펴보아라 내 손을 살펴보아라

曾子有疾 召門弟子曰 啓予足 啓予手 詩云 戰戰兢兢 如臨深淵 如履薄氷 而今而後 吾知免夫 小子

曾子(증ᄌᆞ)ㅣ 疾(질)이 겨샤 門弟子(문뎨ᄌᆞ)를 블러 ᄀᆞᆯᄋᆞ샤ᄃᆡ 내 발을 啓(계)ᄒᆞ며 내 손을 啓(계)ᄒᆞ라 詩(시)예 닐오ᄃᆡ 戰戰(젼젼)ᄒᆞ며 兢兢(긍긍)ᄒᆞ야 기픈 모슬 디ᄂᆞᆺ ᄒᆞ며 여론 어름을 ᄇᆞᆲᄃᆞᆺ ᄒᆞ다 ᄒᆞ니 이젠 後(후)에ᅀᅡ 내 免(면)홈을 알와라 小子(쇼ᄌᆞ)아

증자(曾子)께서 병이 들어 제자(弟子)들을 불러 말하시기를 "내 발을 살펴보아라. 내 손을 살펴보아라. 시(詩)에 이르기를 '전전(戰戰) 긍긍(兢兢)하여 깊은 연못에 다다른 듯하고 얇은 얼음을 밟는 듯하라.' 하였느니 지금 이후부터 내 (이를) 면(免)함을 알겠노라! 제자들이여." 하셨다.

【曾子】 공자의 제자 증삼(曾參). 자는 자여(子輿).
【門弟子】 문하(門下)의 제자(弟子). 제자들의 총칭.
【啓】 열다. 열어 보다. ⇒ 이불 등을 젖히고 보다. ⇒ 살펴보다.
[참고] 䁈(살펴보다)와 같다. [류종목]
정현(鄭玄) - 啓는 열다는 뜻이다. 曾子는 부모님께 신체를 받았으므로 감히 그것을 손상시키지 않아야 한다고 생각하여 제자들로 하여금 이불을 열어 살펴보도록 하였다. [啓 開也. 曾子以爲受身體於父母 不敢毁傷 故使弟子開衾而視之也]
효경(孝經) - 신체발부(身體髮膚)는 부모에게 받은 것이니 감히 훼상(毁傷)하지 않는 것이 효(孝)의 시작이다. [身體髮膚 受之父母 不敢毁傷 孝之始也]
【詩】 시경(詩經). 이 詩는 시경(詩經) 소아(小雅) 소민(小旻)에 있음. [참고] 述而-10.
【云】 이르다. 말하다.
【戰戰兢兢】 두려워서 몸을 벌벌 떨며 조심하는 모습.
戰 : 떨다. 兢 : 두려워하다. 조심하다.
주희(朱熹) - 戰戰은 두려워하는 것이고, 兢兢은 경계하고 삼가는 것이다. [戰戰 恐懼 兢兢 戒謹]
【如】 마치 …와 같다. (마치) …처럼[같이] 하다. 부사. 한 사물(대상)을 다른 사물

(대상)과 직접 비유함을 나타냄.

공안국(孔安國) - 이 시를 말한 것은 자신이 항상 경계하고 조심하며 손상시키는 것이 있을까 두려워했음을 비유한 것이다. [言此詩者 喩己常誡愼恐有所毁傷]

【臨】 다다르다. 어떤 장소에 나와 이르다.

【履】 밟다. 발을 땅 위에 대고 디디다.

【而今】 지금. 지금에 와서. 이제 와서. 이제. 오늘날. 부사. 시간을 나타냄.

【而後】 이후에. 그런 다음에. …한 연후에. …하고 난 후에. =以後. 단문을 연결시키며, 뒷일이 앞의 일에 이어서 발생하는 연관관계를 나타냄. 而는 조동사로 뒤에 上, 下, 往, 來, 前, 後 등을 동반하여 범위를 나타냄.

【夫】 …로다! …이구나! 어기조사. 감탄문의 끝에 쓰여 감개·칭송·비애 등의 어기를 나타냄.

【小子】 젊은이(들). 제자(들). 너희들. 스승이 제자를 가리키거나, 아버지가 아들을 이르는 말. 또는 자기보다 나이 어린 사람을 친근하게 부르는 말.

주희(朱熹) - 증자(曾子)는 온전히 보전한 것을 문인(門人)들에게 보여주고, 그 보전함의 어려움이 이와 같아서 장차 죽음에 이른 뒤에야 훼상함을 면할 수 있음을 알았다고 말씀한 것이다. [曾子以其所保之全 示門人 而言其所以保之之難如此 至於將死而後 知其得免於毁傷也] ♣20090713月

第八篇 泰伯

4. 행동하고 얼굴빛을 바르게 하고 말을 할 때는

曾子有疾 孟敬子問之 曾子言曰 鳥之將死 其鳴也哀 人之將死 其言也善 君子所貴乎道者三 動容貌 斯遠暴慢矣 正顔色 斯近信矣 出辭氣 斯遠鄙倍矣 籩豆之事 則有司存

曾子(증ᄌᆞ)ㅣ 疾(질)이 잇거시늘 孟敬子(ᄆᆡᆼ경ᄌᆞ)ㅣ 묻ᄌᆞᆸ더니 曾子(증ᄌᆞ)ㅣ 닐러 ᄀᆞᆯᄋᆞ샤ᄃᆡ 새 쟝ᄎᆞᆺ 죽음애 그 우롬이 슬프고 사ᄅᆞᆷ이 쟝ᄎᆞᆺ 죽음애 그 마리 어디ᄂᆞ니라 君子(군자)ㅣ 道(도)애 貴(귀)히 너기ᄂᆞᆫ 배 세히니 容貌(용모)를 動(동)ᄒᆞ욤애 이예 暴慢(포만)을 멀리ᄒᆞ며 ᄂᆞᆾ비ᄎᆞᆯ 正(졍)ᄒᆞ욤애 이예 信(신)에 갓가오며 辭氣(ᄉᆞ긔)를 내욤애 이예 鄙倍(비패)를 멀리 홀 ᄯᅵ니 籩豆(변두)ㅅ 일은 有司(유ᄉᆞ)ㅣ 인ᄂᆞ니라

증자(曾子)께서 병이 들었거늘 맹경자(孟敬子)가 문병하심에 증자께서 일러 말하시기를 "새가 장차 죽으려 함에 그 울음이 슬프고 사람이 장차 죽으려 함에 그 말이 선량(善良)하다 합니다. 군자(君子)가 도(道)에 있어서 귀하게 여기는 바가 셋이니, 용모를[모습을] 움직임에 곧 사납고 거만(倨慢)함을 멀리하여야 하며, 얼굴빛을 바르게 함에 곧 신실(信實)에 가깝게 하여야 하며, 말을 함에 곧 천박(淺薄)하고 사리(事理)에 어긋남을 멀리하여야 합니다. 제사(祭祀)를 지내는 일 등은 곧 그 담당자가 있는 것입니다." 하셨다.

【曾子】 공자의 제자 증삼(曾參). 자는 자여(子輿).

【孟敬子】 魯나라 대부. 성은 중손(仲孫). 이름은 첩(捷). 시호가 경(敬). 맹무백(孟武伯)의 아들.

【鳥之將死】 새가 장차 죽으려 하다.

之 : …이[가] ~할 때에(는). 구조 조사(주격조사). 시간을 나타내는 부사절을 만듦.

將 : 장차[막, 곧] …하려 하다. 부사. 술어 앞에 쓰여 동작이나 행위가 곧(가까운 미래에) 발생하려 함을 나타냄.

포함(包咸) - 敬子를 훈계하려고, 내가 장차 죽을 것이므로 자신의 말이 선하여 쓸 만하다고 말한 것이다. [欲戒敬子 言我將死 言善可用]

【其】 ① 그. 그것. 지시대명사. 鳥를 가리킴. 其鳴也哀. ② 그. 그 사람. 인칭대명사. 人을 가리킴. 其言也善.

【所…者】 …한 것(사람). 지시대명사 '者'와 명사성 구조를 이루는 경우[所+동사+者]로서, 이 경우 '所'는 지시하는 역할을 하고 '者'는 대신 칭하는 역할을 함.

【乎】 …에서. …에. 전치사. 동작이나 행위가 발생하는 장소나 범위 또는 어떤 상황에 처함을 나타냄.

【動容貌】 용모를 움직이다. 용모를 짓다. 容貌는 얼굴 모습이지만 여기서는 몸 전체의 모습을 나타냄. ⇒ 모습을 움직이다. 몸가짐을 바르게 하는 것.

【斯】 …하면 (곧). 이렇게 되면. 그렇다면. 접속사. 앞의 문장을 이어받아 조건에 따른 결과를 나타냄.

【暴慢포만】 사납고 오만[거만]하다. 사납고 교만하다.

暴포 : 난폭(亂暴)하다. 포악(暴惡)하다. 거칠고 사납다.

慢 : 오만(傲慢)하다. 거만(倨慢)하다. 교만(驕慢)하다.

【矣】 …이다. 어기조사. 단정 또는 필연의 결과를 나타냄.

【信】 신의(信義). 신실(信實). 신용(信用).

주희(朱熹) - 성실함이다. [信 實也]

【出辭氣】 말투를 내다. ⇒ 말을 하다.

辭氣 : 말과 성기(聲氣, 소리와 숨). 말과 소리. 말씨. 말투.

【鄙倍비패】 천박(淺薄)하고 사리[도리]에 어긋남.

鄙 : 비천(鄙淺)함. 천박함. 상스럽고 속되다.

倍패 : 사리[도리]에 어긋남. 背와 같음.

【籩豆】 제기(祭器)들 이름. 인신하여 제사(祭祀)를 가리킴.

籩변 : 대나무로 만들어 주로 과일 따위를 담는데 쓰는 제기(祭器).

豆 : 굽이 달린 나무 그릇으로 주로 밥 따위를 담는데 쓰는 제기(祭器).

籩豆之事 : 제기의 일. 제기를 다루는 일. ⇒ 제사(祭祀)를 지내는 일. 제례(祭禮)를 행하는 일. [참고] 衛靈公-1. 俎豆之事.

【則】 …은[는] 곧. …로 말하면[말할 것 같으면] 곧. …으로는 곧. …할 때는[경우에는] …하여서는 곧. 접속사. 두 가지 또는 여러 가지 사실의 대비(대응)관계나 병렬관계를 나타내며 강조의 어감을 가짐.

【有司】 일 주관하는 실무 담당자. 주관(主管)하는 사람. 소관 직책의 해당 관리. 전담자(專擔者).

司 : 맡다. 직무로써 주관하다. 관리(官吏).

포함(包咸) - 孟敬子가 큰일을 잊고 작은 일에 힘쓰므로, 그를 이처럼 또 훈계한 것이다. [敬子忽大務小 故又戒之以此] ♣20090714火

5. 옛날 내 벗이 일찍이 이렇게 몸소 실천한 것은…

曾子曰 以能問於不能 以多問於寡 有若無 實若虛 犯而不校 昔者吾友嘗從事於斯矣

曾子(증ᄌᆞ)ㅣ ᄀᆞᆯᄋᆞ샤ᄃᆡ 能(능)으로써 不能(블능)애 무르며 多(다)로써 寡(과)애 무르며 이슈ᄃᆡ 업슨듯 ᄒᆞ며 實(실)호ᄃᆡ 虛(허)ᄒᆞᆫ듯 ᄒᆞ며 犯(범)ᄒᆞ야도 校(교)티 아니홈을 녜 내 버디 일쯕 이에 從事(죵ᄉᆞ)ᄒᆞ더니라

증자(曾子)께서 말하시기를 "유능한 사람으로서 능하지 못한 이에게 묻고, 학식이 많은 사람으로서 적은 이에게 물으며, (道가) 있으되 없는 듯하고 (德이) 차있으되 비어있는 듯하며 (자신에게) 덤벼도 맞받아 다투지 않음을, 옛날에 내 친구가 일찍이 이렇게 몸소 실천하였느니라." 하셨다.

【以】 …으로. …으로서. 전치사. 신분·자격·지위 등을 나타냄.

【於】 ① …에게. …에 대해. 전치사. 동작이나 행위에 관련되는 대상을 나타냄. 以能問於不能, 以多問於寡. ② …을[를]. 전치사. 동작이나 행위에 직접 미치는 대상을 나타냄. 從事於斯矣.

【不能】 잘하지 못하는 사람. 능력이 부족한 사람. 무능한 사람.

【多】 학식(學識)이 많은 사람.

【寡】 학식(學識)이 적은 사람.

【若】 …인 것같이 하다. …인 듯하다. 가장하다. 동사.

【犯】 침범당하다. 공격을 당하다. (다른 사람이) 잘못을 범하다[덤비다]. 피동형.

【校】 계산하다. 헤아리다. 따지다. 논쟁하다. 맞받아 다투다. 맞서 싸우다. 맞대응하다. 갚음을 하다.

주희(朱熹) - 校는 계교(計較, 헤아려 따지다)하는 것이다. [校 計校也]

포함(包咸) - 校는 報(갚다, 보복하다)이다. 침범을 당해도 보복하지 않음을 말한다. [校 報也 言見侵犯不報]

정약용(丁若鏞) - 다투고 보복하다. [挍 角也報也] [참고] 개성석경(開成石經)에도 校가 挍로 되어 있고, 이외에도 전점(錢坫)의 논어후록(論語後錄) 등 여러 곳에서 발견됨.

【者】 …에[는]. 어기조사. 시기·시간 등을 나타내는 말 뒤에 붙어서 그 말을 부사어로 만들어 주는 역할을 함.

【吾友】 나의 친구.

友 : 벗. 친구. 학우(學友).

마융(馬融) - 友는 안연(顔淵)을 말한다. [友謂顔淵]

【嘗】 = 曾. 일찍이 (…한 적이 있다). 이전에. 요전에. 부사.

【從事】 일에 마음과 힘을 다하다. ⇒ 몸소 실천하다.

【斯】 이것. 이렇게. 지시대명사. 앞의 以能 ~ 不校를 가리킴.

【矣】 …이다. 어기조사. 단정 또는 필연의 결과를 나타냄. ♣20090715水

6. 군자君子다운 사람

曾子曰 可以託六尺之孤 可以寄百里之命 臨大節而不可奪也 君子人與 君子人也

曾子(증ᄌᆞ)ㅣ ᄀᆞᆯᄋᆞ샤ᄃᆡ 可(가)히 ᄡᅧ 六尺(륙쳑)ㅅ 孤(고)를 託(탁)ᄒᆞ얌즉 ᄒᆞ며 可(가)히 ᄡᅧ 百里(ᄇᆡᆨ리)ㅅ 命(명)을 寄(긔)ᄒᆞ얌즉 ᄒᆞ고 大節(대졀)애 臨(림)ᄒᆞ야 可(가)히 奪(탈)티 몯ᄒᆞ리면 君子(군ᄌᆞ)앳 사ᄅᆞᆷ가 君子(군ᄌᆞ)앳 사ᄅᆞᆷ이니라

증자(曾子)께서 말하시기를 "가히 어린 임금을 부탁(付託)할 수 있고, 가히 나라의 운명을 맡길 수 있으며, 생사존망(生死存亡)의 큰일을 당하여도 그 절개를 빼앗을 수 없다면 군자다운 사람인가? 군자다운 사람이고말고." 하셨다.

【可以】 = 能(得). 가히 …할 수 있다. 능히 …할 수 있다. 가능하다. 조건의 허가를 나타내며 동사의 앞에서 부사어로 쓰임.

【託】 부탁(付託)하다.

【六尺之孤】 15세 미만의 어린 고아. 부왕(父王)의 상중(喪中)에 있는 어린 임금의 자칭(自稱). ⇒ 어린 임금.

六尺 : 15세. 周나라에서는 一尺을 두 살 반(二歲半)이라 하였음.

之 : …하는[한]. …의. 조사. 관형어와 중심어 사이에 쓰여 중심어를 수식하거나 국한하는 관계를 나타냄. 앞의 말에 형용성(形容性)을 띠게 함.

孤 : 고아. 아버지가 없는 사람. 부왕이 일찍 죽어 어린 나이에 즉위한 임금.

공안국(孔安國) - 六尺之孤는 어린 임금이다. [六尺之孤 幼少之君]

【寄】 맡기다. 기탁하다.

정약용(丁若鏞) - 寄는 위임(委任)이다. [寄 委任也]

【百里之命】 제후국의 운명. ⇒ 나라의 운명 ⇒ 나라의 정치. [참고] 季氏-2.

百里 : 사방 백리가 되는 나라[제후국].

命 : 정령(政令). 통치권. 권력.

【臨大節而不可奪也】 생사존망(生死存亡)의 중차대한 일을 당하여도 절개[지조]를 빼앗을 수 없다면.

臨 : 임하다. 만나다. 당하다. 직면하다. 당면하다. 어떤 사태나 일에 직접 부닥치다.

大節 : 큰 절개(節槪). 절개를 지키는 일이 문제가 되는 중차대한 일.

節 : 절개. 굳은 지조. 기개.

奪탈 : 빼앗다. 마음이나 절개[지조]를 빼앗다.

也 : …은(는). …이면. 음절을 조정하고 어기를 고르는 어기조사.

하안(何晏) - 大節이란 국가를 안전하게 하고 사직을 정립시키는 것이다. [大節者安國家定社稷]

【與】 …인가? = 歟. 어기조사. 단독으로 쓰여 가벼운 의문(질문)의 어기를 나타냄.

【也】 …이다. 어기조사. 진술문의 끝에 쓰여 판단이나 단정 또는 긍정을 나타냄.

♣20090716木

7. 선비는 도량이 넓으며 뜻이 강인強忍하지 않으면 안 되니

曾子曰 士不可以不弘毅 任重而道遠 仁以爲己任 不亦重乎 死而後已 不亦遠乎

曾子(증ᄌᆞ)ㅣ ᄀᆞᆯᄋᆞ샤ᄃᆡ 士(ᄉᆞ)ㅣ 可(가)히 ᄡᅧ 弘(홍)ᄒᆞ며 毅(의)티 아니티 몯ᄒᆞᆯ 꺼시니 任(심)이 重(듕)ᄒᆞ고 道(도)ㅣ 遠(원)ᄒᆞ니라. 仁(신)으로ᄡᅥ 몸의 任(심)을 삼ᄂᆞ니 ᄯᅩᄒᆞᆫ 重(듕)티 아니ᄒᆞ냐 죽은 後(후)에 마ᄂᆞ니 ᄯᅩᄒᆞᆫ 遠(원)티 아니ᄒᆞ냐

증자(曾子)께서 말하시기를 "선비는 가히 도량(度量)이 넓으며 뜻이 강인(强忍)하지 않으면 안 될 것이니, 책임은 막중(莫重)하고 갈 길이 멀기 때문이니라. 인(仁)의 실현(實現)을 자기 책임으로 삼으니 또한 막중하지 아니한가? 죽은 이후에야 그만두게 되나니 또한 멀지 아니한가?" 하셨다.

【士】 선비. 지식인. 학문하는 사람(책을 읽는 지식인)의 통칭으로 언제든지 벼슬길에 나아갈 가능성을 가진 사람.

【不可以不】 가히 …하지 않으면 안 된다. 이중부정. ⇒ …하여야만 한다.

【弘】 도량이 크다. 안목이 넓다. 너그럽고 넓다. [주희(朱熹) - 弘 寬廣也]

【毅】 굳세다. 의지가 강하다. 강직(剛直)·의연(毅然)하고 결단력이 있다. 강인(强忍)하다. [주희(朱熹) - 毅 强忍也]

【任】 맡음. 맡은 일. 짐. 임무. 책임.

【重】 무거움. 중요함. 막중(莫重)함.

【仁以爲己任】 인(仁)으로써 자기 책임을 삼다. 인의 실현(實現)을 자기 책임으로 삼다. 以仁이 도치됨.

以 … 爲 ~ : …으로써 ~을 삼다[여기다]. …을 ~으로 삼다[여기다]. …을 ~(이)라고 여기다[간주하다, 생각하다]. …이(가) ~하다고 여기다[간주하다, 생각하다]. 以는 전치사. 爲는 동사.

【不亦…乎】 또한 …하지 아니한가? 또한 …이 아니겠는가? 긍정의 뜻이 담긴 완곡한 반문(反問)을 나타냄.

亦 : 또한. 역시. 대단히. 매우. 참으로. 조사.

乎 : …인가[입니까]? …이겠는가? 어기조사. 의문문의 끝에 쓰여 반문의 어기를 나타냄. 일반적으로 대명사 何, 孰이나 접속사 況 혹은 부사 庸, 寧, 豈, 不, 非 등과 호응함.

【而後】 이후에. 그런 다음에. …한 연후에. …하고 난 후에. = 以後. 단문을 연결시키며, 뒷일이 앞의 일에 이어서 발생하는 연관관계를 나타냄. 而는 조동사로 뒤에 上, 下, 往, 來, 前, 後 등을 동반하여 범위를 나타냄.

【已】 = 止. 그치다. 끝나다. 멎다. 그만두다. 중지하다. 말다. 동사. ♣20090716木

8. 시詩, 예禮, 악樂으로써 일어나고, 서 있고, 이루니

子曰 興於詩 立於禮 成於樂

子(ᄌᆞ)ㅣ 골ᄋᆞ샤ᄃᆡ 詩(시)예 興(흥)ᄒᆞ며 禮(례)예 立(립)ᄒᆞ며 樂(악)애 成(셩)ᄒᆞᄂᆞ니라

선생님께서 말씀하시기를 "시(詩)로써 일어나게 되었으며, 예(禮)로써 서 있게 되었으며, 악(樂)으로써 이루게 되었느니라." 하셨다.

【興】 돋우다. 신명나게 하다. 흥취(興趣)나 감흥을 일으키다. 마음의 심정을 펴다. 연상하다. '詩經' 을 통하여 인생이나 학문에 대한 여러 가지 흥취(興趣)를 일으키게 되는 것. [興 起也]

【於】 …으로써. …을 사용하여. …에 의거하여. …에 근거하여. …에 따라. 전치사. 동작이나 행위가 사람·사물·방식 혹은 어떤 원칙에 의거하여 일어남을 나타냄.

【詩】 시(詩). 시경(詩經). 시경의 시.

【立】 서다. 기본을 세우다. 기초를 튼튼히 세우다. 확립하다. 禮는 사람의 행동 기준이므로 그 기준에 따라 자립(自立)하는 것.

【成】 이루다. 완성하다. 행동이나 인격을 온전하게 하다. 인격을 완성하다. 음악은 사람의 성정(性情)을 순화(純化)하여 각 개인을 완성시키는 것.

【樂】 음악. 풍류.

정약용(丁若鏞) - 시(詩)는 착한 마음을 감발(感發)시키는 것이고, 예(禮)는 몸을 단속(團束)하는 것이며, 악(樂)은 뜻을 화(和)하게 하는 것이다. 감발하기 때문에 흥기(興起)할 수 있고, 단속하기 때문에 입신(立身)할 수 있고, 화하기 때문에 덕(德)을 이룰 수 있다. [詩所以感其善心 禮所以束其筋骸 樂所以和其志意 感發故能興起 束飭故能立身 和壹故能成德] ♣20090717金

9. 백성들을 도리에 따르게 할 수는 있으나

子曰 民可使由之 不可使知之

子(ᄌᆞ)ㅣ ᄀᆞᆯᄋᆞ샤ᄃᆡ 民(민)은 可(가)히 ᄒᆞ여곰 由(유)케 ᄒᆞ고 可(가)히 ᄒᆞ여곰 알게 몯ᄒᆞᄂᆞ니라

선생님께서 말씀하시기를 "백성(百姓)은 가히 (그들로) 하여금 (도리에) 말미암게[따르게]는 할 수 있으나 그것(도리)을 알게 할 수는 없느니라." 하셨다.

【使】 …에게[으로 하여금] ~하도록 하다. …에게 ~을 시키다. 사역동사. 뒤에 民이 생략됨.

【由】 말미암다. 본으로 하다. 좇다. 따르다.

【之】 그. 그것. 지시대명사. 일반적인 사실·사물·사람을 가리킴. [참고] 논어에서는 공자의 기본 사상인 '道'나 '仁' 등을 가리키기(의미하기)도 함. ⇒ ① 이치(理致). 도(道). 도리(道理). ② 정책(政策). 시책(施策).

하안(何晏) - 由는 쓴다는 것이다. 百姓들로 하여금 쓰게 할 수는 있으나 알게 할 수는 없다는 것은 백성들이 능히 날로 쓰면서도 능히 알지는 못한다는 것이다. [由 用也 可使用而不可使知之者 百姓能日用而不能知也] [역경(易經) - 百姓日用而不知]

주희(朱熹) - 백성은 도리[이치]의 당연한 것에 말미암게[따르게] 할 수는 있어도 왜 그렇게 되는 것인지 그 까닭을 알게 할 수 없다. [民 可使之由於是理之當然 而不能使之知其所以然也]

정약용(丁若鏞) - 由之란 이 道로 말미암게 함이며 知之란 이 道를 아는 것이다. [由之謂由斯道也 知之謂知斯道也]

미야자키 이치사다(宮崎市定) - 대중으로부터 정치에 대한 신뢰를 쟁취할 수는 있겠지만 그 한 사람 한 사람에게 정치의 내용을 알게 하기란 어렵다.

♣20090718土

10. 세상을 어지럽게 하는 이

子曰 好勇疾貧 亂也 人而不仁 疾之已甚 亂也

子(ᄌᆞ)ㅣ ᄀᆞᆯᄋᆞ샤ᄃᆡ 勇(용)을 됴히 너기고 貧(빈)을 疾(질)홈이 亂(란)홈이요 사ᄅᆞᆷ이오 仁(신)티 아니ᄒᆞ니ᄅᆞᆯ 疾(질)홈을 너모 甚(심)히 홈이 亂(란)홈이니라

선생님께서 말씀하시기를 "용맹함을 좋아하고 가난함을 싫어하는 것이 (세상을) 어지럽게 함이요, 사람으로서 인(仁)하지 못함, 그것을 너무 심하게 미워하는 것도 (세상을) 어지럽게 하느니라." 하셨다.

【疾】 증오하다. 미워하다. 싫어하다. 惡也.

【亂】 난[반란]을 일으키다. 세상을 어지럽게 하다.

포함(包咸) - 용기를 좋아하면서 자기의 빈천(貧賤)함을 병으로 여기는 사람은 반드시 미래에 난을 일으킬 것이다. [好勇之人而患疾己貧賤者 必將爲亂]

【也】 …이다. 어기조사. 진술문의 끝에 쓰여 판단이나 단정 또는 긍정을 나타냄.

【而】 (…이다) 그러나. ⇒ …이면서. …이고서. …으로서. 접속사. 역접관계를 나타냄.

【之】 그. 그것. 지시대명사. 人以不仁을 가리킴.

【已】 너무. 매우. 지나치게. 대단히. 부사. 성질이나 상태가 어떤 정도를 초과함을 나타냄.

【甚】 심하다. 정도를 벗어나다. 과도하다. 정도에 지나치다.

정현(鄭玄) - 어질지 못한 사람은 마땅히 풍자로 교화시켜야 한다. 만약 그를 미워함이 심하면 이는 대체로 그로 하여금 난을 일으키게 한다. [不仁之人 當以風化之 若疾之甚 是蓋使爲亂也]

주희(朱熹) - 용맹을 좋아하고 분수를 편안히 여기지 못하면 반드시 난(亂)을 일으키며, 인(仁)하지 못한 사람을 미워하여 용납할 곳이 없게 하면 반드시 난(亂)을 일으키니, 이 두 가지의 마음은 선악(善惡)이 비록 다르나 난(亂)을 일으키는 것은 마찬가지이다. [好勇而不安分 則必作亂 惡不仁之人 而使之無所容 則必致亂 二者之心 善惡雖殊 然其生亂則一也]

♣20090810月

第八篇 泰伯

11. 교만하고 또 인색하면 그 나머지는 볼 것이 없느니라

子曰 如有周公之才之美 使驕且吝 其餘不足觀也已

子(ᄌᆞ)ㅣ 골ᄋᆞ샤ᄃᆡ 만일에 周公(쥬공)의 才(ᄌᆡ)의 美(미)홈을 두고도 ᄒᆞ여곰 驕(교)ᄒᆞ고 또 吝(린)ᄒᆞ면 그 나믄 거슨 足(죡)히 보디 몯홀 꺼시니라

선생님께서 말씀하시기를 "만일 주공(周公)의 재주의 훌륭함이 있다할지라도 가령 교만(驕慢)하고 또 인색(吝嗇)하다면 그 나머지는 족히 볼 것이 없느니라." 하셨다.

【如】 = 若. 만일[만약, 가령] …할지라도. 설사 …하더라도. 접속사. 양보관계를 나타냄.

【周公】 노(魯)나라의 시조. 성은 희(姬). 이름은 단(旦).

【之】 …의. 조사. 관형어와 중심어 사이에 쓰여 종속관계를 나타냄.

【才】 재능(才能). 재주.

【美】 아름다움. ⇒ 훌륭함. 좋음. 뛰어남.

주희(朱熹) - 才美는 지능과 기예의 아름다움을 말한다. [才美 謂智能技藝之美]

【使】 가사. 가령. 접속사. 가정 또는 조건을 나타냄.

【驕】 잘난 체하다. 교만(驕慢)하다. 거들먹거리다. 우쭐거리다. 뽐내다. 으스대다. 오만하며(傲), 늘어지고(縱), 방자함(姿)의 뜻을 아울러 가진 말.

주희(朱熹) - 驕는 자랑함이다. [驕 矜夸]

【且】 또. 게다가. 뿐만 아니라. 접속사. 체증(遞增)[점층]관계를 나타냄.

【吝인】 아끼다. 인색(吝嗇)하다. [주희(朱熹) - 吝 鄙嗇(비루하고 인색함)也]

【不足】 …할 만하지 않다. …할 가치가 없다. …할 것이 없다.

足 : 족히 …할 만하다[만한 가치가 있다]. 부사. 어떤 동작이나 행위를 실행할 만한 가치가 있음을 나타냄.

【也已】 …이다. 어기조사. 긍정(단정)적인 어기를 나타냄.

타자이 준(太宰純) - 교항(驕亢, 자신의 지위를 배경으로 하여 거만을 떠는 것)하면 군자가 오지 아니하고 인색하면 소인이 붙지 아니한다. [驕亢則君子不至 吝嗇則小人不附]

♣20090810月

12. 삼 년 동안 배우고 벼슬에 생각이 없음은

子曰 三年學 不至於穀 不易得也

子(ᄌᆞ)ㅣ ᄀᆞᆯᄋᆞ샤ᄃᆡ 三年(삼년)을 學(ᄒᆞㄱ)홈애 穀(곡)애 ᄠᅳᆮᄒᆞ디 아니ᄒᆞᄂᆞ니를 수이 얻디 몯ᄒᆞ리니라

선생님께서 말씀하시기를 "삼 년 동안 배우고 벼슬에 생각이 이르지 아니함은 쉽게 얻을 수 없느니라." 하셨다.

【三年學】 삼 년 동안 공부하다[배우다].

【至】 (생각이) 이르다[미치다]. [참고] 至於. [八佾-24. 公冶長-19, 雍也-12]

[참고] 주희(朱熹) - 至는 의심컨대 마땅히 志자가 되어야 할 듯하다. [至 疑當作志] ⇒ 뜻을 두다.

【穀】 녹봉(祿俸)으로 받는 곡식. ⇒ 녹봉(祿俸). ⇒ 벼슬. 관직(官職).

정현(鄭玄) - 穀은 봉록을 뜻한다. [穀 祿也]

[참고] 공안국(孔安國) - 穀은 善하다는 뜻이다. 사람이 삼 년을 배워도 善에 이르지 못하면 (이는) 얻을 수 없다고 말한 것이다. 이는 반드시 그런 일이 없다는 말로써 사람들에게 학문을 권한 것이다. [穀 善也 言人三歲學 不至於善 不可得 言必無也 所以勸人學]

【易이】 쉽게. 쉬이. 용이하게. 부사.

【得】 얻다. 손에 넣다. 갖다. 갖게 되다.

【也】 …이다. 어기조사. 진술문의 끝에 쓰여 판단이나 단정 또는 긍정을 나타냄.

정약용(丁若鏞) - 군자가 도를 배우는 것은 벼슬하기 위한 것이 아니다. 그러나 군자는 일찍이 벼슬하지 않으려고 함이 없다. 만약 봉록에 뜻을 둔 사람이라고 해서 이들을 모두 그르다고 여기면, 덕을 온전히 한 자는 적을 것이다. [君子學 道 非爲仕也 然君子未嘗不欲仕 若以志於祿者 皆以爲非 則全德者少矣]

[참고] 주희(朱熹) - 학문을 오래하고서 녹(祿)을 구하지 않는, 이러한 사람을 쉽게 얻지 못한다. [爲學之久而不求祿 如此之人 不易得也] 정약용(丁若鏞) - 三年學은 오랜 기간이라고 말할 수 없다. [三年學 不可謂久]

♣20090811火

13. 죽음에 이르도록 굳게 지키고도 도道를 닦을 지니라

子曰 篤信好學 守死善道 危邦不入 亂邦不居 天下有道則見 無道則隱 邦有道 貧且賤焉 恥也 邦無道 富且貴焉 恥也

子(ᄌᆞ)ㅣ ᄀᆞᆯᄋᆞ샤ᄃᆡ 篤(독)히 信(신)ᄒᆞ고도 學(ᄒᆞᆨ)을 好(호)ᄒᆞ며 死(ᄉᆞ)ᄅᆞᆯ 守(슈)ᄒᆞ고도 道(도)를 善(션)히 홀 띠니라 危(위)ᄒᆞᆫ 邦(방)애 入(십)디 아니ᄒᆞ고 亂(란)ᄒᆞᆫ 邦(방)애 居(거)티 아니ᄒᆞ며 天下(텬하)ㅣ 道(도)ㅣ 이시면 見(현)ᄒᆞ고 道(도)ㅣ 업ᄉᆞ면 隱(은)홀 띠니라 邦(방)이 道(도)ㅣ 이숌애 貧(빈)ᄒᆞ고 또 賤(쳔)홈이 붓그러우며 邦(방)이 道(도)ㅣ 업슴애 富(부)ᄒᆞ고 또 貴(귀)홈이 붓그러우니라

선생님께서 말씀하시기를 "독실(篤實)하게 믿고도 배우기를 좋아하며, 죽음에 이르도록 굳게 지키고도 도(道)를 닦을 지니라. 위태로운 나라에 들어가지 아니하고 어지러운 나라에 살지 아니하며, 천하에 도(道)가 있으면 나타나고[출사(出仕)하고] 도(道)가 없으면 숨을 지니라. 나라에 도가 있는데 가난하고 또 천(賤)한 것은 부끄러움(羞恥)이요, 나라에 도가 없는데 부유하고 또 귀(貴)한 것도 부끄러움(羞恥)이니라." 하셨다.

【篤信好學】 (先王의 道를) 독실(篤實)하게 믿고도 배우기를 좋아한다.
【守死善道】 죽음에 이르도록 굳게 지키고도 도(道)를 닦는다.

守死 : 굳게 지킨 결과로 죽음에 이르다. 죽을 때까지 지키다. 사수(死守)하다. 死는 守의 결과보어로 동작이 극단적인 상황에 이름을 나타냄.

[참고] 결과보어 : 동사의 뒤에 붙어서 동작의 결과가 어떤 상태에 이르는지를 설명해주는 문장 성분. 예) 說服, 辨明, 減輕, 減少, 餓死, 撲滅, 提高 등.

善 : 닦다(修也).

정약용(丁若鏞) - 善이란 修(닦다)와 같으니[繕자와 통용하고 있으니 또한 修治를 말함이다. 장자(莊子)에 '庖丁善刀而藏之(庖丁(백정)은 칼을 잘 수선하여 간직한다.)'라 하였다.] 죽음에 이르도록 뜻을 변하지 않고 그를 지켜 도를 닦음을 말한다. [中庸에 '修道之謂教(도를 닦는 것을 교라 말한다.)'라 하였다.] [善猶修也 通作繕亦修治也 莊子云 庖丁善刀而藏之 謂守其至死不變之志以修道也 中庸曰 修道之謂教]

[참고]

주희(朱熹) - 篤은 독실하고 힘쓰는 것이다. 독실하게 믿지 않으면 학문을 좋아하지 못한다. 그러나 독실하게 믿기만 하고 학문을 좋아하지 않는다면 믿는 바가 혹 정도(正道)가 아닐 수 있다. 죽음으로써 지키지 않으면 도(道)를 잘하지 못한다. 그러나 죽음으로써 지키기만 하고 도(道)를 잘하지 못한다면, 이 또한 쓸데없는 죽음이 될 뿐이다. 죽음으로써 지키는 것은 독실히 믿는 공효(功效)요, 도(道)를 잘하는 것은 학문을 좋아한 공효(功效)이다. [篤 厚而力也 不篤信則不能好學 然篤信而不好學 則所信 或非其正 不守死 則不能以善其道 然守死而不足以善其道 則亦徒死而已 蓋守死者 篤信之效 善道者 好學之功]

① 죽음을 무릅쓰고 道를 잘 지킨다. [김영일, 金容沃]

② 죽음으로써 훌륭한[선한] 道를 지킨다. [皇侃, 류종목, 金學主, 南懷瑾]

③ 죽음으로써 지키면서도[지키고, 지키면서] 道를 잘해야 한다[잘 실천한다]. [朱熹, 동양고전연구회, 李起榮, 신동준, 리쩌허우(李澤厚)]

④ 죽음으로써 지켜서(라도) 道를 잘하도록 한다. [李基東, 미야자키 이치사다(宮崎市定)]

⑤ 죽음으로 지켜 道를 좋아하다. 善 = 好 [윤재근]

【居】 살다. (집에서) 지내다. 거처(居處)하다. 거주(居住)하다. 일상생활을 하다.

【則】 …이면(하면) (곧). 그렇다면 곧. 접속사. 결과나 조건에 대한 상호 원인 등 앞뒤 문장의 전후 상황이 서로 연관됨을 나타냄.

【見현】 나타나다. 세상에 나오다. 現과 같음. ⇒ 출사(出仕)하다. 벼슬하다. 관직에 나가다.

【隱】 은둔(隱遁)하다. 세상을 피해 숨다.

【且】 또. 게다가. 뿐만 아니라. 접속사. 체증(遞增)[점층]관계를 나타냄.

【焉】 …은[이란, 이면]. 어기조사. 음절을 조정하고 어기를 고르는 역할을 함.

【也】 …이다. 어기조사. 진술문의 끝에 쓰여 판단이나 단정 또는 긍정을 나타냄.

주희(朱熹) - 군자가 위태함을 보면 목숨을 바치는 것이니, 그렇다면 위태한 나라에서 벼슬하는 자는 떠날 수 있는 의(義)가 없으나 밖에 있을 경우에는 들어가지 않는 것이 옳다. 亂邦이란 위태롭진 않아도 형정(刑政)과 기강(紀綱)이 문란한 것이다. 그러므로 그 몸을 깨끗이 하고 떠나는 것이다. 천하(天下)는 온 세상을 들어 말한 것이다. 도(道)가 없으면 자기 몸을 숨기고 나타나지 않는 것이니,

이는 오직 독실하게 믿으면서도 학문을 좋아하고, 죽음으로써 지키면서도 도(道)를 잘하는 자만이 능히 할 수 있는 것이다. 세상이 다스려지는데도 행할 만한 도(道)가 없고, 세상이 어지러운데도 능히 지킬 만한 절개(節介)가 없으면, 보잘것없는 용렬한 사람이어서 선비가 될 수 없으니, 매우 부끄러운 일이다.
[君子見危授命 則仕危邦者 無可去之義 在外則不入 可也 亂邦 未危而刑政紀綱紊矣 故潔其身而去之 天下 擧一世而言 無道則隱其身而不見也 此惟篤信好學守死善道者 能之 世治而無可行之道 世亂而無能守之節 碌碌庸人 不足以爲士矣 可恥之甚也]

♣20090812水

14. 그 자리에 있지 아니한 정사政事에는 관여치 않느니

子曰 不在其位 不謀其政

子(ᄌᆞ)ㅣ ᄀᆞᆯᄋᆞ샤ᄃᆡ 그 位(위)예 잇디 아니ᄒᆞ얀 그 政(졍)을 謀(모)티 아니ᄒᆞᆯ 띠니라

선생님께서 말씀하시기를 "그 자리에 있지 아니하면 그 정사(政事)에 관여(關與)하는 것이 아니니라." 하셨다.

[참고] 憲問-27.

【其】 그. 그것. 지시대명사. 일반적인 사실이나 사물을 가리킴.

【在】 있다. 지위나 벼슬 등에 자리하고 있다.

【謀】 꾀하다. 도모하다. ⇒ 정사(政事)를 논의하다. ⇒ 논하다. 관여하다. 참견하다. 간섭하다.

【政】 정사(政事). 정무(政務). 정치(政治).

공안국(孔安國) - 각자가 그(자신의) 직무에만 한마음으로 힘쓰도록 하고자 한 것이다. [欲各專一於其職]

형병(邢昺) - 이 장(章)은 사람들에게 남의 관직을 침해하는 것을 경계한 것이다. [此章 戒人侵官也]

정이(程頤) - 그 지위에 있지 않음은 그 일을 맡지 않은 것이다. 그러나 만일 임금과 대부(大夫)가 물으면 대답하는 경우는 있다. [不在其位 則不任其事也 若君大夫問而告者 則有矣]

정약용(丁若鏞) - 位는 조정에서 서는 자리이다. 대신(大臣)의 지위에 있으면 마땅히 대신의 정사를 도모해야 하고, 읍재(邑宰)의 지위에 있으면 마땅히 읍재의 정사를 도모해야 하며, 미천하여 지위가 없는 자는 벼슬자리에 있는 자의 정사를 도모하지 않는다. [位 朝廷所立之地 在大臣之位 當謀大臣之政 在邑宰之位 當謀邑宰之政 賤而無位者 不謀仕者之政]

모기령(毛奇齡) - 이것은 증자가 '군자는 생각이 그 지위를 벗어나지 않는다.' 고 말한 것과[憲問-28.] 본시 한 장(章)인데, 죽간이 중복되어 다시 나왔다. [此與曾子曰 君子思不出其位 本是一章 複簡重出]

♣20090812水

15. 아름다운 연주가 넘실넘실 귀에 가득하였도다!

子曰 師摯之始 關雎之亂 洋洋乎盈耳哉

子(ᄌᆞ)ㅣ 글ᄋᆞ샤ᄃᆡ 師摯(ᄉᆞ지)의 始(시)예 關雎(관져)ㅅ 亂(란)이 洋洋(양양)히 귀에 盈(영)ᄒᆞ다

선생님께서 말씀하시기를 "태사(太師) 지(摯)의 독주(獨奏)로 시작하여 관저(關雎)의 합주(合奏)로 끝나는 연주, 그 아름다운 소리가 넘실넘실 귀에 가득하였도다!" 하셨다.

【師摯之始 關雎之亂】 태사(太師) 지(摯)의 독주(獨奏) [또는 독창(獨唱)]로 시작하여 관저(關雎)의 합주(合奏)로 끝나는 연주.

양백준(楊伯峻) - 始는 악곡의 첫머리이고 亂은 악곡의 종료(終了)이다. 始에서 亂까지를 '일성(一成)'이라 했다. 고대 음악을 연주하는데 시작하는 것을 '승가(升歌)'라고 했으며, 일반적으로 태사(太師)가 연주하였다. 師摯가 바로 太師이므로 '師摯之始'라 하였고, 亂은 바로 합주악(合奏樂)으로 이때 '關雎' 악장으로 연주를 하였기 때문에 '關雎之亂'이라 하였다. [劉端臨]

師 : 악사(樂師). 태사(太師). 악관(樂官)의 우두머리. 고대에는 주로 장님이었음.

摯 : 太師[樂官]의 이름.

之 : …하는[한]. …의. 조사. 관형어와 중심어 사이에 쓰여 중심어를 수식하거나 국한하는 관계를 나타냄. 앞의 말에 형용성(形容性)을 띠게 함.

始 : 악곡(樂曲)의 처음 장(章). ⇒ 음악을[연주를] 시작하다.

關雎 : 시경(詩經) 국풍(國風) 주남(周南) 첫 편의 시 편명(篇名). 이 시는 문왕(文王)의 비(妃) 태사(太姒)의 덕을 노래한 것이라 보는 것이 통설임.

亂 : 악곡(樂曲)의 마지막 장(章). ⇒ 음악을[연주를] 끝내다.

[참고]

① 태사(太師) 지(摯)가 관저(關雎) 장(章)의 혼란을 처음으로 가다듬으니.

정현(鄭玄) - 師摯는 魯나라 태사의 이름이다. 始는 처음이라는 首의 뜻과 같다. 周나라 道가 이미 쇠미하여 鄭, 衛의 음악이 생겨나자, 正樂은 없어져 곡조를 잃게 되었다. 魯 태사 摯가

關雎의 소리를 알아 처음 그 어지러움을 다스린 것이 귀에 가득 찼으니, 이를 듣고 찬미한 것이다. [師摯 魯大師之名 始 猶首也 周道衰微 鄭衛之音作 正樂廢而失節 魯大師摯識關雎之聲而首理其亂 洋洋盈耳 聽而美之]

② 태사(太師) 지(摯)가 처음 악관(樂官)이 되었을 때 연주한 관저(關雎) 마지막 장의 음악이. 주희(朱熹) - 師摯는 노(魯)나라 악사(樂師)로 이름이 摯이다. 난(亂)은 악(樂)의 끝장이다. 사기(史記)에 '관저(關雎)의 끝장은 국풍(國風)의 시작이 된다.' 하였다. 양양(洋洋)은 아름답고 성한 뜻이다. 공자(孔子)께서 위(衛)나라로부터 노(魯)나라에 돌아오시어 악(樂)을 바로잡으셨는데, 이때 마침 악사인 지(摯)가 악관(樂官)에 임명된 초기였다. 그러므로 악(樂)의 아름답고 성함이 이와 같았던 것이다. [師摯 魯樂師 名摯也 亂 樂之卒章也 史記曰 關雎之亂 以爲風始 洋洋 美盛意 孔子自衛反魯而正樂 適師摯在官之初 故樂之美盛 如此]

③ 태사(太師) 지(摯)가 처음 연주할 때에 관저(關雎) 마지막 장의 음악이. 태사인 지가 연주한 시작과 관저의 종장(終章)이. 정약용(丁若鏞) - 始란 3편의 시작이고, 亂이란 1편의 졸장(卒章, 終章)이다. 옛날에는 합악(合樂)에 반드시 3편을 노래했는데 주남(周南)에서는 관저(關雎)·갈담(葛覃)·권이(卷耳)이다. [의례(儀禮) 향음주례(鄕飮酒禮)·향사례(鄕射禮)·연례(燕禮)의 諸篇에 보인다.] [始者 三篇之始作也 亂者 一篇之卒章也 古者合樂 必歌三篇 周南則關雎葛覃卷耳也 見 鄕飮鄕射燕禮諸篇]

【洋洋】 충만한 모양. 매우 아름다운 모양. 아름다움이 넘쳐흐르는 모양. 넘실넘실 아름다움이 충만한 모양.

주희(朱熹) - 洋洋은 아름답고 성하다는 뜻이다. [洋洋 美盛意]

【乎】 형용사 또는 부사의 접미사. 然과 같다.

【盈】 차다. 가득 차다. 충만하다.

【哉】 …이로다! …이구나! …이도다! …하구나! …로구나! …이여! 어기조사. 찬양·비통·분노·경악·감개 등의 감탄의 어기를 나타냄. ♣20090812水

16. 내가 이해할 수 없는 사람들은…

子曰 狂而不直 侗而不愿 悾悾而不信 吾不知之矣

子(ᄌᆞ)ㅣ ᄀᆞᆯᄋᆞ샤ᄃᆡ 狂(광)호ᄃᆡ 直(딕)디 아니ᄒᆞ며 侗(통)호ᄃᆡ 愿(원)티 아니ᄒᆞ며 悾悾(공공)호ᄃᆡ 信(신)티 아닌 이를 내 아디 몯ᄒᆞ노라

선생님께서 말씀하시기를 "방자(放恣) 호방(豪放)하되 솔직(率直)하지 못하고, 무지(無知)하면서도 소박(素朴) 성실(誠實)하지 못하며, 마음이 간절(懇切)하면서도 신실(信實)하지 못한 이를 나는 이해할 수가 없노라." 하셨다.

【狂】 오만하고 무례하다. 오만 방자(放恣)하다. 제멋대로 하다. 광망(狂妄, 방자하게 제멋대로 행동함)하다. 임성(任性, 제멋대로 함, 방자함)하다.

정약용(丁若鏞) - 狂은 방자함이다. [狂 肆也]

남회근(南懷瑾) - 겉으로 호방(豪放)하다.

【而】 그러나. …하면서도. …하되. 접속사. 역접관계를 나타냄.

【侗통】 어리석다. 미련하다. 무지(無知)하다.

공안국(孔安國) - 侗은 아직 그릇을 이루지 못한 사람이니 마땅히 성실해야 한다. [侗 未成器之人 宜謹愿]

주희(朱熹) - 侗은 무지한 모양이다. [侗 無知貌]

【愿원】 근후(謹厚, 조심스럽고 온후하다)하다. 소박 성실하다.

주희(朱熹) - 愿은 근후함이다. [愿 謹厚也]

【悾悾】 ① 정성스럽고 간절한 모양. 간절하게 원하는 모양. ② 우직(愚直)한 모양. 무능(無能)한 모양. ③ 텅 빈 모양.

정현(鄭玄) - 悾悾은 성실하다는 뜻이다. [悾悾 誠慤也]

[참고] 주희(朱熹) - 悾悾은 무능한 모양이다. [悾悾 無能貌]

【吾不知之矣】 나는 그것(그런 사람)을 알지 못한다. ⇒ ① 나는 그런 사람들을 이해할 수가 없다. ② 나는 그렇게 된 까닭을 알 수 없다. ③ 나는 그런 사람들을 어떻게 해야 할지 알지 못한다.

之 : 그. 그것. 지시대명사(의미상 인칭대명사). 狂而不直 ~ 悾悾而不信을 가리킴.

矣 : …이다. 어기조사. 단정 또는 필연의 결과를 나타냄.

소식(蘇軾) - 하늘이 만물을 낳음에 기질이 똑같지 않으니, 중재(中材) 이하는 이 德이 있으면 이 병통이 있고, 이 병통이 있으면 반드시 이 德이 있기 마련이다. 그러므로 발로 차고 입으로 무는 말은 반드시 잘 달리고, 잘 달리지 못하는 말은 반드시 순하다. 그런데 이러한 병통만 있고 이러한 덕이 없다면 천하에 버림받을 재질이다. [天地生物 氣質不齊 其中材以下 有是德 則有是病 有是病 必有是德 故馬之蹄齧者 必善走 其不善者 必馴 有是病而無是德 則天下之棄材也]

♣20090813木

17. 배움에, 마치 미치지 못할 듯이 하고

子曰 學如不及 猶恐失之

子(ᄌᆞ)ㅣ ᄀᆞᆯᄋᆞ샤ᄃᆡ 學(혹)홈을 밋디 몯ᄒᆞᆯ듯 ᄒᆞ고 오히려 일흘가 저허홀 띠니라

선생님께서 말씀하시기를 "배움에, 마치 미치지 못할 듯이 하고 오히려 그것을 잃을까 두려워할지니라." 하셨다.

【如不及】 마치 미치지[따라가지] 못할 듯이 하다. ⇒ 늘 부족하다는 마음을 가지고 열심히 배우다.

如 : 마치 …와 같다. …인 듯하다. 흡사. 마치. 부사. 상황에 대한 판단이 그다지 확실하지 않음을 나타냄. 곧 추측의 의미가 내포됨.

及 : 이르다. 미치다. 뒤좇아 따르다. 도달하다. 어떤 지점, 목표나 경지에 이르다(다다르다).

【猶】 오히려. 반대로. 그래도. 그렇지만. 부사. 전환을 나타내어 앞뒤 문장의 의미가 상반되는 느낌을 자아냄.

【之】 그것. 지시대명사. 學을 가리킴. 곧 배운 것.

하안(何晏) - 배움이란 밖에서 들어오는 것이므로 익숙해져야만 오래갈 수 있다. 만약 (익숙한 상태에) 이르지 않았다면 오히려 그것을 잃을까 두려워할 뿐이다. [學自外入 至熟乃可長久 如不及 猶恐失之]

정약용(丁若鏞) - 공자의 말뜻은 이미 얻은 것을 잃을까 걱정함을 말한 것이 아니라, 도를 향해 갈 때 마치 귀중한 보배가 앞에 있는데 다른 사람이 먼저 그것을 얻으면 어쩌나 하고 두려워함과 같은 것, 이를 일러 猶恐失之라고 한 것이다. [孔子之意 非謂旣得而患失也 嚮道而行 如有重寶在前 爲他人所先獲 此之謂猶恐失之]

양백준(楊伯峻) - 학문을 하는 것은 마치 무엇을 좇아가는 듯하여 따라잡지 못할까 두려워하는 것 같고, 따라잡은 뒤에는 오히려 그것을 잃어버릴까 두려워하는 것과 같다.

♣20090813木

18. 아! 숭고崇高하시도다 순舜임금님과 우禹임금님은

子曰 巍巍乎 舜禹之有天下也 而不與焉

子(ᄌᆞ)ㅣ ᄀᆞᆯᄋᆞ샤ᄃᆡ 巍巍(외외) ᄒᆞ다 舜(순)과 禹(우)의 天下(텬하)ᄅᆞᆯ 두시되 與(여)티 아니ᄒᆞ심이여

선생님께서 말씀하시기를 "아! 숭고(崇高)하시도다! 순(舜)임금과 우(禹)임금님은 천하(天下)를 소유(所有)하시고도 그에 간여(干與)치 않으셨으니!" 하셨다.

【巍巍 외외】 숭고(崇高)하다. 높고 큰 모양. [주희(朱熹) - 巍巍 高大之貌]

【乎】 아! …이도다! …이(로)구나! 어기조사. 비분·찬양·감격 등의 감탄 어기를 나타냄.

【舜】 순임금. 중국 고대의 성왕(聖王)으로 요(堯)로부터 선양(禪讓)을 받아 48년간 재위(在位)하였으며, 그도 또한 자기 아들 상균(商均)에게 제위(帝位)를 전하지 않고, 우(禹)에게 선양하였음. 특히 순(舜)은 효성이 뛰어나 후세의 귀감이 된 성인.

【禹】 우임금. 하(夏)왕조의 시조이며 성은 사(似), 이름은 문명(文命). 순(舜)에게 발탁되어 치수(治水)사업을 맡아보다가 구하(九河)와 구주(九州)를 잘 다스리는 공을 세워 재상(宰相)이 되었음. 순임금으로부터 제위(帝位)를 선양받은 뒤 하후씨(夏后氏)라고 호(號)하였음. 안색(安色)에 도읍을 정하고 국호를 하(夏)라고 불렀음.

【之】 …은[는]. …이[가]. 구조조사(주격조사). 주술구조 사이에 쓰여 이를 명사구(절)로 만들어 주는 역할을 함.

【也】 …은(는). …이란. …이면. 어기조사. 음절을 조정하고 어기를 고르는(말을 잠깐 멈추고 다음 내용을 환기시키는) 역할을 함.

【而】 그러나. …하면서도. …하되. 접속사. 역접관계를 나타냄.

【與】 참여(參與)하다. 관여(關與)하다. 간여(干與)하다. 동사.

정약용(丁若鏞) - 與는 干(간섭하다, 간여하다)이다. [몸소 그 일에 간여하지 않음을 말한다.] [與干也 不以身干與其事]

주희(朱熹) - 不與는 상관(相關)하지 않는다는 말과 같으니 그 지위를 즐겁게 여기지 않았음을 말씀한 것이다. [不與 猶言不相關 言其不以位爲樂也]

하안(何晏) - 임금 자신이 천하를 구하는 일에 관여하지 않았는데도 얻게 되었음을 말한 것이다. [言己不與求天下而得之]

형병(邢昺) - 순임금과 우임금이 천하를 가지게 된 것은 스스로가 공덕으로써 선양(禪讓)을 받은 것이지 그것을 구해서 얻는 일에 관여하지 않았다. 그런 까닭으로 그 덕이 높고 크다고 한 것이다. [舜禹之有天下 自以功德受禪 不與求而得之 所以其德巍巍然高大也]

[참고] 강희(江熙) - 순임금·우임금은 선양(禪讓)으로 천자의 자리를 가지게 되었으므로 그 선(善)을 즐겨 다하였는데, 그 시대를 같이하는 데에 함께하지 못하였음을 탄식한 것이다. [舜禹受禪 有天下之極 故樂盡其善 歎不與竝時]. [황간(皇侃) 논어의소(論語義疏)]

【焉】 그것에. 於是. 합음사. 於는 전치사 동작이나 행위에 관련되는 대상을 나타내며, 是는 지시대명사로 有天下를 가리킴. 감탄의 어기도 내포함.

♣20090814金

19. 아! 위대偉大하시도다 요堯임금의 임금 됨됨이여!

子曰 大哉 堯之爲君也 巍巍乎 唯天爲大 唯堯則之 蕩蕩乎 民無能名焉 巍巍乎 其有成功也 煥乎 其有文章

子(ᄌᆞ)ㅣ 골ᄋᆞ샤ᄃᆡ 크다 堯(요)의 님금되샴이여 巍巍(외외)ᄒᆞ다 오직 하ᄂᆞᆯ히 크거시ᄂᆞᆯ 오직 堯(요)ㅣ 則(측)ᄒᆞ시니 蕩蕩(탕탕)ᄒᆞ다 民(민)이 能(능)히 일흠홈이 업도다 巍巍(외외)ᄒᆞ다 그 成功(셩공)이 이숌이여 煥(환)ᄒᆞ다 그 文章(문쟝)이 이숌이여

선생님께서 말씀하시기를 "아! 위대(偉大)하시도다! 요(堯)임금의 임금 됨됨이여! 숭고(崇高)하시도다! 오직 하늘만이 위대(偉大)하시거늘 오직 요(堯)임금만이 그를 본받았도다! 넓고 넓도다! 백성이 그를 무어라 이름 부를 수 없네! 숭고(崇高)하도다! 그 성공(成功)이 있음이여! 찬란히 빛나도다! 그 문장(文章)이 있음이여!" 하셨다.

【哉】 …이로다! …이구나! …이도다! …하구나! …로구나! …이여! 어기조사. 찬양·비통·분노·경악·감개 등의 감탄의 어기를 나타냄.

【堯】 요 임금. 고대 중국의 성왕(聖王). 성은 이기(伊祁). 도당씨(陶唐氏)라고도 함. 이름은 방훈(放勳). 중국 역사상 가장 이상적인 정치를 하여 태평성세를 누리게 한 전설적인 임금.

【之】 …은[는]. …이[가]. 구조조사(주격조사). 주술구조 사이에 쓰여 이를 명사구(절)로 만들어 주는 역할을 함.

【爲君也】 임금이 됨이여! ⇒ 임금 됨됨이여! ⇒ 임금 노릇 하심이여!

爲 : 되다. 됨됨이.

也 : …이여! …이구나! …이도다! …로구나! 어기조사. 감탄문 끝에 쓰여 비통·찬송·감탄·놀람 등의 어기를 나타냄. 뒤의 也도 같음.

【巍巍乎】 숭고(崇高)하시도다! 높고 크시도다! [참고] 앞 章.

【唯】 단지. 다만. 오직. 오로지. 부사. 범위의 제한이나 한정(어떤 범위에 국한됨)을 나타냄.

주희(朱熹) - 唯는 獨(홀로)과 같다. [唯 猶獨也]

【爲大】 크다. 가장 크다. 광대(廣大)하다. 위대(偉大)하다.

爲 : …이다. 동사. 是의 용법과 같음. 일반적으로 뒤에 명사나 대명사가 옴. 뒤에 형용사나 명사로 전용된 형용사가 오는 경우 '…함이다, …한 것이다, …하다'라는 뜻의 술어를 이루며 대개 '가장 …하다'라는 어감을 내포함.

【則之】 그를 본받다.

則칙 : 법으로 삼다. 법을 본받다(效法). 기준으로 삼아 따르다. 본받다. 본으로 하다. 모범으로 삼다. 동사.

주희(朱熹) - 則은 準(법을 본받다.)과 같다. [則 猶準也]

之 : 그것. 지시대명사. 앞의 天을 가리킴.

【蕩蕩】 광원(廣遠)한 모양. 넓고 아득한 모양.

포함(包咸) - 蕩蕩은 넓고 원대한 것의 지칭(指稱)이다. [蕩蕩 廣遠之稱也] [朱熹]

【能】 능히[충분히] …할 수 있다. 조동사. 어떤 일을 할 능력이 있거나 조건이 됨을 나타냄.

無能 : …할 수 없다.

【名】 이름 부르다. ⇒ 말로 표현하다. 형언(形言)하다. 형용(形容)하다. 칭송(稱頌)하다.

【焉】 그를. 於之. 합음사. 於는 전치사로 동작이나 행위에 직접 미치는 대상을 나타내며, 之는 지시대명사로 堯(則之)를 가리킴. 감탄의 어기를 내포함.

포함(包咸) - 그가 베푼 덕이 넓고 원대하여 백성들이 어떻게 불러야 할 지 알 수 없다는 것을 말한다. [言其布德廣遠 民無能識其名焉]

【其】 그. 그 사람. 인칭대명사. 堯를 가리킴.

【成功】 공업(功業)을 이루다. 큰 공적을 세우다.

【煥】 빛나다. 찬란(燦爛)하다. 찬란히 빛나다.

주희(朱熹) - 煥은 빛나서 밝은 모양이다. [煥 光明之貌]

【文章】 예악(禮樂)과 법도(法度). 문물(文物)과 전장(典章). 문물과 제도. 문화(文化)와 법률(法律) 제도. 문화(文華).

주희(朱熹) - 文章은 禮樂과 法度이다. [文章 禮樂法度也] ♣20090817月

20. 인재를 구하기가 어렵다는데 그러하지 아니한가?

舜有臣五人而天下治 武王曰 予有亂臣十人 孔子曰 才難 不其然乎 唐虞之際 於斯爲盛 有婦人焉 九人而已 三分天下有其二 以服事殷 周之德 其可謂至德也已矣

舜(슌)이 신하 다ᄉᆞᆺ 사ᄅᆞᆷ을 두심애 天下(텬하)ㅣ 다스니라 武王(무왕)이 ᄀᆞᆯᄋᆞ샤ᄃᆡ 내 다ᄉᆞ리ᄂᆞᆫ 신하 열 ᄊᆞᄅᆞᆷ을 둗노라 孔子(공ᄌᆞ)ㅣ ᄀᆞᆯᄋᆞ샤ᄃᆡ 才(ᄌᆡ) 어렵다 홈이 그 그러티 아니ᄒᆞ냐 唐虞(당우)ㅅ 際(졔)ㅣ 이에셔 盛(셩)ᄒᆞ나 婦人(부ᄉᆡᆫ)이 인ᄂᆞᆫ 디라 아홉 사ᄅᆞᆷ일 ᄯᆞᄅᆞᆷ이니라 [_ 부분은 光海君 四年本]

天下(텬하)를 三分(삼분)홈애 그 둘흘 두샤 ᄡᅧ 殷(은)을 服事(복ᄉᆞ)ᄒᆞ시니 周(쥬)의 德(덕)은 그 可(가)히 지극ᄒᆞᆫ 德(덕)이라 니ᄅᆞᆯ ᄯᆞᄅᆞᆷ이로다

순(舜)임금이 신하 다섯 사람을 두심에 천하가 다스려졌다. 무왕(武王)께서 말씀하시기를 "나는 (나라를 잘) 다스리는 신하 열 사람을 두었노라." 하셨다. 공자께서 (이에 대해) 말씀하시기를 "인재(人才)를 구하기가 어렵다 하였는데 그러하지 아니한가? 요순시대(堯舜時代) 사이와 이때(武王時代)에 많았다고 하나 그 중에 부인(婦人)이 있었으니 아홉 사람뿐이었느니라." 하셨다.

(공자께서 말씀하시기를) "천하(天下)를 삼분(三分)하여 그 둘을 가졌음에도 은(殷)나라를 복종하여 섬기니 주(周)나라의 덕(德)은 아마 가(可)히 지극한 덕(德)이라 말할 수 있을 것이리라!" 하셨다.

【有臣五人而天下治】 신하가 다섯 사람이 있음에 천하가 다스려졌다.

臣五人 : 신하(臣下) 다섯 사람. 곧 우[禹, 토목(土木)·치수(治水)], 직[稷, 농업(農業)], 설[契, 교육(教育)·문화(文化)], 고요[皐陶, 사법(司法)], 백익[伯益, 산천(山川)·수렵(狩獵)]. [孔安國]

而 : …하여서. 그래서. 접속사. 순접(연관)관계를 나타냄.

治 : 다스려지다. 질서가 잡혀 태평(太平)하다. 정치가 맑고 깨끗하다.

【亂臣十人】 (나라를 잘) 다스리는 신하 열 사람.

亂 : 다스리다. 治와 같음. [마융(馬融) - 亂 治也]

十人 : 열 사람. 곧, 주공 단(周公 旦), 소공 석(召公 奭), 태공 망(太公 望), 필공(畢公), 영공(榮公), 태전(太顚), 굉요(閎夭), 산의생(散宜生), 남궁괄(南宮适), 문모[文母, 무왕의 어머니 태사(太姒)]. [마융(馬融), 정현(鄭玄)]

♣ 형병(邢昺) - 文母는 문왕의 왕후 太姒이니 남편의 시호(諡號)를 따른 것이다. 무왕의 어머니를 文母라 일컫는다. [文母 文王之后太姒也 從夫之謚 武王之母 謂之文母]

【才難】 인재(人才)를 구하기가 어렵다.

才 : 인재(人才).

주희(朱熹) - 才難(인재를 얻기가 어렵다)은 아마도 옛말인데, 공자께서 그 말을 옳게 여기신 듯하다. [才難 蓋古語而孔子然之也]

【不其然乎】 그러하지 아니한가? 그렇지 않은가?

其 : 그. 그렇게. 어기조사. 음절을 조정하고 어세를 강하게 함.

然 : 그러한. 그렇게. 이처럼. 대명사. 가까운 성질·상황·상태 등을 대신 나타내며 술어나 부사어로 쓰임.

乎 : …인가? …이겠는가? 어기조사. 의문문의 끝에 쓰여 반문의 어기를 나타냄. 일반적으로 대명사 何, 孰이나 접속사 況, 혹은 부사 庸, 寧, 豈, 不, 非 등과 호응함.

【唐虞】 요순시대(堯舜時代). 堯는 도당씨(陶唐氏), 舜은 유우씨(有虞氏)로 그 성씨(姓氏)의 끝 자를 따서 唐虞라고 함.

【際】 시기(時機). 때. 어떤 시기와 시기가 만나는 시기[사이].

【於】 …에. 전치사. 동작이나 행위가 일어나는 시간을 나타냄.

【斯】 이것[이 사람. 이 일]. 이. 이러한. 이렇게. 여기. 지시대명사. 무왕(武王)의 시대 또는 무왕이 앞의 말을 하실 때(武王曰)를 가리킴.

【爲】 …이다. 동사. 是의 용법과 같음. 일반적으로 뒤에 명사나 대명사가 옴. 뒤에 형용사나 명사로 전용된 형용사가 오는 경우 '…함이다, …한 것이다, …하다'라는 뜻의 술어를 이루며 대개 '가장 …하다'라는 어감을 내포함.

【盛】 풍성하다. 많다.

【婦人】 이미 결혼한 여자. 사(士)의 아내. 무왕의 어머니 태사(太姒)를 가리킴.

【焉】 그 중에. 於之. 합음사(合音詞). 於는 전치사로 동작이나 행위에 관련되는 대상을 나타내며, 之는 지시대명사로 亂臣十人을 가리킴.

【而已】 …일 뿐이다. …일 따름이다. 그만이다. 어기조사. 진술문의 끝에 쓰여 제한

또는 한정의 어기를 나타냄.

주희(朱熹) - 際는 서로 만나는 사이를 말한다. 주(周)나라 왕실에 인재가 많아, 오직 당우(唐虞)의 즈음만이 주나라보다 성하였고, 그 후 하(夏)·상(商)으로부터는 모두 미치지 못하였다. [際 交會之間 言周室人才之多 惟唐虞之際 乃盛於此 降自夏商 皆不能及]

【三分天下有其二】 천하를 셋으로 나누어 그것의 둘을 가지다[차지하다]. 주(周)나라는 은(殷)나라의 제후국이었는데, 문왕(文王) 때에 이르러 천하 구주(九州) 가운데 육주(六州)의 제후(諸侯)가 문왕에게로 돌아옴으로써 천하의 2/3를 장악하게 되었다.

【以】 = 而. 그러나. 오히려. 접속사. 역접관계를 나타냄.

【服事】 엎드려 섬기다. 복종하여 섬기다.

【其可謂至德也已矣】 아마 지극한 덕이라고 말할 수 있을 것이리라! [참고] 泰伯-1.

其 : 아마(도). 어쩌면. 부사. 동작이나 행위 또는 어떤 상황에 대한 추측을 나타냄.

可 : 가히 …할 수 있다. 가능하다. 조동사. 허가나 가능을 나타냄.

也已矣 : …이다. …이로다. …이구나. 어기조사. 감탄의 어기를 나타냄. 여기서는 앞의 추측을 나타내는 其자와 함께 쓰여 추측의 어기도 아울러 나타냄. ⇒ …일 것이리라! ♣20090818火

21. 우禹 임금님은, 내가 흠잡을 수 없는 분이시니

子曰 禹 吾無間然矣 菲飮食而致孝乎鬼神 惡衣服而致美乎黻冕 卑宮室而盡力乎溝洫 禹 吾無間然矣

子(ᄌᆞ)ㅣ ᄀᆞᆯᄋᆞ샤ᄃᆡ 禹(우)ᄂᆞᆫ 내 間然(간연)홈이 업도다 飮食(음식)을 菲(비)히 ᄒᆞ시고 孝(효)를 鬼神(귀신)애 닐위시며 衣服(의복)을 惡(악)히 ᄒᆞ시고 美(미)를 黻冕(블면)애 닐위시며 宮室(궁실)을 ᄂᆞᆺ게 ᄒᆞ시고 힘을 溝洫(구혁)애 다 ᄒᆞ시니 禹(우)ᄂᆞᆫ 내 間然(간연)홈이 업도다

선생님께서 말씀하시기를 "우(禹) 임금님은 내가 흠잡을 것이 없도다! 음식을 보잘것없이 드시면서도 선조(先祖)의 제사에는 효(孝)를 치성(致誠)으로 하고, 의복을 조악(粗惡)하게 입으면서도 예복(禮服)과 예모(禮帽)에는 아름다움을 치성(致誠)으로 하시며, 궁실(宮室)을 비천(卑賤)하게 하여 거처하시면서도 봇도랑의 치수(治水)에는 진력(盡力)하셨으니, 우(禹) 임금님은 내가 흠잡을 것이 없도다!" 하셨다.

【間然】 틈. 틈에 끼다. ⇒ 딴말[다른 말]을 하다. 헐뜯다. 이의를 제기하다. 틈을 보아 흠을 잡다. 비난(非難)하다.

주희(朱熹) - 間은 틈(흠)이다. 그 틈을 지적하여 비난하는 것을 말한다. [間 罅隙也 謂指其罅隙而非議之也]

[참고] 間을 '비난하다. 흠잡다.'라는 뜻으로, 然은 단정적인 어기를 나타내는 어기조사로, 뒤의 矣는 감탄을 나타내는 어기조사로 보는 이도 있음. [류종목, 李起榮 등]

【矣】 …이구나! …이도다! …로구나! 어기조사. 감탄문의 끝에 쓰여 비통·찬송·감탄·놀람 등의 어기를 나타냄.

【菲비】 엷다. 가볍다. 보잘것없다. ⇒ 보잘것없게 하다.

마융(馬融) - 菲는 박(薄)함이다. [菲 薄也] [朱熹]

【而】 그러나. 그렇지만. …하면서도. 접속사. 역접관계를 나타냄.

【致】 다하다. 지극히 하다. 극진(極盡)하게 하다. 정성을 다하다. 치성(致誠)하다. 끝까지 온갖 힘을 다 쏟다.

【乎】= 於. …에(게). …에 대해(서). …을(를). 전치사. 동작이나 행위가 발생할 때 직접 미치는 대상을 나타냄.

【鬼神】 조상(祖上)의 영혼(靈魂)과 산천(山川)의 신(神). ⇒ 조상[선조(先祖)]의 제사(祭祀).

주희(朱熹) - 致孝鬼神(귀신에게 효성을 다한다)은 선조(先祖)의 제사를 풍성하고 깨끗하게 함을 이른다. [致孝鬼神 謂享祀豐潔] [마융(馬融) - 致孝 祭祀豐潔]

【惡】 나쁘다. 거칠다. 조악(粗惡)하다. ⇒ 조악(粗惡)하게 하다.

【黻冕】 제사(祭祀) 지낼 때 입는 예복(禮服)과 쓰는 예관(禮冠)[예모(禮帽)].

黻불 : 가슴 앞으로 늘어뜨리어 무릎을 가리게 하는 예복(禮服)[제복(祭服)]. 제사 지낼 때 입으며 가죽으로 만들었다고 함.

冕면 : 면류관. 대부(大夫) 이상의 귀인이 길례(吉禮) 때 갖추던 예모(禮帽).

주희(朱熹) - 黻은 무릎을 가리는 것이니 가죽으로 만들고 冕은 관(冠)이니 모두 제복(祭服)이다. [黻 蔽膝也 以韋爲之 冕 冠也 皆祭服也]

【卑】 낮다. 비천(卑賤)하다. ⇒ 낮게 하다. 비천하게 하다.

이상 菲·惡·卑는 형용사의 사역동사로의 전용임.

【宮室】 사람이 사는 집. 가옥(家屋). 제왕의 궁전.

【溝洫구혁】 봇도랑(봇물을 대거나 빼게 만든 도랑). ⇒ 농사나 가뭄·홍수를 대비하기 위한 치수(治水) 사업.

주희(朱熹) - 溝洫은 전답(田畓) 사이의 물길(水道)이니, 경계를 바르게 하고 가뭄과 장마를 대비한 것이다. [溝洫 田間水道 以正疆界 備旱潦者也]

♣20090819水